4th Edition

파생상품론

FINANCIAL DERIVATIVES

박진우 저

명경사
MYUNGKYUNGSA

제4판을 내면서

급속한 금융환경의 변화 속에서 기업 및 금융기관의 재무위험과 금융상품의 시장위험이 커지면서 파생상품을 이용한 위험관리의 필요성이 절실하게 요구되고 있다. 본격적인 파생금융상품 시대에 접어들면서 많은 대학들이 파생상품에 관한 강좌를 개설하고 있고 기업이나 금융기관들도 파생상품에 대한 연수를 강화하고 있다. 또한, 금융과 관련된 많은 자격증 시험에서도 파생상품에 관한 내용이 적지 않은 부분을 차지하고 있다.

파생상품에 대한 이러한 사회적 관심을 반영하여 이에 관련된 서적들이 많이 발간되었으나, 내용이 난해한 이론에 치중되어 있거나 지나치게 실무 위주로 소개된 책이 많아 파생상품에 대한 체계적인 지식을 습득하기에는 다소 부족한 점이 없지 않았다. 특히, 해외(주로 미국) 시장의 거래제도와 상품에 치중하여 국내 현실과는 다소 동 떨어진 내용이 적지 않았다.

이러한 현실을 인식하고 약 10년 전 파생상품 교과서를 발간하였고 이후 여러 차례 내용을 수정 · 보완해 왔다. 그 중에서도 파생상품 제도의 변화에 따라 주로 제도적인 내용을 수정 · 보완하는 것이 제일 큰 문제였다. 예를 들면, 많은 파생상품이 거래소에 새로 상장되거나 상장이 폐지되고 있고, 동일한 상품이 계속 상장되어 있더라도 증거금률이나 거래승수 등이 수시로 바뀌는 것이 현실이다. 그러나 출판의 제약으로 제도적인 내용을 수시로 수정 · 보완하는 것이 사실상 불가능하다 보니, 일부 내용이 틀리는 경우가 계속 발생하곤 했다.

이에 제4판에서는 수시로 변할 수 있는 제도적인 내용을 과감하게 제외하기로 하였다. 사실 요즘은 인터넷의 발전으로 파생상품 제도에 관한 정보는 누구나 쉽게 얻을 수 있으므로 굳이 교과서를 통해 과거 내용을 잘못 배워 혼란을 초래하는 것보다는 아예 제도와 관련된 내용을 제외하는 편이 낫다고 판단했기 때문이다. 그 대신 파생상품과 관련된 내용을 좀 더 쉽게 체계적으로 전달하는데 치중하고자 하였다.

이러한 변화에 대한 이해를 바라며, 그 동안 본 서에 대해 보여준 뜨거운 격려와 성원이 제4판에서도 지속되기를 기대한다.

2019년 여름

저자 씀

| 차 례 |

제 1 장 선물 및 선물거래에 관한 기초지식

1.1 선물계약의 개요 ······ 2

선물계약이란? / 2
선도계약과 선물계약 / 2
선물계약 관련 용어 / 5
선물계약의 종류 / 6
선물계약의 표준화 / 8
선물거래소 / 8

1.2 선물거래의 유형 및 경제적 기능 ······ 10

선물거래유형 / 10
선물거래의 경제적 기능 / 11

1.3 선물거래의 이해 ······ 13

증거금거래 / 13
일일정산제도 / 14
유지증거금 / 16
청산기관 / 17
선물의 결제 및 미결제약정수 / 17

1.4 투기 및 스프레드 거래 ······ 21

선물시장과 투기 / 21
제로섬 게임 / 22
손익확대효과 / 23
단순투기거래 / 23
스프레드거래 / 25
선물가격 분석 / 27

1.5 선물거래의 규제와 내부통제 …… 30

규제의 필요성 / 30
선물규제의 주요 쟁점 및 규제 동향 / 31
우리나라 선물규제 체계 / 32
내부통제의 필요성 및 목적 / 34
내부통제시스템 / 35
파생상품 리스크 관리 지침 / 37

제 2 장 선물가격결정과 차익거래

2.1 선물가격결정모형 …… 44

단순화된 가정 하의 선물가격결정모형 / 44
보유비용모형 / 46

2.2 다양한 선물의 이론가격 …… 47

상품선물 / 47
채권선물 / 48
주식 또는 주가지수선물 / 49
통화선물 / 51

2.3 선물가격과 관련된 논의 …… 52

선물가격결정모형과 편의수익 / 52
선물가격과 기대현물가격 / 54
선도가격과 선물가격 / 56

2.4 차익거래 …… 58

차익거래의 개념 / 58
차익거래 실행시 고려사항 / 61
차익거래 불가영역 / 64

제 3 장 헤 징

3.1 헤징의 기본개념 ········ 70

헤징에 대한 이해 / 70
매도헤징 / 72
매입헤징 / 73

3.2 헤징전략 ········ 75

헤지목표 및 헤지수단의 선택 / 75
헤지비율 / 76
헤지의 관리 / 81

3.3 베이시스와 헤징 ········ 82

헤징성과와 베이시스 / 82
베이시스 리스크 / 83

3.4 헤징의 효과성 및 의의 ········ 88

헤징의 효과성 / 88
헤징과 차익거래, 그리고 투기 / 89

제 4 장 다양한 종류의 선물계약

4.1 주식관련선물 ········ 96

주식관련선물의 특징 / 96
주식관련선물 투기거래 / 98
주식관련선물 차익거래 / 100
주식관련선물 헤지거래 / 101
주가지수선물을 이용한 다양한 투자전략 / 105

4.2 금리선물 ········ 109

금리선물의 특징 / 109
금리선물 투기거래 / 112

금리선물 차익거래 / 113
금리선물을 이용한 헤징 / 115

4.3 통화선물 118
통화선물의 특징 / 118
통화선물 투기거래 / 120
선물환율결정모형과 차익거래 / 121
선물환 및 통화선물을 이용한 환위험 헤징 / 129

제5장 스왑

5.1 스왑의 의의와 발전 138
스왑거래의 의의 / 138
스왑시장의 발전 / 139

5.2 금리스왑 142
금리스왑의 개요 / 142
금리스왑의 활용 / 143

5.3 통화스왑 151
통화스왑의 개요 / 151
통화스왑의 활용 / 153

5.4 변형된 형태의 스왑 156
계약조건이 변형된 스왑 / 156
베이시스스왑 / 158
기타스왑 / 160

5.5 스왑거래의 위험 163
신용위험 / 163
가격위험 / 164

제 6 장 옵션 및 옵션거래에 관한 기초지식

6.1 옵션의 개요 ··· 172
옵션이란? / 172
옵션의 종류 / 173

6.2 옵션의 기능 ··· 176
다양한 투자수단의 제공 / 176
효율적인 리스크관리 수단 / 177
옵션개념의 응용 / 177

6.3 옵션거래의 이해 ··· 178
증거금제도 / 178
옵션거래의 결제 / 179
옵션의 투기거래 / 180

제 7 장 옵션가격의 특성

7.1 옵션의 가치 ··· 188
옵션의 내재가치 / 188
옵션의 시간가치 / 190
조기행사와 옵션의 가치 / 194

7.2 옵션가격에 영향을 미치는 요인들 ··· 197
기초자산의 가격 및 옵션의 행사가격 / 197
만기까지 남은 기간 / 201
기초자산가격의 변동성 / 202
이자율 / 203
종합적 논의 / 204

7.3 옵션가격의 범위 및 풋-콜 패러티 ··· 206
콜옵션가격의 범위 / 207

풋옵션가격의 범위 / 209
풋–콜 패리티 / 211

제 8 장 옵션가격결정모형

8.1 이항옵션가격결정모형 218
1기간 이항모형 / 219
옵션가격결정모형과 관련된 논의 / 222
다기간 이항모형으로의 확장 / 225
풋옵션 및 미국형 옵션으로의 확장 / 228
이항모형의 현실성과 실무적 활용 / 231

8.2 블랙-숄즈 옵션가격결정모형 233
블랙-숄즈모형의 전제가정 / 233
블랙-숄즈모형 도출과정의 개념적 이해 / 237
블랙-숄즈모형과 관련된 논의 / 241
변동성과 옵션가격 / 244

8.3 변동성 244
변동성의 추정방법 / 245
내재변동성 / 247

제 9 장 옵션을 이용한 투자전략

9.1 기본적인 투자의 손익패턴 254
기초자산의 매입보유 및 공매 / 254
콜옵션의 매입 또는 매도 / 256
풋옵션의 매입 또는 매도 / 259

9.2 옵션을 이용한 스프레드전략 261
수직스프레드 / 261

수평스프레드 / 266
기타 다양한 스프레드전략 / 268

9.3 옵션을 조합하는 투자전략 271
스트래들 / 272
스트랩 및 스트립 / 273
스트랭글 / 275
나비형스프레드 / 277

9.4 옵션을 이용한 차익거래전략 279
합성포지션 / 279
컨버션과 역컨버션 / 281
박스스프레드 / 285

제 10 장 옵션과 관련된 헤징전략

10.1 옵션을 이용한 헤징 290
방어적 포지션 / 290
커버된 포지션 / 294
칼라 및 이익참여선물환 / 296

10.2 옵션포지션에 대한 헤징 303
델타헤징 / 303
감마 및 베가중립 / 308
기타 다른 요인들 / 310

10.3 포트폴리오 보험 311
의의 및 발전과정 / 311
동적자산배분전략 / 313
동적헤지전략 / 314

제 11 장 다양한 종류의 옵션계약

11.1 **주식옵션** ······ 320
주식옵션의 의의 / 320
주식옵션의 가격결정 / 321

11.1 **주가지수옵션** ······ 323
주가지수옵션의 의의 / 323
주가지수옵션의 가격결정 / 324

11.2 **통화옵션** ······ 327
통화옵션의 의의 / 327
통화옵션의 가격결정 / 328

11.3 **선물옵션** ······ 330
선물옵션의 의의 / 330
선물옵션의 가격결정 / 332

11.4 **금리옵션** ······ 334
금리옵션의 의의 / 334
금리옵션의 가격결정 / 338

11.5 **기타 다양한 형태의 장외옵션** ······ 341
계약조건이 변형된 옵션 / 342
경로종속옵션 / 343
다중기초자산옵션 / 346
복합옵션 / 347
스왑션 / 349

제 12 장 옵션개념의 응용

12.1 **자기자본과 부채의 가치평가** ······ 356
콜옵션으로서의 주식과 채권 / 356

풋옵션으로서의 주식과 채권 / 359
풋-콜 패러티를 이용한 설명 / 362

12.2 옵션이 내재된 금융상품 ························ 363
옵션부 채권 / 363
신주인수권부 사채 / 365
전환사채 / 367

12.3 투자의사결정에의 응용 ························ 370
투자안 연기에 대한 옵션 / 371
투자안 포기에 대한 옵션 / 372
투자안 확장에 대한 옵션 / 373

12.4 기타 옵션개념의 활용 예 ························ 373
보장형 수익증권 / 373
스톡옵션 / 374
옵션의 개념을 응용한 신용평가모형 / 375

부 록 : $N(x)$값 구하는 표 ························ 380

연습문제 해답 ························ 382

찾아보기 ························ 403

Index ························ 411

CHAPTER 01

선물 및 선물거래에 관한 기초지식

1.1 선물계약의 개요

1.2 선물거래의 유형 및 경제적 기능

1.3 선물거래의 이해

1.4 투기 및 스프레드 거래

1.5 선물거래의 규제와 내부통제

1.1 선물계약의 개요

선물계약이란?

선물계약(futures contract)이란 장래의 일정 시점을 인수 · 인도일로 하여 품질, 규격, 수량 등이 표준화되어 있는 어떤 상품 또는 금융자산을 현재(즉, 계약체결시점)에 정한 가격에 사고 팔기로 약속한 계약으로서 거래소를 통해 거래가 이루어진다. 즉 선물계약은 현재 시점에서 계약은 하되 물품은 장래에 인수 · 인도한다는 점에서 계약과 동시에 정해진 가격으로 물품을 인수 · 인도하는 현물(spot) 거래와 대비된다.

선도계약과 선물계약

선물계약의 기원과 선물거래의 특성을 파악하기 위해서는 선도계약(forward contract)과의 비교로부터 출발한다. 선물계약과 선도계약은 장래의 일정 시점에 일정 품질의 물품 또는 금융상품을 일정 가격에 인수도하기로 계약한다는 점에서는 동일하다. 그러나 선도계약은 거래당사자들이 자유롭게 계약내용을 정하고 장소에 구애받지 않고 거래할 수 있는데 반해 선물계약은 계약내용이 표준화되어 있고 공식적인 거래소를 통해 거래가 이루어진다는 점에 차이가 있다. 다시 말하면 선물계약은 선도계약 중 거래가 표준화되고 거래소를 통해 이루어지는 계약을 한정하여 지칭한다. 그러므로 선도계약은 광의의 개념이고 선물계약은 협의의 개념으로 이해할 수 있다.

예를 들어 선물환과 통화선물을 대비시켜 보면 양자의 개념 차이를 보다 명확하게 알 수 있다. 환율변동의 위험에서 벗어나고 싶은 기업들은 원하는 날짜에 원하는 수량만큼 미리 환율을 고정시켜 놓는 계약을 거래은행과 전화나 텔렉스를 통해 수시로 체결할 수 있으며 이러한 맞춤형태(order-made)의 계약을 선물환계약이라 한다. 이에 반해 통화선물은 선물거래소라고 하는 정해진 장소에서 거래단위, 만기일 등이 표준화되어 거래되므로 마치 기성복 형태로 판매되는 것과 유사하다.

선도계약은 불확실한 미래를 확실한 것으로 만들고 싶은 인간의 욕구에서 자연발생적으로 생겨났다고 볼 수 있다. 인간이 자급자족단계를 거쳐 교환을 시작한 이래 큰 고민거리는 미래의 가격을 알 수 없다는 것이었다. 물건을 만들어 파는 사람은 자신이 만드는 물건의 가격이 하락하지 않을까 두려워했으며 물건을 사고자 하는 사람은 자신이 원하는 물건의 가격이 천정부지로 뛰면 어쩌나 하고 고민했다. 이와 같은 미래의 가격변동에 대응하여 거래당사자들은 가능하면 미래의 가격을 현재 시점에서 확실한 것으로 해두고 싶었으며 이런 욕구에서 자연스레 선도계약이 시작되었다고 볼 수 있다.

밀을 생산하는 농부의 예를 들어보자. 농부는 자기가 가을에 수확하게 될 밀의 가격이 얼마가 될지를 모른다. 만약 농부가 밀의 가격을 알 수만 있다면 그는 자기수입이 얼마가 될지를 알 수 있으며 이를 바탕으로 보다 합리적인 지출계획을 세울 수 있을 것이다. 밀로 빵을 만드는 제빵업자의 경우에도 원료가 되는 밀의 가격을 미리 알 수만 있다면 빵의 원가를 정확히 계산할 수 있고 이를 토대로 빵의 가격을 정하고 자신의 수입 또한 확정지을 수 있게 된다. 이와같이 불확실한 미래를 확실성으로 대체하고자 하는 거래당사자간의 욕구가 선도거래의 계기가 된 것이다.

그러면 왜 선도계약이 선물계약의 형태로 발전하게 되었는가? 무엇보다 선도계약은 융통성이 높은 반면 계약체결에 따른 비용이 크다는 단점이 있다. 우선 거래상대방을 찾는 것이 매우 어렵다. 왜냐하면 거래당사자가 개별적으로 자기가 거래하고자 하는 물품의 품질, 수량, 인도기일을 갖춘 거래를 찾기란 쉽지 않기 때문이다. 또한 한번 거래를 체결하고 나면 실물인수도를 통해 계약을 이행해야 하므로 계약체결 이후의 상황변화에 따른 대응이 제한적일 수밖에 없다. 이에 따라 보다 적은 비용으로 거래를 가능하게 하고 거래의 유동성을 확보함으로써 거래를 원활히 해야 할 필요성이 제기되었고, 이를 해결할 수 있는 방안으로 선물을 전문적으로 취급하는 거래소를 만들고, 거래대상이 되는 물품이나 금융상품의 품질, 수량, 인도기일 등 계약조건을 표준화한 선물계약의 형태로 발전하게 된 것이다.

또한 선도계약은 당사자간에 사적인 계약으로서 전적으로 매매 상대방의 신용(credit)에만 의존하므로 계약불이행에 대한 위험이 높다. 특히, 계약 체결 이후 미리 정한 가격을 크게 벗어나는 가격의 변동이 발생할 경우 어느 한 쪽이 계약을 불이행할 가능성이 커지게 된다. 다시 말하면, 가격이 상승할 경우는 매도측이, 가격이 하락할 경우는 매입측이 계약을 이행하지 않을 가능성이 있다. 이러한

표 1-1 선물거래와 선도거래 비교

항 목	선물거래	선도거래
거래조건의 표준화	매매되는 상품종류, 호가단위 등 거래의 제조건이 표준화되어 있다.	거래의 제조건이 매매쌍방간에 거래의 필요성에 따라 임의로 결정된다.
거래형태	거래소라는 구체적인 장소에서 공개호가 또는 전산매매방식에 의해 이루어지는 경쟁매매 형태이다.	매매 당사자간의 접촉을 통해 특정한 장소없이 거래가 이루어지는 점두시장 형태이다.
거래참가자	증거금만 있으면 신용에 관계없이 누구나 거래에 참가할 수 있다.	신용도를 확인할 수 있는 개인 또는 기업 등으로 한정된다.
매매 상대방 확인	매매 상대방의 확인이 불가능하다.	매매 상대방의 확인이 가능하다.
가격 형성	거래소에서의 거래를 통해 가격이 결정되고, 체결된 가격은 거래소의 전광판에 즉시 공개된다.	매매쌍방의 직접적인 거래로 거래가격은 일반인에게 알려지지 않는다.
반대 매매	거래상대방의 동의 없이도 결제일 이전에 반대매매를 통해 포지션을 청산할 수 있다.	반대매매는 불가능하며, 대부분 결제일에 가서 현물인수도가 이루어진다.
결제의 이행 보증	거래자 사이에 결제를 전담하는 청산회사가 거래상대자의 입장에 서서 결제의 이행을 보증하고 있다.	매매상대자의 신용에만 의존하므로 계약의 불이행에 대한 위험이 상대적으로 높다.

선도계약의 신용위험을 없애고 거래의 유동성을 극대화하기 위하여 선물계약의 거래에서는 다양한 제도적 장치가 마련되어 있다. 자세한 내용은 뒤 부분에서 설명되겠지만, 증거금제도, 일일정산제도, 마진콜, 청산기관 등이 대표적인 제도적 장치이다.

우리나라의 경우에도 선도거래는 오래 전부터 행해져 왔고 주위에서도 그 예를 어렵지 않게 찾아볼 수 있으나, 엄밀한 의미의 본격적인 선물거래는 1996년 5월 3일 KOSPI200 지수에 대한 주가지수선물시장이 개설됨으로써 비로소 시작되었다.

선물계약 관련 용어

선물계약을 이해하기 위해서는 다음과 같은 주요 용어들을 명확히 이해하는 것이 필요하다.

- **매입측**(long position) : 선물계약에서 사기로 약속한 측을 뜻하며 선물계약의 만기시 특정 물품을 인수해야 할 의무를 가진다. 선물을 매입해서 이를 보유하고 있으면 매입포지션(long position)을 보유하고 있다고 하고, 만기가 되기 전에 반대매매(이 경우 전매라고 함)를 하여 상품을 인수받아야 할 의무가 없어지면 매입포지션을 청산 혹은 결제했다고 한다.
- **매도측**(short position) : 선물계약에서 팔기로 약속한 측을 뜻하며 선물계약의 만기시 특정 물품을 인도할 의무를 가진다. 선물을 매도해서 이를 보유하고 있으면 매도포지션(short position)을 보유하고 있다고 하며, 만기가 도래하기 전에 반대매매(이 경우 환매라고 함)를 하여 거래대상상품을 인도해야 할 의무가 없어지면 이를 매도포지션을 청산 혹은 결제하였다고 한다.
- **기초자산**(underlying asset) : 매입측과 매도측이 사고 팔기로 약속한 어떤 물품 또는 금융상품으로 선물계약의 인수 · 인도 대상이 된다. 만기시 기초자산의 인수도를 통해 거래를 마감할 수 있는 선물거래와 차액을 현금으로 결제하는 선물거래가 있는데, 주가지수선물, 금리선물 등이 후자에 속한

다. 이 경우에는 현금결제의 기준이 되는 것이 주가지수, 금리이므로 이를 기초자산이라고 할 수 있다.

- **인도가**(delivery price) : 선물계약에서 매입측과 매도측이 특정 물품을 사고 팔기로 약정한 가격을 말한다. 선물계약의 가격표시방식(price quotation)은 대상 현물시장의 가격표시방식을 기준으로 선물거래소에서 규정하고 있다. 따라서 대부분의 선물가격은 단위당 가격으로 표시된다. 따라서 이러한 가격에 1계약당 거래단위를 곱하면 인도가격이 계산된다.
- **인도일**(delivery date) : 선물계약시 매입측과 매도측이 특정 물품을 인수 · 인도하기로 약속한 장래의 일정 시점을 말하며 차액을 현금으로 결제하는 경우에는 결제일이라고도 한다. 선물거래에서는 흔히 달력상의 월(month)로서 표시하고 이를 3월물, 6월물 등으로 지칭한다. 그리고 구체적인 인도일은 인도월의 특정 일자 또는 특정 기간으로 정하는데, 예를 들어 우리나라 주가지수선물의 경우는 2번째 목요일, 금리선물의 경우는 3번째 수요일 등으로 정해져 있다.
- **선물가격**(futures price) : 현재 시장에서 거래되고 있는 선물의 가격을 말하며 선물계약이 체결되는 시점에 적용되는 인도가격이다. 따라서 계약이 체결되는 시점에서는 선물가격과 인도가격은 동일하고 그 계약의 가치는 영(0)이 된다. 그러나 일단 계약이 체결되면 인도가격은 고정되는 반면에 선물가격은 시시각각 변화되어 계약의 가치는 양(+) 또는 음(−)이 된다. 즉 매입포지션의 경우는 선물가격이 상승(하락)함에 따라 계약의 가치가 양(음)이 되고, 매도포지션의 경우는 선물가격이 하락(상승)함에 따라 계약의 가치가 양(음)이 된다.

선물계약의 종류

선물계약은 거래대상이 되는 기초자산(underlying asset)의 종류에 따라 크게 상품선물과 금융선물로 구분된다.

그림 1-1 선물계약의 종류

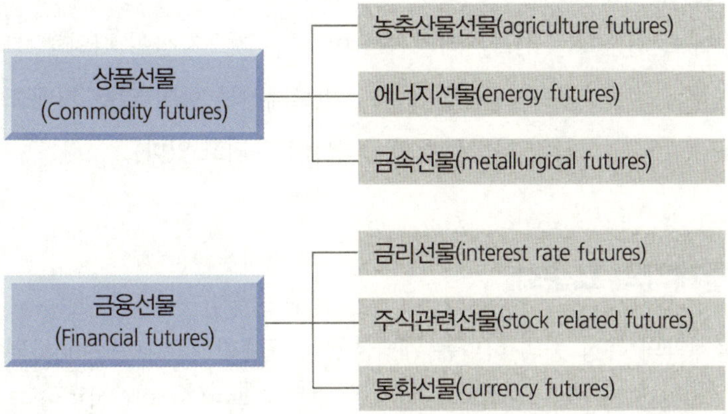

상품선물(commodity futures)은 기초자산이 실물상품인 선물로서 초기에는 농산물, 축산물 등에 한정되었으나 점차 확대되어 현재는 임산물, 비철금속, 귀금속, 에너지 등에 이르기까지 다양하다. 거래대상은 개별 상품을 대상으로 하는 것이 일반적이지만 여러 상품의 가격을 지수로 산출한 상품지수를 대상으로 선물거래를 하기도 한다.

금융선물(financial futures)은 기초자산이 되는 금융상품에 따라 다시 3가지로 구분된다. 즉 단기금리와 장기금리를 대상으로 하는 금리선물(interest rate futures), 주식시장의 주가지수 또는 개별 주식을 거래대상으로 하는 주식관련선물(stock related futures), 그리고 주요국의 통화를 대상으로 하는 통화선물(currency futures)이 있다.

금리선물은 금리수준에 따라 가치가 변동하는 금융자산을 기초자산으로 하는 선물계약으로서 기간에 따라 단기금리선물과 채권선물로 구분된다. 단기금리선물은 기초자산의 만기가 1년 이내인 경우이고, 채권선물은 만기가 중기 또는 장기인 채권을 기초자산으로 한다. 주식관련선물은 개별 주식을 기초자산으로 하는 주식선물과 주식시장의 움직임을 나타내는 주가지수를 기초자산으로 하는 주가지수선물을 포함한다. 통화선물은 환율에 따라 가치가 변동하는 외국통화가 기초자산이 된다.

그밖에도 최근에는 선물거래의 대상이 되는 기초자산이 다양해지고 있어서, 해운운임지수선물, 전력선물, 날씨선물, 반도체선물 등이 일부 거래소에 상장되어 거래되고 있거나 상장 타당성이 신중하게 검토되고 있다.

선물계약의 표준화

선물계약의 특징 중의 하나는 계약조건이 표준화(standardization)되어 있다는 것이다. 계약의 표준화란 인수 · 인도되는 물품의 품질, 수량, 인도일 등의 기준을 정하는 것을 말한다. 이러한 계약의 표준화는 계약조건을 단순화시키고 명확하게 함으로써 시장참여를 촉진하여 선물거래를 활성화시키게 된다.

우리나라에서 활발하게 거래되는 대표적 선물계약인 KOSPI200 주가지수선물, 미국달러선물, 3년국채선물 등을 예로들어 보자. KOSPI200 지수선물의 기초자산이 되는 KOSPI200 지수는 1990년 1월 3일을 100으로 하여 시가총액식으로 산출하며 지수구성종목은 증권거래소 상장주식 중 각 업종을 대표하는 200종목으로 구성되어 있다. KOSPI200 지수선물 1계약은 계약시점의 KOSPI200 지수×50만원이며, 결제일은 3, 6, 9, 12월의 두번째 목요일이다. 미국달러선물 1계약의 거래단위는 10,000달러이고, 결제월은 모두 당월물 포함 연속 3개월 + 3, 6, 9, 12월로서 6개 결제월물을 상장하고 있다. 만기일은 결제월의 세번째 수요일로 정해져 있다. 3년국채선물의 기초자산은 액면가 1억원, 표면금리 연 5%인 국고채를 기초자산으로 하고, 결제일은 3, 6, 9, 12월 세번째 수요일이다.

선물거래소

선물계약의 또 다른 특징으로서 거래소를 통해 거래(exchange traded)가 이루어진다는 점을 들 수 있다. 선물거래소는 구체적으로 이러한 선물계약이 매매되는 조직화된 장소를 지칭한다.

세계 각국에서는 금융선물을 취급하는 거래소를 기존의 상품거래소나 증권거래소에 부가하여 설치하기도 하고 별개의 선물거래소를 창설하기도 한다. 우리나라에서는 1996년 5월 3일에 한국증권거래소(KSE : Korea Stock Exchange)에 KOSPI200 주가지수선물이 상장되어 거래가 시작되었고, 이듬해인 1997년 7월 7일에는 KOSPI200 주가지수옵션이 증권거래소에 상장되었다. 한편 1999년 4월 23일 부산에 한국선물거래소(KOFEX : Korea Futures Exchange)가 따로 개설되면서 다양한 선물이 차례로 한국선물거래소에 상장되었다. 그 후 우여곡절 끝에 2005년 1월 27일 기존의 증권거래소, 선물거래소, 코스닥 증권시장 등을 통합하여 한국증권선물거래소(KRX : Korea Exchange)가 설립되었고, 2009년 2월 자본시장통합법이 시행되면서 한국거래소로 거래소 명칭을 바꾸었다.

거래소의 소유구조는 회원제와 주식회사제로 나눌 수 있다. 역사적으로 대다수의 선물거래소들은 자연발생적으로 회원들이 중심이 되는 회원제를 채택하여 설립되었으나, 최근에는 시장경제의 원리에 따라 경영되는 시대적 흐름을 반영하여 거래소의 조직이 주식회사형으로 전환되는 추세에 있다. 또한 비용절감 및 효율성 극대화를 위하여 증권거래소와 선물거래소간의 통합 및 연계가 활발하게 이루어지고 있는데 통합의 형태로는 지주회사를 설립하고 그 밑에 자회사로 편입되는 방식이 선호되고 있다.

한편 전자통신 및 인터넷의 발달로 전산거래소화가 가속화되고 있다. 증권시장뿐만 아니라 파생상품시장에서도 매매방식이 공개호가(open outcry)방식에서 전산거래시스템으로 전환되고 있는 것이다. 또한 국경을 넘어 거래소간의 상호제휴가 활발해지면서 공동전산거래가 가능해지고 있다.

1.2 선물거래의 유형 및 경제적 기능

선물거래유형

선물거래는 그 이용목적에 따라 헤지거래, 투기거래, 차익거래, 스프레드거래로 거래유형을 나누어 볼 수 있다.

헤지거래(hedging)는 현재 보유하고 있거나 장래 보유예정인 현물의 불확실한 가격변화에 대해 선물시장에서 반대 포지션을 취함으로써 가격변동위험을 축소시키고자 하는 거래이다. 즉 현물가격이 불리하게 움직여서 손실을 볼 경우에는 선물거래에서의 이익으로 현물거래에서의 손실을 상쇄시키고, 현물가격이 유리하게 움직일 경우에는 현물거래에서의 이익이 선물포지션의 손실에 의해 상쇄되는 것이다. 이와 같이 위험회피를 목적으로 거래하는 시장참여자를 헤저(hedger)라고 부른다.

투기거래(speculation)란 현물의 보유와 관계없이 장래의 선물가격변동을 예측하고, 이를 근거로 선물계약을 매도 또는 매입하여 시세변동에 따른 차익 획득을 목적으로 하는 거래이다. 즉 위험을 감수하고 잠재적인 이익을 추구하기 위한 거래이다. 특히, 선물거래는 증거금만으로 거래를 할 수 있으므로 투기거래자(speculator)들이 이용하기 쉽다.

차익거래(arbitrage)란 선물시장과 현물시장간의 가격의 불균형을 이용하여 현물과 선물을 동시에 매매함으로써 위험부담 없이 이익을 획득하려는 거래이다. 선물가격은 현물가격에 기초하여 형성되므로 양 가격 사이에는 일정한 관계가 성립된다. 그러나 현물과 선물의 실제가격 차이가 일시적으로 이론적인 가격차이를 이탈하는 경우가 발행할 수 있는데, 이때 상대적으로 가격이 낮은 것을 매입하고 동시에 가격이 높은 것을 매도한 후 가격이 정상적인 수준으로 되돌아 왔을 때 반대매매를 하면 이탈되었던 가격차이만큼 이익을 얻게 된다.

스프레드거래(spread)란 거래대상 상품은 같으면서 결제월이 서로 다른 선물계약 간(시간 스프레드) 또는 거래대상 상품은 다르나 가격 움직임이 밀접한 관계를 갖는 결제월이 같은 선물계약 간(상품 스프레드)의 가격관계를 이용하여 손실을 최소한으로 한정하면서 이익을 얻으려 하는 거래이다. 예를 들어 선물가격의 상승이 예상되는 경우, 결제월이 가까운 선물계약이 결제월이 상대적으로 먼 선물계약보다 가격 움직임이 빠르다는 점을 이용하여 결제월이 가까운 계약을 매입하고 결제월이 먼 계약을 매도한 후, 예상대로 가격이 상승하면 이를 반대매매하여 이익을 얻는 것이다. 만일 가격이 예상대로 움직이지 않더라도 매도, 매입 포지션을 동시에 취하고 있기 때문에 손실을 최소한으로 한정할 수 있다.

선물거래의 경제적 기능

선물거래는 위에서 살펴본 바와 같이 투자자로 하여금 가격변동으로 인한 위험을 막거나 줄일 수 있게 해준다는 점에서 매우 중요한 경제적 기능을 수행한다. 그러나 다른 한편에서는 선물거래가 현물거래에 비해 투기성이 강하기 때문에 자칫 잘못 활용되는 경우 현물시장의 가격변동을 심화시킴으로써 오히려 경제에 악영향을 미칠 수 있다는 부정적인 시각도 없지 않다. 이로 인해 실제로 선물거래를 도입하고 있는 국가들에서 선물거래의 경제적 기능에 관한 많은 논쟁이 지금까지도 진행되고 있으나, 대체로 긍정적인 영향을 미친 것으로 평가되고 있다. 일반적으로 인정되고 있는 선물거래의 경제적 기능은 다음과 같다.

1) 가격변동위험의 전가

선물거래의 가장 기본적이고 중요한 기능은 가격변동위험을 전가하는 것이다. 즉 선물거래는 가격변동위험을 회피하고 싶은 투자자(즉, 헤저)가 이러한 위험을 선호하는 투자자(즉, 투기자)에게로 위험을 전가시킬 수 있는 수단을 제공해 주며, 이를 통해 선물거래 참여자들은 가격변동위험으로부터 벗어날 수 있게 되는 것이다. 이와 같이 선물거래는 시장에 내재하는 위험 전체를 축소시키지는 못하지만 시장참가자들에게 위험회피의 기회를 제공함으로써 투자의 유용성을 제고시키는 역할을 한다.

2) 현물시장의 유동성 확대

선물거래는 현물의 가격변동 위험을 헤징할 수 있으므로 그만큼 현물의 투자위험이 감소되는 결과를 가져와 투자자들은 현물시장에서 보다 적극적으로 포지션을 취할 수 있게 된다. 이에 따라 신규투자가 유입될 여지가 증대되고, 특히 기관투자가들의 적극적인 투자가 유도되어 현물시장의 유동성이 확대되는 효과를 가져온다. 또한 선물거래는 현물시장의 가격하락시에도 유동성을 유지시켜 주는 수단이 된다. 즉 선물시장이 존재하지 않는 경우 주가가 하락하면 모든 투자자들이 주식을 매도하고 현금화하려 하기 때문에 주가하락을 가속화시키고 거래량이 급감하는 결과를 초래하게 되나, 선물시장이 존재하는 경우에는 주가가 하락하는 경우에도 선물시장에서 매도 포지션을 취함으로써 주가하락에 따른 손실을 회피할 수 있다.

3) 장래의 가격정보 제공

선물시장에서 경쟁적으로 형성되는 선물가격은 미래의 현물가격에 대한 기대값을 의미한다. 이것은 선물거래가 결제일의 현물가격이 어떻게 될 것인가를 전망한 후에 이루어지기 때문이다. 따라서 선물가격은 이러한 시장 참여자들이 예상하고 있는 미래 현물가격으로 볼 수 있다. 물론 선물가격이 미래의 현물가격과 꼭 일치한다는 것을 의미하지는 않지만 현재의 선물가격을 통해 미래의 현물가격을 예측할 수 있는 가격예시기능을 갖고 있다고 할 수 있다.

4) 새로운 투자수단의 제공

선물거래는 비교적 적은 비용(계약금액 10% 내외의 증거금)으로 큰 금액의 거래를 할 수 있도록 되어 있다. 이 때문에 선물거래는 투자자금에 비해 수익률의 폭이 커지는 손익확대효과가 발생한다. 따라서 자산가치변동에 따른 위험을 회피하려는 투자자에게 효과적인 헤지수단을 제공하고, 가격변동위험을 적극적으로 취하려는 투기자에게 새로운 투자수단을 제공한다. 그리고 선물과 현물간 또는 선물간의 가격차이를 이용한 차익(arbitrage)거래나 스프레드(spread)거래와 같은 새로운 투자기회를 제공해 준다.

1.3 선물거래의 이해

선물거래의 특성을 이해하기 위해서는 먼저 선도계약의 문제점을 파악하는 것으로부터 출발해야 한다. 즉 선도계약은 계약불이행 위험이 상존해 있어 미래의 예측하지 못한 가격위험을 회피할 수 있는 효율적 수단임에도 불구하고 거래가 활성화되기 힘들다는 문제점을 갖고 있다. 선물거래는 이러한 선도거래의 한계를 극복하고 거래 상대방에 대한 신용위험을 최소화하기 위한 여러 가지 제도적 장치를 포함하고 있다. 즉 증거금제도, 일일정산, 마진콜, 청산기관 등의 제도로 인하여 선물거래는 다른 거래와는 구별되는 여러 가지 특성을 갖고 있다.

증거금거래

선물계약에 참여하는 불특정다수의 투자자들은 조직화된 시장인 선물거래소와 거래를 하게 되므로 계약당사자끼리 서로 상대방을 알 수가 없다. 계약상대방을 모르므로 상대방의 신용상태 또한 알 수가 없다. 즉 선물계약이 당초 계약대로 이행될 수 있는지의 여부를 알 수가 없는 것이다. 그러므로 선물계약에 참여하는 사람들이 계약을 확실히 이행할 수 있다는 것을 보증할 수 있는 제도적 장치가 필요하며 증거금(margin)이 바로 이런 장치 중의 하나이다.

증거금은 크게 위탁증거금(customer margin)과 거래증거금(members margin)

으로 나뉜다. 위탁증거금은 투자자가 자신의 거래에 대하여 결제이행을 보증하기 위하여 거래소 회원사에 납부하는 증거금으로서 계약금액의 일정비율로 정해져 있는 개시증거금(initial margin)을 내고 거래에 참여하게 된다. 한편, 거래소 회원사는 투자자로부터 예탁받은 위탁증거금 중에서 미리 정해진 공식에 의해 계산된 금액을 거래소에 예탁해야 하는데 이를 거래증거금이라 한다.

증거금 수준은 기초자산의 가격변동성과 상품별 특성 등을 고려하여 거래소가 결정하기 때문에 선물계약의 종류에 따라 서로 다르고 시장상황에 따라 변동하게 된다.

예를 들어 KOSPI200 지수선물의 개시증거금률이 15%라고 하면 1계약을 지수선물가격 200에 매입 또는 매도하기로 계약할 경우, 매입자나 매도자는 각각 개시증거금으로 계약금액의 15%, 즉 1,500만원을 납부해야 한다.

- 계약금액 : 계약한 지수(200)×1계약당 금액(50만원) = 1억원
- 개시증거금 : 1억원×15% = 1,500만원

위탁증거금은 보통 현금과 대용증권(substitute securities)으로 구성되는데 증거금의 일부 또는 전부를 대용증권으로 납입할 수 있도록 되어 있다. 우리나라에서는 한국거래소에 상장되어 있는 주권 및 채권, 상장외국주식예탁증서(DR: depositary receipt), 수익증권 등이 대용증권으로서의 효력을 갖는다.

일일정산제도

선물거래 참여자들이 납부하는 개시증거금은 선물거래의 이행을 약속하는 보증금에 해당한다. 그런데 선물의 가격이 시장에서 매일매일 변동함에 따라 이러한 고객의 증거금이 더 이상 선물거래의 이행을 보증할 수 없게 될 수도 있다. 예를 들어 KOSPI200 지수선물 1계약을 200에 매입한 투자자의 경우 앞서 계산한 바에 따르면 1,500만원을 증거금으로 납부해야 한다. 그런데 얼마 후 지수선물의

표 1-2 **일일정산 예** (KOSPI200 지수선물 매입포지션)

날 짜	선물가격	증거금(만원)	당일손익(만원)	누적손익(만원)
9월 5일	200.0	1,500	–	–
9월 6일	200.5	1,525	+25	+25
9월 7일	199.0	1,450	−75	−50
9월 8일	196.0	1,300	−150	−200
9월 9일	188.0	900	−400	−600

가격이 200에서 160으로 40포인트 하락했다고 가정해 보자. 이 경우 투자자는 2,000만원(= −40×50만원)의 손해를 보게 되며 이 손실금액은 증거금을 초과하게 된다. 이렇게 되면 증거금은 선물계약의 이행을 보증한다는 본래의 의의를 상실케 된다.

따라서 이러한 상황을 방지하기 위해 선물거래에서는 계약자가 거래를 청산하기 이전이라도 매일매일 선물가격의 종가로 선물거래의 손익을 계산하여 이를 증거금에서 차감 또는 가산하게 되는데 이를 일일정산(daily settlement)이라 한다. 즉 선물거래는 실제로 매매를 하지 않더라도 매일매일의 가격변동에 따라 당일손익이 현금흐름으로 발생한다는 점에서 실제로 매매가 일어나는 경우에만 손익이 현금흐름으로 발생하는 일반적인 거래형태와 차이가 있다.

일반적으로 일일정산에 사용되는 정산가격은 당일의 최종거래가격 또는 장 종료 전 일정시간(예를 들면 1분 또는 5분 등) 동안 체결된 거래들의 가격을 거래량 기준으로 평균한 가격으로 한다. 그러나 당일 거래가 없거나 상기의 가격이 부적정하다고 거래소가 판단하는 경우 정산가격은 거래소가 이론가격 및 시장가격 등을 감안하여 정하는 가격으로 한다.

일일정산이 계산되는 예를 살펴보기 위하여 9월 5일 12월물 KOSPI200 지수선물 1계약을 선물가격 200에 매입한 투자자가 있다고 하자. 만약 9월 6일 선물가격 종가가 200.5로 상승한다면 이 투자자는 25만원의 이익(= +0.5×50만원)을 얻게 되고 일일정산으로 동 금액이 계좌에 입금됨으로써 증거금은 1,525만원으로 증가한다. 9월 7일에 선물가격 종가가 199.0으로 하락한다면 75만원의 손실(=−1.5×50만원)을 보게 되고 증거금은 1,450만원으로 감소한다. 이후에도 계속 선물가격이 하락하여 9월 9일 188.0으로 떨어진다면 이 투자자의 증거금은 900만원으로 줄어든다. 이와 같은 거래내용을 정리해 보면 〈표 1-2〉와 같다.

유지증거금

일일정산에 의해 어느 투자자의 개시증거금이 일정금액 이하로 떨어졌을 경우 거래소는 선물계약의 이행 가능성을 회복하기 위해 거래자로 하여금 그동안의 손실을 보전하여 개시증거금 수준을 유지케 한다. 이때 미리 정해 놓은 개시증거금의 일정금액을 유지증거금(maintenance margin)이라 하며 손실을 본 거래자로 하여금 개시증거금 수준으로 보전케 하는 행위를 마진콜(margin call)이라 한다.

유지증거금도 개시증거금과 마찬가지로 선물거래소나 선물계약의 종류에 따라 각기 상이하다. 우리나라 KOSPI200 지수선물의 유지증거금은 개시증거금의 2/3로 정해져 있다.

앞의 예를 이용하여 설명해 보자. 투자자는 개시증거금 1,500만원에 KOSPI200 지수선물을 계약했으므로 유지증거금은 1,000만원(=1,500만원×2/3)이다. 이 투자자는 그동안의 손실로 9월 9일에는 증거금이 900만원으로 하락하게 되어 유지증거금을 밑돌게 된다. 그러므로 9월 9일 거래소로부터 마진콜을 당하게 된다. 이 경우 투자자는 그동안의 손실 규모를 합한 금액인 600만원(=1,500만원−900만원)을 추가증거금(additional margin)으로 납입해야 한다. 따라서 9월 10일에는 원래의 개시증거금 수준인 1,500만원의 증거금으로 다시 시작하게 된다.

실제로는 투자자가 매번 마진콜을 당할 때마다 추가로 자금을 납입하는 것이 상당히 번거로운 일이므로 개시증거금을 납입할 때 추가로 일정금액을 미리 예치시켜 놓게 된다. 만약 투자자가 마진콜에 응하지 못하면 우리나라의 경우는 다음날 오전까지 기다려 주고 이후에는 계약중개자(증권회사 또는 선물회사)가 반대매매에 의해 임의로 계약을 청산할 수 있다.

그림 1-2 선물계약의 청산

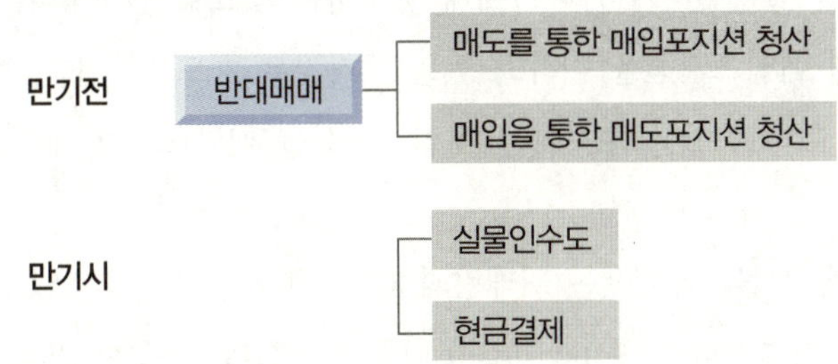

청산기관

선물거래에서는 거래상대방의 약속이행을 보장하여 안심하고 거래에 참여할 수 있도록 하는 제도적 장치로서 청산기관(clearing house)을 두고 있다. 청산기관은 모든 선물계약 거래자의 상대방(counter party)역할을 함으로써 거래소에서 성립된 거래를 거래당사자와 청산기관간의 거래로 바뀌어 지도록 한다. 따라서 매매당사자는 상호간의 신용상태에 대해 염려할 필요가 없이 청산기관이 당해 계약의 이행을 보증함으로써 안심하고 거래에 참여할 수 있게 된다.

청산기관은 거래소 내에서 이루어진 선물계약의 매매증거금의 수납, 청산회원과의 일일정산, 반대매매에 의한 차금의 수수, 그리고 만기 최종결제일의 차금의 수수 또는 실물의 인수도 등에 따른 현금 및 유가증권의 수납업무도 담당한다.

선물의 결제 및 미결제약정수

선물계약은 만기일(maturity day) 이전에 반대매매를 통해 보유하고 있는 포지션을 상쇄시킴으로써 청산되거나, 만기일까지 청산하지 못한 경우에는 해당 기초자산을 인수도하거나 차액을 현금으로 결제함으로써 계약을 종결짓게 된다.

선물거래에서는 계약자가 원할 경우 언제든지 만기일 이전에 계약을 청산할 수 있다. 이때 계약의 청산은 자기가 갖고 있는 계약을 그대로 양도하는 것이 아니라 반드시 반대매매를 통해 청산하게 된다. 흔히 계약을 청산한다고 하면 가지고 있던 계약을 팔아버리거나 타인에게 양도하는 것으로 인식하나, 선물계약의 경우에는 현재 매입포지션을 취하고 있는 투자자는 매도포지션을, 반대로 현재 매도포지션을 취하고 있는 투자자는 매입포지션을 취함으로써 계약을 청산하게 된다.

이런 특성상 선물거래에서는 거래량과 함께 계약이 청산되지 않고 현재 남아있는 계약, 즉 미결제약정수(open interest)를 파악한다. 동일한 거래량이라 하더라도 신규계약이냐, 기존투자자의 반대매매이냐에 따라 미결제약정수는 달라진다.

예를 들어 설명하기 위해 현재 어떤 선물계약에 A~E까지 5명의 투자자가 각각 1계약씩 매입포지션을 취하고 있고, L~P까지 5명의 투자자가 각각 1계약씩 매도포지션을 취하고 있다고 하자. 이때 미결제약정수는 다음과 같이 5계약이다.

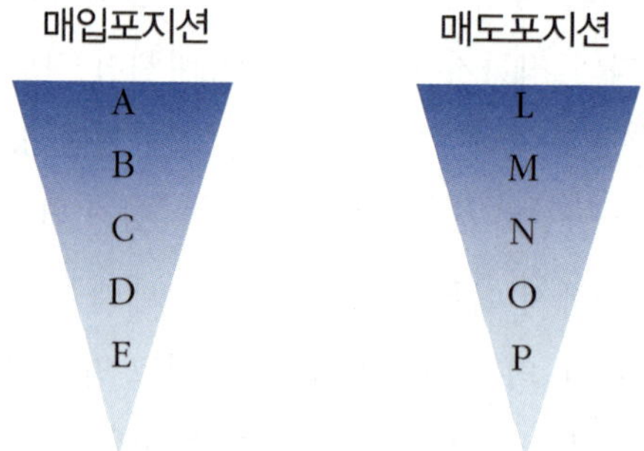

우선 첫번째 경우로 기존의 매입포지션을 갖고 있던 투자자 A가 포지션을 정리하기 위해 반대매매, 즉 매도주문을 냈다고 하자. 이때 F라고 하는 신규투자자가 매입주문을 내어 A의 매도주문과 F의 매입주문간에 계약이 체결되었다면 매입포지션과 매도포지션은 다음과 같이 변하고 미결제약정수는 여전히 5계약이다.

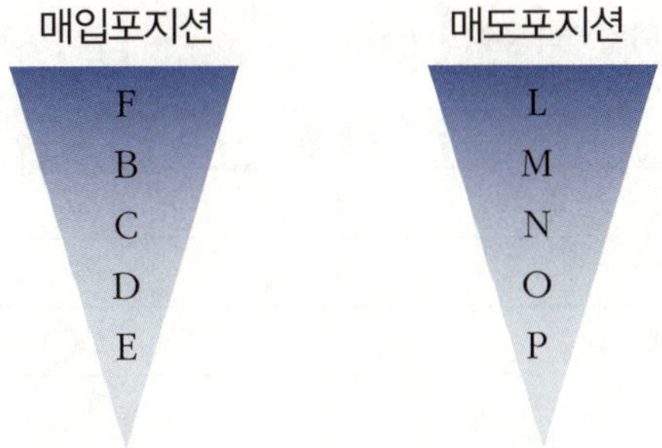

만약 앞의 예에서 A가 매도주문을 냈는데 기존의 매도포지션을 취하고 있던 N이 계약을 청산하기 위해 매입주문을 내어 계약이 체결되었다고 하자. 그러면 A와 N은 서로의 반대매매를 통해 계약을 청산하게 되고 남아 있는 투자자는 다음과 같이 변동되어 미결제약정수는 4계약으로 줄어들게 된다.

이번에는 기존 투자자들은 변동이 없는 상황에서 F라는 신규투자자가 매입주문을 내고, 또 다른 신규투자자 Q가 매도주문을 내어 양자간의 계약이 체결되었다고 한다면 미결제약정수는 다음과 같이 6계약으로 증가한다.

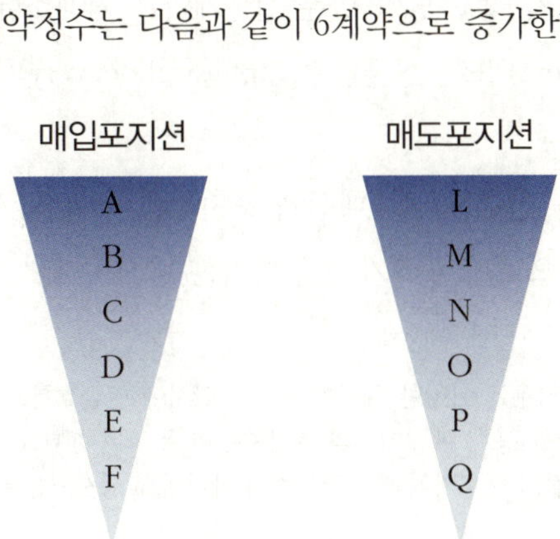

표 1-3 거래내역별 미결제약정수의 변화

거래내역	거래량	미결제약정수
반대매매 – 신규매매	1	불변
반대매매 – 반대매매	1	1계약 감소
신규매매 – 신규매매	1	1계약 증가

이상의 3가지 경우에 거래량은 모두 1건으로 동일하지만 미결제약정수는 각각 상이하게 나타난다. 즉 〈표 1-3〉에 정리된 바와 같이 미결제약정수는 반대매매간에 거래가 성립하면 감소하고 신규매매간에 거래가 성립하면 증가하며 반대매매와 신규매매 사이에 거래가 된 경우에는 변하지 않는다. 미결제약정수는 선물시장에만 존재하는 특징적인 지표로서 시장흐름을 파악하고 기술적 분석을 하는데 많이 이용되는 중요한 정보이다.

일반적으로 선물계약은 만기 1년 전부터 거래소에 상장되어 거래가 시작되는데 초기에는 거래량도 극히 적고 미결제약정수도 미미하나 최근월물(nearest-month contract)이 되면서 거래량이 급증하고, 특히 근월물 초기에는 신규매매간의 계약체결로 미결제약정수가 점차 증가하게 된다. 그러나 만기일이 가까워지면서 반대매매를 통해 계약을 청산하는 경우가 급증하여 미결제약정수는 급격히 감소하게되면서 실제로 만기일까지 청산되지 않고 남아 있는 계약수는 극히 일부분에 지나지 않는다.

만기일까지 청산되지 않고 남아 있는 선물계약은 거래소에서 정한 바에 따라 현금결제(cash settlement) 또는 실물인수도(physical delivery)에 의해 계약을 종결짓게 된다.

현금결제란 현물을 인수도하는 대신에 포지션을 취할 당시의 가격과 만기시 가격의 차액을 수수함으로써 결제가 이루어지는 방식이다.[1] 이러한 방식은 주로

1) 일반적으로 선도계약의 경우는 이러한 차액이 만기시 일시에 현금흐름으로 발생하는 반면, 선물계약의 경우는 일일정산을 통해 매일매일의 현금흐름이 누적된 형태로 나타나게 된다. 뒤에서 설명하겠지만, 바로 이 점이 선도가격과 선물가격의 차이를 발생시키는 주요 원인이 된다.

주가지수선물, 단기금리선물 및 일부 상품선물의 선물거래에 사용된다. 예를 들어 주가지수선물의 경우 결제시에 현물 주식포트폴리오를 인수도하려면 매우 번거롭고, 비용도 많이 들므로 신규로 매입 또는 매도할 때의 선물가격(약정지수)과 최종결제시의 현물가격(현물 주가지수)의 차이에 미리 정한 일정금액을 곱하여 산출한 금액을 주고 받음으로써 결제를 하게 된다.

실물인수도란 선물계약의 기초자산을 인수도함으로써 계약을 종결하는 방식이다. 실물인수도에 의한 결제시에 인수도와 관련된 결정권은 일반적으로 매도포지션을 갖고 있는 측에 주어진다. 즉 매도계약자는 정해진 인도기간 중 자신이 원하는 시점에 인도통지서를 발행할 수 있다. 이 통지서는 곧바로 매입계약자에게 전달되며 매입계약자가 이에 합의하면 하루 또는 이틀 후에 즉시 인수도가 이루어진다. 또 매도계약자는 인도할 현물의 품질과 인도장소도 거래소가 정한 범위 내에서 임의로 선정할 수 있다. 이와 같이 매도자에게 주어지는 선택권을 흔히 인도옵션(delivery option)이라고 한다.

1.4 투기 및 스프레드 거래

선물시장과 투기

선물시장에서 현물의 보유와 상관없이 장래의 선물가격변동을 예측하고, 이를 근거로 선물계약을 매입 또는 매도하여 시세변동에 따른 차익 획득을 목적으로 하는 거래를 흔히 투기거래라고 한다.

그러나 선물시장에서는 어떠한 실물자산이 생산되거나 매매되지 않을 뿐 아니라, 선물거래는 대상 현물의 가치에 비하여 낮은 증거금만으로 매매가 이루어지므로 손익확대효과, 즉 레버리지 효과(leverage effect)가 크다. 또한 선물거래는 매입포지션과 매도포지션간의 손익을 합하면 그 값이 제로(zero)가 된다. 이러한 점으로 인해 이익을 목적으로 하는 선물거래를 투자(investment)라고 하기보다는 투기(speculation)거래라고 하는 것이 적합한 표현이다.[2)]

제로섬 게임

선물거래에서는 이익과 손해가 동시에 발생하므로 매입포지션을 취한 투자자와 매도포지션을 취한 투자자의 손익을 합계하면 그 값은 항상 제로가 된다. 그러므로 선물거래는 거래수수료 등의 거래비용을 무시할 경우 제로섬 게임(zero-sum game)이라고 할 수 있다.

앞의 〈표 1-2〉에서 살펴본 예는 매입포지션을 취한 투자자의 손익변동을 보여준 것이며, 만약 이 예에서 매도포지션을 취한 투자자의 손익변동을 함께 살펴본다면 〈표 1-4〉와 같이 나타난다. 9월 6일 선물가격이 200.5로 상승한다면 매도자는 25만원의 당일손실(= −0.5×50만원)을 입게 되며 증거금은 1,475만원으로 하락한다. 9월 7일 선물가격이 199.0으로 하락하면 75만원의 당일이익(= +1.5×

표 1-4 제로섬 예 (KOSPI200 지수선물)

날 짜	선물가격	증거금(만원)		당일손익(만원)	
		매입측	매도측	매입측	매도측
9월 5일	200.0	1,500	1,500	−	−
9월 6일	200.5	1,525	1,475	+25	−25
9월 7일	199.0	1,450	1,550	−75	+75
9월 8일	196.0	1,300	1,700	−150	+150
9월 9일	188.0	900	2,100	−400	+400

2) 영어로 'speculation'이란 단어의 의미에 비해 우리말로 '투기'라고 했을 때 그 의미는 우리나라 사회통념상 극히 부정적이다. 따라서 우리나라에서는 투자라는 표현을 쓰거나, 영어의 앞 음절만 따서 '스펙(spec)'이라고 한다. 한편 이러한 거래를 하는 사람을 영어로는 'speculator'로 하고, 우리말로는 '투기자'라는 번역 대신에 대부분 '투자자'라고 부른다.

50만원)을 보게 되고 증거금은 1,550만원으로 상승한다. 이후에도 선물가격이 계속 하락하여 9월 9일 188.0으로 떨어진다면 이 투자자의 증거금은 2,100만원으로 증가하여 9월 5일부터 9월 9일까지 600만원의 이익을 보게 된다. 따라서 매입자(long position)와 매도자(short position)의 손익을 합하게 되면 항상 영(0)이 되어 제로섬(zero sum)이 됨을 알 수 있다.

손익확대효과

선물계약을 체결하기 위해서는 계약금액이 모두 필요한 것이 아니라 계약금액의 일부에 해당하는 개시증거금만 있으면 가능하다. 이로 인해 투자자들은 선물가격변동의 몇 배에 해당하는 이익(손실)을 올릴 수 있으며 이를 손익확대효과(leverage effect)라고 한다. 즉 레버리지 효과는 선물가격 변동률에 비해 투자자의 손익변동률이 몇 배로 증가하고 있는가를 의미하며 그 크기는 개시증거금 비율의 역수와 동일하다.

앞의 예를 이용하여 레버리지 효과를 계산해 보면 9월 5일~9월 9일까지 선물가격이 200.0에서 188.0으로 변동하여 변동률이 6%인 데 반해, 투자자는 1,500만원이 900만원 또는 2,100만원이 되어 손익변동률은 40%이므로 레버리지 효과는 6.67(= 40/6)배로 나타난다. 이는 개시증거금 비율의 역수(= 1/0.15)와 일치한다. 즉 선물거래의 레버리지 효과는 개시증거금 비율의 역수로 계산된다. 예를들어, 개시증거금 비율이 10%이면 레버리지는 10배, 5%이면 20배가 된다.

단순투기거래

단순투기거래(outright speculation)는 한 종류의 선물계약을 거래대상으로 하는 전략을 말하는 것으로서 가격상승이 예상되면 선물계약에 매입포지션을 취하고 가격하락이 예상되면 선물계약에 매도포지션을 취한 뒤, 가격변동이 발생한 후에 반대매매를 하여 이익을 얻으려는 거래전략이다.

예를 들어, 미국달러선물가격이 현재 1,000원이나 향후 달러화의 가치상승이 예상되어 선물가격이 오를 것으로 기대하고 미국달러선물 10계약을 1,000원에 매입하였다고 하자. 이후 예상이 적중하여 1,100원으로 오르면 1천만원(=100×10,000원×10계약)의 이익을 얻게 되고, 예상이 빗나가 900원으로 하락하면 1천만원(=−100×10,000원×10계약)의 손해를 보게 된다.[3] 반대로 향후 달러화의 가치하락이 예상되어 선물가격이 내릴 것으로 기대하고 미국달러선물 10계약을 1,000원에 매도하였다면, 선물가격이 900원으로 하락하면 1천만원(=100×10,000원×10계약)의 이익을 얻게 되고 1,100원으로 오르면 1천만원(=−100×10,000원×10계약)의 손실을 보게 된다.

여기서 선물계약이 체결되면서 고정되는 값인 인도가격을 K, 선물시장에서 계속 변동하는 값인 선물가격을 F라고 하면, 선물계약 매입포지션의 가치(value)는 $F-K$, 매도포지션의 가치는 $K-F$로 나타낼 수 있다.[4] 이러한 선물포지션의 손익을 그림으로 나타내면 [그림 1-3]과 같다.

그림 1-3 선물포지션의 손익패턴

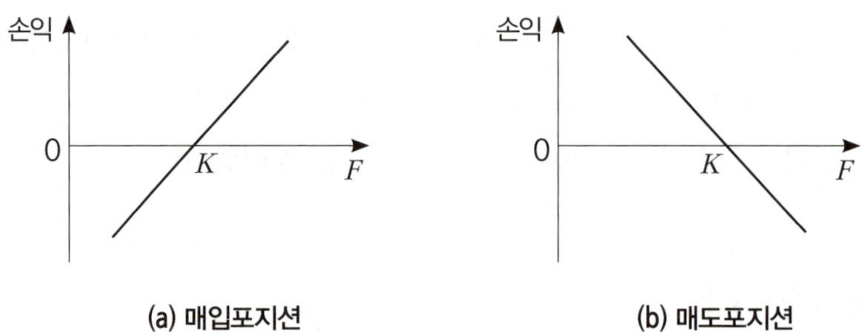

---

3) 우리나라의 미국달러선물 1계약의 거래단위는 $10,000이다.

4) 선물계약은 일일정산에 의해 매일매일 현금흐름이 발생하므로 이에 대한 이자를 감안할 경우, 엄밀한 의미에서 선물가격과 인도가격의 차이가 곧 손익과 정확하게 일치한다고 볼 수는 없다. 이에 관해서는 제2장에서 좀더 상세하게 설명할 것이다.

스프레드거래

스프레드거래란 스프레드의 변동을 예상하여 동시에 선물을 매입하고 다른 선물을 매도하는 전략이다. 서로 반대되는 두 종류의 선물계약포지션에서 한쪽은 이익이 다른 한쪽은 손실이 발생하게 되는데, 이때 그 크기를 서로 다르게 하여 이익수준이 손실수준을 넘게 하려는 것이다.

위험측면에서 보면 단순투기거래는 한 방향의 포지션만을 취함으로써 예상이 어긋나 손실발생시 그 금액을 고스란히 감수해야 하는데 반해, 스프레드전략은 손실이 이익보다 크더라도 손실금액에서 이익금액만큼 상쇄되어 순 손실금액은 상대적으로 훨씬 감소된다. 따라서 스프레드전략은 투기거래전략 중에서도 보수적인 투자자들에서 적절한 전략이 된다.

이와 같은 스프레드거래는 크게 상품내 스프레드(intra-commodity spread)와 상품간 스프레드(inter-commodity spread)의 두 가지로 구분된다.

상품내 스프레드는 동일한 품목내에서 서로 만기가 다른 두 선물계약에 대해 각각 매입과 매도 포지션을 동시에 취하는 전략으로서 만기가 다른 선물계약의 가격들이 서로 변동폭이 다르다는 것을 전제로 하여 포지션을 취한다는 특징이 있다. 이 전략은 결제월이 서로 다른 선물계약에 사용된다는 점에서 시간스프레드(time spread)라고도 한다.

이때 상대적으로 만기가 가까운 선물계약(근월물)을 매입하고 만기가 먼 선물계약(원월물)을 매도하는 것을 강세스프레드(bull spread) 또는 매입스프레드(long spread)라고 한다. 이 전략은 강세장에서는 근월물의 가격이 원월물보다 많이 오를 것이고 약세장에서는 근월물의 가격이 원월물에 비해 덜 떨어질 것이라는 예상에 의한 것이다. 즉 근월물이 원월물에 비해 상대적으로 강세를 보임에 따라 두 선물계약의 가격차이가 지금보다는 더 작아지게 된다는 예상에 근거하여 구축되는 포지션인 것이다.

반대로 근월물을 매도하고 원월물을 매입하는 것을 약세스프레드(bear spread) 또는 매도스프레드(short spread)라 한다. 이 전략은 강세장에서는 근월물의 가격보다 원월물의 가격이 많이 오를 것이고 약세장에서는 근월물의 가격이 보다 많이 떨어질 것이라는 예상에 따라 구축되는 포지션이다. 이는 근월물이 원월물에 비해 약세를 보일 것이므로 두 계약의 가격차이가 지금보다 더 벌어질 것이라는 예상에 근거하여 구축되는 포지션인 것이다.

상품간 스프레드는 서로 다른 상품이면서 상호 관련된 두 상품에 대해 만기가 같은 각각의 선물계약을 대상으로 동시에 한쪽을 매입하고 다른 쪽을 매도하는 전략이다.

예를 들어 미국의 단기재무성채권(T-bill)금리와 유로달러금리는 서로 밀접하게 연관되어 움직이고 있다. 왜냐하면 단기재무성채권금리는 달러자금의 국내이자율에 해당하고 유로달러금리는 달러자금의 역외시장금리를 의미하므로 두 이자율은 밀접하게 연관되어 있는 것이다. 이때 만일 T-bill선물과 유로달러선물의 가격차이가 비정상적으로 크다면(즉, 선물금리차이가 크다면) 앞으로 가격차이(즉, 금리차이)가 줄어들 것으로 예상하여, 상대적으로 고평가된 선물은 매도, 저평가된 선물은 매입포지션을 취한다. 이러한 T-bill과 유로달러선물간의 스프레드 전략은 미국 시장에서는 TED 스프레드라고 불리운다. 이외에도 미국 선물시장에서는 T-note선물과 T-bond선물간의 스프레드, municipal bond 선물과 T-bond 선물간의 스프레드, LIBOR선물과 유로달러선물간의 스프레드 등이 자주 활용되는데 이들 전략은 각각 NOB 스프레드, MOB 스프레드, LED 스프레드라고 불리운다.

예제 1

8월 25일　　9월물 KOSPI200 지수선물가격=100
　　　　　　12월물 KOSPI200 지수선물가격=110

향후 주가상승이 예상되고, 이 경우 12월물이 9월물보다 가격상승폭이 클 것으로 보인다. 따라서 9월물 1계약을 매도하고 12월물 1계약을 매입하는 매도스프레드 포지션을 취하였다.

① 예상대로 주가가 상승하고, 9월물보다 12월물의 가격상승폭이 큰 경우
9월 5일　　9월물 KOSPI200 지수선물가격 =105
　　　　　　12월물 KOSPI200 지수선물가격 =120

9월물 : (100−105)×50만원×1계약 =250만원 손실
12월물 : (120−110)×50만원×1계약 =500만원 이익
결과적으로, 250만원 이익(=500만원−250만원)

② 예상 외로 주가가 하락하고, 9월물보다 12월물의 가격하락폭이 큰 경우
9월 5일　　9월물 KOSPI200 지수선물가격 =95
　　　　　　12월물 KOSPI200 지수선물가격 =100

9월물 : (100−95)×50만원×1계약 =250만원 이익
12월물 : (100−110)×50만원×1계약 =500만원 손실
결과적으로, 250만원 손실(=250만원−500만원)

선물가격 분석

선물투기거래는 미래 선물가격 흐름의 예측을 전제로 한다. 물론, 현물시장에서의 투자도 미래 가격변동에 대한 예상을 기초로 하고 있지만, 선물투기거래는 몇 가지 점에서 현물거래와는 구별된다.

첫째, 선물거래는 앞서 설명한 대로 손익확대효과, 즉 레버리지가 존재하므로 미래가격의 예측으로 인한 효과가 현물거래에 비해 훨씬 크다. 따라서 선물거래는 미래가격의 흐름을 예측할 수 있는 정보 및 분석의 가치가 현물거래에 비해 크다. 둘째, 선물거래에서는 가격이 하락할 것이라고 예상할 경우 매도포지션을

취하여 이익을 실현하는 형태의 투자전략을 쉽게 취할 수 있다. 물론, 현물거래에서도 공매거래(short selling)[5]를 통해 동일한 효과를 낼 수 있으나, 현물에 매도포지션을 취하는 것은 여러 가지 제약이 많고 비용도 많이 들게 되므로 선물에 매도포지션을 취하는 것만큼 효율적이지는 못하다. 셋째, 선물은 만기가 존재하므로 선물투기거래는 가격의 방향뿐 아니라 그 방향으로 움직일 시점까지 예측할 수 있어야 성공할 수 있다. 따라서 선물투기거래는 현물거래에 비해 짧은 기간의 가격변동에 대한 예측에 의존하는 것이 일반적이다.[6] 넷째, 선물거래의 목적은 투기 이외에 헤지와 차익거래가 있고, 시장참가자는 각각 자신의 투자목적에 따라 행동하므로 시장에 다양한 형태로 영향을 미치게 된다. 특히 차익거래는 현물시장과 선물시장에 단기에 가시적인 충격을 줄 수 있다.[7]

현물시장의 가격분석방법과 마찬가지로 선물시장의 가격변동을 분석하고 그 추세를 예측하는 방법은 크게 기본적 분석(fundamental analysis)과 기술적 분석(technical analysis) 두 가지로 나누어진다.

기본적 분석은 시장에서 거래되고 있는 어떤 상품의 가격에 영향을 주는 원인변수를 찾아내고 이를 분석하여 그 상품의 본질가치를 평가하는 방법이라고 할 수 있다. 기본적 분석은 다시 국내외 경기 및 산업동향, 경제정책, 정치상황, 노사문제 등 계량화하기 어려운 상황을 분석하는 질적분석과 각종 거시경제지표, 산업지표, 기업경영성과 등 계량화된 사항을 분석하는 양적분석으로 나누어진다.

선물가격변동에 영향을 미치는 원인변수는 기초자산의 종류에 따라 달라진다. 실물자산을 대상으로 하는 상품선물의 경우는 기후조건, 재고수준, 계절적 특성, 수출입 상황, 대체품 가격, 정부정책 등이 중요한 요인이 될 것이다. 한편, 주가지수, 금리, 통화 등의 금융선물은 경제성장률, 경기상황, 물가수준, 통화량, 금리,

5) 공매거래에 관한 자세한 설명은 제2장에서 한다.

6) 선물포지션의 보유기간에 따라, 극히 짧은 기간 동안 포지션을 취했다가 청산하는 스캘퍼(scalper), 포지션을 취하고 좀처럼 하루를 넘기지 않는 일일거래자(day trader), 하루 이상 몇 주 또는 몇 개월 동안 포지션을 보유하는 포지션거래자(position trader) 등으로 나누어진다.

7) 차익거래와 그 영향에 관해서는 제2장에서 자세히 설명한다.

환율, 국제수지 등의 거시경제지표가 중요한 요인이 될 것이고 특히, 이들 변수를 조정하고 관리하는 정부정책이 매우 중요한 요인이 된다.

이러한 기본적 분석은 가격변동에 영향을 미치는 원인변수의 분석을 통해 장기적인 안목에서 거래자의 투자결정에 근거를 제공하는 역할을 한다. 그러나, 선물투기거래의 대부분이 단기거래임을 감안할 때 단기 가격변동의 예측과 이에 따른 매매시점의 포착을 생명으로 하는 선물투기거래에 직접 활용되기에는 한계가 있다.

기술적 분석은 어떤 상품의 가격변동에 영향을 미치는 원인변수를 분석하기보다는 현재까지의 가격 및 거래량의 변화를 분석하여 미래의 가격변화를 예측하고자 하는 방법이다.

기술적 분석의 바탕이 되는 기본 원리로 세 가지를 들 수 있다. 첫째, 가격은 수요와 공급에 의해서 결정된다. 따라서 기술적 분석은 가격변동의 원인변수를 찾는 대신에 시장가격의 움직임 그 자체를 분석하는 데 주력한다. 둘째, 가격은 추세(trend)를 가지고 움직인다. 따라서 기술적 분석에서는 이러한 가격 추세의 변화를 조기에 감지하여 이를 이용한 거래를 할 목적으로 흔히 차트(chart)를 만들어 추세를 찾아내려고 시도한다. 이런 이유로 흔히 기술적 분석가를 차트작성자(chartist)라고 부르기도 한다. 셋째, 가격의 변화에는 패턴(pattern)이 있고 이것은 반복된다. 따라서 기술적 분석은 이러한 패턴을 발견하고, 이를 시장참가자의 심리상태와 연관시킴으로써 가격변화의 예측에 활용하게 된다.

이상 설명한 바와 같이 기술적 분석은 가격의 변화에는 추세와 패턴이 존재하고 이것은 반복된다는 것을 기본 전제로 하고 있다. 이러한 전제를 근본적으로 부정하는 견해가 랜덤워크(random walk)이론이다. 이 이론은 가격의 시계열자료들은 무작위(random)하게 움직이고, 각 시점에서 일어나는 가격변화는 그 이전의 변화와는 독립적(independent)이라고 주장한다. 따라서 이 이론에 따르면 과거의 가격변화로부터 미래의 가격변화를 예측하는 것은 무의미하다. 랜덤워크이론을 옹호하는 측과 기술적 분석가들 사이에는 수많은 논쟁이 있어 왔고 앞으로도 계속될 전망이다. 현재까지도 어느 한쪽이 상대편을 제압할 수 있는 결정적인 실증

결과를 보여주고 있지는 못하나, 엄연한 현실은 시장에 기술적 분석을 전문으로 하거나 이에 의존하여 투자하는 시장참가자들이 적지 않게 있다는 것이다.[8)]

1.5 선물거래의 규제와 내부통제

규제의 필요성

선물시장에 대한 규제의 논리적 근거는 선물본래의 기능인 가격발견기능과 헤징기능의 효율성을 제고하기 위해서는 최소한의 규제가 불가피하다는 데서 비롯된다. 전통적으로 선물시장은 가격조작이 가능하고 투기성이 농후하다는 인식이 지배적이었다. 이는 선물거래의 경우 인수도일이 고정되어 있고, 인도대상현물의 품질이 매우 제한적일 뿐만 아니라 레버리지 효과가 커서 가격조작이나 과도한 투기의 가능성이 항상 있기 때문이다.

이러한 가격조작이나 과도한 투기가 일어나는 경우 선물가격이 왜곡되어 선물가격이 미래현물가격의 지표로서의 의미가 상실되고, 이로 인해 선물가격과 현물가격간의 상관관계가 낮아짐으로써 헤징의 효과성이 감소한다. 또한 과도한 투기는 선물가격의 변동성을 증대시킴으로써 선물시장의 안정성을 저해한다. 뿐만 아니라 선물거래는 전문적인 지식이 요구되는 투자행위이므로 개인투자자들은 정보의 비대칭성으로 인하여 피해를 입을 수 있다. 이와 같은 선물시장의 구조적 특성을 고려할 때 선물거래의 경제적 순기능을 극대화하기 위해서는 적절한 규제조치를 시행할 필요가 있다.

---

8) 본 서에서는 기술적 분석기법 자체가 파생상품을 이해하는 데 필수적은 아니라는 판단 아래, 자세한 기법에 대한 설명은 생략한다.

선물규제의 주요 쟁점 및 규제 동향

선물규제와 관련하여 최근 쟁점이 되고 있는 사항으로는 먼저 규제의 관할권 문제를 들 수 있다. 미국의 경우 증권은 증권거래위원회(SEC), 선물은 선물거래위원회(CFTC)가 규제를 담당하고 있으나, 증권과 선물의 차이가 명확하지 않고 증권, 선물, 옵션의 성격을 조합한 새로운 금융상품들이 속속 등장함에 따라 규제의 관할권을 두고 양 기관 사이에 종종 마찰이 빚어지고 있다. 향후 금융신상품 개발이 활성화되면 규제기관간의 관할권 시비는 끊임없이 제기될 것으로 예상된다.

일반적으로 장외거래는 규제가 심하지 않기 때문에 상품에 따라서는 장내보다 장외에서 더 활발히 거래되는 경우가 많은데, 이러한 장외거래상품의 등장은 선물시장의 규제라는 차원에서 많은 문제를 야기하고 있다. 즉 장외거래나 장내거래나 위험을 헤지하는 측면에서는 동일한 기능을 가지나, 실제 거래에 있어서는 장외거래가 훨씬 느슨하게 규제되고 있기 때문에 상대적으로 장내거래가 위축되고 투자자보호와 자본 및 금융시장의 건전성이라는 측면에서도 적지않은 문제를 야기하고 있다.

법적인 규제와 더불어 시장참여자들에 대한 자발적인 규제, 즉 자율규제(self-regulation)가 점차 중요해지고 있다. 과도한 법적 규제는 오히려 규제비용을 발생시킬 뿐 아니라 투자자의 시장참여를 회피하게 만든다. 아울러, 법적 규제는 새로운 상품이 시장에 진입하는 데 많은 비용이 들게 함으로써 금융혁신을 제약하게 된다. 일반적으로 회원들로 구성된 거래소나 협회 등이 자율규제기관(SRO: self regulatory organization)으로서의 역할을 수행하고 있다. 자율규제기관의 기능은 국가에 따라 달라서, 회원들에 대한 감리와 시장내 불공정거래에 대한 감시 등의 기초적 규제기능을 하는 경우에서부터 불공정행위, 시장조작 등 시장 전반에 걸친 포괄적 감독권을 허용하는 경우까지 다양하다. 그러나 최근 많은 거래소들이 회원제에서 주식회사로 전환하면서 회원과 주주간의 이해상충으로 효과적인 자율규제의 역할을 수행할 수 없을 것이라는 우려가 높아지고 있다. 이 경우 현재의 거래소가 가지고 있는 자율규제기능을 별도의 기관으로 이양하여 독립된 자율규제기능을 수행토록 하는 방안이 고려되고 있다.

우리나라 선물규제 체계

우리나라의 대표적 선물 관련 법률은 1995년 12월에 제정된「선물거래법」이다. 그러나 우리나라의 기존 금융 법률은 기관별 · 상품별 규제를 기본 원칙으로 하고 있어 각 업종의 업무 영역을 지나치게 세분화하고 겸업화를 제한하는 문제점이 있었다. 이에 따라 국내 금융투자업자의 대형화와 겸업화를 통한 국제 경쟁력 확보와 투자자 보호제도의 선진화를 목표로 2007년 8월「자본시장과 금융투자업에 관한 법률」(일반적으로 '자본시장 통합법'으로 약칭)이 공포되어 2009년 2월 4일부터 시행되고 있다. 자본시장통합법은「증권거래법」,「선물거래법」,「간접투자자산운용업법」,「신탁업법」,「종합금융회사에 관한 법률」,「한국증권선물거래소법」등 6개의 자본시장 관련 법률을 통합한 법률이다. 자본시장통합법에서는 과거 증권회사, 선물회사, 투자신탁회사 등으로 나뉘었던 기관별 구분을 지양하고, 금융투자업을 기능에 따라 투자매매업, 투자중개업, 집합투자업, 투자자문업, 투자위임업, 신탁업 등 6가지로 분류하고 있다.

자본시장통합법의 주된 특징으로는 금융투자업과 금융투자상품의 포괄주의(negative system) 도입, 기능별 규제(functional regulation)체제로의 전환, 투자자 보호제도의 강화 등을 들 수있다. 이러한 자본시장통합법의 시행은 우리나라 금융투자업에 커다란 변혁을 가져올 것으로 기대되는데, 특히 파생상품 시장에 적지 않은 변화가 예상된다. 과거 우리나라의 파생상품에 관한 규정들은 증권거래법, 선물거래법, 외국환거래법 등에 산재되어 있었고, 장내파생상품과 장외파생상품이 통일적으로 규제되지 못하였으며, 특정 파생상품의 허용여부가 각 업법에 따라 결정되고 있어서 파생상품에 대한 규제가 체계적으로 이루어지고 있지 못하였다. 자본시장통합법에서는 금융투자상품의 개념을 추상적으로 정의하여 향후 출현할 모든 금융투자상품을 법률의 규율 대상으로 포괄함으로써 과거 금융상품의 종류를 법령에서 제한적으로 열거하는 방식을 탈피하게 되었다. 따라서 다양한 형태의 새로운 파생상품의 개발이 가능해지고 이를 취급하는 금융투자회사도 확대될 것으로 기대된다. 한편, 자본시장통합법은 과거 금융상품별 · 금융기관별 투자자 보호 체제에서 벗어나 기능적 · 포괄적 투자자 보호 체제를 채택하고 있다는

그림 1-4 우리나라의 선물감독 체계

점에서 파생상품에 대한 규제도 한층 체계적으로 강화될 것이다.

[그림 1-4]에서 보는 바와 같이 우리나라의 선물감독기관으로는 금융위원회, 증권선물위원회, 금융감독원 등이 공적규제기관이고, 한국거래소와 한국금융투자협회가 자율규제기관의 역할을 수행하고 있다. 금융위원회는 금융시장 및 산업에 대한 정책을 수립하고 전반적인 금융규제 및 감독에 대한 심의 · 의결 기능을 수행하는 합의제 행정기구이다. 증권선물위원회는 증권 및 선물의 특수성을 감안하여 금융위원회에 별도로 설치된 기구로서 증권 · 선물시장의 불공정거래 조사와 증권 · 선물시장의 관리.감독 및 감시 등을 위하여 금융위원회로부터 위임받은 업무등을 수행한다. 금융위원회와 증권선물위원회가 의사결정을 내리는 의결기구라면 금융감독원은 실질적으로 금융기관에 대해 검사 및 감독을 하고 증권 · 선물시장에 대한 조사 · 감독 · 감시업무를 수행하는 집행기관이다.

한편, 세계적 추세인 자율규제에 맞춰 우리나라에서도 한국거래소와 한국금융투자협회가 자율규제 기능을 강화하고 있다. 한국거래소는 시장관리자로서 자율규제기관인 시장감시위원회를 설치하고 시장감시규정을 제정하고 이상거래의 심리와 회원에 대한 감리를 통하여 시장내 공정한 거래질서를 유지할 책임이 부과되고 있다. 거래소는 시장에서 이상거래의 혐의가 있는 거래를 적출하기 위하여 거래상황과 이와 관련한 풍문 및 정보를 수집하고 조사 또는 분석하는 방법으로 불공정거래행위 등에 대한 시장감시를 수행하고 있다. 또한 거래소는 시장관리상 필요하다고 인정될 때에는 회원에 대하여 거리 및 결제와 관련된 업무 또는 감리할 수 있다. 거래소가 자율규제 가운데 시장규제에 주력하고 있다면, 금융투자협회는 금융투자업에 대한 산업규제를 주로 담당한다. 한국금융투자협회는 자본시장통합법에 따라 과거 증권업협회, 선물협회, 자산운용협회로 나뉘어 있던 세 단체가 통합하여 2009년 2월 설립되었다. 금융투자협회는 자율규제기능을 담당하기 위하여 자율규제위원회 및 자율규제본부를 두고, 회원간 영업질서유지 및 투자자보호를 위한 자율규제업무, 분쟁의 자율조정업무 등을 수행하고 있다.

내부통제의 필요성 및 목적

선물거래는 일반인들에게는 익숙치 않은 새로운 상품이므로 상품구조에 대한 이해가 쉽지 않다. 선물거래에 참여하는 기업이나 금융기관의 경영자들도 선물거래를 제대로 이해하지 못하는 경우가 많다. 그만큼 거래를 둘러싼 부정이나 관리미흡의 소지가 크다. 더욱이 선물거래는 높은 레버리지 효과로 인해 일단 거래가 잘못되면 손실 규모가 현물거래에 비해 몇 배에서 몇 십 배에 이른다. 한 직원의 선물거래 실패가 은행을 파산으로까지 몰고 갔던 영국 베어링스사 파산사건, 1989년 광주은행의 거액 선물손실 등이 바로 내부통제시스템의 부재가 얼마나 큰 손실을 가져올 수 있는가를 잘 보여주는 사례이다. 이들 사건은 선물거래의 경우 거래실태를 파악하는 것이 곤란하여 거래를 통한 손실이 기업의 존재를 위태롭게 할 지경에 이르러서야 비로소 드러나고 그 이전에는 은폐가 가능하다는 사실을 잘 말해 준다.

이와 같이 선물거래는 작은 금액으로 큰 금액의 거래를 할 수 있으며 부정을 해도 발각될 가능성이 적으며 부정거래를 하기도 용이하다는 점에서 다른 어느 거래보다도 구체적인 방법으로 통제할 필요성이 있다. 선물거래에 관한 내부통제는 부정거래나 손실의 은폐 등 선물거래의 관리에 수반되는 각종 리스크를 유효적절하게 통제하는 데 목적이 있다.

내부통제시스템

내부통제의 목적을 실현하기 위해서는 조직, 절차, 보고체계, 전산시스템 등 내부통제시스템을 구축하여야 한다. 내부통제시스템을 구축함에 있어서는 통제시스템이 확립되어 있지 않은 경우의 리스크만이 아니라 통제시스템을 유지하는데 소요되는 비용도 고려하여야 한다. 또한 통제해야 할 거래내용은 거래량, 거래관계자, 거래목적, 전산개발 정도 등을 감안하여 정해야 하며 거래내용을 직접 통제할 경우에는 거래담당자의 재량권을 필요 이상으로 제한해서는 안된다.

내부통제를 위해서는 우선 거래 관련 각종 지침이 제정되어야 한다. 거래대상상품의 종류, 거래방침, 거래절차 및 회계처리방침 등을 수록한 업무처리 매뉴얼을 만들어야 하며, 이 매뉴얼은 거래부문의 최고책임자 뿐만 아니라 경리담당 임원의 승인을 받아야 한다. 승인된 거래상대방의 목록, 각종 자료 및 정보입수채널, 사전 · 사후의 승인절차와 방침 등도 매뉴얼에 기재되어야 한다. 이와 함께 거래담당자 각개인에 대한 권한이양의 범위를 설정하고 경영자가 승인할 수 있는 신용한도 및 절차 등을 마련하여야 한다. 이러한 절차는 가급적 표준화해야 하며 거래시 유의사항 등도 기재토록 하는 것이 바람직하다. 거래부문의 책임자는 회사방침에 합치하는 손익의 변동폭, 오픈포지션의 최대한도, 손절매의 한도 등을 정해야 하며 한도는 상품별, 트레이더별로 구분하여야 한다.

거래가 성립되면 각 트레이더는 관련 회계정보나 관리정보를 기재한 거래상황표를 작성한다. 여기에는 거래일자, 매매의 종류, 계약내용, 거래상대방, 수량, 가격, 트레이더명 등 거래내용과 결제에 필요한 모든 사항을 기재한다. 현금이동 및 총계정원장의 내용 등 내부보고서 작성과 관리업무에 필요한 모든 회계정보는 거래부문과는 독립된 부서에서 이루어져야 한다. 거래현황에 관한 내부보고서는 리스크관리 전담조직에서 작성하여 최고경영층에 보고한다. 이러한 내부보고시스템의 목적은 거래의 의사결정에 필요한 정보를 트레이더가 정확히 입수할 수 있게 하고, 거래활동의 손익이나 매매전략의 평가에 필요한 정확한 정보를 최고경영층에 제공하는 것이다.

그림 1-5 내부통제를 위한 일반적인 조직구조

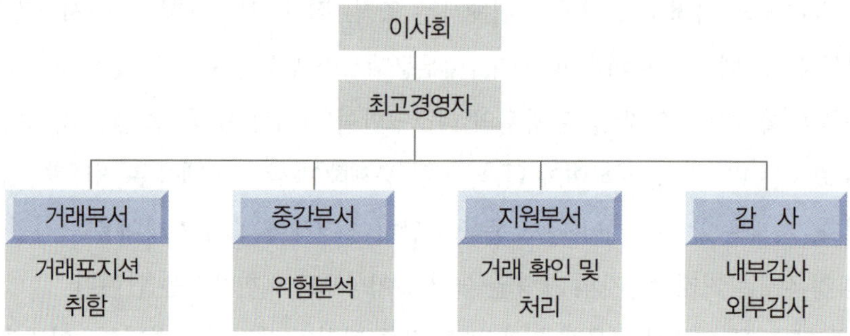

이와 같은 내부통제시스템을 효율적으로 운영하기 위해서는 적절한 조직구조(organizational structure)를 갖추어야 한다. 구체적인 내용은 금융기관 또는 기업에 따라 차이가 있겠지만 내부통제를 위한 일반적인 조직구조는 [그림 1-5]와 같다.

흔히 전방부서(front office)로 불리우는 거래부서는 마케팅을 통해 고객과의 거래를 성사시키거나 직접 시장에서 거래에 참여함으로써 포지션을 취하게 된다. 중간부서(middle office)라고 불리우는 위험관리부서는 위험을 평가하고 통제하는 역할을 하는 부서로서 절차에 따라 포지션 한도 내에서 거래가 이루어지는가를 감시하고 포트폴리오의 변동에 따른 위험노출을 측정하여 그 결과를 수시로 경영자에게 직접 보고하는 역할을 한다. 후방부서(back office)라고 불리우는 지원부서는 발생된 거래를 확인하여 서류화함으로써 거래를 최종 처리하는 역할을 한다. 또한 이러한 업무를 감시하고 평가하는 내부(internal) 또는 외부(external) 감사(audit) 조직이 별도로 존재한다. 이러한 구조하에서 각 부서는 서로 기능이 중복되지 않는 업무를 독립적으로 수행함으로써 견제와 통합이 균형을 이루어야 한다.

한편, 내부통제시스템이 원활하게 가동되기 위해서는 무엇보다 전산시스템의 지원이 필요하다. 정보통신기술의 발달과 금융거래의 글로벌화에 힘입은 24시간거래, 헤지 및 투기 목적의 선물거래로 인한 업무량 증가, 다양한 신상품의 등장 등으로 인해 전산시스템의 지원없이는 거래내역이나 손익의 파악이 사실상 불가능하게 될 것이므로 이에 대비한 적절한 시스템 지원체제의 구축이 필요하다.

파생상품 리스크 관리 지침

선물 및 선도계약을 포함한 옵션, 스왑 등의 파생상품거래 규모가 증대됨에 따라 리스크가 점증하고 있어 투자기관이 스스로 리스크를 관리해야 할 필요성이 높아지고 이에 대한 통일된 관리기준이 필요하다는 인식이 확산되었다. 이에 따라 민간부문의 전문가로 구성된 G−30(group of thirty)은 파생상품위험관리에 관한 실무지침(practice guideline)을 제안하였다. 이어서 국제결제은행(BIS)은 '파생상품에 대한 리스크 관리지침'(Risk Management Guidelines for Derivatives)을 발표하게 된다. 두 보고서의 내용 중에서 중요한 것을 요약하면 다음과 같다.

1) 경영자의 역할

파생상품에 대한 리스크 관리 정책(policy), 절차(procedure) 및 통제(control)는 가장 상위기관인 이사회(board of director)와 경영자(senior management)에 의해 결정되어야 하고, 이에 따라 리스크 한도, 리스크 관리체계 및 책임 등이 명시되어야 한다. 이사회는 정기적으로 리스크 노출(risk exposure) 규모에 대해 보고받고 주요 리스크 관리 정책 및 절차에 대해 검토한다. 경영자는 파생상품거래가 정해진 정책과 절차에 따라 제대로 수행되고 있는가를 수시로 점검해야 한다.

2) 독립적인 위험관리부서

위험관리부서는 거래부서와는 독립적으로 구성되고 운용되어야 한다. 위험관리부서는 정해진 절차에 따라 거래가 이루어지고 있는지를 감시하고, 포트폴리오 변동에 따른 리스크 노출 정도를 경영자와 이사회에 보고해야 한다.

3) 시가주의

파생상품 포지션은 최소한 매일 시장가격으로 평가(marked to market)되어야 한다. 발생주의 회계원칙(accrual accounting)을 사용하는 기업들도 이러한 회계원칙과는 무관하게 적어도 파생상품에 대해서는 시가로 평가하여 시장위험을 매일 매일 점검하여야 한다.

4) 종합적인 리스크 관리

신용위험(credit risk), 시장위험(market risk), 운영위험(operation risk), 유동성위험(liquidity risk), 법적 위험(legal risk) 등을 종합적으로 관리해야 한다. 또한 파생상품에 대한 리스크 관리는 전체 위험관리시스템과 통합되어(integrated) 수행되어야 한다.

5) 전문가

파생상품거래는 필요한 지식과 경험을 소유한 전문가(professional)만이 거래에 참여하도록 해야 한다. 이러한 전문가에는 거래자, 감독자 그리고 업무처리 및 통제의 책임이 있는 책임자 등이 포함된다.

사례 : 닉 리슨과 베어링스 은행의 파산

닉 리슨(Nick Leeson)은 고교 졸업 후 베어링스(Barings)그룹에 입사하여 1992년 해외 지사인 싱가포르 베어링 증권으로 발령받은 뒤 파생상품시장에서 발군의 실력을 발휘하여 몇 십만 파운드의 연봉과 보너스를 받는 잘 나가는 직원이었다.

그러나 1995년 초 8억 5천만파운드(약 1조7천억원)의 선물거래손실을 일으켜 결국 베어링그룹을 부채정리비용 7억 파운드와 함께 단돈 1파운드에 네덜란드의 ING에 넘기게 하였으며 본인은 싱가포르의 감옥에서 위조 사기 등의 혐의로 구속되어 수감생활을 하기에 이르렀다. 이 사건은 파생상품시장에서 한 거래인의 잘못으로 오랜 역사를 가진 한 금융그룹을 도산시켰으며 파생상품 운영상의 위험에 대한 논쟁을 불러일으키기도 했다.

사건 내용을 좀더 살펴보면, 사고가 나기 전 닉 리슨은 거래에 관해 뛰어난 능력을 발휘했으나 내부적으로는 별도계좌 88888을 이용하여 이익이 난 거래는 원 계좌에 그대로 둔 채 본사에 보고하고 손실이 난 거래는 별도계좌로 이체하는 식으로 자신의 실수를 감추었다고 한다. 당연히 정상계좌에서는 이익이 계속 발생하여 1993년 약 200만 달러의 이익을, 1994년에는 그 10배인 2,000만 달러 상당의 막대한 이익을 회사에 안겨다 주었다.

그 때문인지 닉 리슨이 운영하는 별도계좌 88888에 대해서는 누구도 간섭하지 않았고 그의 거래운영에 대해서는 내부통제의 힘이 전혀 미치지 않았다고 한다. 다시 말해서 거래 개시부터 청산까지 본인 결정하에 계좌 운영이 좌우되는 상황이었던 것이다. 따라서 그는 누구의 제재도 받지 않고 엄청난 규모의 거래를 시행할 수 있었다.

당시 닉 리슨은 Nikkei225 지수에 대해 Short Straddle 전략을 펼치고 있었다고 한다. Short Straddle이란 가격변동성이 작거나 보합일 경우 유용한 단기전략으로서 시장가격이 큰 변동이 없을 경우에는 프리미엄 수입이 발생하나 가격이 크게 변동할 경우에는 손실이 무한정으로 확대된다.

그는 Short Straddle거래에 임하면서 시장의 가격변동폭이 크지 않을 것으로 예상하였으나 1995년 1월 예상치 않은 고베지진으로 인하여 일본경제가 큰 타격을 입음으로써 일이 꼬이기 시작했다. Nikkei225 지수가 폭락하자 그는 발생한 손실을 보전하기 위하여 주가지수선물에 대량의 Long Position을 계속적으로 취함으로써 시장가격을 끌어올리기 위해 애썼다. 그는 이때까지도 일본경제가 곧 다시 회복할 것으로 믿었다.

그러나 시장가격은 예상과는 반대로 갈수록 하락을 거듭하였고 그는 결국 모든 것을 포기한 채 베어링사로 미안하다라는 편지를 남기 뒤 잠적하고 말았다. 가격이 하락하고 있는 상태에서 대량의 미청산 Long Position은 예측할 수 없는 엄청난 금액의 손실을 남겨주었고 며칠 뒤 베어링사는 감당할 수 없는 부채로 인하여 영란은행으로부터 부도처리가 되고 결국 상징뿐인 단돈 1파운드에 230년이 넘는 역사를 마감하게 된 것이다.

닉 리슨은 구속되면서 나는법을 어긴 것이 아니라 투자에 실패한 것이다" 라는 말을 남겼다. 과연 그럴까?

파생상품거래는 낮은 증거금으로 인하여 가격변동에 대한 큰 폭의 위험(risk)을 안고 있다. 따라서 기관투자의 경우 노출된 위험의 크기와 그 거래량의 막대함 때문에 적당한 내부통제가 필요하다. 그리고 예상되는 위험에 대비하여 여러 가지 보호장치를 해야 한다. 그러나 이 사건의 경우 베어링 내부에는 적절한 내부통제 및 거래운용원칙이 없었으며 닉 리슨 자신의 주도하에 거래 및 청산, 장부정리까지 다 관할했던 것이다. 또한 상급감독자들도 닉 리슨의 거래내용에 대해 아무런 검토도 하지 않아 닉 리슨이 마음놓고 대량거래를 할 수 있었던 것이다. 만약 상급자 누군가가 닉 리슨의 거래내용에 대해 꼼꼼히 따져가며 결재하였다면, 또는 내부적으로 거래에 관한 적당한 운영지침이 있어 이를 준용토록 하였다면 그러한 엄청난 손실을 초래하지는 않았을 것이다.

또 하나, 닉 리슨이 범한 큰 오류는 1년째 Nikkei225는 하락추세에 있었으며 고베지진으로 그 속도가 더해지고 있던 시장 분위기 속에서 자신의 판단실수를 냉정히 결정하여 보완대책을 세우지 않고 오히려 시장가격을 끌어올리기 위해서 무모한 대량의 Long Position을 취함으로써 손실을 더욱 부채질했다는 점이다. 혼자서 시장전체가격을 좌우하겠다는 무모한 오만이 저지른 결과였다.

한국선물협회 「월간선물시장」 1999년 8월호에서 발췌 요약

연/습/문/제

1. 선도계약과 선물계약의 차이점을 비교하시오..

2. 선물거래는 선도계약에 내재된 계약불이행 위험을 최소화 하기 위하여 어떠한 제도적 장치를 갖고 있는가?

3. 개시증거금이 계약금액의 5%인 선물계약의 경우 레버러지는 얼마인가?

4. 어떤 선물계약의 개시증거금률은 계약금액의 10%이고 유지증거금률은 개시증거금의 3/4이라고 할 때, 이 선물계약을 선물가격 90에 마도포지션을 취한 투자자는 선물가격이 얼마가 될 때 마진콜(margin call)을 당하게 되는가?

5. 전일 미결제약정수량이 1,500계약인 선물이 당일 미결제약정수량이 1,700계약이 되었다. 당일 거래량은 1,200계약이고 이 가운데 신규주문간에 체결된 계약수가 350계약이라고 하면 당일 반대매매간에 체결된 계약수는 얼마인가? (단, 당일 포지션을 취했다가 당일로 청산한 경우는 없다고 가정한다).

6. 만기일 이전에 선물계약을 청산할 수 있는 방법과 최종거래일까지 청산되지 않은 미결제약정의 최종결제방법을 설명하시오.

7. 3월물 KOSPI1200 지수선물을 192.15에 1계약 매도하고 동시에 6월물 KOSPI1200 지수선물을 197.30에 1계약 매입하여 매도스프레드 포지션을 취한 뒤, 3월물과 6월물 KOSPI1200 지수선물가격이 각각 195.20과 202.15로 상승하였다면 이 스프레드 전략의 손익은 얼마인가?

8. 우리나라 선물감독기관을 공적규제기관과 자율규제기관으로 나누어 설명하시오.

CHAPTER 02

선물가격결정과 차익거래

2.1 선물가격결정모형
2.2 다양한 선물의 이론가격
2.3 선물가격과 관련된 논의
2.4 차익거래

선물의 가격은 어떻게 결정되는가? 가격이 수요와 공급에 의해 결정된다는 것은 일반적인 원칙이다. 그런데 선물의 경우에는 거래대상이 되는 기초자산이 현물시장에서도 거래되고 있다는 점에서 현물가격과 선물가격간에 어떤 연관성이 있지 않을까 하는 의문이 생길 수 있다. 즉, 선물가격은 현물가격과 완전히 독립적으로 결정되는가? 그렇지 않으면 현물가격과 밀접하게 연관되어 결정되는가? 결론부터 말하자면, 선물가격과 현물가격은 밀접하게 연관되어 움직인다. 이러한 선물가격과 현물가격간의 균형관계는 차익거래(arbitrage)에 의해 형성되고 유지되는 것이다. 따라서 선물가격결정과 차익거래는 불가분의 관계를 갖고 있다.[1)]

2.1 선물가격결정모형

단순화된 가정 하의 선물가격결정모형

우선 이해를 돕기 위해 다음과 같이 단순화된 가정을 할 경우에 선물가격이 어떻게 결정되는가부터 살펴보도록 한다.

① 선물의 기초자산인 상품을 보관하는 데 전혀 비용이 들지 않는다. 즉, 보관비용(storage cost)이 없다고 가정한다.

② 현물에 포지션을 취하고 선물거래에 참여하는 데 따른 금융비용이 없다. 예를 들어 현물을 매입하거나 선물계약의 포지션을 취하기 위해서는 자금이 필요한데, 이 자금을 은행으로부터 빌리는 경우에는 이자비용이 들고

---

1) 본문에서는 표현상 선물이라는 용어를 사용하되, 실제는 일일정산 효과를 고려하지 않은 선도계약을 지칭하고, 엄밀한 의미의 선물계약의 가격결정에 관해서는 뒤 부분에 설명한다.

자기자금으로 충당하는 경우에는 기회비용이 발생하나, 이러한 이자나 기회비용이 없다고 가정한다.

③ 기초자산이 되는 현물(상품이나 채권, 주식 등)로부터의 현금흐름이 전혀 없다. 예를 들어 채권으로부터의 이자 지급, 주식 보유에 따른 배당금 지급 등이 없다고 가정한다.

이상의 세 가지 가정 하에서는 이론적으로 선물가격(F)과 현물가격(S)은 일치하게 된다. 즉, $F=S$가 성립된다.

이를 증명하기 위해서는 $F \neq S$인 경우를 예로 들어 설명하면 보다 쉽게 이해할 수 있다. 우선 $F>S$의 경우로서 $S=100$, $F=105$라고 가정해 보자. 이 경우에 투자자는 현물시장에서 현물가격 100에 현물을 매입(long)하여 보유하고 동시에 선물시장에서 선물가격 105에 매도(short)계약을 체결한 후, 선물계약의 만기일이 되면 100에 매입하여 보유했던 현물을 105의 가격에 인도함에 따라 선물과 현물가격의 차이에 해당하는 5만큼의 차익을 얻게 된다. 물론 이때 차익의 크기가 5가 되는 것은 금융비용과 보관비용이 없다고 가정했기 때문이다. 그러나 이러한 상태는 오래 지속될 수 없다. 왜냐하면 많은 투자자, 다시 말하면 차익거래자(arbitrageur)들이 이 기회를 이용하려 들 것이기 때문이다. 그러므로 현물시장에서는 현물을 매입하려는 수요가 증가하여 현물가격 S가 상승하게 되고, 선물시장에서는 선물의 매도주문이 늘어 선물가격 F가 하락하게 된다. 결국 선물과 현물의 가격차이는 줄어들게 되며, 이론적으로는 선물과 현물의 가격차이가 없는 상태에서 균형이 달성된다.

이번에는 $F<S$의 경우로서 $S=100$, $F=95$라고 가정해 보자. 이때 투자자는 선물시장에서 선물가격 95에 매입(long)계약을 체결하고 동시에 기초자산인 현물을 당시 현물가격 100에 공매(short selling)한다면, 선물계약의 만기일에 계약에 따라 95의 가격에 기초자산을 인도받아 공매를 위해 빌린 현물을 갚고 선물과 현물의 가격차이에 해당하는 5만큼의 차익을 얻게 된다. 물론 이때에도 공매에 따른 금융비용은 없다는 가정 때문에 차익의 크기가 5만큼 되는 것이다. 그러나 차익

거래가 존재하는 한 이러한 상태는 지속될 수 없다. 현물시장에서는 현물매도가 증가하여 현물가격 S가 하락하게 되고 선물시장에서는 선물매입 주문이 증가하여 선물가격 F가 상승함으로써 이론적으로는 현물과 선물의 가격이 같아지는 시점에서 균형이 이루어진다.

보유비용모형

이상에서 살펴본 바와 같이 보관비용과 금융비용이 없고 기초자산으로부터의 현금흐름이 없다는 매우 단순화된 가정 하에서는 이론적으로 선물가격은 현물가격과 일치한다. 그러나 현실적으로는 상품을 보관하는 데는 보관비용이 들고 금융비용도 엄연히 존재하며 일부 선물의 기초자산에는 현금흐름이 발생한다.

이와 같이 단순화된 가정들을 현실화할 경우에는 앞서 살펴본 '선물가격(F) = 현물가격(S)'은 성립하지 않게 된다. 왜냐하면 보관비용, 금융비용, 현금흐름 등의 보유비용(cost of carry)이 수반되기 때문이다.

선물계약이란 계약체결시점의 가격으로 미래의 특정시점(만기)에 기초자산인 현물을 인수도하는 계약이다. 따라서 선물에 매입(long)포지션을 취했다는 것은 현재시점에서 기초자산인 현물을 매입하여 선물의 만기까지 보유하는 것과 같은 의미를 갖는다. 다만, 선물포지션의 경우는 기초자산인 현물을 보유할 필요가 없으므로 이와 관련된 비용이 없는 반면에, 현물을 매입한 경우에는 만기까지의 현물보유비용을 부담해야 한다. 실제로 미래 어느 시점에 특정한 현물을 보유하고자 하는 투자자는 그 현물을 기초자산으로 하고 미래시점을 만기로 하는 선물계약에 매입포지션을 취하거나, 현물을 매입하여 만기까지 보유하는 방법이 있다. 이때 두 방법에 소요되는 비용은 서로 같아야 한다. 즉, 선물가격(F)은 현물가격(S)에 보유비용(CC)을 합한 것과 같아야 한다. 그렇지 않으면 차익거래를 통한 무위험 이익이 발생할 것이다.

$$\text{선물가격}(F) = \text{현물가격}(S) + \text{보유비용}(CC)$$

이와 같이 선물의 이론가격이 현물가격에 보유비용을 조정한 값과 같게 된다고 보는 이론을 보유비용모형(cost of carry model)이라고 한다.[2]

2.2 다양한 선물의 이론가격

보유비용모형에 의해 선물의 이론가격을 구하기 위해서는 보유비용을 알아야 한다. 선물계약의 보유비용은 선물의 종류에 따라 달라진다. 이하에서는 선물의 종류별로 구분하여 보유비용을 파악하고 이에 따라 선물의 이론가격을 구하고자 한다.

상품선물

옥수수, 밀 등 상품선물의 경우에는 현물시장에서 상품을 매입하여 선물계약의 만기일에 인도할 때까지는 창고에 보관해 두어야 한다. 또한 현물시장에서 현물을 매입하여 선물계약의 만기일까지 보유하기 위해서는 매입자금에 대한 금융비용이 발생하게 된다. 상품선물의 경우에는 기초자산인 현물로부터의 현금흐름은 없으므로 보관비용과 금융비용의 합계가 바로 상품선물의 보유비용이다. 그러므로, 상품선물의 가격결정모형은 다음과 같이 나타낼 수 있다.

$$F = (S + U) \times \left(1 + r \times \frac{T}{365}\right)$$

2) 다만, 일부 선물계약의 경우에는 기초자산의 특성상 보유비용모형이 적용되지 않는다. 즉, 기초자산의 보관이 불가능하거나 기초자산의 수요 또는 공급에 계절성이 존재하는 경우에는 보유비용모형이 성립되지 않는다. 이에 관한 내용은 뒤 부분에서 상세히 논의된다.

또는,

$$F = (S+U)e^{r\times\frac{T}{365}}$$

단, F = 상품선물가격
S = 상품현물가격
U = 보관비용의 현재가치
r = 이자율(연율)
T = 선물포지션을 취한 날로부터 만기일까지의 일수

즉, 상품선물의 가격은 상품의 현물가격과 보관비용의 현재가치를 더한 값에 선물포지션을 취한 기간동안의 금융비용을 감안한 값이 된다.[3] 일반적으로 이자율은 연율로 표기되므로 이자율에 $\frac{T}{365}$를 곱하여 기간이자율로 환산하며 보관비용은 현재가치로 계산한다는 점에 유의해야 한다.

채권선물

채권선물의 경우에는 상품선물과 달리 보관비용은 들지 않지만 금융비용은 발생한다. 그러므로 채권선물의 경우에는 보유비용이 금융비용만이라고 생각할 수 있다. 그런데 채권선물의 경우에는 채권의 특성상 보유비용 계산시 반드시 고려해야 할 사항이 있다. 바로 기초자산인 채권으로부터 발생하는 현금흐름인 이자수입이다. 즉, 채권의 보유에 따라 지급받는 이자수입만큼은 보유기간 중의 수익이므로 당연히 보유비용에서 공제해야 한다. 따라서 채권선물의 경우에 보유비용은 채권을 사기 위해 지급해야 하는 금융비용에서 채권을 보유함으로써 지급받게 되는 이자수입만큼을 차감한 값이 된다.

그러므로 채권선물의 이론가격은 다음과 같이 나타낼 수 있다.

---

3) 연속복리(continuous compounding)를 가정할 경우에는 금융비용을 반영한 부분, 즉 $\left(1+r\times\frac{T}{365}\right)$이 $e^{r\times\frac{T}{365}}$로 나타난다.

$$F = (S - I) \times \left(1 + r \times \frac{T}{365}\right)$$

또는,

$$F = (S - I)\, e^{r \times \frac{T}{365}}$$

단, F = 채권선물가격
S = 채권현물가격
I = 선물만기일까지 채권으로부터 받는 이자수입의 현재가치
r = 이자율(연율)
T = 선물포지션을 취한 날로부터 만기일까지의 일수

즉, 채권선물의 이론가격은 채권의 현물가격에서 선물만기일까지 채권으로부터 받는 이자수입의 현재가치를 뺀 값에 선물계약 만기일까지의 금융비용을 감안한 값이 된다. 그러므로 채권선물의 경우에는 금융비용과 이자수입의 크기 여하에 따라 보유비용(CC)은 양(+)의 값을 가질 수도 있고 음(−)의 값을 가질 수도 있게 된다. 이 점에서 보유비용이 항상 양(+)의 값을 가지게 되는 상품선물과는 다르다.

주식 또는 주가지수선물

채권선물의 이론가격모형은 주식선물에도 그대로 적용된다. 즉, 주식선물의 경우 채권선물과 마찬가지로 보관비용은 없으나 금융비용은 발생하고, 주식보유에 따라 채권의 이자수입처럼 배당수입을 얻을 수 있다. 따라서 주식선물의 보유비용은 주식을 매입하는 데 소요되는 자금의 금융비용에서 주식 보유에 따른 배당수입의 현재가치를 차감해야 한다.

그러므로 주식선물의 이론가격은 다음과 같이 나타낼 수 있다.

$$F = (S - D) \times \left(1 + r \times \frac{T}{365}\right)$$

또는,

$$F = (S - D)e^{r \times \frac{T}{365}}$$

단, F = 주식선물가격

S = 주식현물가격

D = 선물만기일까지 주식으로부터 예상되는 배당수입의 현재가치

r = 이자율(연율)

T = 선물포지션을 취한 날로부터 만기일까지의 일수

한편, 주가지수선물의 경우에도 주가지수를 구성하는 여러 종목의 주식들이 기초자산이 되고 있다는 점을 제외하고는 근본적으로 주식선물과 다르지 않다. 따라서 주가지수선물의 보유비용도 금융비용에서 배당수입을 공제한 금액이 된다. 다만 주가지수선물의 경우에는 현물과 선물의 가격이 지수로 표시되므로 배당수입 금액을 현물가격에서 차감하는 대신에 주가지수를 구성하는 주식으로부터 예상되는 배당수익률을 추정하여 이자율에서 차감하는 방식이 주로 사용된다. 즉, 주가지수선물의 이론가격은 일반적으로 다음과 같이 나타낸다.

$$F = S \times \left[1 + (r - q) \times \frac{T}{365}\right]$$

또는,

$$F = Se^{(r-q) \times \frac{T}{365}}$$

단, F = 주가지수선물가격

S = 현물주가지수

q = 현물주가지수를 구성하는 주식으로부터 예상되는 배당수익률(연율)

r = 이자율(연율)

T = 선물포지션을 취한 날로부터 만기일까지의 일수

통화선물

통화선물의 경우에도 채권선물, 주가지수선물 등의 금융선물과 마찬가지로 보관비용은 없지만 금융비용은 발생한다. 그런데 통화선물의 가격은 미래 일정시점에서의 두 통화간의 교환비율, 즉 미래에 거래할 환율을 의미한다. 따라서 A통화를 대가로 B통화를 매입 또는 매도하는 통화선물의 보유비용은 A통화의 이자비용뿐 아니라 B통화의 이자수입도 함께 고려해야 한다. 즉, A통화의 이자비용에서 B통화의 이자수입을 차감한 것이 A통화를 대가로 B통화를 거래하는 통화선물의 보유비용이 된다. 예를 들어 원화를 대가로 미국달러화를 거래하는 우리나라의 미국달러선물의 경우 보유비용은 원화이자에서 미국달러이자를 차감한 금액이 된다.

그러므로 A통화를 대가로 B통화를 거래하는 외환을 기초자산으로 하는 통화선물의 이론가격은 다음과 같다.

$$F = S \times \left[1 + (r_A - r_B) \times \frac{T}{365}\right]$$

또는,

$$F = Se^{(r_A - r_B) \times \frac{T}{365}}$$

단, F = 통화선물가격 또는 선물환율(A통화 / B통화)
S = 현물환율(A통화 / B통화)
r_A = A통화 이자율(연율)
r_B = B통화 이자율(연율)
T = 선물포지션을 취한 날로부터 만기일까지의 일수

따라서 통화선물의 이론가격, 즉 선물환율은 현물환율에 두 통화간의 금리차를 뺀 값과 같아진다. 이때 환율이 B통화 1단위 당 A통화의 금액으로 표시될 경우 A통화의 이자율이 B통화의 이자율보다 높으면 선물환율은 현물환율보다 크고, 반대로 A통화의 이자율이 B통화의 이자율보다 낮으면 선물환율은 현물환율보다 낮아진다.

2.3 선물가격과 관련된 논의

선물가격결정모형과 편의수익

지금까지의 분석을 종합해 보면 선물가격은 현물가격과 매우 밀접한 연관을 갖고 결정됨을 알 수 있다. 즉, 선물의 이론가격은 그 시점의 현물가격에 만기일까지의 현물보유비용(cost of carry)을 합하여 결정된다. 따라서 보유비용만 정확하게 구할 수 있다면 선물의 이론가격은 쉽게 구할 수 있다. 이러한 개념에 의해 선물가격결정을 접근하는 모형을 보유비용모형(cost of carry model)이라 한다.

한편 선물가격이란 미래 특정시점의 인수도가격이므로 미래에 대한 예측이 선물가격에 영향을 미친다는 것은 의심할 여지가 없다. 따라서 선물가격은 미래의 기대현물가격(expected future spot price)에 의해 결정된다고 보는 기대가격모형(expectations model)도 존재한다. 어느 경우에나 이렇게 구해진 선물의 이론가격이 실제의 선물가격과 같지 않을 경우 차익거래가 발생하여 균형가격에 도달한다고 보는 관점은 보유비용모형과 기대가격모형이 모두 일치한다.

차익거래에 의해 실제 선물가격이 선물이론가격에 일치한다고 하는 이론들은 완전시장(perfect market)의 가정 하에 도출된 것이다. 즉, 선물이나 현물거래와 관련된 거래비용 및 정보비용이 전혀 없고, 공매(short selling)에 제약이 없으며, 자금의 차입과 대출에 제한이 없고 동일한 금리가 적용된다는 가정을 하고 있다.

보유비용모형이 성립하기 위한 근본적인 조건은 기초자산인 현물이 특성의 손상이 없이 무한정 보관이 가능해야 하고, 선물과 현물가격간에 불균형이 발생하면 충분한 차익거래가 일어나서 균형으로 회귀되어야 한다. 기초자산의 보유가 불가능한 경우로는 전기처럼 저장이 불가능하거나, 저장을 하게 되면 현물의 특성이 쉽게 변하는 일부 농산물을 예로 들 수 있다. 이런 경우에는 이론가격보다 고평가, 즉 $F > S+CC$가 되면 현물을 매입하여 보유함과 동시에 선물을 매도하는 차익거래를 하여야 하나, 현물의 보관이 불가능하므로 차익거래가 어려워진다.

따라서 고평가된 선물가격을 균형가격으로 회귀시키는 힘이 작용하지 못한다.

반대로, 선물가격이 이론가격보다 저평가, 즉 $F < S + CC$가 되면 현물을 빌려서 매도함과 동시에 선물을 매입하는 차익거래가 일어나야 하나, 현물을 빌려서 매도하는 포지션, 즉 공매도(short selling)포지션을 취하는 것이 쉽지만은 않다. 물론 금융선물의 경우에도 공매도 포지션을 취하는 것이 쉽지는 않지만, 특히 상품선물의 경우에는 현재 현물을 보유하고 있지 않은 투자자가 공매로 포지션을 취하는 것은 매우 어렵다. 이로 인해 차익거래가 용이하지 않게 되면 선물가격이 저평가되는 불균형 관계가 한 동안 지속되는 경향을 보인다. 이때 선물가격(F)과 이론가격($S+CC$)의 차이를 특별히 편의수익(convenience yield)이라 하고, 수식으로 표현하면 다음과 같다.[4)]

$$F = S + CC - CY$$

또는,

$$CY = (S + CC) - F$$

단, CY = 금액으로 환산한 만기 시점까지의 편의수익

편의수익은 주로 상품선물에서 발생하는데 모든 상품에 나타나는 것은 아니고, 시장상황, 계절적 요인, 자산의 이용목적 등에 따라 달라지고 그 크기도 수시로 변한다. 우선 돌발상황의 발생(예를 들면, 전쟁, 봉쇄, 천재지변 등)으로 갑자기 어떤 상품의 현물가격이 상승하더라도 선물가격은 그다지 오르지 않는 경우가 있다. 왜냐하면 당장 현물가격은 오르지만 사태가 장기화되지는 않을 것이라는 예상으로 미래의 현물가격은 그리 높지 않을 것이라고 기대하기 때문이다. 이때 차익거래기회가 발생하지만 현물에 공매도를 취하는 것이 어려우므로 실제로 현물을 보유하고 있는 투자자 외에는 차익거래를 실행할 수 없게 된다. 따라서 선물

4) 일반적으로 편의수익이란 원자재 등의 현물상품을 보유하고 있을 경우 일시적인 품귀현상으로 올 수 있는 불이익을 피할 수 있고 필요할 때에 원자재에 접근할 수 있는 이익을 의미한다.

가격이 보유비용모형에 의한 이론가격, 즉 $S+CC$보다 낮은 수준에서 형성되어 지속되는 현상이 나타나게 된다. 이때 형성된 차이를 편의수익이라고 부른다. 이와 같이 돌발적인 시장상황에 의해 편의수익이 발생하는 대표적은 예로서는 원유 등의 에너지 상품과 비철금속 등의 원자재를 들 수 있다.

편의수익이 발생하는 또 다른 경우로는 수급의 계절성이 있는 상품을 들 수 있다. 예를 들면, 난방유(heating oil)처럼 수요의 계절적 추이가 강하거나 대두, 옥수수와 같은 농산물처럼 경작과 수확의 주기와 관련하여 강한 계절성을 보이는 상품들이다. 이러한 상품을 기초자산으로 하는 선물의 경우에는 선물과 현물가격 간의 관계가 수급의 계절성에 따라 민감하게 반응한다. 예컨대 원유 정제시 부산물로 발생하는 난방유의 경우는 매년 가을이 되면 재고가 증가하여 이듬해 1월에 최고 수준이 되고, 늦겨울과 이른 봄에는 겨울철 소비로 재고가 감소하게 된다. 따라서 난방유 현물가격은 재고가 증가하는 가을과 초겨울에는 하락하고, 재고가 감소하는 겨울과 이른 봄에는 상승하는 계절성을 갖는다. 만일 현재 시점이 3월이라면 계절적 요인으로 난방유 현물가격은 높지만 난방유 선물시장에서 거래되는 11월 선물가격은 11월의 기대현물가격을 반영하여 낮게 형성된다. 이때 선물가격은 보유비용모형에 의한 이론가격($S+CC$)보다, 심지어는 현물가격(S)보다도 낮아질 수 있으나, 공매도 제약으로 인해 차익거래가 원활하게 일어나지 못한다. 따라서 선물가격은 이론가격보다 낮은 상태가 한 동안 지속되고 그 차이는 편의수익이 된다.

선물가격과 기대현물가격

선물가격은 과연 미래의 기대현물가격과 일치하는가? $F = E(S_T)$, 즉 어느 특정 시점의 선물가격이 만기의 현물가격에 대한 합리적인 측정치가 될 수 있는가에 관해서 많은 논란이 있어 왔다. 이에 대해 케인즈(J.M. Keynes)와 힉스(J. Hicks)는 만약에 헤저(hedger)들이 매도(short)포지션을 취하고 투기자(speculator)들은 매입(long)포지션을 취하는 경향이 있다면 선물가격은 미래기대현물가격보다 낮게 형성될 것이라고 주장했다. 그 이유는 다음과 같다.

일반적으로 헤저는 현물자산의 보유상태에 따라, 즉 자산을 앞으로 팔아야 할 것인지 또는 사야 할 것인지에 따라 선물시장에서 매도(short) 또는 매입(long)포지션을 취해야 되고 임의로 선물포지션을 선택할 수는 없다. 따라서 선물시장에서 어떤 선물계약에 대해 헤지목적의 매도(short)주문이 매입(long)주문보다 크다면 선물가격은 하락하여 미래기대현물가격 이하에서 형성되고, 이와 같이 선물가격이 하락하게 되면 포지션의 선택이 자유로운 투기자들은 매도보다는 매입주문에 치중하게 되어 결과적으로 시장 전체의 매입(long) · 매도(short) 주문간의 균형을 이루는 선물가격은 미래기대현물가격보다 낮은 수준에서 결정된다는 것이다.[5)]

이와는 반대로 어떤 선물이 그 특성상 헤지목적의 매입(long)주문이 매도(short)주문보다 크다면 선물가격은 상승하여 미래기대현물가격보다 높은 수준에서 형성되고 투기목적의 매도주문은 매입주문보다 많아져서 선물시장의 수급균형을 이루게 된다는 것이다.

이렇게 형성된 선물가격은 선물계약의 만기일이 가까워지면서 [그림 2-1]에서 보는 바와 같이 점차 미래기대현물가격에 접근하는데 선물균형가격이 미래기대현물가격 이하에서 형성된 경우는 백워데이션(backwardation), 선물균형가격이 미래기대현물가격보다 높은 수준인 경우는 콘탱고(contango)라고 부른다.[6)]

이러한 현상은 투기자와 헤저의 선물시장에서의 기대수익률에도 영향을 미쳐서 헤저의 경우에는 기대수익률이 무위험이자율보다 낮지만 위험회피라고 하는 헤지의 유용성 때문에 선물시장에 참여하는 것이고, 투기자의 선물시장에서의 기대수익률은 무위험이자율보다 높아져서 선물시장 참여에 대한 위험프리미엄(risk premium)이 존재한다고 본다. 즉, 시장참여자들의 위험에 대한 태도가

---

5) 이에 따라 투기거래는 선물시장의 유동성을 높이고 원활한 헤징거래가 이루어지도록 하는 순기능을 한다. 이에 관한 논의는 제3장에서 투기거래의 의의를 설명하면서 다시 언급할 것이다.

6) 실무에서는 선물가격이 현재의 현물가격보다 높은 수준일 경우를 '콘탱고', 반대로 낮은 수준일 경우를 '백워데이션이'라 흔히 부른다. 이러한 실무에서의 관행과 구별하기 위하여 일부에서는 선물가격이 미래기대현물가격보다 높은 수준일 경우를 '정상콘탱고(normal contango)' 반대로 낮은 수준일 경우를 '정상 백워데이션(normal backwardation)'부르기도 한다.

그림 2-1 **백워데이션과 콘탱고**

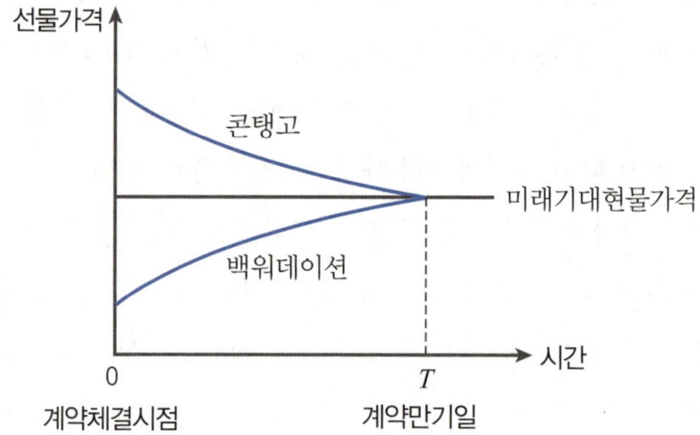

서로 다르기 때문에 선물가격이 미래의 기대현물가격과 일치하지 않는다고 보는 견해로서 이를 위험프리미엄가설이라고 한다.

선도가격과 선물가격

지금까지 선물가격을 논의하면서 선물계약과 선도계약을 구별하지 않았다. 그러나 본 장에서 현재까지 언급된 선물가격은 엄밀하게 말하면 일일정산이 일어나지 않는 선도계약의 가격을 의미한다. 선물가격이 선도가격과 다르게 되는 가장 큰 원인은 일일정산이다.[7]

선도계약의 경우는 만기 전에 발생하는 가격변동이 장부상의 손익일 뿐 실제로 손익이 실현되는 것은 반대매매를 통해 포지션을 청산하거나 만기에 포지션이 종료되는 시점이다. 따라서 계약체결시점의 가격과 청산시점의 가격의 차이에 의해 손익이 결정된다. 그러나 선물계약의 경우는 포지션을 갖고 있는 기간동안 일일정산에 의해 현금흐름이 발생한다. 선물계약의 순 현금흐름은 결과적으로 선도

7) 이외에도 실제로 세금, 거래비용, 증거금, 유동성 등이 선도가격과 선물가격의 차이를 일으키는 요소가 될 수 있으나, 완전시장을 가정하는 이론적 모형에서는 무시할 수 있는 요소들이다.

계약에서의 손익과 일치하겠지만, 현금의 유입 또는 유출이 발생한 시점에 따라 이자수입 또는 지출이 발생한다. 이러한 현금흐름에 대한 이자의 차이로 인해 선물계약과 선도계약의 가격이 달라진다.

무위험이자율이 만기까지의 기간동안 일정하거나 알려진 시간의 함수인 경우에는 선물가격과 선도가격은 같아진다.[8] 그러나 기초자산의 가격변동이 이자율변동과 높은 상관관계를 갖는 경우(대표적인 예로서 금리선물계약)에는 상관관계의 방향에 따라 선물가격과 선도가격의 차이가 일관성 있게 나타나게 된다. 우선 기초자산의 가격이 이자율과 강한 양(+)의 상관관계를 갖고 있을 때에는 이자율이 상승할 때 선물에 매입포지션을 갖고 있는 투자자는 일일정산에 따라 현금유입이 이루어진다. 이렇게 유입된 현금은 높아진 이자율로 투자된다. 반대로 이자율이 하락할 때는 일일정산으로 현금유출이 일어나고, 이때 유출되는 현금은 낮아진 이자율로 차입될 것이다. 따라서 다른 조건이 모두 같다면 선도계약보다 선물계약에 매입포지션을 취하는 것이 더 유리하고 결과적으로 선물가격이 선도가격보다 높게 된다. 같은 원리로, 기초자산의 가격이 이자율과 강한 음(−)의 상관관계를 갖고 있을 때에는 선도가격이 선물가격보다 더 높게 된다.

일반적으로 대부분의 선물계약이 만기 이전에 반대매매를 통해 청산된다는 점을 고려한다면 짧은 보유기간 동안의 선물계약의 가격과 선도계약의 가격과의 차이는 무시해도 좋을 만큼 작은 수준이다. 따라서 이 책을 포함한 대부분의 경우에는 선물계약의 일일정산효과를 무시하고 선물가격과 선도가격을 동일한 것으로 간주한다.

---

8) Cox, Ingersoll, and Ross는 이자율이 일정할 때 선물가격과 선도가격이 같아진다는 것을 증명하였다. "The Relationship between Forward Price and Futures Prices," *Journal of Financial Economics* 9, 1981, pp. 321−346 참조.

2.4 차익거래

차익거래의 개념

차익거래(arbitrage)란 추가적인 비용이나 위험 부담없이 이익을 획득할 수 있는 거래를 말한다. 선물시장에서는 실제선물가격과 이론선물가격간의 괴리가 일정 범위를 벗어날 경우 이를 이용하여 선물과 현물에 동시에 반대포지션을 취함으로써 무위험 확정수익을 얻는 차익거래가 일어나게 된다. 차익거래가 활발하게 이루어지면 실제선물가격은 현물가격을 기초로 하는 이론선물가격에서 크게 벗어나지 않게 되며 따라서 차익거래는 현물시장과 선물시장이 유기적인 균형관계를 유지하도록 하는 기능을 한다.

선물시장에서의 차익거래는 먼저 실제선물가격과 이론선물가격의 차이를 확인하고 차익거래의 예상이익이 차익거래에 따른 거래비용을 초과하는지를 분석한 후에 이를 실행하는 과정을 거치게 된다. 물론 실제로 차익거래를 실행하는 과정에는 많은 제약과 위험이 따르므로 이에 대한 신중한 고려가 수반되어야 한다. 선물시장에서의 차익거래는 선물가격의 실제가격이 이론가격에 비해 고평가 또는 저평가되어 있느냐에 따라 두 가지 전략, 즉 매입차익거래(cash and carry arbitrage)와 매도차익거래(reverse cash and carry arbitrage)로 나뉜다.

매입차익거래란 선물의 시장가격이 이론가격을 상회하는 경우에 현물을 매입(long)하여 보유하고 선물에 매도(short)계약을 체결한 뒤, 만기에 보유하고 있던 현물로 선물계약을 결제(현물인도)하고 선물매도대금으로 현물매입을 위해 차입했던 자금의 원리금을 상환하는 방식의 차익거래이다. 이때 차익거래자는 계약당 실제선물가격과 이론가격의 차이에서 거래비용을 제외한 만큼의 무위험이익을 얻게 된다.

예제 1

6월 26일 현재,

KOSPI200 지수 = 82.00

9월물(만기일 9월 10일) KOSPI200 지수선물 = 83.70

이자율(연율) = 10%　　배당수익률(연율) = 3%

9월물 지수선물의 이론가격:

$$82\times\left[1+(0.1-0.03)\times\frac{77}{365}\right]=83.21$$

따라서 실제선물가격(83.70) > 이론선물가격(83.21)

거래비용이나 기타 차익거래 제약 요인들이 전혀 없다는 가정 하의 차익거래전략:

계약당 4,100만원(= 82.00×50만원)을 연율 10%에 차입하여 현물(KOSPI200 지수와 같은 구성의 주식포트폴리오)을 매입하고 동시에 고평가된 9월물 KOSPI200 지수선물을 83.70에 매도한다.

이러한 매입차익거래 포지션을 선물만기일(9월 10일)에 청산하고 이때 KOSPI200 지수가 85.00이라면:

선물포지션의 손익: 계약당 65만원 손실

$$(83.70-85.00)\times 50\text{만원} = -65\text{만원}$$

현물포지션의 손익 : 계약당 89.5만원 이익

- 매입한 주식포트폴리오를 계약당 4,250만원(= 8,500×50만원)에 매도
- 차입원리금 4,186.5만원$\left[=4,100\times\left(1+0.1\times\frac{77}{365}\right)\right]$을 상환
- 예상한 배당수입이 계약당 26만원$\left(=4,100\times 0.03\times\frac{77}{365}\right)$ 발생

즉, +4,250−4,186.5+26 = +89.5만원

따라서, 거래비용이 없다는 가정 하에서의 차익거래이익은 계약당 24.5만원(= 89.5−65)이다. 이러한 차익거래이익은 차익거래 포지션을 취할 당시의 선물의 시장가격(83.70)과 이론가격(83.21)의 차이로부터 구한 금액과 동일함을 알 수 있다. 즉, 다음과 같이 간단하게 구할 수 있다.

$$(83.70-83.21)\times 50\text{만원} = 24.5\text{만원}$$

한편, 매도차익거래는 선물의 시장가격이 이론가격보다 낮게 형성된 경우에 선물에 매입(long)계약을 취하고 현물을 빌려서 공매도(short selling)를 하며 매도대금은 선물계약의 만기까지 예금한다. 만기가 되면 투자한 원리금을 회수하여 이 돈으로 선물계약을 결제(현물인수)하고 인수된 현물로는 공매도한 현물을 상환하는 방식으로 차익거래가 일어난다. 이때에도 차익거래자는 선물의 시장가격과 이론가격의 차이에 계약당 금액을 곱해서 구한 값에서 거래비용을 제외한 만큼의 무위험이익을 얻게 된다.

예제 2

앞의 예제와 나머지 조건은 모두 동일하고, 다만 9월물 KOSPI200 지수선물의 시장가격이 82.66이라고 가정하자.

따라서 실제선물가격(82.66) < 이론선물가격(83.21)

거래비용이나 기타 차익거래 제약요인들이 전혀 없다는 가정 하의 차익거래 전략:

> 계약당 4,100만원(= 82.00×50만원)만큼의 현물(KOSPI200 지수와 같은 구성의 주식포트폴리오)을 공매도하여 들어온 현금을 연율 10%로 예금하는 동시에 저평가 된 9월물 KOSPI200 지수선물을 82.66에 매입한다.

이러한 매도차익거래 포지션을 선물만기일(9월 10일)에 청산하고 이때 KOSPI200지수가 85.00이라면:

선물포지션의 손익 : 계약당 117만원 이익

$$(85.00-82.66)\times 50\text{만원} = +117\text{만원}$$

현물포지션의 손익: 계약당 89.5만원 손실

- 예금원리금 4,186.5만원$\left[= 4{,}100\times\left(1+0.1\times\frac{77}{365}\right)\right]$을 수령
- 공매도한 주식포트폴리오를 계약당 4,250만원(= 85.00×50만원)에 재매입하여 상환
- 공매도한 기간동안 발생한 주식 포트폴리오의 배당금으로 계약당 26만원 $\left(= 4{,}100\times 0.03\times\frac{77}{365}\right)$을 상환

즉, +4,186.5−4,250−26 = −89.5만원

따라서 거래비용이 없다는 가정하에서의 차익거래이익은 계약당 27.5만원(= 117−89.5)이다. 이러한 차익거래이익은 차익거래 포지션을 취할 당시의 선물의 시장가격(82.66)과 이론가격(83.21)의 차이로부터 구한 금액과 동일함을 알 수 있다. 즉, 다음과 같이 간단하게 구할 수 있다.

(83.21−82.66)×50만원 = 27.5만원

차익거래 실행시 고려사항

이상의 논의대로라면 차익거래는 단순하고 평이해 보일지 모르나 실제로 차익거래전략을 수행하는 데는 많은 제약과 위험이 따른다. 정확한 이론가격의 계산, 거래비용, 공매제한, 추적오차, 차익거래기회 포착 및 타이밍 등이 실제 차익거래를 복잡하게 만드는 요소들이다. 차익거래를 실행하는 데 따른 고려사항들을 구체적으로 살펴보자.

첫째, 차익거래는 실제선물가격과 이론가격간의 괴리를 이용하는 것이므로 정확한 이론가격의 계산을 전제로 한다. 앞서 논의된 바와 같이 일반적으로 선물의 이론가격은 현물가격에 보유비용을 조정하여 결정된다. 대부분의 경우 보유비용에 금융비용이 포함되는데 이때 적용되는 이자율로 어떤 금리를 사용하는가에 따라 금융비용이 달라진다. 또한, 금융비용 이외에 다른 비용들도 보유비용에 포함되는데 일부 선물의 경우에는 이러한 보유비용을 계산하는 데 어려움이 있다. 대표적인 예로서 주식 또는 주가지수선물의 이론가격 구성요소 중에는 기초자산인 주식 또는 주식포트폴리오로부터 만기까지 예상되는 배당금을 추정하여야 한다. 그러나 미래의 배당을 정확하게 안다는 것은 현실적으로 불가능하다. 따라서 과거 자료를 근거로 추정한 배당금 또는 배당수익률을 사용하는데 예상이 빗나갈 경우 차익거래전략에 차질이 생길 수도 있다.

둘째, 차익거래 실행시 반드시 고려해야 할 것이 거래비용이다. 거래비용은 차익거래를 위해 현물과 선물에 포지션을 취하고 이를 해소하는 데 소요되는 비용

이다. 이때 포함되는 거래비용에는 현물과 선물의 매매에 따른 수수료 및 제 세금 등의 명시적인 비용뿐 아니라, 차익거래시 현물과 선물을 동시에 대량 매매하는 데 따른 간접적인 비용도 고려해야 한다. 흔히 시장충격비용(market impact cost)이라고 불리우는 이것은 대량으로 현물 또는 선물을 매매할 경우 차익거래 기회의 포착시점 또는 차익거래 포지션의 청산시점의 가격보다 불리한 가격에 실제로 거래를 해야 하는데 따른 비용을 가리킨다. 즉, 매입시에는 현재가보다 비싼 가격에, 매도시에는 현재가보다 싼 가격에 거래를 해야 함으로써 발생하는 비용이다. 시장충격비용은 시장규모, 유동성, 거래시스템 등에 의해 결정된다. 이러한 거래비용은 차익거래 참가자 각자의 여건에 따라 달라질 수 있는데 적어도 차익거래 이익이 거래비용보다는 커야 실제로 차익거래를 실행하게 된다.

셋째, 앞서 설명한 바와 같이 선물이 저평가된 경우에는 선물에 매입포지션을 취하고 현물의 공매(short selling)를 통해 매도포지션을 취하는 매도차익거래(reverse cash and carry arbitrage)를 한다. 이때 공매할 현물을 빌려서 매도하고 매도대금을 예금 등으로 운용한 후에 현물을 시장에서 재매입하여 돌려주는 과정을 거친다. 그러나 실제로 필요한 현물을 빌리는 거래가 용이하지 않고 높은 거래비용을 수반하는 것이 일반적이다. 이러한 문제로 인해 많은 경우 매도차익거래시 직접적인 공매보다는 공매와 같은 효과를 갖는 방식으로 차익거래를 실행하게 된다. 즉, 차익거래 대상이 되는 현물을 이미 보유하고 있는 기관투자가가 선물매입계약과 동시에 해당 현물을 매도하고 매도대금을 무위험자산에 투자한 뒤 만기시 환수한 투자액으로 선물계약에 의해 현물을 매입하여 다시 보유하게 된다. 이러한 차익거래를 준차익거래(quasi-arbitrage)라고 부르며 결과는 매도차익거래와 같아진다.

넷째, 차익거래는 선물과 동시에 현물에 반대방향으로 포지션을 취해야 하는데 포지션을 취한 현물이 선물의 기초자산과 정확하게 일치하지 않거나 차익거래 기간동안에 현물의 성격이 달라지는 경우에는 추적오차(tracking error)가 발생하게 된다. 주가지수선물은 차익거래시 추적오차가 문제되는 대표적인 선물계약이다. 주가지수선물의 기초자산은 지수를 구성하는 주식들의 포트폴리오이다. 그러나 주가지수선물시장에서 지수를 구성하는 모든 주식을 대상으로 차익거래를 할 경우에는 종목관리 및 교체매매에 따른 많은 비용이 발생하므로 최소한의 종목으로 현물과 유사한 펀드를 구성하는 것이 일반적이다. 이때 구성한 현물펀드가 지수를 정확히 복제하지 못함으로 인하여 예상한 차익거래이익을 확보하지 못하거나 손실마저 초래할 가능성이 있다. 따라서 주가지수선물 차익거래에서는 대상지수의 변경, 즉 편입종목변경, 가중치(weight)변동 등을 면밀히 파악하여 대비하는 것이 필요하다.

다섯째, 차익거래는 선물과 현물의 가격변화 추이를 주시하여 가격괴리(mis-pricing)를 계산하고 거래비용 등을 고려하여 차익거래기회를 포착하는 것으로부터 시작된다. 이렇게 하여 포착된 차익거래기회라 할지라도 실행에 옮기는 타이밍이 차익거래에 있어서는 매우 중요한 문제이다. 차익거래가 경쟁적으로 일어날 경우 가격괴리에 따라 발생한 차익거래기회는 수요 공급의 원칙에 의해 균형가격으로 수렴하기 때문에 오랫동안 지속될 수 없다. 이 경우 경쟁자들 가운데 누가 먼저 차익거래기회를 포착하고 신속하게 차익거래를 실행하느냐 하는 것이 차익거래이익에 결정적인 영향을 미치게 된다. 따라서 차익거래기회를 포착하고 즉시 실행하는 타이밍을 위하여 주가지수선물의 차익거래는 흔히 투자전략을 컴퓨터에 입력하고 시황변동에 따라 컴퓨터가 자동으로 매입 또는 매도시점을 포착하여 주문하는 프로그램매매(program trading)로 이루어지고 있다. 그러나 프로그램매매는 많은 종목을 일시에 대량거래를 하므로 급격한 주가변동을 야기할 수 있다.[9] 특히 1987년 10월의 미국 주가대폭락(market crash)의 원인 중의 하나로 프로그램매매가 지목된 이후 이에 대한 규제가 이루어지고 있다.[10]

---

9) 넓은 의미의 프로그램매매는 매매에 관한 구체적인 의사결정규칙을 컴퓨터에 입력하여 자동적으로 매입 또는 매도시점을 판단하여 집행하는 기계적인 매매를 가리킨다. 이러한 프로그램매매는 차익거래 외에도 다른 목적으로 활용되기도 하는데, 대표적인 예로 인덱스매매, 포트폴리오보험, 자산배분 등을 들 수 있다. 차익거래를 제외한 나머지 프로그램매매를 비차익거래로 구분한다.

10) 우리나라에서도 가격변동이 심한 경우 매매거래를 일시 중단시키는 제도(circuit breaker) 외에 프로그램매매 체결을 지연시키는 제도(side car)를 두고 있다.

차익거래 불가영역

지금까지 논의된 내용들을 종합해 보면, 실제로 차익거래는 선물의 시장가격이 이론가격을 벗어났다고 무조건 가능한 것이 아님을 알 수 있다. 앞서 선물의 이론가격을 도출하는데 근간이 되었던 차익거래는 완전시장(perfect market)의 가정 하에서 이루어졌다. 즉, 선물이나 현물거래와 관련된 거래비용 및 정보비용이 전혀 없고, 공매의 제약이 없으며, 자금의 차입과 대출에 제한이 없고 동일한 이자율이 적용된다고 가정하고 있다. 그러나 실제로는 불완전시장(imperfect market) 요인들이 존재하여 차익거래의 시행을 제약하고 있는 것이 현실이다.

그러므로 선물의 시장가격이 이론가격을 벗어나더라도 그 차이가 거래비용 등의 불완전시장 요인들에 의해 야기된 비용을 충분히 커버할 수 없는 범위 내에서는 차익거래를 할 수 없게 된다. 이러한 가격범위를 차익거래 불가영역(no-arbitrage bound)이라고 부르며, [그림 2-2]에서 보는 바와 같이 이론가격을 중심으로 상한(upper bound)과 하한(lower bound)이 설정된다.

차익거래 불가영역은 거래비용이 클수록, 차입 및 대출이자율간의 차이가 커질수록, 공매에 대한 제약이 많을수록 그 폭이 커지며 따라서 차익거래기회도 감소하게 된다. 선물시장참가자는 각자의 여건에 따라 차익거래 불가영역 폭이 달라진다. 거래비용이 작고 차입이자율이 낮으며 공매제약이 적은 투자자일수록 차익

그림 2-2 **차익거래 불가영역**

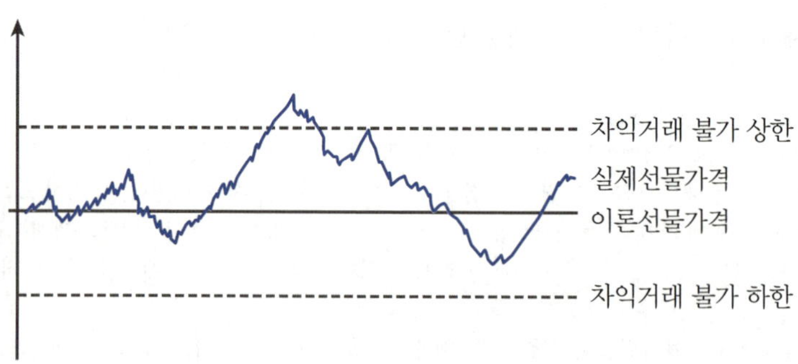

거래기회를 먼저 갖게 되어 유리하다. 따라서 대부분의 차익거래는 기관투자자를 중심으로 대규모로 이루어진다.

이러한 차익거래 물량이 주가에 상당한 영향을 미치는 것으로 알려지고 있다.[11] 예를 들면, 선물이 고평가된 경우는 차익거래를 목적으로 현물인 주식에 대량매입이 이루어져서 주가를 올리는 역할을 하고, 이렇게 대량 보유한 주식들은 고평가 현상이 해소되면 차익거래이익의 실현을 목적으로 매도되어 주가를 내리는 원인이 된다. 선물이 저평가된 경우에는 반대 방향으로 주가에 영향을 미치게 된다.

11) 특히 우리나라에서는 KOSPI200지수선물의 차익거래로 인한 프로그램매입 또는 매도물량이 자주 주가의 상승 또는 하락에 영향을 미치고 있다.

사례 : Black Monday와 프로그램 트레이딩

1987년 10월 19일 미국의 다우존스지수(Dow Jones Industrial Average)가 하루 동안 508포인트(22.6%)나 하락했다. 이것은 미국 증권시장 개설 이후 최대 하락폭으로 1929년 대공황 당시의 주가하락폭이 12.8%였던 것을 감안할 때 사상 초유의 대폭락이었다. 이날이 월요일이었으므로 이후 Black Monday라고 명명되고 있다.

증시붕괴 직후 Black Monday의 발생원인에 관해서는 많은 논란이 있었으며 그 과정에서 주가지수선물거래가 주식시장의 변동성을 확대시켰고, 특히 차익거래를 실행하기 위한 프로그램매매(program trading)가 증시붕괴를 촉진하는 주요인으로 작용했다는 의견이 강력히 대두되기도 했다. 그러나 실제 자료를 분석해 본 결과 주가지수선물이 주식시장 폭락의 직접적 원인이었다는 증거는 없는 것으로 나타났다.

실제로 10월 19일 아침 미국의 선물시장과 주식시장은 개장과 동시에 매도주문이 쏟아져 S&P500 선물시장은 개장과 동시에 가격이 7%나 하락했다. 오전 11시까지는 증권거래 관련 사항들이 전혀 발표되지 않아 주가지수선물과 현물지수간의 가격비교가 불가능했다. 프로그램매매를 위한 주문시스템(DOT: designated order turnaround)도 작동하지 않아서 주문체결 및 보고가 지연되었기 때문에 실제로 차익거래를 할 수 없었던 것으로 드러났다. 선물계약의 매수호가와 매도호가간의 스프레드가 1포인트나 되었으며 현물지수의 경우에도 매수호가와 매도호가의 스프레드가 주식가격의 1% 이상에 달했다. 주식거래자들은 주문의 체결 여부를 확신할 수 없었으며 게다가 프로그램매매를 실행하는 연기금 등 기관투자자들은 시장에 적극적으로 참여할 만한 자금여력이 거의 없었던 실정이었다. 실제 주가지수선물 거래량을 분석해 본 결과 차익거래를 위한 물량은 19일에는 9%, 20일에는 2% 정도에 불과했던 것으로 밝혀졌다. 따라서 차익거래나 이를 실행하기 위한 프로그램매매가 주가폭락의 원인이라고 볼 수 있는 어떤 실증적 증거를 찾기 어렵다는 것이 지금까지의 공통된 분석결과이다.

연/습/문/제

1. A국 통화의 금리가 B국 통화의 금리보다 낮을 때 B국 통화를 기준통화로 하고 A국 통화를 표시통화로 하는 선물환율은 이론적으로 현물환율보다 항상 낮게 된다. 그 이유를 설명하시오

2. 액면가액이 1억원인 채권이 현재 채권시장에서 9,900만원에 거래되고 있다. 이 채권을 기초자산으로 하고 인도일까지 6개월이 남은 채권선물가격은 선물시장에서 9,700만원에 형성되고 있다. 이 채권은 지금부터 3개월 후에 700만원의 이자가 지급될 예정이다. 무위험이자율은 연 8%이다. 이때 이 채권선물의 이론가격은 얼마인가?

3. 현재 KOSPI200 지수는 260, KOSPI200 지수선물가격은 264, 91일물 CD금리는 연 5%, 연 배당률의 기대값은 2%, 만기까지의 잔존일수는 73일 일 때 어떠한 차익거래전략이 적합한가?

4. KOSPI200 주가지수선물의 시장가격이 193.250이고 이론가격이 192.95일 때 차익거래 포지션을 취하여 만기시점에서 청산했다면 주가지수선물 1계약당 차익거래이익은 얼마인가? (차익거래에 따른 제반비용은 무시한다.)

5. 현재 KOSPI200 지수는 105, 만기가 2개월 남은 KOSPI200 지수선물의 가격은 107.75, 무위험 이자율은 연 6%이다. 선물의 만기까지 KOSPI200 지수를 구성하는 주식들로부터 예상되는 배당금은 전혀 없다고 가정하고, 현재 차익거래포지션을 취한 뒤 1개월 후에 KOSPI200 지수가 97.25, KOSPI200 선물가격이 98.05가 되었을 때 차익거래포지션을 청산하였다. 이러한 차익거래를 통해 얻은 이익은 선물 1계약당 얼마인가? (단, 차익거래비용은 무시한다.)

6. 편의수익(convenience yield)이 무엇인지 설명하고, 편의수익이 발생하는 이유를 설명하시오.

7. 선물가격의 정상 백워데이션(normal backwardation)과 콘탱고(contango) 현상이 발생하는 원인은 무엇인가?

8. 선물가격(futures price)과 선도가격(forward price)의 차이가 발생하는 이유를 설명하시오.

9. 차익거래를 실제로 실행하는 데 고려해야 할 사항들은 무엇인가?

CHAPTER 03

헤 징

3.1 헤징의 기본개념
3.2 헤징전략
3.3 베이시스와 헤징
3.4 헤징의 효과성 및 의의

선물시장의 중요한 기능은 위험의 적정배분이다. 원하지 않는 가격변동에 노출될 위험을 감소시키거나 회피하는 선물거래를 헤징(hedging)이라 하고 선물거래가 존재하는 가장 큰 의의는 바로 헤징에 있다.[1)]

3.1 헤징의 기본개념

헤징에 대한 이해

헤징이란 현물의 미래가격이 불확실함으로써 생기는 가격변동 리스크(risk)를 줄이거나 없애기 위해 선물시장에서 현물과 반대되는 포지션을 취하는 것을 말한다. 다시 말하면 현물보유에 따른 손실이나 이익이 선물거래의 이익이나 손실로 서로 상쇄될 수 있도록 선물시장에서 포지션을 취함으로써 미래에 가격이 어떤 방향으로 변화되더라도 수익을 일정수준에서 안정시키는 것을 의미한다. 즉, 투자자는 헤징을 통해 거래하고자 하는 현물의 미래 거래가격을 현재 시점에서 고정시켜 놓게 되는 것이다. 이것을 그림으로 표현하면 [그림 3-1]과 같이 나타낼 수 있다.

---

1) 헤징과 관련하여 언급되는 '위험'이란 용어는 영어로 'risk'란 단어를 우리말로 번역한 것이다. 우리말로 위험이란 용어로 번역될 수 있는 또 다른 영어 단어로 'danger'가 있다. danger와 risk는 우리말로는 똑같이 위험이란 용어로 번역되지만, 부정적인 의미로만 쓰이는 danger에 비해 risk는 긍정적인 면과 부정적인 면이 동시에 내포된 불확실성을 의미한다. 즉, 가격변동 위험(risk)이라고 하면 미래의 예측할 수 없는 가격변동으로 인해 얼마만큼의 손실 또는 이익이 발생할지를 알 수 없는 상태를 의미한다. 따라서 리스크는 종종 변동성(volatility)으로 측정되기도 한다. 이러한 danger와 risk의 차이를 구분하기 위하여 'risk'란 단어를 '위험'이란 용어로 번역하는 대신에 우리말로 '리스크'라고 그대로 쓰기도 한다. 본 서에서는 원칙적으로 '리스크'란 용어를 사용하도록 하되, 부분적으로 '위험'이란 용어가 사용되더라도 대부분 경우는 영어의 'risk'를 의미하는 것으로 이해해 주기 바란다.

그림 3-1 헤징의 개념

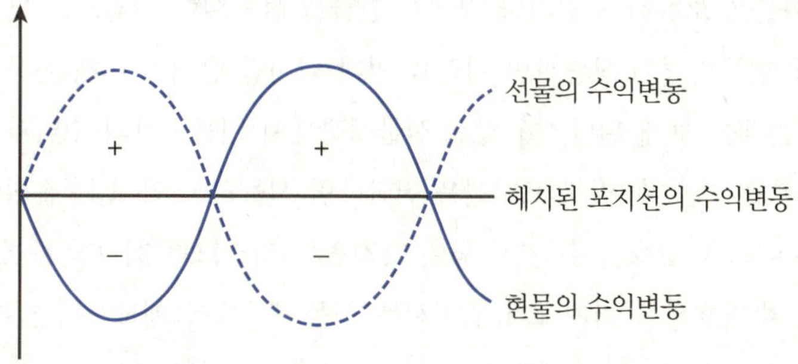

헤징의 유용성이 불확실한 미래 가격변동으로 인한 리스크를 줄이는 데 있음은 명백하다. 그러나 헤징의 결과가 수익면에서 반드시 이익만을 가져다 주는 것은 아니다. 헤지하지 않았을 때와 비교해서 헤징이 결과적으로 유리할 수도 있고 불리할 수도 있는 것이다. 예를 들어 어떤 기업이 원유선물을 매입계약한 경우, 만일 만기시 원유가격이 선물매입가보다 높아졌다면 헤징의 결과로 이익을 보게 되겠지만 원유가격이 하락했다면 현물시장가보다도 비싼 가격에 원유를 인수해야 하므로 상대적으로 손실을 보게 된다.

그러므로 헤징의 의의가 불확실한 미래 가격변동으로 인한 리스크를 줄이는 데 있음을 이해하고, 결과를 가지고 헤징의 잘잘못을 논해서는 안된다. 즉, 헤징은 사전적으로 미래 가격변동으로 인한 불확실성(uncertainty)을 줄이는 데 의의가 있는 것이지 사후적으로 손익을 문제 삼으면 안된다. 그러나 이러한 헤징의 본질을 이해하지 못한 최고경영자가 헤징을 수행한 책임자에게 그 결과를 놓고 잘잘못을 논하는 일이 종종 벌어지기 때문에 실무자들이 헤징을 주저하게 되는 경우가 많다.

매도헤징

현재 현물을 보유하고 있거나 미래에 현물을 불확실한 가격으로 팔아야 하는 경우, 미래 현물가격이 상승하면 이익을 얻게 되지만 반대로 미래 현물가격이 하락한다면 손해를 보게 된다. 이 경우 선물시장에서 현물시장의 수익과 반대되는 수익의 흐름을 얻을 수 있게 포지션을 취한다면 선물의 이익 또는 손실이 현물의 손실 또는 이익을 상쇄할 수 있게 되어 가격변동 리스크를 회피할 수 있게 된다. 이와 같은 수익흐름을 가져오기 위해서는 선물시장에서 매도포지션(short position)을 취해야 하므로 이를 매도헤징(short hedging)이라 한다.

예제 1

4월 1일 현재, 한국의 어느 기업이 $500만의 수출대금을 6월 1일자로 받을 예정이다. 이때 환율변동으로 인한 환리스크를 줄이기 위하여 6월물 미국달러선물(1계약 = 1만 달러; 만기일 = 6월 19일)을 500계약 매도하였다. 4월 1일 헤지포지션을 취한 시점의 현물환율은 1,305원/$, 6월물 선물환율은 1,310원/$이다.

만일 6월 1일 헤지포지션을 청산한 시점의 현물환율은 1,285원/$, 6월물 선물환율은 1,290원/$이라고 하면 매도헤징의 결과는 다음과 같다.

	현 물	선 물
4월 1일	수출대금 $5백만 수취 예정 (현재가 = 1,305원/$)	달러선물 500계약을 1,310원/$에 매도
6월 1일	수취한 $5백만를 1,285원/$에 매도	달러선물 500계약을 1,290원/$에 매입
손 익	5,000,000×(1,285−1,305) = 100,000,000원 손실	5,000,000×(1,310−1,290) = 100,000,000원 이익

만일, 6월 1일 헤지포지션을 청산한 시점의 현물환율은 1,315원/$, 선물환율은 1,320원/$이라고 하면 매도헤징의 결과는 다음과 같다.

	현　물	선　물
4월 1일	수출대금 $5백만 수취 예정 (현재가 = 1,305원/$)	달러선물 500계약을 1,310원/$에 매도
6월 1일	수취한 $5백만를 1,315원/$에 매도	달러선물 500계약을 1,320원/$에 매입
손　익	5,000,000×(1,315−1,305) = 50,000,000원 이익	5,000,000×(1,310−1,320) = 50,000,000원 손실

따라서 이 기업은 환율이 하락하거나 상승함에 상관없이 현물포지션에서의 손실 또는 이익이 선물포지션의 이익 또는 손실에 의해 상쇄됨으로써 환율변동에 따른 리스크가 전혀 없음을 알 수 있다.* 다만, 이 예제에서는 4월 1일의 현물과 선물가격의 차이와 6월 1일의 현물과 선물가격의 차이, 즉 두 시점의 베이시스(본 장 뒤 부분에 논의됨)가 같았기 때문에 현물의 손실 또는 이익이 선물의 이익 또는 손실과 정확하게 상쇄되는 완전헤징(perfect hedging)이 가능하였다. 그러나 실제로 이렇게 되는 경우는 드물다. 본 장의 뒷부분에서는 두 시점의 베이시스가 달라지는 경우에 대해 설명할 것이다.

* 이때 선물포지션의 이익 또는 손실은 선도계약의 경우에는 포지션을 청산한 시점, 즉 6월 1일에 일시에 발생한 것이나, 선물계약의 경우에는 일일정산을 통해 누적된 금액이다.

매입헤징

미래에 현물을 불확실한 가격으로 사야 하는 경우, 미래 현물가격이 상승하면 손해를 보고 미래 현물가격이 하락하면 이익을 얻게 된다. 이 경우 가격변동 리스크를 회피하기 위해서는 선물시장에서 현물시장의 수익과 반대되는 수익의 흐름을 얻을 수 있게끔 포지션을 취해야만 현물가격변동에 따른 손실이나 이익을 선물의 이익 또는 손실로 상쇄시켜 가격변동 리스크를 회피할 수 있게 된다. 선물시장에서 이런 수익흐름을 얻기 위해서는 매입포지션(long position)을 취해야 하므로 이를 매입헤징(long hedging)이라 한다.

예제 2

4월 1일 현재, 한국의 어느 기업이 6월 1일자로 수입대금 $500만를 지급할 예정이다. 이때 환율변동으로 인한 환리스크를 줄이기 위해 6월물 미국달러선물(1계약 = 1만 달러; 만기일 = 6월 19일)을 500계약 매입하였다. 이때 앞의 예제와 같이 4월 1일의 현물환율은 1,305원/$, 6월물 선물환율은 1,310원/$이고, 6월 1일의 현물환율은 1,285원/$, 6월물 선물환율은 1,290원/$이라고 하면 매입헤징의 결과는 다음과 같다.

	현 물	선 물
4월 1일	수출대금 $5백만 지급 예정 (현재가 = 1,305원/$)	달러선물 500계약을 1,310원/$에 매입
6월 1일	지급한 $5백만를 1,285원/$에 매입	달러선물 500계약을 1,290원/$에 매도
손 익	5,000,000×(1,305−1,285) = 100,000,000원 이익	5,000,000×(1,290−1,310) = 100,000,000원 손실

만일, 6월 1일 현물환율은 1,315원/$, 선물환율은 1,320원/$이라고 하면 매입헤징의 결과는 다음과 같다.

	현 물	선 물
4월 1일	수입대금 $5백만 지급 예정 (현재가 = 1,305원/$)	달러선물 500계약을 1,310원/$에 매입
6월 1일	지급할 $5백만를 1,315원/$에 매입	달러선물 500계약을 1,320원/$에 매도
손 익	5,000,000×(1,305−1,315) = 50,000,000원 손실	5,000,000×(1,320−1,310) = 50,000,000원 이익

따라서 이 기업은 환율이 하락하거나 상승함에 상관없이 현물포지션에서의 이익 또는 손실이 선물포지션에서의 손실 또는 이익에 상쇄됨으로써 환율변동에 따른 리스크가 전혀 없다. 이 경우에도 앞의 예제와 마찬가지로 두 시점의 베이시스가 같음으로 인해 완전헤징이 되고 있음을 알 수 있다.

3.2 헤징전략

헤징을 효과적으로 수행하기 위해서는 우선 위험에 대한 정확한 평가와 헤징을 통해 기대하는 목표를 구체화해야 한다. 그리고 적절한 헤지수단을 선택하고 최적의 헤지비율을 도출하여 이후 지속적으로 평가하고 수정하는 관리가 이루어져야 한다.

헤지목표 및 헤지수단의 선택

헤징은 가격변동으로 인한 리스크를 회피하고자 하는 전략이므로 가격변동에 노출된 리스크의 내용과 크기 등을 평가하는 작업이 우선되어야 한다. 그리고 헤징을 실행했을 때의 효과 및 비용 등을 면밀히 검토해야 한다. 이때 헤징은 리스크를 줄이는 전략으로서 잠재적 손실 가능성도 줄여 주지만 동시에 잠재적 이익 가능성도 줄어들게 된다는 점을 이해하고 반드시 이를 고려하여 의사결정을 해야 한다. 미래 가격변동이 현재의 현물포지션에 유리한 방향으로 작용할 것으로 예상되거나, 노출된 리스크가 크지 않고 감내할 만한(tolerable) 수준일 경우에는 헤징을 할 필요가 없다고 결정할 수 있다.

헤징의 필요성에 따라 목표가 정해지면 다음으로 적절한 헤지수단을 선택하여야 한다. 헤징은 선물계약뿐 아니라 선도계약, 옵션, 스왑 등 다양한 수단을 통해 이루어질 수 있다. 다만, 본 장에서는 선물 또는 선도계약을 이용한 헤징에 한정하여 설명하고, 뒤에서 옵션, 스왑 등이 다양한 헤징전략에 어떻게 활용되는가를 논의할 것이다. 선물계약과 선도계약 중에서 선도계약은 헤징의 효과성에서는 우월하나, 선물계약에 비해 계약의 유동성이 낮고 거래비용이 높다는 단점 때문에 헤지수단으로는 선물계약이 주로 이용된다.[2] 따라서 이 책에서는 주로 선물계약을 이용한 헤징전략에 관해 설명하고자 한다.

2) 예외적으로 외환시장에서는 그 특성상 선도계약인 선물환이 선물계약인 통화선물에 비해 유동성이나 거래비용면에서 크게 뒤지지 않기 때문에 환리스크 헤지수단으로 보다 많이 사용된다.

효과적인 헤징을 위해서는 헤징대상이 되는 현물의 가격과 헤징수단으로 이용되는 선물의 가격간의 관계가 밀접해야 한다. 따라서 헤징대상인 현물을 기초자산으로 하는 선물계약을 헤지수단으로 선택하는 것은 당연하나, 원하는 선물이 존재하지 않거나 있다고 하더라도 거래량이 적고 가격간의 상관관계가 작은 경우에는 가격간의 상관관계, 유동성 등을 고려하여 헤징대상 현물과는 다른 기초자산을 거래대상으로 하는 선물계약을 선택해야 한다. 예를 들어 회사채의 가격변동 리스크를 헤지하기 위해서 국채 선물계약을 활용하는 경우이다. 이러한 형태의 헤징을 교차헤징(cross hedging)이라 부른다.

한편 헤징에 이용될 선물의 종류를 선택하는 작업 뿐 아니라 어떤 만기의 계약을 선택하는가도 중요하다. 현물의 보유기간이나 매입시점이 선물계약의 만기와 일치하는 경우는 드물다. 따라서 선물계약의 만기를 결정하는 데는 일반적으로 예상 헤지기간을 포함하는 만기의 선물계약 중에서 만기가 짧은 선물계약을 선택한다. 그러나 근월물만이 주로 거래되는 선물시장의 특성으로 인해 예상 헤지기간이 긴 경우에는 우선 근월물을 이용해 헤징하고, 만기에 청산함과 동시에 다음 만기의 선물계약으로 옮겨가는 방식의 연속헤징(rolling hedging)이 이용되기도 한다. 롤링헤징은 여러 번의 계약과정이 요구되기 때문에 거래비용이 커지는 단점이 있다.

헤지비율

미래 현물가격의 가격변동 리스크를 조정하기 위해서는 선물시장에서 얼마만큼의 계약에 대해 포지션을 취해야 하는가 하는 문제에 직면한다. 이는 헤징대상 현물의 규모 대비 선물 규모의 비율로 정의되는 헤지비율(hedge ratio)을 결정하는 문제로 귀결된다.

흔히 현물포지션의 가격변동 리스크를 제거하는 헤징을 원할 경우에는 해당 현물의 규모와 동일한 규모의 선물계약에 포지션을 취하는, 즉 헤지비율을 1로 해야 하는 것으로 생각하기 쉽다. 그러나, 선도계약과는 달리 선물계약의 경우에는 헤징대상자산과 선물의 기초자산이 정확하게 일치하지 않거나, 헤지기간이 선물계약의 만기와 다른 것이 일반적이다.[3] 이런 경우에는 선물가격의 변동폭과 현물가격의 변동폭이 일치하지 않는 경우가 대부분이므로 적절한 헤지비율의 조정을 통해 현물포지션에서의 손실 또는 이익을 선물포지션의 이익 또는 손실에 의해 상쇄시켜야 한다.

예를 들어 A채권을 보유한 투자자가 A채권에 대한 선물계약이 존재하지 않으므로 B채권을 기초자산으로 하는 선물을 이용하여 헤징을 한다고 가정하자. 이때 A채권의 가격변동폭이 B채권에 대한 선물의 가격변동폭보다 클 것으로 예상되면 이 투자자는 A채권의 보유 규모보다 선물포지션의 규모를 크게 유지하여야만 A채권의 가격변동 리스크를 비교적 정확하게 제거할 수 있다.[4] 즉, 현물포지션의 크기에 대한 선물포지션의 크기의 비율로 정의되는 헤지비율이 1보다 커지게 된다.

헤징을 수행하는 목적에 따라 여러 가지 헤징이론들이 있고 이에 따라 다양한 최적 헤지비율이 제시되고 있다. 그러나 본 서에서는 일반적인 견해에 따라 헤징의 목적을 위험의 최소화에 있다고 보는 최소분산헤징모형에서 논의되는 헤지비율, 즉 최소분산 헤지비율(minimum variance hedge ratio)에 관해 주로 설명하고자 한다.

가격변동 리스크를 최소화하는 헤지비율인 최소분산 헤지비율을 도출하기 위하여 우선 여기에서 사용될 기호들을 다음과 같이 정의한다.

ΔS = 헤징대상자산인 현물의 가격 S의 변화분

ΔF = 헤징에 사용되는 선물의 가격 F의 변화분

σ_S = ΔS의 표준편차

σ_F = ΔF의 표준편차

σ_{SF}= ΔS와 ΔF간의 공분산

ρ = ΔS와 ΔF간의 상관계수

h = 헤지비율

---

3) 다음 절에서 논의되겠지만, 현물과 기초자산의 불일치, 헤징기간과 만기의 불일치 등은 선물의 베이시스 리스크를 야기한다. 따라서 헤지비율의 문제는 이러한 베이시스 리스크를 줄이려는 노력으로 이해될 수 있다.

4) 현물의 가격변동 리스크를 완벽하게 제거하는 경우를 완전헤징(perfect hedging)이라고 하나, 뒤에 언급하는 여러 가지 제약요인들로 인해 완전헤징은 사실상 불가능하다.

보유하고 있는 자산의 가격변동 리스크를 선물매도를 통해 헤징하는 매도헤징의 경우, 헤지된 포트폴리오의 헤지기간 동안의 가치변화는 다음과 같다.

$$\Delta S - h\Delta F$$

또는, 미래에 매입해야 하는 자산의 가격변동 리스크를 선물매입을 통해 헤징하는 매입헤징의 경우, 헤지기간 동안의 헤지포트폴리오의 가치변화는 다음과 같다.

$$h\Delta F - \Delta S$$

위의 각 경우의 헤지포트폴리오의 분산(σ_P^2)은

$$\sigma_P^2 = \sigma_S^2 + h^2\sigma_F^2 - 2h\sigma_{SF}$$

이 된다. 이 식을 h에 대해 다음과 같이 1차 미분한 후,

$$\frac{\partial \sigma_P^2}{\partial h} = 2h\sigma_F^2 - 2\sigma_{SF}$$

위 식을 0으로 놓고, h로 2차 미분한 값(= $2\sigma_F^2$)이 항상 양(+)인 것을 감안하면, 헤지포트폴리오의 분산(σ_P^2)을 최소화하는 헤지비율, 즉 최소분산 헤지비율 h^*는 다음과 같이 구해진다.

$$h^* = \frac{\sigma_{SF}}{\sigma_F^2}$$

여기에 $\sigma_{SF} = \rho\sigma_S\sigma_F$을 대입하면 최소분산헤지비율 h^*는 다음과 같이 된다.

$$h^* = \rho\frac{\sigma_S}{\sigma_F}$$

따라서 최소분산 헤지비율은 ΔS와 ΔF간의 상관계수에 ΔF의 표준편차 대비 ΔS의 표준편차 비율을 곱한 값에 의해 결정된다. 예를 들어 현물가격과 선물가격의 표준편차가 같고, 상관계수(ρ)가 1.0이라면 최소분산 헤지비율은 1.0이 된다. 이 경우 선물가격의 변동은 현물가격의 변동과 같은 비율로 움직이고 있음을 의미한다. 만일 $\rho = 0.8$이고 $\sigma_F = 1.6\sigma_S$라면 최소분산 헤지비율은 0.5가 된다.

이때 이론적으로 구해지는 최적헤지비율(optimal hedge ratio)은 사전적(ex-ante) 의미의 헤지비율이다. 따라서 헤징이 시작하는 시점에서 종료하는 시점까지의 미래 자료들에 대한 예상치를 기초로 계산되어야 한다. 그러나 사실상 정확하게 미래를 안다는 것은 불가능하다. 따라서 이론적으로 구해진 최적헤지비율을 실제로 헤징에 활용할 경우에는 과거자료를 이용하여 헤지비율을 추정하는 방식을 취한다. 그러나, 아무리 정교한 방법으로 헤지비율을 추정한다고 하더라도 시장상황이 변하고 예기치 못한 양상이 나타날 경우에는 과거자료를 기초로 추정된 헤지비율은 사후적(ex-post)으로는 사전적 헤지비율과 차이가 나는 것이 불가피하고 이에 따라 헤징효과가 떨어지는 것을 감수해야만 한다.

헤지비율을 계산하는 방법에는 여러 가지가 있는데 그 중에서도 최소분산 헤지비율을 추정하는 방법으로는 회귀모형(regression model)이 흔히 사용된다. 과거자료로부터 구한 현물가격변동(ΔS)을 종속변수로 하고 선물가격변동(ΔF)을 독립변수로 하는 다음과 같은 단순회귀모형으로부터

$$\Delta S_t = \alpha + \beta \Delta F_t + \varepsilon_t$$

회귀계수값, β를 구하면 이 값이 곧 최소분산 헤지비율이 된다.[5)]

헤지비율이 정해지면 효과적인 헤징을 위하여 선물포지션에 취해야 할 최적선물계약수는 다음과 같이 결정된다.

---

5) Ederington(1979)은 현물가격변동과 선물가격변동이 선형(linear)의 높은 상관관계를 갖고 회귀분석에 사용된 과거자료가 현재의 분산 및 공분산의 특성과 일치할 경우 회귀계수값 β가 최소분산 헤지비율과 일치함을 입증하였다. Ederington, L.H., "The Hedging Performance of the New Futures Market," *Journal of Finance* 34, 1979, pp. 157−170 참조.

$$N = h \times \frac{T_S}{Q_F}$$

단, N = 헤징에 이용되는 선물계약수
h = 헤지비율
T_S = 헤징대상 현물의 규모
Q_F = 헤징에 이용되는 선물 1 계약의 규모

예제 3

어떤 회사가 3개월 후에 1백만 부셸의 옥수수가 필요하다. 이 회사는 옥수수 선물(1계약=5,000부셸)을 이용하여 가격변동 리스크를 최소화하는 헤징방법을 선택하였다. 이를 위해 과거자료 등을 활용하여 예측한 향후 3개월간의 옥수수 현물 및 선물의 가격변동과 관련된 정보가 다음과 같다.

헤징에 사용될 옥수수선물 가격변동의 표준편차 = 0.060
헤징대상이 될 옥수수현물 가격변동의 표준편차 = 0.072
옥수수선물 가격변동과 옥수수현물 가격변동간의 상관계수 = 0.8

이때 최소분산 헤지비율은 다음과 같이 구해진다.

$$0.8 \times \frac{0.072}{0.060} = 0.96$$

그러므로 이 회사가 옥수수선물에 취해야 할 계약수는 다음과 같이 계산된다.

$$0.96 \times \frac{1,000,000}{5,000} = 192$$

따라서 이 회사가 앞으로 3개월간의 옥수수 가격변동으로 인한 리스크를 최소화하기 위해서는 옥수수선물 192계약을 매입해야 한다.

헤지의 관리

최적헤지비율에 따라 헤지포지션을 취했다고 하더라도 헤지기간 동안에 지속적으로 포지션을 수정하고 관리해야만 소기의 성과를 거둘 수 있다. 특히 시간이 지남에 따라 헤징시 예상했던 헤징효과(hedging effectiveness)가 실제와 많은 차이를 보이는 경우가 적지 않다.

그 원인으로서는 첫째, 헤지비율의 불안정을 들 수 있다. 이미 언급한 대로 헤지비율은 과거의 자료를 바탕으로 추정된 것이기 때문에 과거의 선물과 현물의 가격변동패턴이 미래에도 지속되지 않는 한 실질적인 헤징효과를 기대할 수 없다. 둘째는 헤징대상 현물이 선물의 기초자산과 정확히 동일하지 못하거나 헤징과 선물의 만기가 일치하지 못하는 데서 발생하는 베이시스 위험(basis risk)을 들 수 있다(베이시스와 헤징에 관해서는 다음 절에서 구체적으로 논의할 것임). 세번째 이유는 선물계약은 일일정산을 하므로 매일 현금흐름이 발생하고, 특히 마진콜에 의해 추가증거금이 요구될 경우 추가증거금의 이자에 해당하는 기회비용이 발생하므로 현물과 선물간의 가격변동이 정확하게 상쇄되지 않을 수 있다. 끝으로 헤징대상 현물의 규모가 불확실한 경우를 들 수 있다. 예를 들어 옥수수를 경작하는 농부가 예상수확량에 따라 선물매도계약을 체결하여 헤징을 했더라도 예기치 못한 변화로 수확량이 급증 또는 급감할 경우 현물과 선물의 포지션의 규모가 불일치하여 헤징효과가 떨어진다.

따라서 헤징의 효과성을 극대화하기 위해서는 예상했던 기대효과가 실제와 어떤 차이를 보이는가 지속적으로 면밀히 검토하여 적절한 시점에 헤지포지션을 수정하는 것이 필요하다. 우선 현물포지션의 변화에 대응하여 선물포지션을 변화시키고, 베이시스(basis)의 변화에 따라 헤지비율을 조정해야 하며, 헤지포지션에 영향을 주는 새로운 정보가 유입되면 헤징전략을 수정할 필요가 있게 된다.

3.3 베이시스와 헤징

헤징성과와 베이시스

선물을 이용한 헤징은 미래에 거래할 자산의 가격을 어느 수준에 고정시켜 미래 가격변동에 따른 리스크를 줄이는 데 주된 목적이 있다. 그러나 실제로 선물계약을 이용한 헤징에서 완벽한 성과를 얻는다는 것은 거의 불가능하다.[6)]

헤징의 성과를 떨어뜨리는 주된 원인으로는 첫째, 헤징대상 자산과 헤징에 이용되는 선물의 기초자산이 정확하게 일치하지 않는 경우, 둘째, 예정된 헤지기간과 헤징에 이용되는 선물의 만기가 일치하지 않는 경우, 셋째, 헤저가 정확한 헤지기간을 알지 못하는 경우 등을 들 수 있다. 결국 이러한 문제는 선도계약과는 달리 계약이 표준화된 선물계약의 특성 때문에 발생하고 있다. 다만, 이런 경우에도 선물가격과 현물가격의 변동폭의 차이가 일정하게 유지된다면 헤지비율의 조정을 통해 헤징의 성과를 높일 수 있으나, 현실적으로 그러한 경우는 흔하지 않다. 이와 같이 선물계약을 이용한 헤징의 한계를 보다 구체적으로 논의하기 위해서는 베이시스와 베이시스 리스크에 대한 이해가 필요하다.

일반적으로 베이시스(basis)는 어떤 상품의 현물가격과 선물가격의 차이로 정의되나, 엄밀한 의미에서 베이시스는 헤징에 사용된 선물의 가격과 헤징대상 현물의 가격간의 차이로 정의된다.

베이시스(b) = 헤징에 사용된 선물의 가격(F) − 헤징대상 현물의 가격(S)

6) 미국 선물시장을 대상으로 이루어진 실증연구들에 의하면, 선물계약의 종류에 따른 차이는 있으나, 선물을 통하여 얻을 수 있는 헤징성과는 대략 40~70% 정도가 되는 것으로 추정되고 있다.

선물가격이 현물가격보다 높으면 베이시스가 양(+)의 값이 되고, 반대로 선물가격이 현물가격보다 낮은 경우에는 베이시스가 음(−)의 값을 가진다.[7] 일반적으로 베이시스는 만기일까지 기간이 길수록 확대되고 만기일이 가까워지면 영(0)에 접근하는 경향을 갖는다. 특히, 헤징대상 현물과 선물의 기초자산이 일치하는 경우에는 만기시점에 베이시스가 영(0)이 되고, 선물의 이론가격과 현물가격간의 차이로 정의되는 이론베이시스는 보유비용(cost of carry)과 같아진다.

만기 이전의 베이시스 변화는 일정하게 움직이지 않는데, 이는 현물가격과 선물가격이 높은 상관관계를 갖고 있다고 하더라도 두 가격은 계속해서 변동하고 그 변동폭이 일정하지 않기 때문이다. 이와 같이 불규칙한 베이시스의 변동은 헤징의 성과를 떨어뜨리는 원인이 된다. 이러한 문제로 인해 야기되는 리스크를 흔히 베이시스 리스크(basis risk)라고 한다.

베이시스 리스크

베이시스 리스크를 수식으로 나타내면 다음과 같다.

$$\mathrm{VAR}(F-S) = \mathrm{VAR}(F) + \mathrm{VAR}(S) - 2\mathrm{COV}(F, S)$$

위의 식에서 선물가격과 현물가격의 변동폭이 서로 다르더라도 항상 일정한 베이시스폭을 유지할 경우에는 적절한 헤지비율의 조정을 통해 베이시스 리스크를 영(0)으로 만드는 완전헤징이 가능하다. 그러나 실제로 선물가격과 현물가격의 변동폭이 일정하게 유지되는 경우는 드물다. 따라서 선물을 이용한 헤징의 경우에는 베이시스 변화에 따른 손익, 즉 베이시스 리스크가 불가피하다.

---

7) 일부 교과서 특히, 미국의 교과서에서는 베이시스를 $(S-F)$로 정의하기도 한다. 그러나 우리나라 시장에서는 베이시스를 $(F-S)$로 정의하여 사용하기 때문에 본 서에서는 실무와의 일관성을 유지하기 위하여 $(F-S)$로 베이시스를 정의하였다. 다만, 두 경우가 서로 부호만 반대로 나타날 뿐 본질적으로 논의되는 내용에는 차이가 없다.

헤징의 목적이 가격변동 리스크를 최소화하는 것이라면 선물을 이용한 헤징은 가격변동 리스크를 베이시스 리스크로 대체하는 개념으로 이해할 수도 있다. 이 때 베이시스 리스크가 가격변동 리스크보다 크다면 헤징을 할 필요가 없으나, 실제로 이러한 경우가 발생하는 것은 매우 드물다. 일반적으로 금리, 주가, 환율 등을 기초자산으로 하는 금융선물이나 금, 은 등의 일부 상품선물의 경우에는 베이시스 리스크가 작은 편이나, 보유가 곤란하거나 수요와 공급의 계절성이 있는 상품을 기초자산으로 하는 선물의 경우에는 베이시스의 변동이 심하고 불규칙하여 베이시스 리스크가 커진다.

좀더 구체적으로 베이시스 리스크를 설명하기 위하여 두 가지 원인, 즉 헤징기간과 선물의 만기가 불일치하는 경우와 헤징대상자산과 선물의 기초자산이 불일치하는 경우로 나누어 살펴보기로 한다.

첫째로 베이시스 리스크는 선물계약의 만기일과 헤징되는 현물의 실제거래일이 다르기 때문에 발생한다. 선물계약의 만기일은 3, 6, 9, 12월 등과 같이 표준화되어 있으므로 투자자가 원하는 만기일과 꼭 일치하지는 않는다. 만일 헤징대상인 현물과 헤징에 이용되는 선물의 기초자산이 일치한다면, 만기시점에 선물가격과 현물가격이 일치하여 베이시스가 영(0)이 되므로 베이시스 리스크는 발생하지 않는다. 즉, 투자자는 자신이 선물계약을 통해 확정시켜 놓은 가격으로 현물을 매입 또는 매도할 수 있게 된다. 그러나 실제로는 투자자가 원하는 만기일과 선물계약의 만기일이 일치하지 않는 경우가 대부분이다.

예를 들어 어떤 투자자(헤저)가 t_1시점에 T시점을 만기일로 하는 선물계약을 체결했다고 하자. 이 투자자가 실제로 t_2시점에서 선물포지션을 청산하기를 원한다면 과연 이 투자자는 당초 t_1시점에 확정했던 F_1이라는 가격에 현물을 매입하거나 매도할 수 있는가? 실제로 t_2시점에서 이 투자자는 헤징을 위해 취하고 있던 선물포지션을 반대매매를 통해 청산하고 거래하고자 했던 현물은 현물시장에서 당시 가격으로 매매하게 된다. 따라서 t_2시점에서 투자자가 실제로 현물을 매입하거나 매도한 가격은 현물가격(S_2)에 그동안 선물포지션에서의 손익(매입헤지의 경우는 F_2-F_1, 매도헤지의 경우는 F_1-F_2)을 가감해 준 값이 된다. 이를 수식으로 나타내면 다음과 같다.

$$S_2 + (F_1 - F_2) = F_1 - (F_2 - S_2) = F_1 - b_2$$

단, F_1 : 헤징시작시점의 선물가격
F_2 : 헤징종료시점의 선물가격
S_2 : 헤징종료시점의 현물가격
$b_2(= F_2 - S_2)$: 헤징종료시점의 베이시스

이 경우 투자자는 헤징시작시점에 확정한 가격(F_1)에 실제거래를 하는 것이 아니라 헤징종료시점의 베이시스(b_2)만큼이 가감된 가격 ($F_1 - b_2$)에 거래를 하게 된다. 그러나 헤징시작시점에는 헤징종료시점의 베이시스가 얼마나 될지 알 수 없다. 왜냐하면 헤징시작시점에서는 헤징종료시점의 현물가격과 선물가격을 알 수가 없고, 아니면 보유비용으로 나타낼 수 있는 이론베이시스는 구할 수 있으나 실제 선물가격이 이론가격대로 움직인다는 보장이 없으므로 실제로 베이시스가 얼마가 될지 알 수 없기 때문이다. 따라서 미래의 거래가격을 확정시켜 놓기 위해 선물계약을 체결했지만 만기일과 실제거래일의 불일치로 인해 베이시스가 발생하고, 미래시점의 베이시스를 정확히 예측할 수 없기 때문에 실제거래가격은 베이시스만큼의 불확실성이 존재하게 된다. 즉, 베이시스 리스크로 인해 선물을 이용하더라도 미래의 거래가격을 정확히 알 수 없는 불확실성이 남아 있게 된다.

예제 4

앞의 매도헤징의 예제와 동일한 상황으로서 4월 1일 현재, 한국의 어느 기업이 $500만의 수출대금을 6월 1일자로 받을 예정이다. 이때 환율변동으로 인한 환리스크를 줄이기 위하여 6월 미국달러선물(1계약=1만 달러; 만기일=6월 19일)을 500계약 매도하였다. 4월 1일 헤지포지션을 취한 시점의 현물환율은 1,305원/$, 6월 선물환율은 1,310원/$이다.

이 기업은 6월 1일 예정대로 5백만달러를 수취하여 이를 현물시장에서 매도함과 동시에 매도포지션을 취한 미국달러선물을 반대매매에 의해 청산하게 될 것이다. 이때 현물환율은 1,285원/$, 선물환율은 1,293원/$이었다고 하면, 이

기업이 헤징을 통해 확보한 달러당 매도가격은 다음과 같이 계산된다.

우선 현물을 1,285원에 매도하고 1,310원에 매도포지션을 취했던 선물은 1,293원에 반대매매함으로써 달러당 17원의 이익을 취하게 된다. 결과적으로 이 기업은 달러당 1,302원(= 1,285원+17원)에 달러를 매도한 것이 된다. 이 금액은 헤지포지션을 취한 시점(4월 1일)의 선물가격(F_1)인 1,310원보다 8원만큼 작다. 이 차이가 바로 헤징포지션을 청산한 시점(6월 1일)의 베이시스(b_2)인 8원(= 1,293원−1,285원)과 일치함을 알 수 있다. 즉,

$$F_1 - b_2 = 1{,}310\text{원} - (1{,}293\text{원} - 1{,}285\text{원}) = 1{,}302\text{원}$$

결과적으로 1,302원은 이 기업이 헤징을 통해 확보한 1달러의 매도가격이고, 따라서 총 65억 1천만원(=1,302원/$×$500만)의 원화수입이 발생한다.

이상에서 논의한 베이시스 리스크는 헤지기간과 헤징에 이용한 선물의 만기가 다르기 때문에 발생한 리스크로서 흔히 기간 베이시스 리스크(period basis risk)라고 부른다. 그런데 헤징기간과 선물의 만기일이 같더라도 베이시스 리스크가 발생할 수 있다. 왜냐하면 헤징대상인 현물과 헤징에 이용되는 선물의 기초자산이 다를 수 있기 때문이다. 이렇게 발생하는 베이시스 리스크는 노출 베이시스 리스크(exposure basis risk)라고 부른다.

기간 베이시스와 함께 노출 베이시스가 존재하는 경우 이로 인한 베이시스 리스크를 수식으로 나타내 보기로 하자. 이를 위해 앞에서 사용한 기호를 그대로 사용하되 선물의 기초자산이 되는 현물을 S, 헤징대상 현물은 S^*로 구분하여 표시한다. 이때 t_2시점에서 헤저가 실제로 현물을 매입한 가격은 S_2^*가 되고, 이 금액에 그동안 선물포지션에서의 손익을 가감해 준 값이 헤징에 의한 실제매매가격이 된다. 즉,

$$S_2^* + (F_1 - F_2)$$

이다. 이 식에 선물의 기초자산인 현물의 시점의 가격을 넣어 정리하면,

$$S_2^* + (F_1 - F_2) + S_2 - S_2 = F_1 - (F_2 - S_2) - (S_2 - S_2^*)$$

이 된다. 여기에서 $(F_2 - S_2)$는 t_2시점의 기간 베이시스, $(S_2 - S_2^*)$는 t_2시점의 노출 베이시스이다. 따라서 헤저는 t_1시점에 확정한 선물의 가격(F_1)에 불확실한 두 베이시스를 가감한 금액이 실제 매매가격이 되고, 결과적으로 두 가지 베이시스 리스크에 노출되는 것이다.

예제 5

6월 1일 현재 모 항공사는 10월 또는 11월 중에 비행기용 기름 50만 배럴을 매입할 예정이다. 이 항공사는 가격변동으로 인한 리스크를 줄이기 위하여 뉴욕상업거래소(NYMEX)에서 거래되는 난방용 기름을 기초자산으로 하는 선물계약(1계약=1,000배럴)을 이용하여 교차헤징을 하였다. 헤지비율은 1.0으로 하여 12월물 선물 500계약을 배럴당 18.10달러의 가격으로 매입포지션을 취하였다.

그후 11월 5일에 이미 매입한 헤지포지션은 청산하고 필요한 비행기용 기름은 현물시장에서 매입하였다. 이때 12월물 난방용 기름 선물가격은 배럴당 20.40달러, 난방용 기름 현물가격은 배럴당 20.10달러, 비행기용 기름 현물가격은 배럴당 21.50달러라고 하면, 이 항공사가 헤징을 통해 확보한 비행기용 기름 매입비용은

$$S_2^* + (F_1 - F_2) = \$21.50 + (\$18.10 - \$20.40) = \$19.20$$

이 된다. 따라서 헤지포지션을 취한 시점의 선물가격($18.10)보다는 높지만 무헤징시의 구매가격($21.50)보다는 낮은 가격으로 필요한 비행기용 기름을 매입하여 가격상승으로 인한 손실을 피할 수 있음을 알 수 있다.

이와 같이 결정된 가격에서 기간 베이시스와 노출 베이시스로 인한 차이를 각각 계산해 보면 다음과 같이 된다.

$$\begin{aligned} F_1 - (F_2 - S_2) - (S_2 - S_2^*) &= \$18.10 - (\$20.40 - \$20.10) - (\$20.10 - \$21.50) \\ &= \$18.10 - \$0.30 + \$1.40 = \$19.20 \end{aligned}$$

즉, 실제매입비용 $19.20은 헤징시작시점의 선물가격 $18.10에 헤징종료시점의 기간 베이시스 $0.30을 빼고 노출 베이시스 $1.40을 더한 금액과 같다.

3.4 헤징의 효과성 및 의의

헤징의 효과성

헤징의 효과성(hedging effectiveness)이란 헤징을 통해 보유하고 있는 자산의 가격변동 리스크를 얼마나 잘 회피할 수 있는가를 의미한다. 다시 말하면 현물시장의 손실이 선물시장의 이익으로 어느 정도 보전될 수 있는가를 뜻한다. 헤징은 현물시장에서의 손실 또는 이익을 선물시장에서의 이익 또는 손실로 상쇄시킴으로써 가격의 변동위험을 없애고자 하는 것이므로 헤징이 효과적이기 위해서는 다음과 같은 세 가지 조건이 충족되어야 한다.

첫째, 현물거래의 수익흐름과 선물거래의 수익흐름이 반대로 나타나야 한다. 즉, 현물시장에서 수익을 올리면 선물시장에서는 손해를 보고 현물시장에서 손해를 보면 선물시장에서는 이익을 얻어야 한다. 예를 들어 선물과 현물의 가격이 반대 방향으로 움직인다면 현물의 손익이 선물의 손익과 합쳐져 가격변동위험이 오히려 증폭되므로 헤징을 하지 않았던 것보다도 못한 결과가 초래될 수 있다.

둘째, 현물시장과 선물시장의 수익흐름이 규모면에서도 서로 상쇄되어야 한다. 즉, 현물가격의 변화(ΔS)와 선물가격의 변화(ΔF)가 최적헤지비율(h^*)에 따라 상호안정적으로 움직여야 한다. 만일 선물가격과 현물가격의 변동이 평균적으로는 헤지비율대로 움직이더라도 변동비율이 불규칙적이라면 헤징의 효과성은 떨어지게 된다. 이를 헤지비율 추정시 사용한 ΔS와 ΔF간의 회귀식에 의하여 통계학적으로 설명하면, 회귀식의 결정계수(R^2)가 클수록 헤징의 효과성이 커지게 된다. 이때 결정계수 R^2는 통계학적으로 상관계수의 제곱과 일치하므로 헤징의 효과성은 선물과 현물가격간의 상관관계에 따라 결정된다고 할 수 있다.

끝으로 헤징의 효과성을 높이기 위해서는 베이시스 리스크를 최소화해야 한다. 앞에서 논의된 대로 베이시스 리스크는 선물계약의 만기일과 헤징되는 현물의 실제 거래일이 다르거나 헤징대상인 현물과 헤징에 사용된 선물계약의 기초자산이 정확하게 일치하지 않을 경우 발생한다. 이러한 원인들을 제거함으로써 베이시스 리스크를 줄여 헤징의 효과성을 높일 수 있으나, 무엇보다도 선물의 시장가격이 이론가격에서 균형을 이루게 되면 선물과 현물간의 가격 차이로 정의되는 베이시스도 안정적인 수준에서 균형을 이루어 미래의 베이시스의 불확실성으로 인해 발생하는 베이시스 리스크가 감소하고 헤징의 효과성을 높일 수 있다.

헤징과 차익거래, 그리고 투기

앞에서 논의한 바와 같이 선물거래는 목적에 따라 크게 투기거래, 차익거래, 헤지거래로 나뉜다. 그 중에서도 선물 또는 선도계약이 존재하는 가장 큰 의의는 헤징을 통한 위험의 배분이다. 그렇다면 투기거래는 허황된 이익을 쫓는 무모한 거래로, 차익거래는 시장의 불균형을 이용하여 교묘하게 이익을 얻는 거래로 보고 이들 거래를 바람직하지 못한 거래로 간주할 수 있는 것인가? 물론, 투기거래나 차익거래는 그 자체만을 보면 선물의 본래 목적인 리스크 회피와는 무관해 보이거나, 오히려 투기거래의 경우는 레버리지 효과로 인해 리스크를 추구하는 거래로 생각될 수 있다. 그러나 그 자체만으로는 바람직하지 못하고 불필요해 보이는 투기거래나 차익거래도 헤지거래와 연관시켜 고려해 보면 원활하고 효과적인 헤징을 위해서 반드시 필요하다는 것을 알 수 있다.

우선, 투기거래는 선물시장의 수급불균형을 줄여줌으로써 시장의 유동성을 높여 헤지거래가 원활하게 이루어지도록 하는 역할을 한다. 제2장에서 콘탱고와 백워데이션 현상에 관한 케인즈와 힉스의 주장에서 언급한 바와 같이, 선물시장이 순매도 헤지포지션일 경우는 선물가격이 미래기대현물가격보다 낮게 형성(백워데이션)되어 순매입 투기포지션을 유도하고 이에 따라 시장의 수급균형이 이루어진다. 반대로 선물시장이 순매입 헤지포지션일 경우에는 선물가격이 미래기대현물가격보다 높게 형성(콘탱고)되어 순매도 투기포지션에 의해 수급균형이 이루어지게 된다.

한편, 차익거래는 현물가격과 선물가격의 불균형상태를 균형상태로 회복시킴

그림 3-2 헤징과 차익거래 및 투기거래의 관계

으로써 헤징의 효과성을 제고하는 역할을 한다. 앞서 베이시스와 헤징에 관한 논의에서 설명한 바와 같이 실제선물가격이 항상 이론가격 근처에서 결정된다면 헤지비율의 안정성이 확보되고 베이시스 리스크가 감소하여 헤징의 효과성이 크게 제고될 수 있다. 선물의 시장가격이 이론가격을 어느 정도(무차익거래범위) 이상 벗어나면 차익거래가 발생하고 이러한 대규모의 차익거래는 현물가격과 선물가격의 불균형상태를 균형으로 회복시키는 역할을 함으로써 실제선물가격이 이론가격을 크게 벗어나지 못하고 벗어나더라도 오래 지속되지 못하게 된다.

따라서 선물의 본래 목적인 헤징이 제대로 기능을 하기 위해서는 헤징, 차익거래, 투기거래가 유기적인 관계를 맺으면서 상호보완적으로 이루어져야 한다. [그림 3-2]에서 정리한 것처럼 헤징이란 목적을 위하여 차익거래는 헤징의 효과성을 제고하고, 투기거래는 헤징의 유동성을 제고하는 역할을 하기 때문에 적절한 투기거래와 차익거래가 필요하다는 것을 이해하여야 한다.

우리나라 선물시장에서는 본래의 목적인 헤지거래보다는 투기거래가 주를 이루고 있는 것으로 알려지고 있다. 따라서 선물시장이 그 목적인 헤징을 중심으로 거래가 이루어지기 위해서는 차익거래가 활발하게 이루어지도록 하고, 헤지거래를 투기거래와 구분하여 증거금률의 차등적용, 회계처리기준에서의 우대 등의 방안을 마련하여야 하며, 무엇보다 중요한 것은 시장참가자들이 선물거래의 의의가 헤징에 있음을 확실히 인식하여야 한다.

사례 : Metallgesellschaft사의 사례와 선물헤징의 결제리스크

Metallgesellschaft는 58,000명의 종업원을 거느린 독일의 14위 기업집단이다. 이 회사의 미국 현지 자회사인 MG Refinery and Marketing(MGRM)은 1993년까지 1억 8천만 배럴의 석유를 원매자에게 10년간 고정가격에 공급하겠다는 장기선도계약을 맺었다. 이것은 쿠웨이트의 원유생산량의 85일분에 상당하는 물량으로 MGRM이 장기로 확보한 물량을 훨씬 상회하는 것이었다. 따라서 MGRM은 부족분에 대해서는 현물시장을 통해 확보해야 했으며, 만일 향후 10년간 원유가격이 계약가격 이상으로 상승할 경우에는 손실을 입게 되어 있었다.

이러한 가격위험을 헤징하기 위해서는 이상적으로 계약의 만기를 맞추면서 장기간에 걸친 원유선도계약을 매입하여야 하나 불행히도 10년 동안 리스크를 헤징할 수 있는 장기선도계약시장은 없었기 때문에 MGRM은 단기선물시장에서 연속헤지(rolling hedge)를 활용하기로 하였다. 즉, 10년에 걸친 전체 현물포지션에 상응하는 물량만큼 원유선물 최근월물을 매입하고, 만기가 도래하면 잔량 현물포지션에 상응하는 물량만큼을 만기이연(roll-over)하는 방식을 취하였다.

따라서 원유가격 상승시 장기선도계약으로부터의 손실을 단기선물거래에서의 이익으로 보전함으로써 헤징효과가 발생하고, 원유가격 하락시에는 단기선물거래에서의 손실이 장기선도계약에서의 이익으로 상쇄되도록 되어 있었다. 그러나 이런 과정에서 MGRM은 단기원유선물가격이 장기원유가격과 정확히 일치하지 않음으로써 발생하는 베이시스 리스크와 선물포지션에서의 손실은 일일정산에 의해 매일매일 실현되지만 선도계약에서의 이익은 만기까지 미실현되므로 현금흐름의 불일치에서 오는 문제 등을 소홀하게 생각하였다.

이상의 계약을 체결한 이후 원유의 시장가격은 20달러에서 15달러로 하락하였고, MGRM은 선물포지션에서 약 10억달러에 달하는 추가증거금을 현금으로 납입하여야만 하였다. 물론 이러한 선물포지션의 손실을 장기선도계약의 이익에 의해 상쇄될 수 있는 것이나, 문제는 미실현 이익으로 실현된 손실을 당장 보전할 수 없다는 것이다. 결국 독일 본사는 거액의 선물증거금으로 인한 현금흐름상의 어려움을 문제삼아 계약을 중도에 청산하고 MGRM경영진을 교체하기에 이르렀다. 중도해지에 따른 손실까지 포함하여 총 손실은 13억달러에 달했다.

이러한 결과로 모기업 Metallgesellschaft는 1994 회계연도에 28억마르크의 손실을 입으면서 파산의 위기에 몰렸으나, 대주주이자 주요 채권자인 도이치은행(Deutsche Bank)이 24억달러를 지원하여 위기를 넘겼다. 이 과정에서 채권단의 대출금의 일부는 주식으로 출자전환되었으며, 주가는 64마르크에서 24마르크로 폭락하였다.

– 이 사례는 P. Jorion의 「Value at Risk」 내용 및 기타 자료를 참조하여 작성한 것임.

연/습/문/제

1. 14K 금을 취급하는 보석가공업자가 금선물을 이용하여 헤징하려고 한다. 14K 금가격변화의 표준편차는 2,600원이고 금선물가격변화의 표준편차는 3,250원이며 14K 금가격변화와 금선물가격변화간의 상관계수는 0.9로 추정되고 있다. 이때 최소분산 헤지비율은 얼마인가?

2. 3개월 후에 100kg의 금이 필요한 어느 기업이 금선물(1계약=1kg)을 이용하여 가격변동리스크를 최소화하는 헤지방법을 선택하였다. 이를 위해 과거자료를 이용하여 계산한 최소분산헤지비율이 0.92라고 했을 때 이 기업이 금선물에 취해야 할 계약수는 얼마인가?

3. 베이시스 리스크(basis risk)에 관하여 설명하시오.

4. 2004년 11월 25일에 100만 달러를 받을 예정인 어느 한국기업이 환리스크를 헤징하기 위하여 12월물 미국달러선물을 선물가격 1,220원에 매도하였다. 예정대로 11월 25일에 100만 달러를 받아 헤징 포지션을 청산할 당시의 현물 및 선물가격이 각각 1,155원, 1,160원이었다고 하면, 이 기업이 받게 될 원화 총액은 얼마인가?

5. 매입헤징의 경우 강세 베이시스에서 헤징이익이 발생하고, 반대로 매도헤징의 경우는 약세 베이시스에서 헤징이익이 발생하는 이유를 설명하시오.

6. 헤징의 효과성을 저해하는 요인으로는 어떤 것들이 있는가?

7. 선물이 활용되는 본래의 목적인 헤징이 제대로 기능을 하기 위해서는 차익거래 및 투기거래와 유기적인 관계를 맺으면서 상호보완적으로 이루어져야 하는 이유를 설명하시오.

CHAPTER 04

다양한 종류의 선물계약

4.1 주식관련선물

4.2 금리선물

4.3 통화선물

4.1 주식관련선물

주식관련선물의 특징

주식관련선물은 주가지수를 기초자산으로 하는 주가지수선물과 개별 주식을 기초자산으로 하는 주식선물을 포함한다. 주가지수선물은 증권시장에 매매되고 있는 전체주식 또는 일부 대표적인 주식의 가격수준을 나타내는 주가지수를 매매대상으로 하는 선물계약이다. 우리나라에서는 1996년 5월 3일 한국증권거래소(KSE)가 대표적인 200개 종목의 주식으로 구성된 KOSPI200 지수를 기초자산으로 하여 KOSPI200 주가지수선물을 상장하여 비약적인 발전을 거듭하고 있다. 그 밖에도 코스닥 주식을 대상으로 하는 스타지수선물과 여러 형태의 섹터지수선물이 상장되어 있다.

주가지수선물의 기초자산은 엄밀하게 말하면 주가지수를 구성하는 주식의 포트폴리오이지만, 주식시장에서 포트폴리오가 거래되는 것은 아니므로 이 포트폴리오의 가치를 지수화시킨 주가지수를 매매대상으로 한다. 그러나 추상적인 숫자에 불과한 주가지수를 거래대상으로 할 수 없기 때문에 주가지수선물시장에서는 주가지수에 일정금액을 곱하여 거래금액을 정하도록 하고 있다. 예를 들면, 미국의 S&P500 지수선물에서는 500달러, 우리나라의 KOSPI200 지수선물은 50만원을 각각 지수로 표시되는 선물가격에 곱하여 계약금액을 정하고 있다.

또한 주가지수는 실물이 아니라 추상적인 숫자이기 때문에 만기에 실물로 결제할 수 없고 오직 현금에 의한 차액결제만이 가능하다. 즉, 투자자는 일정시점에 선물지수로 계약을 체결하고, 결제일까지 반대매매로 계약을 청산하지 않는 경우에는 결제일에 가서 선물지수와 결제일 당일의 지수간의 차이에 일정금액을 곱한 금액을 수수하게 된다.[1)]

---

1) 선물거래에서는 일일정산이 일어나므로 이 금액은 실제로는 일일정산에 따른 현금흐름의 누적액이 된다.

이와 같이 추상적인 상품인 주가지수가 선물거래의 대상이 된 것은 주식투자자들의 투자위험을 헤지함에 있어 주가지수선물이 매우 유용한 수단이 되기 때문이다. 그러나 주가지수선물거래의 여러 가지 유용한 기능에도 불구하고 주가지수선물거래의 확대가 주식시장의 가격변동성을 심화시키지 않았는가, 주가지수선물시장의 도입이 주식시장의 효율성을 저해시킨 것은 아닌가 등에 관한 많은 논란이 있어 왔다. 주가지수선물거래의 도입이 주식시장의 가격변동성(price volatility)을 심화시킬 수 있다는 우려에 대해서는 많은 실증연구들이 주가지수선물의 도입이 주가의 변동성을 증가시키지는 않았다고 보고하고 있다.

오히려 주가지수선물거래의 저렴한 거래비용, 신규유입정보에 대한 신속한 반응 등으로 선물시장의 가격발견기능이 활성화되면 이로 말미암아 주식시장은 정보의 전파 및 반영속도가 빨라져 효율성이 증대되어 장기적으로 금융시스템의 안정에 기여할 것이다. 또한 금융기관은 선물시장을 이용한 헤징으로 리스크를 줄일 수 있으며 주가지수선물을 활용한 다양한 상품개발로 업무영역을 확대할 수 있어 전체 금융시스템의 안정성이 제고될 수 있다.

한편, 주식선물이란 증권시장에서 거래되고 있는 개별주식을 기초자산으로 하는 선물계약이다. 주식선물은 과거에는 도입한 나라들이 많지 않았으나, 21세기 들어 영국, 미국, 스페인, 남아공 등의 국가에서 경쟁적으로 도입한 후 많은 나라의 선물시장에 상장되어 활발하게 거래되고 있다. 우리나라에서도 2008년 5월 6일 15개 종목의 개별주식을 대상으로 주식선물이 상장되어 거래되기 시작하였고, 이후 거래대상 종목이 확대되었다.

이처럼 주식선물이 확산된 배경으로 먼저 개별주식에 대한 적절한 리스크관리 수단의 부재를 들 수 있다. 주식시장은 전체 시장위험 뿐 아니라 개별주식의 리스크를 관리할 수 있는 수단이 필요하나, 주가지수선물은 개별주식과의 가격상관성이 낮아 헤지수단으로 부적합하고 개별주식옵션은 유동성 부족으로 헤지수단의 역할을 하지 못하는 경우가 많았다. 또한 개별주식 등의 가격변동과 연계되어 투자수익이 결정되는 주식연계 파생증권(ELS, ELW 등)의 시장규모가 급격히 증가하고 있으나, 개별주식에 대한 적절한 헤지수단이 없다는 점을 들 수 있다. 한편,

주식대차 및 대주거래의 번거로움을 대체할 상품이 필요했다는 점도 주식선물의 도입에 일조하였다. 주식선물은 대차 및 대주거래에 비해서 비용이 저렴하고 거래 편의성이 뛰어나다는 점에서 주가하락기에 손쉽게 활용할 수 있는 투자수단이 된다.

주식관련선물 투기거래

투기거래는 선물시장에서 선물가격의 등락을 이용하여 이익을 얻을 목적으로 하는 거래이다. 투기거래는 두 가지 형태, 즉 단순투기(outright speculation)거래와 스프레드(spread)거래로 구분된다. 단순투기거래는 미래의 선물가격을 예측하여 가격이 상승할 것이 예상되면 해당 선물을 매입(long)하고 가격이 하락할 것으로 예상되면 매도(short)포지션을 취하게 된다. 이때 선물거래는 현물거래와는 달리 선물계약금액이 몇 퍼센트밖에 되지 않는 적은 증거금으로 거래가 이루어지므로 손익확대효과, 즉 레버리지 효과(leverage effect)가 발생한다.

예제 1

3억원의 현금을 보유한 투자자가 앞으로 주가가 상승할 것으로 예상하고 KOSPI200 선물을 매입하려고 한다. 현재 KOSPI200 선물가격은 86이고, 개시증거금(계약금액의 15%)은 전액 현금을 이용하고자 한다. 단, 거래비용은 없고, KOSPI200 선물가격은 현물지수의 변동폭만큼 움직인다고 가정한다.

현금 3억원으로 취할 수 있는 선물계약금액:

3억원 ÷ 0.15 = 20억원

현재 선물가격에서 매입할 수 있는 최대선물계약수 :

20억원 ÷ (86 × 50만원) = 46.51

따라서 KOSPI200 주가지수선물 46계약을 2억9,670만원(= 86 × 50만원 × 46 × 0.15)의 증거금으로 매입포지션을 취한다.

1) 주가지수 5% 상승시

KOSPI200 선물가격:

90.30(= 86 × 1.05) 즉, 4.3포인트 상승

선물매매이익:

9,890만원(= 4.3 × 50만원 × 46계약)

따라서 투기에 사용한 현금증거금을 기준으로 생각하면 33.33%(= 9,890만원 ÷ 2억9,670만원 × 100)의 수익이 발생했고, 이 수익률은 현물 및 선물지수의 상승률 5%의 6.67배에 해당한다.

2) 주가지수 2% 하락시

KOSPI200 선물가격:

84.28(= 86 × 0.98), 즉 1.72 포인트 하락

선물매매손실:

3,956만원(= 1.72 × 50만원 × 46계약)

따라서 13.33%(= 3,956만원 ÷ 2억9,670만원 × 100)의 손실이 발생했고, 이는 현물 및 선물지수의 하락률 2%의 6.67배에 해당한다.

한편, 스프레드거래는 같은 상품내에서 다른 만기월간 또는 상관관계가 높은 유사한 상품간의 스프레드의 변화를 예상하고 이를 이용하여 양쪽에 매입과 매도 포지션을 동시에 취하여 이익을 획득하려는 거래이다. 전자를 상품내 스프레드 또는 시간스프레드거래라 하고 후자는 상품간 스프레드 또는 교차스프레드거래라고 한다. 단순투기거래가 미래의 가격변동에 대한 예상을 근거로 한쪽에만 포지션을 취함으로써 예상이 빗나갈 경우 큰 손실을 감수해야 하는 반면에 스프레드 거래는 양쪽에 서로 반대포지션을 취하기 때문에 이익과 손실의 규모가 작은 한정된 리스크만을 갖게 된다.

일반적으로 주가지수선물은 원월물가격이 근월물가격보다 높고, 주식시장 변동에 대하여 원월물이 근월물보다 더욱 큰 폭으로 반응하는 경향이 있다. 따라서 주가지수선물에서의 상품내 스프레드거래는 주가상승이 예상될 때 근월물매도,

원월물매입의 스프레드 포지션을 취하고, 주가하락이 예상되면 근월물매입, 원월물매도의 스프레드 포지션을 취한다. 다만, 근월물에 비해 원월물은 거래량이 적기 때문에 상품내 스프레드거래를 원할하게 수행하기 힘든 경우가 많다.

주가지수선물의 상품간 스프레드거래는 주가상승이 예상될 경우는 변동폭이 큰 주가지수선물을 매입하고 동시에 변동폭이 작은 주가지수선물은 매도하며, 이와는 반대로 주가하락이 예상될 경우에는 변동폭이 큰 주가지수선물은 매도하고 동시에 변동폭이 작은 주가지수선물을 매입한다. 이때 일반적으로 양쪽 선물의 만기가 같도록 하고 전체의 순포지션이 영(zero)이 되도록 한다.

주식관련선물 차익거래

만일 시장에서 형성된 주식선물 또는 주가지수선물가격이 이론가격을 이탈하여 그 차이가 거래비용을 초과하는 수준일 경우에는 차익거래기회가 존재하게 된다. 선물의 시장가격이 이론가격보다 높다면 고평가된 주식선물 또는 주가지수선물을 매도하고 자금을 차입하여 주식 또는 주식포트폴리오를 매입한 뒤, 양 가격간의 괴리가 축소될 때 또는 만기일에 선물과 현물의 가격이 일치하게 될 때 선물포지션은 청산하고 보유하고 있던 주식 또는 주식포트폴리오를 매각하여 차입금을 상환하면 된다. 이와는 반대로 선물의 시장가격이 이론가격보다 낮다면 저평가된 주식선물 또는 주가지수선물을 매입하고 주식 또는 주식포트폴리오를 공매도하여 들어온 자금을 운용하다가, 양 가격간의 괴리가 축소되거나 만기가 되어 선물과 현물의 가격이 일치하게 되면 선물포지션을 청산하고 운용하고 있던 자금으로 주식 또는 주식포트폴리오를 매입하여 공매도포지션을 청산하면 된다.

이러한 차익거래전략을 실제로 수행할 경우에는 앞서 제2장에서 언급한 일반적인 차익거래의 제약요인들이 그대로 적용된다. 거래비용, 공매도의 제약, 차익거래 타이밍 등의 고려사항은 주식관련선물의 경우에도 예외는 아니다. 특히 주가지수선물의 차익거래에서 문제가 되는 점이 몇 가지 있다. 우선 추적오차(tracking error)의 문제이다. 주가지수선물의 기초자산은 선물거래 대상지수를 구성하고 있는 주식의 포트폴리오이다. 따라서 주가지수선물 차익거래는 엄격하게 말하면 주가지수를 완벽하게 복제한 주식포트폴리오를 매입 또는 공매도하여야 한다. 현실적으로 이것은 거의 불가능하므로 일부 종목들로 바스켓을 구성하여 차익거래에 이용한다. 이러한 바스켓과 현물주가지수간의 오차가 주가지수선물 차익거래의 추적오차가 되는데 시간이 흐르면서 주가지수 구성종목의 변경, 시가총액가중치의 변동 등으로 때로는 그 오차가 크게 발생하여 차익거래의 성과에 악영향을 미치곤 한다. 그 밖에도 주식매입대금의 조달금리와 주식공매도대금의 운용금리가 변동될 위험, 주가지수선물의 이론가격을 계산하는 데 사용된 배당수익률이 예상과 다르거나 배당금 지급시기가 변경될 위험 등이 차익거래의 성과를 불확실하게 만드는 요인이 된다.

주식관련선물 헤지거래

주식선물은 개별주식의 가격변동리스크를 관리하고, 주가지수선물은 주식포트폴리오의 가격변동리스크를 헤징하는 데 유용한 수단이 된다. 일반적으로 투자위험은 비체계적 위험(unsystematic risk)과 체계적 위험(systematic risk)으로 구분되는데, 비체계적 위험은 기업의 고유한 요인이나 그 기업이 속해 있는 산업의 고유한 요인에 따라 결정되는 위험으로서 분산투자를 통해 제거될 수 있으나 주식선물을 이용하여 개별주식의 가격변동리스크를 관리할 수도 있다. 반면 체계적 위험은 전체시장의 평균적인 가격형성에 영향을 미치는 요인에 따라 결정되는 위험으로서 분산투자에 의해서도 제거되지 않는다. 주가지수선물은 바로 이러한 체계적 위험을 제거하는 유용한 수단으로 활용된다.

헤지목적으로 주식선물 또는 주가지수선물을 이용할 수 있는 투자자는 주로 다수의 주식을 보유하는 주식딜러나 기관투자가일 것이다. 딜러의 경우는 대부분 다수의 주식을 한꺼번에 매매하기 때문에 주가지수선물을 통해 자신이 보유하고 있는 포트폴리오의 가격변동위험을 효과적으로 제거할 수 있다. 연금, 보험회사, 신탁회사 등 기관투자자(institutional investors)들도 일반적으로 잘 분산된 포트폴리오를 보유하게 되므로 이들 포트폴리오의 가격변동위험을 헤징하기 위해 주가지수선물을 적극적으로 이용할 수 있을 것이다. 그 밖에도 개별종목 투자자, 주식발행자(equity issuers), 인수기관(underwriters) 등이 개별주식의 가격변동리스크를 헤징하기 위하여 주식선물을 활용할 수 있다.

주식포트폴리오를 주가지수선물로 헤징할 경우 거의 대부분의 주식포트폴리오는 주가지수선물의 기초자산과 일치하지 않는다. 즉, 주가지수선물의 거래대상이 되는 주가지수와 동일한 종목과 구성비를 갖는 주식포트폴리오를 헤징하고자 하는 경우는 거의 없다. 따라서 주가지수선물을 이용한 헤징의 대부분은 엄밀한 의미에서 교차헤징이라고 할 수 있다. 앞서 제3장에서 논의한 것처럼 교차헤징으로 인한 베이시스 리스크를 최소화하는 방안의 하나가 적절한 헤지비율을 이용하는 것이다. 특별히 주가지수선물의 헤지거래에서는 주식 또는 주식포트폴리오의 체계적 위험을 측정하는 방법인 베타(β)값이 헤지비율로 사용된다.[2)]

이론적으로 베타값은 주식 또는 주식포트폴리오와 시장포트폴리오간의 공분산을 시장포트폴리오의 분산으로 나눈 값으로서 다음과 같이 나타낼 수 있다.

$$\beta_i = \frac{\sigma_{i,\,m}}{\sigma_m^2}$$

단, β_i = 주식 또는 주식포트폴리오 i의 베타값

$\sigma_{i,\,m}$ = 주식 또는 주식포트폴리오 i의 수익률과 시장포트폴리오 수익률간의 공분산

σ_m^2 = 시장포트폴리오 수익률의 분산

이러한 베타값은 시장포트폴리오의 변동에 대한 주식 또는 주식포트폴리오의 민감도로 이해할 수 있다. 예를 들어 β_i가 1.5라면 시장포트폴리오가 1% 변동할

2) 베타값이 주식 또는 주식포트폴리오의 체계적 위험을 측정하는 수단이 되고, 이렇게 측정한 체계적 위험과 주식 또는 주식포트폴리오의 기대수익률간에 일정한 균형관계가 성립함을 이해하기 위해서는 포트폴리오 이론(portfolio theory)에서부터 자본자산가격결정모형(capital asset pricing model)에 이르기까지 방대한 내용을 설명해야 한다. 이 책에서 이런 방대한 내용을 설명하는 것은 부적합하다고 생각하고, 이해가 부족한 부분이 있을 경우에서 「재무관리」 또는 「투자론」 교재를 참조하여 공부해 주기 바란다.

때 주식 또는 주식포트폴리오 i의 가격은 평균적으로 1.5%가 같은 방향으로 움직일 것으로 기대된다는 의미이다. 그러나, 이론적 베타값은 사전적(ex-ante) 개념에 의한 것이므로 실무적으로 베타값을 측정할 때는 흔히 과거 자료를 이용하여 주식 또는 주식포트폴리오 i의 수익률을 시장 전체 수익률로 회귀분석하여 얻은 기울기를 사용한다.[3)]

한편, 제3장에서 최소분산헤지비율은 헤징대상 자산과 헤징에 이용하는 선물 간의 공분산을 선물의 분산으로 나눈 값으로 구할 수 있다고 배웠다. 즉, 다음과 같은 식으로 나타낼 수 있다.

$$h^* = \frac{\sigma_{S,F}}{\sigma_F^2}$$

이때에도 최소분산헤지비율은 사전적(ex-ante) 개념에 의한 것이므로 실무적으로 측정할 때는 과거 자료를 이용하여 헤징대상 자산의 가격변동을 선물가격변동으로 회귀분석하여 얻은 기울기를 사용하고 있다. 따라서 최소분산헤지비율과 위에서 언급한 베타값 간에 유사성이 많음을 알 수 있다. 만일 헤징대상자산 S가 바로 주식포트폴리오 i이고, 헤지에 이용한 주가지수선물 F의 가격과 시장포트폴리오 m을 대신하여 사용한 주가지수의 움직임이 동일하다면, 주식포트폴리오 i의 베타값을 최소분산헤지비율로 사용할 수 있다. 즉, 다음과 같이 나타낼 수 있다.

$$\beta_i = \frac{\sigma_{i,m}}{\sigma_m^2} = \frac{\sigma_{S,F}}{\sigma_F^2} = h^*$$

그러나 포트폴리오 i의 주가지수변동에 대한 민감도, 즉 베타값(β_i)을 최소분산헤지비율로 사용하기 위해서는 중요한 가정을 전제로 하고 있다. 주가지수선물의 가격과 시장포트폴리오의 대용(proxy)으로 사용한 주가지수의 움직임이 동일

---

3) 이론적인 시장포트폴리오 수익률을 실무적으로 측정할 때는 흔히 주식시장을 대표하는 주가지수로부터 계산된 시장수익률을 사용한다.

하다는 가정이다.[4] 이러한 가정없이 주식포트폴리오의 최소분산헤지비율을 구하려면 헤징대상 포트폴리오와 주가지수선물간의 공분산을 주가지수선물의 분산으로 나눈 값이 되어야 한다. 실무적으로는 과거 자료를 이용하여 헤징대상 포트폴리오의 수익률을 헤징에 사용하는 주가지수선물의 수익률로 회귀분석하여 얻은 회귀식의 기울기를 이용한다. 또는, 주가지수선물의 가격변동에 대한 주가지수의 민감도를 측정한 뒤 이 값을 베타값(β_i)에 곱하여 조정한 값을 헤지비율로 사용하기도 한다. 따라서 베타값(β_i)을 그대로 헤지비율로 사용하는 경우는 암묵적으로 주가지수선물의 가격변동에 대한 주가지수의 민감도가 1.0이라고 가정하고 있다고 볼 수 있다.

따라서 포트폴리오의 베타값(β)을 최소분산헤지비율로 사용하여 리스크를 최소화하는 선물계약수를 구하는 공식은 다음과 같이 나타낼 수 있다.

$$N^* = \beta \times \frac{T_S}{Q_F}$$

단, N^* = 리스크를 최소화하는 선물계약수
β = 헤징대상자산의 베타값
T_S = 헤징대상자산의 총시장금액
Q_F = 계약당 선물금액

예제 2

10월 10일 현재 100억원의 주식포트폴리오를 보유하고 있는 기금관리자가 주가하락을 예상하고 12월물 KOSPI200 주가지수선물을 이용하여 앞으로 약 2개월간 헤지포지션을 유지하려고 한다. 현재 KOSPI200 선물가격은 240이고, 주식포트폴리오의 베타값은 1.2이다.

이때 베타값 1.2를 최소분산헤지비율로 사용하게 되면 12월물 KOSPI200 지수선물 100계약을 매도함으로써 헤지포지션을 취해야 한다.

$$\frac{10{,}000{,}000{,}000}{240 \times 500{,}000} \times 1.2 = 100$$

4) 많은 경우 이러한 가정에 대한 언급없이 베타값(β_i)을 헤지비율로 사용하고 있음에 유의하기 바란다.

주가지수선물을 이용한 다양한 투자전략

주가지수선물거래는 투기거래, 차익거래, 헤지거래와 같은 기본적인 선물거래 외에도 다양한 투자전략에 활용될 수 있다. 베타(β) 조정을 통한 시장타이밍(market timing)전략, 자산배분(asset allocation), 인덱스펀드(index fund), 포트폴리오 보험(portfolio insurance) 등이 대표적인 예이다.

이러한 투자전략들을 이해하는 데 기본이 되는 중요한 원리가 한 가지 있다. 즉, 주식포트폴리오를 주가지수선물을 이용하여 완전한 헤지포지션을 만들게 되면 이 헤지포트폴리오의 기대수익률은 무위험이자율이 된다는 것이다. 이것을 증명하기 위하여 앞에서 주가지수선물의 이론가격을 도출할 때 사용했던 기호들을 그대로 쓰기로 하자. 단, 헤지포지션을 취한 시점을 1, 청산한 시점을 2로 표시하고시점 1과 시점 2로부터 선물만기까지의 기간을 연단위로 표시한 값을 각각 t_1, t_2라고 한다. 그러면 헤징기간 중에 보유현물포지션에서 발생한 손익은 다음과 같이 나타낼 수 있다.

$$(S_2 - S_1) + q(t_1 - t_2)$$

단, q = 현물 주식포트폴리오에서 예상되는 배당수익률(연율)

한편, 선물가격이 정확하게 이론가격대로 움직인다는 가정하에서 매도헤징에 사용한 주가지수선물포지션에서 헤징기간 중에 발생한 손익은 다음과 같다.

$$\begin{aligned} F_1 - F_2 &= [S_1 + (r-q)t_1] - [S_2 + (r-q)t_2] \\ &= (S_1 - S_2) - q(t_1 - t_2) + r(t_1 - t_2) \end{aligned}$$

따라서 현물포지션과 선물포지션을 합한 헤지포트폴리오의 순손익은 $r(t_1 - t_2)$ 즉, 헤징기간 동안의 이자율이 됨을 알 수 있다. 이상 논의한 내용을 정리하여 보면 다음과 같다.

주식포트폴리오 − 주가지수선물 = 무위험(채권)자산
무위험(채권)자산 + 주가지수선물 = 주식포트폴리오

이에 따라 주식포트폴리오를 보유하고 있는 투자자는 보유한 현물주식을 팔지 않고도 주가지수선물에 적절하게 매도포지션을 취함으로써 원하는 만큼의 주식을 팔아 현금화한 것과 동일한 효과를 볼 수 있다.[5] 이와는 반대로, 주식을 전혀 매입하지 않고도 무위험 자산을 매입하고 동시에 주가지수선물에 적절하게 매입포지션을 취함으로써 현물 주식포트폴리오를 보유한 것과 동일한 효과가 나타난다. 따라서 주가지수선물을 적절하게 이용할 경우 현물주식거래에 비해 훨씬 적은 비용으로 편리하게 현물을 사고 파는 것과 동일한 효과를 얻도록 해준다는 점에서 효율적으로 포트폴리오를 재구성할 수 있는 방법이 된다. 그러나 주가지수선물이 효율적인 자산배분수단이 되기 위해서는 보유하고 있거나 또는 보유하고자 하는 주식포트폴리오가 주가지수선물의 기초자산과 일치하거나 서로 높은 상관관계를 보이며 안정적으로 변동하여야 되고, 주가지수선물의 시장가격이 이론가격과 일치 또는 최소한 근사하게 움직이는 것이 전제되어야 한다.

이상 논의한 원리에 근거하여 주가지수선물을 활용하면 다양한 투자전략을 수행할 수 있다. 우선 주가지수선물은 보유하고 있는 주식포트폴리오의 베타값을 변경하여 시장타이밍을 맞추는 데 이용된다. 즉, 주가가 하락할 것으로 예상될 경우 주가지수 선물의 매도를 통해 주식포트폴리오와 주가지수선물을 포함하는 전체포지션의 베타값을 낮추어 줌으로써 주가하락에 따른 손실을 축소시키며, 반대로 주가가 상승할 것으로 예상되는 경우는 주가지수선물의 매입을 통해 전체 포트폴리오의 베타값을 높여 줌으로써 주가상승시 이익을 확대하고자 하는 것이다. 위에서 논의한 헤지포지션도 넓은 의미로 보면 주가지수선물을 이용하여 주식포트폴리오의 베타값을 영(0)으로 만드는 시장타이밍전략의 일부로 생각할 수 있다.

---

5) 여기에서 현금화라는 표현은 주식을 팔아서 들어온 현금을 무위험자산에 투자하여 무위험수익률을 얻는 것까지를 포함한 개념이다.

기존 주식포트폴리오의 베타값(β)을 원하는 베타값(β^*)으로 변경하고자 할 때, $\beta^* < \beta$이면, 아래와 같이 주가지수선물의 매도계약수가 요구된다.

$$(\beta - \beta^*) \times \frac{T_S}{Q_F}$$

만일 $\beta^* > \beta$이면, 아래와 같이 주가지수선물의 매입계약수가 요구된다.

$$(\beta^* - \beta) \times \frac{T_S}{Q_F}$$

예제 3

10월 초 현재 시장가치는 100억원이고 베타값이 1.2인 주식포트폴리오를 보유하고 있는 기관투자자가 앞으로 주가가 하락할 것에 대비하여 주식포트폴리오의 베타값을 0.6으로 낮추고자 한다. 현재 KOSPI200 선물가격은 240이다.

이를 위해서는 KOSPI200 주가지수선물 50계약을 매도하여야 한다.

$$(1.2 - 0.6) \times \frac{10,000,000,000}{240 \times 500,000} = 50$$

만일 주가가 상승할 것으로 예상되어 주식포트폴리오의 베타값을 1.8로 높이고자 한다면, KOSPI200 주가지수선물 50계약을 매입하여야 한다.

$$(1.8 - 1.2) \times \frac{10,000,000,000}{240 \times 500,000} = 50$$

또한 주가지수선물을 이용하여 인덱스펀드를 창출할 수 있다. 인덱스펀드는 투자성과가 주가지수의 움직임에 연동하는 펀드로서 주식시장의 장기성장추세를 이용하는 과학적인 투자기법이다. 인덱스펀드를 만들려면 실제로 주식들을 매입하여 주가지수와 동일하게 움직이는 포트폴리오를 구성하거나, 주가지수선물계약과 국채와 같은 무위험자산의 매입포지션을 통해 주가지수를 복제하는 두 가지 방법이 있다. 다만, 이렇게 복제된 인덱스펀드의 수익률은 주가지수선물가격이 이론가격보다 높을 경우에는 주가지수의 수익률보다 낮아지고, 주가지수선물 가격이 이론가격보다 낮을 때는 주가지수의 수익률보다 높게 실현되어 추적오차(tracking error)가 발생할 수 있다.

그 밖에도 주가지수선물은 포트폴리오보험전략에 이용된다. 포트폴리오보험의 기본개념은 옵션으로부터 시작되므로 이에 관한 상세한 내용은 이 책의 뒤 부분에서 주가지수옵션을 설명하고 난 후에 다루기로 하고 여기에서는 결론만 간단히 언급하기로 하자. 포트폴리오 보험이란 주가가 하락하더라도 보유하고 있는 주식포트폴리오의 가치가 일정 수준 이하로 하락하는 것은 방지하면서 주가상승 시에는 그에 따른 추가이익을 얻고자 하는 투자전략이다. 이러한 포트폴리오 보험전략은 주식과 옵션의 결합에 의해 이루어질 수 있으나, 현실적으로 이 전략은 주식과 채권이 포트폴리오 내에서 차지하는 비중을 시장상황에 따라 계속 조정하는 방식을 통해 실행된다. 즉, 주가가 상승하면 주식보유비중을 높이고 주가가 하락하면 주식보유비중을 낮추는 방법이다. 그러나 주가가 변동할 때마다 계속 주식을 사고 파는 것은 적지 않은 거래비용과 시장충격비용이 든다. 이때 위에서 설명한 것과 같이 선물을 이용하게 되면 실제로 주식을 사고 팔지 않고도 포트폴리오 내에서 주식포지션을 변동시킬 수 있게 된다. 즉, 주가가 하락하면 선물매도포지션을 늘리고, 주가가 상승하면 반대매매를 통해 선물매도포지션을 줄여준다. 선물은 현물에 비해 비교적 유동성이 높고 거래비용이 훨씬 낮기 때문에 주가지수선물을 적절히 활용함으로써 효율적인 포트폴리오 보험전략이 된다.

4.2 금리선물

금리선물의 특징

금리선물(interest rate futures)은 금리수준에 따라 가치가 변동하는 금융자산을 대상으로 하는 선물계약이다. 금리변동에 따른 가격위험을 헤징하거나 금리변동을 이용하여 투기적 이익을 얻으려고 할 때 효과적인 수단이 된다. 금리선물은 기초자산의 만기에 따라 1년을 기준으로 단기금리선물과 장기금리선물의 두 가지로 분류된다.[6] 금리선물은 기초자산의 속성상 다른 종류의 선물과 구별되는 특이한 면이 있다. 통상적으로 선물의 경우에는 선물에만 만기가 있고 기초자산인 현물에는 만기가 없는데 반해 금리선물은 선물 뿐 아니라 현물에도 만기가 있다. 이러한 점에서 금리선물은 다른 종류의 선물에 비해 이해하기가 다소 어렵고, 헤징 등에 활용할 때에도 비교적 복잡한 방법이 필요하다.

우리나라에서는 단기금리선물로 91일 만기의 양도성예금증서(CD)와 통화안정증권을 각각 기초자산으로 하는 CD금리선물과 통화증권금리선물이 상장된 바 있으나 거래부진으로 상장폐지되었고, 장기금리선물로는 3년 만기, 5년 만기, 10년 만기 국고채권을 각각 기초자산으로 하는 3년국채선물, 5년국채선물, 10년국채선물이 상장되어 거래되고 있다.

금리선물은 다른 종류의 선물과는 달리 선물 뿐 아니라 현물에도 만기가 있기 때문에 만기가 달라짐에 따라 상이한 이자율이 적용된다. 이처럼 이자율은 다른 조건이 동일하더라도 만기에 따라 달라지는데 이를 이자율의 기간구조(term structure of interest rate)라 한다. 이자율의 기간구조를 그래프로 나타낸 것이 수익률

6) 일부에서는 금리선물을 채권선물이라고 부르기도 하나, 유로달러예금, 양도성 정기예금증서(CD), 상업어음(CP) 등의 단기금리상품을 기초자산으로 할 때는 단기금리선물로 표현하고, 국채, 지방채, 주택저당채권 등 만기가 1년 이상이면서 금융시장에서 채권이라고 불리우는 금융자산을 대상으로 하는 선물에 한해서만 장기금리선물 또는 채권선물이라고 부르는 것이 적합하다.

곡선(yield curve)이다. 엄밀한 의미에서 수익률 곡선은 무위험(risk-free) 무이표(zero-coupon)채권의 수익률을 각 만기별로 구하여 연결한 선을 의미한다. 수익률 곡선은 미래의 이자율에 대한 정보를 담고 있으므로 곡선의 형태가 매우 중요하다. 장기금리가 단기금리보다 높은 경우는 우상향(upward sloping), 반대로 장기금리가 단기금리보다 낮은 경우는 우하향(downward sloping)한 형태가 되고 두 금리간의 차이가 클 수록 급한(steep) 경사를 갖고 차이가 작을수록 평평한(flat) 모양이 된다.

수익률 곡선은 선도이자율을 구하는 데 이용될 수 있다. 즉, 수익률 곡선에서 각 기간의 수익률(Z_1, Z_2, …, Z_n)은 현물이자율(spot rate)이라고도 하는데, 차익거래논리(arbitrage argument)에 근거하여 현물이자율과 선도이자율(forward rate) 간에는 다음과 같은 균형관계를 갖게 된다. 만일 그렇지 않다면 차익거래기회가 존재한다.

$$(1 + Z_n)^n(1 + {}_nf_t)^t = (1 + Z_{n+t})^{n+t}$$

단, $Z_n = n$ 기간 현물이자율

$Z_{n+t} = (n+t)$ 기간 현물이자율

${}_nf_t = n$ 기간 후의 t 기간 선도이자율

예제 4

현재 만기별 현물이자율이 다음과 같다.

연도(n)	n년 투자기간 동안의 현물이자율
1	6.0
2	6.5
3	6.8
4	7.0
5	7.1

이때 2년 만기 1년 선도이자율이 7.9%이고 거래비용없이 주어진 이자율에 예금 또는 차입이 자유롭다고 가정하면 다음과 같은 차익거래기회가 존재한다.

$$(1+0.065)^2(1+0.079)>(1+0.068)^3$$

따라서 다음과 같은 절차를 밟아 차익거래이익을 추구하게 된다.

현　재 : 3년 만기 현물이자율 6.8%에 차입
　　　　2년 만기 현물이자율 6.5%에 예금
　　　　2년 만기 1년 선도이자율 7.9%에 예금금리 고정
2년 후 : 2년 만기 예금을 찾아 7.9%에 재예금
3년 후 : 예금을 찾아 차입금을 상환

결과적으로, 금리차이 0.564%[$=(1.065)^2(1.079)-(1.068)^3$]가 차익거래이익을 만든다.

한편, 1년 만기 3년 선도이자율이 7.2%이고 나머지 조건은 위와 동일하다고 가정하면 다음과 같은 차익거래기회가 존재한다.

$$(1+0.06)(1+0.072)^3<(1+0.07)^4$$

따라서 다음과 같은 절차를 밟아 차익거래이익을 추구한다.

현　재 : 1년 만기 현물이자율 6%로 차입
　　　　4년 만기 현물이자율 7%로 예금
　　　　1년 만기 3년 선도이자율 7.2%에 차입금리 고정
1년 후 : 3년 만기 7.2%로 차입하고 만기가 된 차입금은 상환
4년 후 : 예금을 찾아 차입금상환

결과적으로, 금리차이 0.496%[$=(1.07)^4-(1.06)(1.072)^3$]가 차익거래이익을 만든다.

이와 같이 이자율의 기간구조는 금리에 관련된 모든 금융상품에 영향을 미치고 있고, 특히 금리선물의 경우에는 선물의 가격결정과 밀접한 관계를 갖고 있다. 따라서 채권 및 금리선물의 가격을 분석하는 데는 단순한 이자율 수준의 변동 뿐 아니라 이자율 기간구조의 변화를 예측하고 활용하는 것이 매우 중요하다.

금리선물 투기거래

금리선물의 투기거래는 크게 두 가지 형태로 이루어진다. 단순투기거래(outright speculation)와 스프레드(spread)거래이다. 단순투기거래는 금리하락으로 선물가격상승이 예상되면 매입(long)포지션을 취하고 반대로 금리상승으로 선물가격하락이 예상될 경우는 매도(short)포지션을 취하게 된다.

한편, 금리선물의 투기거래에서는 금리의 변화 방향 뿐 아니라 수익률 곡선의 형태가 어떻게 변할 것이냐에 대한 예상도 중요한 투자지표가 된다. 그 이유를 설명하기 위하여 간단한 예를 들어 보기로 하자. 현재 1년 및 2년 만기 현물이자율이 각각 6%, 7%라고 하면 1년 후 1년 만기 선도이자율은 대략 8%가 된다. 여기에서 만일 1년 및 2년 만기 현물이자율이 1%씩 동일하게 증가한다면, 즉 수익률 곡선이 평행이동한다면 선도이자율도 1% 증가하여 9% 정도가 된다. 그러나 만일 1년 만기 현물이자율은 그대로 6%인데 2년 만기 현물이자율만 1% 증가하여 8%가 되었다면, 즉 수익률 곡선의 기울기가 가파르게 되었다면, 이때 선도이자율은 약 2% 증가하여 대략 10%가 된다. 따라서 금리의 변화 방향 및 크기 뿐 아니라 수익률 곡선의 형태가 선도수익률을 통해 금리선물가격에 커다란 영향을 미치고 있음을 알 수 있다.

스프레드거래는 선물계약기간의 가격차이, 즉 스프레드의 변동을 예상하여 한쪽 선물은 사고 동시에 다른 선물은 파는 투기적 거래의 일종이다. 위험 측면에서 보면 단순투기거래가 한 방향의 포지션만을 취함으로써 예상이 어긋나면 모든 손실을 고스란히 감수해야 하는데 반해, 스프레드거래에서는 양 방향으로 포지션을 취하기 때문에 예상을 벗어났을 때 손실을 완화시켜 주는 역할을 한다. 금리선물시장에서의 스프레드 거래는 향후 이자율의 기간구조 및 위험구조가 변동할 것이라는 예상 하에 서로 다른 금리선물계약이나 같은 선물계약이라 하더라도 서로 다른 결제월에 동시에 반대방향으로 포지션을 취하게 된다. 전자를 상품간 스프레드 거래, 후자를 만기간 스프레드거래라고 한다.

만기간 스프레드거래는 다시 근월물을 매입하고 원월물은 매도하는 불스프레드

(bull spread)전략과 근월물을 매도하고 원월물은 매입하는 베어스프레드(bear spread)전략으로 나눌 수 있다. 불스프레드전략은 근월물 선물가격이 원월물 선물가격보다 상대적으로 더 많이 상승하거나 더 적게 하락할 것으로 예상될 때 이용된다. 베어스프레드전략은 이와는 반대로 근월물 선물가격이 원월물 선물가격보다 상대적으로 더 적게 상승하거나 더 많이 하락할 것으로 예상될 때 이용된다.

금리선물의 상품간 스프레드거래는 기초자산의 만기가 서로 다른 금리선물간에 포지션을 취하거나, 기초자산의 만기는 같으나 위험구조가 서로 다른 금리선물 간에 포지션을 취하는 전략이 흔히 이용된다. 전자는 수익률 곡선의 변화를 예상하여 서로 만기가 다른 채권을 기초자산으로 하는 금리선물에 서로 반대방향으로 포지션을 취하는 전략으로서 NOB(notes over bonds)라고 불리우는 T-note선물과 T-bond선물간의 스프레드거래가 대표적인 예이다. 후자는 기초자산의 신용도의 차이와 이에 따른 리스크 프리미엄의 차이를 이용하는 전략으로서 TED(T-bill/Eurodollar)라고 불리우는 T-bill선물과 유로달러선물간의 스프레드거래가 대표적인 예이다.

금리선물 차익거래

금리선물에서 차익거래기회를 파악하는 방법으로는 첫째, 선물의 이론가격을 도출하여 이를 시장가격과 비교하는 방법, 둘째, 현물수익률곡선에 내재된 선도수익률을 계산하여 이를 선물의 시장수익률과 비교하는 방법, 셋째, 내재환매수익률(implied repo rate)을 계산하여 이를 실제 금융비용과 비교하는 방법 등이 있다.

첫번째 방법은 대부분의 선물계약의 차익거래에서 이용되는 것으로 선물의 시장가격이 이론가격에 비해 고평가되면 선물매도-현물매입포지션을 취하고, 저평가되면 선물매입-현물매도포지션을 취하게 된다. 두번째 방법은 수익률과 채권가격간의 관계를 고려하면 첫번째 방법과 사실상 같은 내용이다. 즉, 내재선도수익률(implied forward rate)이 현재 선물의 시장수익률보다 높다면 이는 곧 선물가격이 고평가되어 있다는 의미이므로 선물매도-현물매입의 차익거래포지션을 취해야 하고, 이와는 반대로 내재선도수익률이 선물의 시장수익률보다 낮다면 선물가격의 저평가를 의미하므로 선물매입-현물매도의 차익거래전략이 유용하다. 이 방법은 주로 단기금리선물의 차익거래에 활용된다. 세번째 방법은 차익거래를 실제로 실행하기 위해서는 자금의 차입 또는 운용이 수반되는데, 이때 적용되는 금리가 미국시장에서는 주로 환매조건부 채권금리라는 점에 근거한 방법이다. 흔히 repo 또는 RP로 불리우는 환매조건부 채권매도계약(repurchase agreement)이란 채권을 매도하면서 동시에 미래의 일정시점에 같은 채권을 매도가격보다 약간 높은 가격에 재매입하기로 약정한 계약으로서 결과적으로 매도가격과 재매입가격의 차이만큼을 이자로 지급하고 거래상대방의 자금을 이용하는 것이다. 여기에서 내재환매수익률이란 채권을 매입함과 동시에 그 채권을 대상으로 하는 선물을 매도했다가 선물만기일에 현물채권을 인도하게 될 때 얻을 수 있는 수익률을 가리킨다. 이렇게 계산된 수익률이 실제 단기자금 조달비용보다 높다면 선물매도-현물매입의 차익거래포지션에 이익이 발생한다는 의미이고, 반대의 경우에는 선물매입-현물매도의 차익거래를 통해 이익을 실현할 가능성이 생긴다.

이러한 금리 차익거래를 실제로 실행할 때에는 여러가지 제약요인들로 인해 어려움에 봉착하게 된다. 거래비용, 타이밍 등과 같은 전형적인 차익거래 제약요인 외에도 단기금리선물 특유의 제약요인이 있다. 앞에서 논의한 바와 같이 단기금리선물의 이론가격을 계산하기 위해서는 현재 시점에서 해당 선물의 만기까지의 기간과 이 기간에다 기초자산의 만기를 합한 기간의 현물금리를 알아야 한다. 또한 차익거래를 실행하기 위해서는 이들 기간의 현물금리에 차입 또는 예금을 하는 것이 자유로워야 한다.

한편, 채권선물의 차익거래는 앞에서 설명한 대로 이론가격을 계산하여 채권선물의 시장가격이 이론가격에 비해 고평가되었다면 선물을 매도하고 현물채권을 매입하는 차익거래포지션을 취하고, 반대로 저평가되었다면 선물을 매입하고 현물채권을 매도하는 차익거래를 하면 된다. 그러나 채권선물의 차익거래에서 우선 문제가 되는 것은 현물포지션을 어떻게 취하느냐이다. 왜냐하면, 앞서 설명한 바와 같이 대부분의 채권선물의 기초자산은 표준물 가상채권이므로 실제 현물 채권이 시장에서 거래되고 있지 않다. 따라서 이러한 채권선물의 차익거래에 이용될 수 있는 가장 이상적인 현물포지션은 이론가격을 계산할 때 사용한 현물일 것이다. 이것이 T-bond선물의 경우에는 최저가 인도채권이고, 우리나라 국채선물에서는 바스켓에 포함된 국채들이다. 다만, 이들 채권의 유동성이 차익거래에 이용될 만큼 충분할 것인지가 문제이다.

예를 들어 우리나라 국채선물의 시장가격이 이론가격에 비해 고평가되었다면 국채선물에 매도포지션을 취하고 차입한 자금으로 해당 선물의 바스켓을 구성하는 국채들을 매입하는 차익거래포지션을 취하면 된다. 이와는 반대로 국채선물의 시장가격이 이론가격에 비해 저평가되었다면 국채선물을 매입함과 동시에 해당 선물의 바스켓을 구성하는 국채들을 공매도(short-selling)하고 매도한 자금을 운용하는 차익거래를 하면 된다. 그러나 바스켓에 포함된 국채를 실제로 거래한다는 것이 용이하지 않고, 또한 단기금리선물의 차익거래에서처럼 자금의 차입과 운용의 제약이 문제가 될 수 있다.

금리선물을 이용한 헤징

금리선물을 이용한 헤징은 미래의 금리변동에 따라 발생하는 현물포지션의 손실 또는 이익을 금리선물포지션의 이익 또는 손실로 상쇄시켜 금리리스크를 줄이는 것이다. 그러나 금리선물을 이용한 헤징에서는 헤징대상자산과 헤징에 이용되는 금리선물의 기초자산이 불일치하는 경우가 흔히 발생한다. 예를 들면 회사채 현물자산을 국채선물로 헤징해야 하는 경우 뿐 아니라, 국채현물자산을 국채선물로 헤징하는 경우에도 국채선물의 기초자산이 표준물 가상국채이기 때문에 헤징대상자산이 선물의 기초자산과 일치하지 못하는 경우가 많다. 이로 인해 발생하는 베이시스리스크를 헤지비율의 조정을 통해 최소화시키는 것이 금리선물을 이용한 헤징의 중요한 이슈가 된다.

금리선물에서 헤지비율을 구하는 데 가장 많이 쓰이는 방법이 듀레이션(duration)을 이용하는 방법이다. 듀레이션은 채권의 만기를 대신하는 개념으로서 뿐 아니라 수정듀레이션(modified duration)을 통해 수익률 변화에 대한 채권가격의 변화율을 측정하는 도구로도 사용된다.[7] 따라서 선물 및 헤징대상 현물자산의 수정듀레이션을 이용하면 금리선물의 최적선물계약수 N^*를 계산하는 공식을 다음과 같이 나타낼 수 있다.

$$N^* = \frac{MD_S \times S}{MD_f \times F}$$

단, N^* = 리스크를 최소화하는 선물계약수
MD_s = 헤징대상채권의 수정듀레이션
MD_f = 채권선물의 수정듀레이션
S = 헤징대상자산의 총시장금액
F = 계약당 선물금액

예제 5

3월2일 T-bond 5백만달러를 보유한 투자자가 앞으로 3개월간의 금리변동에 대비하여 6월물 T-bond선물로 매도헤징을 하고자 한다. 현재 T−bond선물가격은 $92,500이다.

이 투자자는 보유하고 있는 T-bond와 T-bond선물의 가격변동에 영향을 미치는 수익률이 동일하다는 가정 하에 듀레이션을 이용하여 금리리스크를 최소화하는 헤징포지션을 취하고자 한다. 현재 보유하고 있는 T-bond의 수정듀레이션은 8.6년이고, T-bond선물의 만기까지의 수정듀레이션은 9.3년이다. 이때 헤징을 위해 취해야 할 T-bond선물의 매도계약수는 다음과 같이 계산된다.

$$\frac{5,000,000}{92,500} \times \frac{8.6}{9.3} = 49.99$$

따라서 50계약의 T-bond선물에 매도포지션을 취해야 한다.

7) 채권의 듀레이션에 관한 상세한 설명은 이 책의 범주를 벗어난다고 판단하고, 이해가 부족한 부분은 「투자론」 또는 「채권분석」 교재를 참조하여 공부해 주기 바란다.

이와 같이 듀레이션의 개념을 이용하여 최적선물계약수를 계산하는 방법은 한 가지 중요한 가정, 즉 선물 및 헤징대상현물의 가격변동에 영향을 미치는 수익률의 변동이 동일하다($r_S = r_f$)는 것을 전제로 하고 있다. 엄격히 말하면, 선물 및 헤징대상 현물이 동일한 수익률 곡선으로부터 가격이 결정되고 수익률 곡선도 항상 평행하게 이동하는 경우에만 적용할 수 있는 방법이다. 현실적으로는 이러한 원칙을 만족시키는 경우가 많지 않으므로 헤징대상 채권과 선물의 기초자산이 같은 종류일 경우에만 이 방법을 사용한다.

헤징대상 자산과 선물의 기초자산이 서로 다른 종류일 경우, 예를 들어 회사채를 국채선물로 헤징하거나 CP를 CD금리선물로 헤징할 경우에는 각각 상이한 수익률 곡선에서 가격이 결정되고 시간이 변함에 따라 수익률 스프레드가 변동할 가능성이 매우 높다. 이러한 경우에는 회귀분석모형을 주로 이용한다. 회귀분석법은 과거 자료를 사용하여 헤징대상자산의 수익률을 종속변수로 놓고 헤징에 이용할 선물의 수익률은 독립변수로 하는 다음과 같은 회귀식을 추정한다.

$$\text{헤징대상자산의 수익률}_t = \alpha + \beta \cdot \text{선물의 수익률}_t + \varepsilon_t$$

이때 제3장에서 설명한 바와 같이 회귀계수(β)값이 최적헤지비율(h^*)이 되고 회귀식의 결정계수(R^2)가 헤징의 효과성을 측정하는 척도가 된다. 이와 같이 회귀분석모형은 과거자료와 통계적 방법론을 통하여 헤지비율을 추정하는 것이므로 두 수익률의 상관관계가 높고 이러한 밀접한 움직임이 앞으로의 헤지기간 동안에도 안정적으로 지속된다는 것을 전제로 하고 있다.

4.3 통화선물

통화선물의 특징

통화선물은 외환을 기초자산으로 하는 선물계약이다. 외환은 증권시장과 같이 일정한 장소에서 모든 거래가 집중되어 이루어지는 것이 아니라 구체적인 장소나 시간이 존재하지 않는 일종의 장외시장을 통해 주로 거래된다. 이런 이유로 외환시장에서는 거래당사자간의 필요에 따라 거래조건을 임의로 정할 수 있는 선도계약(forward contracts)형태의 선물환거래가 오래 전부터 발달해 왔다. 선도거래인 선물환의 단점을 보완하기 위하여 선물계약(futures contracts)형태의 통화선물이 세계 주요 선물거래소에 속속 상장되면서 세계적으로 확산되는 추세에 있으나, 딜러시장을 통한 장외거래가 주류인 외환거래의 특성상 선물환이 거래규모면에서 통화선물을 훨씬 능가하고 있다.

선물환이나 통화선물은 미래에 거래할 외환의 가격, 즉 환율을 고정시킨다는 면에서 동일한 형태의 계약이나, 제도적 측면에서 서로 차이가 있다. 선물환은 선도계약(forward contract)으로서 장외시장에서 개별거래자의 필요에 맞추어서 거래조건이 결정될 수 있는 반면에, 통화선물은 선물계약(futures contract)으로서 조직화된 거래소에서 표준화된 거래조건에 따라 거래가 이루어진다. 따라서 일반적으로 논의되는 선도계약과 선물계약의 차이가 선물환과 통화선물의 차이를 비교할 때에도 적용된다.

선물환거래는 딜러(dealer)가 시장조성자로서 거래의 일방이 되는 장외거래이다. 따라서 선물환거래는 장소에 구애되지 않고 전화, 컴퓨터 통신망, 팩스 등을 통해 이루어지고, 계약당사자들간의 협상과 동의에 의해 구체적 거래조건이 결정된다. 이에 반하여 통화선물거래는 거래소라고 하는 조직화된 시장에서 제도적으로 표준화되고 규격화된 조건에 따라 거래가 이루어진다.

또한, 상대방위험의 관리면에서 선물환과 통화선물의 차이가 발생한다. 선도 또는 선물거래에서는 항상 거래상대방이 약속을 이행할 것인가에 대한 위험, 즉 상대방위험(counterparty risk)이 존재한다. 선물환거래에서는 딜러가 시장조성자로서의 역할을 하므로 거래상대방의 계약불이행위험을 신중하게 고려하게 된다. 따라서 딜러의 역할을 하는 금융기관은 평소 거래관계를 통해 신용도가 확인된 고객만을 대상으로 선물환거래를 하는 것이 일반적이다. 한편, 불특정 익명거래인 통화선물거래에서는 상대방위험을 관리하기 위하여 증거금과 일일정산에 의존하고 청산기관이 거래상대방의 입장에 서서 계약이행을 보증한다.

이로 인해 선물환과 통화선물은 시장참가자, 거래비용, 결제 방법 등에서 차이가 발생한다. 선물환거래는 상대방위험을 담보할 수 있는 신용도를 갖는 금융기관이나 대기업 등이 참가하여 대규모로 거래가 이루어지는 반면에, 통화선물거래는 증거금과 일일정산제도에 의해 제도적으로 계약불이행위험을 방지하기 때문에 누구나 제한없이 거래에 참여할 수 있으나, 주로 선물환거래가 불가능한 기업이나 개인을 중심으로 비교적 소규모의 거래가 일어난다. 일반적으로 통화선물의 거래비용은 선물환에 비해 저렴하다. 통화선물시장에서의 거래비용은 브로커 수수료(brokerage fee)이며, 선물환시장에서는 딜러의 매입-매도 스프레드(bid-ask spread)가 주된 거래비용이 된다. 선물환거래에서 매입-매도 스프레드는 시장에 유동성을 제공하기 위하여 불필요한 포지션을 취해야 하는 딜러에 대한 보상이란 점에서 수수료보다는 높은 것이 일반적이다. 끝으로 선물환은 거의 대부분의 계약이 당초의 약정대로 만기에 가서 실물인수도를 통해 결제되는 반면에, 통화선물은 대부분의 포지션이 만기 전에 반대매매를 통해 청산된다. 지금까지 논의된 선물환과 통화선물의 비교에 관한 내용이 〈표 4-1〉에 정리되어 있다.

오늘날 대부분의 금융자산 또는 상품에서는 선도거래가 사라지고 선물거래가 주류를 이루고 있으나 유일하게 외환시장에서만 선도계약인 선물환거래가 선물계약인 통화선물거래를 훨씬 능가하고 있다. 거래당사자의 필요에 맞춰 거래조건이 결정되는 선도계약은 계약이 표준화되어 선택의 폭이 좁은 선물계약에 비해 우월한 형태의 계약이라고 할 수 있다. 이러한 우월성에도 불구하고 선도계약은 계약의 유동성과 거래상대방의 계약불이행위험 등으로 인해 거래가 활성화되지

표 4-1 선물환과 통화선물의 비교

	선물환	통화선물
거래장소	장외(over-the-counter)	거래소(exchange)
거래조건	거래당사자의 필요에 맞춤	표준화
거래방법	통신망을 이용하여 거래당사자들 간의 직접거래	다수의 거래자들간에 공개입찰식으로 체결
신용관리	계약이행을 전적으로 매매쌍방의 신용도에 의존하므로 대부분 신용도가 높은 금융기관이나 기업간에 계약됨	증거금제도에 의존하고 청산소가 거래상대방의 입장에 서서 계약이행을 보증함
시장참가자	상대방위험을 보증할 수 있는 신용도를 갖는 금융기관 또는 기업	선물환거래가 어려운 개인 또는 기업
거래비용	매입/매도 스프레드(bid-ask spread)	브로커 수수료(brokerage fee)
결제방법	대부분 만기시 실물인수도에 의해 결제됨	대부분 만기 전 반대매매에 의해 포지션이 청산됨

못하였다. 그러나 외환시장은 전통적으로 은행을 중심으로 하는 딜러거래가 주류를 이루므로 계약의 유동성이 확보될 수 있고 거래상대방의 신용을 파악하는 것이 가능하여 표준화된 통화선물거래보다는 맞춤형의 선물환거래가 활성화될 수 있었다.

우리나라에서는 1999년 4월 23일 한국선물거래소가 개설되면서 미국달러선물이 상장되어 비교적 활발하게 거래되어 왔고, 이후 일본엔화와 유로화를 거래대상으로 하는 엔선물과 유로선물이 상장되어 거래되고 있다.

통화선물 투기거래

통화선물 또는 선물환에 대한 투기거래는 거래하고자 하는 외환의 가치가 상승 또는 하락할 것인지를 예상하여 거래한다는 점에서 다른 선물계약의 투기거래와 다를 바 없다. 다만, 거래가격이 환율이란 점에서 다소 복잡할 수 있다.

외환거래는 두 가지 통화를 교환하는 것이기 때문에 두 통화간의 교환비율인 환율을 가격으로 사용한다. 일반적으로 가격은 재화 한 단위와 교환되는 화폐의 단위수로 표시되지만, 환율은 교환되는 두 통화 중 어느 통화 한 단위와 교환되는 다른 통화의 단위수로 표시되므로 어느 통화를 기준으로 표시하느냐에 따라 통화가치가 달리 표현된다. 예를 들어 외국통화 1단위의 가치를 자국통화로 표시했을 때 환율이 상승했다면, 외국통화의 가치가 자국통화의 가치에 비해 상대적으로 커졌다는 의미이고, 반대로 자국통화의 가치가 외국통화의 가치에 비해 상대적으로 작아졌다는 의미도 된다. 이와는 반대로 환율이 하락했다면 상대적으로 외국통화의 가치는 하락하고 자국통화의 가치는 상승했다는 의미가 된다.

우리나라에서는 외국통화를 기준통화로 하여 원화가치를 측정하기 때문에 거래하고자 하는 외국통화의 가치가 상승할 것으로 예상하면 해당 통화 선물환 또는 통화선물에 매입포지션, 하락할 것으로 예상하면 매도포지션을 취하는 투기거래를 하게 된다. 예를 들면, 미국달러를 강세로 예상하면 미국달러선물에 매입포지션을 취하고, 일본엔화를 약세로 예상하면 일본엔화선물에 매도포지션을 취하는 방식으로 투기거래를 하게 된다.

선물환율결정모형과 차익거래

앞서 제2장에서 논의한 보유비용모형에 의하면 선물환율은 현물환율에 보유비용을 더한 값이 되고, 이때 보유비용은 두 통화간의 금리차에 의해 결정된다. 결과적으로 동일한 내용을 국제금융이론에서는 다른 관점에서 설명하고 있으므로 이를 간단히 소개하고자 한다.

실물시장과 마찬가지로 금융시장에서도 일물일가의 법칙이 성립하게 되는데, 이는 동일한 위험과 만기를 가지는 금융상품의 수익률은 같아야 한다는 의미이다. 이러한 조건이 성립하지 않으면 기대수익률이 낮은 금융상품의 매각(또는 기대수익률에 해당하는 이자율로 차입)을 통하여 자금을 조달하고 더 높은 기대수익률의 금융상품을 매입함으로써 위험없이 이익을 올릴 수 있는 차익거래가 가능해진다. 이러한 차익거래는 금융상품간의 수익률의 차이를 없애는 힘으로 작용하게 되고, 궁극적으로 금융시장의 일물일가의 법칙이 성립하여 시장의 균형상태가 이루어지게 되는 것이다.

외국통화로 표시된 금융상품에 투자했을 때의 기대수익은 환율변화에 따라 달라지게 된다. 예를 들어 위험과 만기는 같고 표시통화만 서로 달라서 하나는 자국통화, 다른 하나는 외국통화로 표시된 금융상품이 있다고 하자. 이때 자국통화로 표시된 금융상품의 수익률을 R_t^h, 외국통화로 표시된 금융상품의 수익률은 R_t^f라고 하고, 투자시점(t)과 투자만기시점($t+1$)에서 자국통화로 표시한 외국통화의 환율은 각각 S_t, S_{t+1}이라고 하자. 이런 경우 자국통화로 표시된 금융상품에 투자했을 때 만기에 받게 될 금액은 자국통화 1단위당 $(1+R_t^h)$이 되고, 같은 금액을 외국통화로 바꾸어 외국통화로 표시된 금융상품에 투자한 뒤에 만기에 받게 될 외국통화를 자국통화로 교환하여 받게 될 금액은 자국통화 1단위당 $\frac{1}{S_t}\times(1+R_t^f)\times S_{t+1}$이 된다.

여기에서 투자만기시점의 환율, S_{t+1}은 현재시점에는 알 수 없으므로 기대값 $E(S_{t+1})$으로 표시할 경우 두 금융상품 간에 차익거래가 발생하지 못하는 균형조건을 다음과 같은 수식으로 나타낼 수 있다.

$$1+R_t^h = \frac{1}{S_t}\times(1+R_t^f)\times E(S_{t+1})$$

이 식을 정리하면 미래예상환율, $E(S_{t+1})$을 구하는 다음과 같은 공식을 얻을 수 있다.

$$E(S_{t+1}) = S_t \times \frac{1+R_t^h}{1+R_t^f}$$

만일 미래의 환율이 이렇게 구한 미래예상환율, $E(S_{t+1})$과 달라질 것으로 예상하는 경우에는 차익거래를 고려할 수 있다. 그러나 이러한 차익거래는 실제로 미래시점에 실현된 환율이 예상했던 환율과 얼마나 차이가 나느냐에 따라 이익 또는 손실이 발생하게 된다. 즉, 환리스크를 내포하고 있다. 이러한 환리스크를 감수하면서 두 자산간의 기대수익률의 차이를 이용하여 차익거래를 실행하는 경우를 위험금리차익거래(uncovered interest arbitrage)라고 부른다.

예제 6

노후대책으로 임대용 부동산을 매입하려는 퇴직자가 있는데 1년 후 적금을 탈 때까지 2억원이 부족한 상태이다. 은행에 부동산 담보대출을 알아보니 연 4%의 금리를 요구하고 있다. 이때 부동산 중개인이 귀에 솔깃한 제안을 해온 것이다. 즉, 국내사채시장에서 엔화로 차입할 경우에는 연 2%의 금리로 차입을 할 수 있다는 것이다. 여기에서 저금리의 엔화자금을 차입하기 전에 고려해야 할 문제들은 없는지 생각해 보자.

우선 현재 시점의 원화에 대한 엔화환율을 알아보니 100엔당 1,000원이다. 따라서 2억원의 원화자금은 엔화로 20,000,000(= 200,000,000 ÷ 10)엔을 차입해야 하고, 1년 후 상환해야 할 원금과 이자의 합은 20,400,000(= 20,000,000 × 1.02)엔이 된다.

문제는 1년 후 상환해야 할 20,400,000엔을 마련하기 위해서는 얼마만큼의 원화자금이 필요하냐이다. 이것은 1년 후 원화에 대한 엔화환율이 얼마가 될 것이냐에 달려 있다. 즉, 환리스크에 노출되어 있는 것이다.

i) 만일 1년 후에도 환율이 현재 시점과 동일하게 100엔당 1,000원이라면;

엔화 차입시 1년 후 필요한 원화자금

$$20,400,000 \times 10 = 204,000,000\text{원}$$

원화 차입시 1년 후 필요한 원화자금

$$200,000,000 \times (1 + 0.04) = 208,000,000\text{원}$$

따라서 원화보다 엔화로 차입하는 것이 4,000,000원의 이자비용을 절감하는 것이 된다. 즉, 원화와 엔화의 금리차이 2%가 고스란히 이익이 된다.

ii) 만일 1년 후에 엔화환율이 100엔당 1,050원으로 상승했다면;

엔화 차입시 1년 후 필요한 원화자금

$$204,000,000 \times 10.5 = 214,200,000\text{원}$$

원화 차입시 1년 후 필요한 원화자금

$$200,000,000 \times (1 + 0.04) = 208,000,000\text{원}$$

따라서 원화보다 엔화로 차입하는 것이 오히려 6,200,000원의 이자비용을 더 부담하는 것이 된다.

이와 같이 1년 후에 엔화환율이 얼마가 되느냐에 따라 저금리의 엔화로 차입하는 것이 이익이 될 수도 있고 오히려 손해가 될 수도 있다. 현재의 엔화금리와 원화금리를 감안할 때 예상되는 1년 후 엔화금리는 다음과 같이 계산된다.

$$E(S_{t+1}) = 1{,}000 \times \frac{(1+0.04)}{(1+0.02)} = 1{,}019.61$$

만일, 1년 후 엔화환율이 실제로 100엔당 1,019.61원이 된다면 엔화 차입시 1년 후 필요한 원화자금이 208,000,000원(= 20,400,000 × 10.1961)이 되어 원화 차입시 1년 후 필요한 원화자금과 일치한다. 즉, 2%의 엔화로 차입하는 것이 4%의 원화로 차입하는 것과 동일한 결과가 된다. 따라서 1년 후 엔화환율이 100엔당 1,019.61원 이하가 될 것이라는 기대를 갖고 있을 때 저금리인 엔화로 차입하는 것이 유리하나, 이 경우 실제로 1년 후 엔화환율이 얼마가 되느냐에 따라 손익이 결정되는 환리스크에 노출되어 있으므로 일종의 위험금리차익거래를 한 것으로 볼 수 있다.

만약 이 두 통화간에 선물환시장이 존재한다면 미래현물환율 S_{t+1}은 현재 시점(t)에서 확정된 미래시점($t+1$)의 환율, 즉 선물환율 F_t^{t+1}에 의해 대체되고, 따라서 외국통화로 표시된 금융상품에 투자하여 받게 될 금액은 자국통화 1단위당 $\frac{1}{S_t} \times (1+R_t^f) \times F_t^{t+1}$로서 확정적인 금액이 된다. 여기에서 자국통화와 외국통화로 각각 표시된 두 금융상품은 표시통화 이외에는 다른 조건이 모두 같기 때문에 두 금융상품의 수익률이 같아지게 된다. 즉, 일물일가의 법칙이 성립하게 되는 것이다. 이것을 수식으로 표시하면 다음과 같다.

$$1 + R_t^h = \frac{1}{S_t} \times (1 + R_t^f) \times F_t^{t+1}$$

이 식을 정리하면 현물환율로부터 이론선물환율을 계산하는 공식을 얻을 수 있는데 이는 앞서 제2장에서 보유비용모형을 이용하여 유도한 선물환율의 이론가격을 계산하는 공식과 같다는 것을 알 수 있다.[8]

$$F_t^{t+1} = S_t \times \frac{1+R_t^h}{1+R_t^f}$$

이 식을 다시 정리하면, 아래와 같은 선물환 할증률 또는 할인율에 대한 균형 조건을 얻을 수 있다.

$$\frac{F_t^{t+1} - S_t}{S_t} = \frac{R_t^h - R_t^f}{1+R_t^f}$$

좌변은 선물환 할증률 또는 할인율을 나타내며 우변은 두 통화간의 금리의 차이이다. 즉, 자국통화의 금리가 외국통화의 금리보다 높으면 자국통화로 표시한 외국통화의 선물환율이 현물환율보다 높은 할증(premium)상태가 되고, 반대로 자국통화의 금리가 외국통화의 금리보다 낮으면 선물환율이 현물환율보다 낮은 할인(discount)상태가 된다. 이와 같이 선물환율과 현물환율의 차이가 두 통화간의 금리차에 의해 결정되는 원리를 금리평가이론(IRPT: interest rate parity theorem)이라고 한다.

만일 금리평가이론이 성립하지 않는다면 이는 만기와 위험은 같고 표시통화만 다른 두 금융상품의 수익률이 서로 다르다는 것을 의미한다. 그러므로 두 금융상품 가운데 수익률이 낮은 금융상품의 매각(또는 수익률에 해당하는 이자율로 차입)을 통하여 조달한 자금으로 수익률이 높은 금융상품에 투자하면서 표시통화가 서로 다르기 때문에 생기는 환리스크는 선물환을 이용하여 헤징하게 되면 위험이 노출되지 않고 차익거래이익을 올릴 수 있게 된다. 이러한 유형의 차익거래를 무위험금리차익거래(covered interest arbitrage)라고 부른다. 이러한 무위험차익거래는 다시 두 통화의 금리와 선물환율 및 현물환율간의 균형조건인 금리평가이론이 성립하도록 하는 힘으로 작용하게 된다.

---

8) 앞서 제2장에서 보유비용모형에 의해 유도한 공식은 $F = S \times \left[1+(r_A - r_B) \times \frac{T}{365}\right]$로서 다소 차이가 있는 점은 복리를 무시하여 이자율을 $(r_A - r_B)$로 나타내고 있고, r_A와 r_B가 연율이므로 기간수익률로 바꾸어 주기 위해 $\frac{T}{365}$가 곱해지고 있다는 것이다.

예제 7

앞의 예제에서 저금리인 엔화로 차입할 때 발생하는 환리스크를 없애고 싶다면 1년 후 상환해야 하는 엔화자금 20,400,000엔을 엔화 선물환 매입을 통해 헤징하는 방법을 고려해 볼 수 있다. 이때 외환시장이 효율적이라면 금리평가이론에 따라 1년 만기 엔화 선물환율이 다음과 같이 결정될 것이다.

$$F = 1{,}000 \times \frac{(1+0.04)}{(1+0.02)} = 1{,}019.61$$

즉, 엔화 선물환율이 100엔당 1,019.61원이 되는데, 이는 앞의 예제에서 계산한 1년 후 기대되는 미래현물환율, $E(S_{t+1})$와 일치하는 환율이다.

따라서 효율적인 시장, 즉 $F = E(S_{t+1})$인 상태에서는 환리스크를 제거하기 위해 선물환 헤징을 하게 되면 사실상 2%인 엔화로 차입하는 것과 4%인 원화로 차입하는 것이 동일한 결과가 된다. 만일 현재 1년 만기 엔화 선물환율이 $E(S_{t+1})$, 즉 1,019.61원보다 낮다면 엔화로 차입하고 동시에 선물환 헤징을 하는 것이 환리스크 없이 저렴하게 자금을 조달하는 방법이 될 수 있다.

이러한 금리평가이론으로부터 괴리가 발생하면 무위험차익거래가 가능해진다. 실제로 외환시장과 국제단기금융시장의 많은 시장참가자들은 시시각각 변하는 금리와 환율에 대한 정보를 지켜보면서 무위험금리차익거래의 기회가 발생하면 순간적으로 차익거래포지션을 취하려고 한다. 이때 차익거래방식은 선물환율이 고평가 또는 저평가되어 있느냐에 따라 두 가지 형태로 나누어 설명할 수 있다.

첫째, 선물환율이 고평가되어 있는 경우 즉,

$$F_t^{t+1} > S_t \times \frac{1+R_t^h}{1+R_t^f}$$

이면, 자국통화로 차입하여 외국통화로 교환(즉, 외국통화 현물환 매입)하고, 이를 외국통화로 표시된 금융자산에 투자(예금)하며 동시에 외국통화를 자국통화로 바꾸는 선물환계약(즉, 외국통화 선물환 매도)을 하면 된다.

예제 8

현재 원화로 표시한 달러환율과 원화 및 달러화에 대한 국제단기금융시장에서의 이자율이 다음과 같다고 가정하자.

현물환율 : 1,200원/$
6개월 선물환율 : 1,230원/$
6개월 달러화 이자율 : 6%(연율)
6개월 원화 이자율 : 10%(연율)

우선, 금리평가이론에 의해 이론선물환율을 계산하면,

$$F = 1,200 \times \frac{1+0.05}{1+0.03} = 1,223.30$$

이 된다. 따라서 시장선물환율(1,230원/$)은 이론선물환율(1,223.30원/$)보다 달러당 6.70원만큼 고평가되어 있다.

이때 취할 수 있는 차익거래전략은 현재시점에서

① 100억원을 10%의 금리로 차입하여 현물환율(1,200원/$)에 달러화로 교환하면 $8,333,333(= 10,000,000,000 ÷ 1,200)이 된다.
② 이 달러를 연율 6%의 금리로 6개월 만기 달러화 예금을 한다. 따라서 6개월 후에 예상되는 원리금은 $8,583,333(= $8,333,333 × 1.03)이 된다.
③ 6개월 후 위 금액의 달러화를 원화로 바꿀 수 있는 6개월 만기 달러선물환을 시장선물환율(1,230원/$)에 매도한다.

차익거래포지션을 청산하는 6개월 후 시점에서

① 달러예금의 원리금 $8,583,333을 찾아서 매도한 선물환계약에 따라 원화로 바꾸면 105억 5,750만원(= 8,583,333 × 1,230)이 된다.
② 이 돈으로 차입한 원화의 원리금 105억원(= 100억 × 1.05)을 갚으면 5,750만원이 남게 된다. 이것이 바로 차익거래이익이다.

한편, 이 만큼의 차익거래이익은 6개월 후 시점을 기준으로 차익거래에 사용된 달러화의 규모 $8,583,333(= 10,500,000,000 ÷ 1,223.30)에 현재시점에서 시장선물환율과 이론선물환율의 차이인 6.70원/$을 곱한 금액과 동일하다는 것을 알 수 있다.

둘째, 선물환율이 저평가되어 있는 경우 즉,

$$F_t^{t+1} < S_t \times \frac{1+R_t^h}{1+R_t^f}$$

이면, 외국통화로 차입하여 자국통화로 교환(즉, 외국통화 현물환 매도)하고, 이를 자국통화로 표시된 금융자산에 투자(예금)하며 동시에 자국통화를 외국통화로 바꾸는 선물환계약(즉, 외국통화 선물환 매입)을 하면 된다.

예제 9

앞의 예제와 동일하게 원화로 표시한 달러환율과 원화 및 달러화의 국제단기금융시장에서의 이자율이 다음과 같다고 가정하자.

현물환율 : 1,200원/$
6개월 선물환율 : 1,215원/$
6개월 달러화 이자율 : 6%(연율)
6개월 원화 이자율 : 10%(연율)

다만 앞의 예제에서와는 달리, 6개월 선물환율이 1,215원/$으로서 이론선물환율(1,223.30원/$)보다 달러당 8.30원만큼 저평가되어 있다.

이때 취할 수 있는 차익거래전략은 현재시점에서

① 1,000만 달러를 6%의 금리로 차입하여 현물환율(1,200원/$)에 원화로 교환하면 120억원(= 10,000,000×1,200)이 된다.
② 이 원화를 연율 10%의 금리로 6개월 만기 원화 예금을 한다. 따라서 6개월 후에 예상되는 원리금은 126억원(= 120억×1.05)이 된다.
③ 6개월 후 갚아야 할 달러화 원리금 $1,030만(1,000×1.03)을 계약금액으로 하는 6개월 만기 달러선물환을 시장선물환율(1,215원/$)에 매입한다.

차익거래포지션을 청산하는 6개월 후 시점에서

① 원화예금의 원리금 126억원을 찾아서 이 가운데 125억 1,450만원(= 10,300,000×1,215)으로 매입한 선물환계약에 따라 $1,030만의 달러화로 바꾼다.

② 이 달러화로 차입한 달러화의 원리금 $1,030만을 갚으면 8,550만원(= 126억−125억 1,450만)이 남게 된다. 이것이 바로 차익거래이익이 된다.

한편, 이 만큼의 차익거래이익은 6개월 후 시점을 기준으로 차익거래에 사용된 달러화의 규모 $1,030만에 현재시점에서 시장선물환율과 이론선물환율의 차이인 8.30원/$을 곱한 금액과 동일하다는 것을 알 수 있다.

선물환 및 통화선물을 이용한 환위험 헤징

환율의 움직임은 변동적이고 예측 불가능하기 때문에 외화로 표시된 자산, 부채 및 미래의 손익이나 현금흐름에 큰 영향을 끼친다. 이러한 환리스크를 줄이기 위한 효과적인 수단의 하나로서 선물환이 흔히 활용된다. 이때 헤징방식은 선물시장에서 매매의 기준이 되는 통화를 중심으로 매입 또는 매도 중에서 어떤 포지션을 취하여 헤징을 하느냐에 따라 매입헤징과 매도헤징으로 구분된다.

매입헤징은 장래 매입해야 할 통화의 가치가 상승하여 손실이 생길 가능성에 대비하여 선물환 또는 통화선물을 매입하는 거래로서 해당 통화로 수입대금을 결제해야 하는 수입업자나 차입금을 갚아야 하는 차입자 등에 의해 활용된다. 매도헤징은 미래에 매도해야 할 통화가 있을 때 이 통화의 가치가 하락할 것을 우려하여 선물환 또는 통화선물을 매도하는 거래로서 해당 통화로 수출대금을 결제받을 수출업자나 투자금 또는 대출금을 받게 되는 투자자 등에 의해 활용된다.

선물환을 이용한 헤징은 헤저의 필요에 맞추어서 거래조건이 결정되므로 헤징의 효과성이 높고 헤지관리업무가 비교적 간단하다. 그러나 선물환거래는 신용도가 높은 금융기관이나 기업 등을 대상으로 대규모로 거래가 이루어지므로 시장참가자가 제한적이다. 그러므로 선물환거래가 불가능하거나 낮은 거래비용으로 비교적 소규모의 헤지포지션을 취하려는 경우에는 통화선물을 이용하게 된다. 다만 통화선물은 계약이 표준화되어 있으므로 헤지규모나 헤지기간 등이 선물거래조건과 일치되지 못하는 경우가 많아서 베이시스리스크로 인하여 헤징의 효과성이 떨어지는 단점이 있다. 또한 개시증거금 및 변동증거금 등 증거금의 납부와 지속적인 증거금의 입출금을 관리해야 하는 불편이 따른다.

선물환 또는 통화선물을 이용하여 환위험을 헤징하는 대신에 단기자금시장(money market)을 이용하여 환위험을 헤징할 수도 있다. 앞서 논의한 금리평가이론의 원리를 잘 살펴보면 선물환 또는 통화선물 대신에 단기자금시장을 이용하여 환위험을 헤징할 수 있음을 이해할 수 있다. 균형상태의 금리평가이론은 다음과 같이 나타낼 수 있다.

$$F_t^{t+1} = S_t \times \frac{1+R_t^h}{1+R_t^f}$$

이 식을 거래 관점에서 살펴보면 좌변 (F_t^{t+1})은 선물거래를 의미하고, 우변은 현물거래(S_t)와 함께 두 통화를 이용한 차입 또는 예금을 통해 좌변과 동일한 선물거래를 할 수 있음을 의미한다. 즉, 자국통화로 표시된 외국통화 선물의 매입포지션은 자국통화로 차입하여 현물환거래를 통해 외국통화로 교환하고 이를 선물의 만기와 동일한 기간동안 외국통화로 예금하는 방식으로 대신할 수 있다. 마찬가지로 자국통화로 표시된 외국통화 선물의 매도포지션은 외국통화로 차입하여 현물환거래를 통해 자국통화로 교환하고 이를 선물의 만기와 동일한 기간동안 자국통화로 예금하는 방식으로 대체될 수 있다.

균형상태의 금리평가이론에 의하면 두 결과는 같아진다. 그러나 실제 시장에서 선물환율이 고평가 또는 저평가되어 있는 불균형상태에서는 두 가지 방식 중에서 어느 한 가지가 상대적으로 유리한 헤징방식이 될 수 있다. 구체적으로 말하면, 선물환율이 고평가된 경우 매입헤징에서는 단기자금시장을 이용한 헤징이 유리하고 매도헤징에서는 선물을 이용한 헤징이 유리하다. 반대로 선물환율이 저평가된 경우 매입헤징에서는 선물을 이용한 헤징이 유리하고 매도헤징에서는 단기자금시장을 이용한 헤징이 유리하게 된다.

다만 단기자금시장을 이용한 헤징방식은 국제단기금융시장에서 두 통화로 표시된 자금의 차입과 예금을 자유롭게 할 수 있다는 것을 전제로 한다. 또한 실제로 단기자금시장을 이용하여 헤징을 하는 경우에는 자금딜러를 상대로 차입과 예금거래를 하면서 차입금리와 예금금리의 차이에서 발생하는 스프레드를 거래비용으로 추가부담해야 하므로 선물을 이용한 헤징에 비해 거래비용이 증가하게 된다.

예제 10

이문기업은 미국에 제품을 수출하고 그 대금으로 6개월 후에 $1,000,000를 받을 예정이다. 현재 원화로 표시한 달러환율과 원화 및 달러화의 이자율은 다음과 같다고 가정하자.

현물환율 : 1,200원/$
6개월물 선물환율 : 1,220원/$
6개월 달러화 이자율 : 6%(연율)
6개월 원화 이자율 : 10%(연율)

이문기업이 선물환매도를 통해 헤징할 경우에는 6개월 후에 환율변동에 관계없이 12억 2,000만원(= 1,000,000 × 1,220)을 확보할 수 있게 된다.

만일 이 기업이 단기자금시장을 이용한 헤징을 선택할 경우에는 다음과 같은 과정을 밟게 된다.

① 6개월 만기 달러화 자금을 차입하되, 상환해야 될 원리금이 $1,000,000가 되도록 차입금액은 $970,874(= 1,000,000 ÷ 1.03)로 한다.

② 차입한 달러화를 현물환시장에서 교환하면 11억 6,505만원(= 970,874 × 1,200)이 된다.

③ 교환한 원화를 연율 10%의 이자로 6개월간 예금한다.

④ 6개월 후 수출대금 $1,000,000를 받아서 차입한 달러자금의 원리금 $1,000,000를 갚고, 예금한 원화의 원리금 12억 2,330만원을 찾는다.

단기자금시장을 이용한 헤징의 결과로 이문기업은 12억 2,330만원을 확보할 수 있게 된다. 이 금액은 선물환을 이용한 헤징으로 확보할 수 있는 12억 2,000만원보다 330만원이 더 많은 금액으로서 선물환보다는 단기자금시장을 이용한 헤징이 이문기업에게 유리하다는 것을 알 수 있다.

이러한 결과는 금리평가이론에 의해서도 쉽게 설명될 수 있다. 우선 금리평가

이론에 의해 이론선물환율이 다음과 같이 계산된다.

$$F = 1,200 \times \frac{1+0.05}{1+0.03} = 1,223.30$$

따라서 실제 시장선물환율 1,220원은 이론선물환율에 비해 3.30원만큼 저평가되어 있다. 그 결과 $1,000,000를 선물환매도를 통해 확보할 수 있는 금액은 12억 2,000만원(= 1,000,000×1,220)인 반면, 단기자금시장을 이용한 헤징으로 확보하게 되는 금액은 12억 2,330만원(= 1,000,000×1,223.30)로서 330만원(= 1,000,000×3.30)만큼 많게 된다.

물론 이러한 계산은 외환 및 자금의 매입가격과 매도가격의 차이가 전혀 없다 즉, 스프레드가 영(0)이라는 가정하에서 이루어진 것이다. 실제로 시장에서는 매입-매도 스프레드로 인한 거래비용이 발생하므로 이를 고려할 경우 결과가 달라질 수도 있다.

사례 : Long-Team Capital Management 붕괴

1994년 미국 Salomon Brothers의 채권 트래이더인 John Meriwether는 Long-Term Capital Management(LTCM)라는 hedge fund 회사를 설립하였다. Meriwether는 스타 트래이더와 저명한 교수 등으로 회사를 구성하여 대학교수의 정교한 수학적 모형과 스타 트래이더의 전문가적 판단과 실행력을 바탕으로 고수익을 추구하겠다는 야심찬 계획을 갖고 있었다. 이에 따라 유명한 채권 트래이더인 John Meriwether 자신을 비롯하여 노벨경제학상 수상자인 Myron Scholes 교수와 Robert Merton 교수, 미국연방준비위원회 부의장을 역임한 David Mullins가 LTCM의 파트너로 구성되었다. 이 LTCM이라는 천재집단은 1,000만 달러를 최소 투자자금으로 하여 80개에 달하는 투자자들로부터 초기 투자자금 12억 5천만 달러를 모집하였다. 여기에는 Bear Sterns의 회장 James Cayne, Merrill Lynch의 CEO Komansky와 경영진, 그리고 상당한 VIP 고객들이 포함되어 있었다.

LTCM의 주요 투자전략은 수렴(convergence) 거래전략을 이용하는 것이었다. 이 전략은 그들의 정교한 수학적 모델이 계산한 공정가격(fair price)과 실제 시장가격(market price)이 불일치하는 채권들을 찾아내 저평가된 채권은 long position을 취하고 고평가된 채권은 short position을 취하는 것이다. 그리고 시간이 지나면 시장가격과 공정가격이 같은 가격으로 수렴할 것으로 믿고 있었던 것이다. 그들 회사의 이름에 Long-Term이란 단어가 들어가 있는 것도 이러한 의도를 반영한 것이다. 실제로 LTCM가 수렴거래에 이용한 채권들은 미국국채와 일본국채간 수렴거래, 유럽국채간 수렴거래, 미국 on-the-run 국채와 off-the-run 국채간 수렴거래 등을 들 수 있다.

수렴거래에서 두 채권간 가격차이는 매우 작기 때문에 LTCM은 이익을 극대화하기 위해서 차입을 통해 투자의 레버러지를 높였다. 1998년 초를 기준으로 보면 LTCM은 50억 달러의 자기자본을 가지고 25배인 1,250억 달러를 차입하여 투자에 사용하고 있었다. 이러한 높은 레버러지에도 불구하고 그들이 정교한 모델에 근거하여 찾아낸 long position과 short position간에는 높은 상관관계가 유지되기 때문에 실제로 부담하는 리스크는 매우 작을 것이라고 생각하였다.

LTCM은 초기 2년간 약 40%의 수익률을 올리면서 성공적인 출발을 하였다. 그러나 1998년 초 러시아 국채에 투자를 시작하면서 그해 8월 러시아 루블화의 가치가 폭락하고, 8월 17일 러시아 정부가 2,810억 루블(약 135억 달러)에 대해 moratorium을 선언하면서 LTCM은 러시아 국채투자에서 엄청난 손실을 입게 된다. 이러한 러시아 금융시장의 붕괴는

LTCM에 직접적인 손실을 초래한 것 이상으로 LTCM 붕괴의 궁극적인 원인이 된다. 즉, 러시아 금융시장의 혼란에 따라 채권 포트폴리오를 좀 더 안전한 자산으로 재구성하는 이른바 'flight to quality' 현상이 확산되면서 LTCM에게 결정적인 타격을 준 것이다. 왜냐하면, 당시 LTCM의 수렴거래전략은 주로 유동성이 낮은 채권에 long position을 취하고 유동성이 높은 채권에는 short position을 취하고 있었기 때문이다. 특히, off-the-run 국채가 on-the-run 국채보다 필요 이상으로 싸다고 믿고 off-the-run에 long position, on-the-run에 short position을 취하고 있던 LTCM에게 두 채권간의 스프레드가 더욱 벌어지면서 커다란 손실을 초래하게 되었다.

결국, 1998년 9월 1일 Meriwether는 투자자들에게 서한을 발송하여 대량 손실을 알리고 12월까지 투자금 인출한도를 12%로 제한하게 된다. 그러나 상황은 더욱 악화되었고, 1998년 9월 22일 LTCM의 거래 금융기관들은 전체 금융시스템의 붕괴 우려 때문에 LTCM의 청산이 불가능하다는 판단을 내리고, 다음 날 LTCM의 주채권단이 35억 달러의 구제금융 지원과 함께 LTCM의 경영권을 인수하였다. 이로 인해 상당수의 금융기관들이 커다란 손실을 입었고, Merrill Lynch와 UBS의 주요 경영진이 사임하였다.

연/습/문/제

1. KOSPI200 주가지수선물 9월물을 210.50에 10계약을 매도하고 동시에 12월물을 211.25에 10계약 매입하는 스프레드 포지션을 취하였으나 주가가 하락하여 9월물은 205.25, 12월물은 205.75에 포지션을 청산하였다면 이로 인한 손익은 얼마인가?

2. 주가지수선물의 이론가격이 현물지수보다 작아질 수 있다. 그 이유를 설명하시오.

3. 아래와 같이 4가지 종류의 주식으로 구성된 포트폴리오가 있다.

주 식	시장가격	보유주식수	β계수
A	20,000원	1,000주	1.8
B	40,000원	2,000주	1.2
C	30,000원	2,000주	0.8
D	10,000원	4,000주	1.5

이 포트폴리오를 현재의 선물가격이 160인 KOSPI200 주가지수선물을 이용하여 가격변동리스크를 최소화하는 헤징방법을 설명하시오.

4. 어느 펀드 매니저가 120억원 규모의 주식포트폴리오를 운영하고 있다. 이 펀드의 베타값은 1.2이다. 이 펀드 운영자는 향후 주가에 대한 부정적 전망에 따라 펀드의 베타값을 0.5로 줄이고자 한다. 현재 KOSPI200 주가지수선물의 시장가격이 120이라고 할 때, 이 펀드 매니저가 주가지수선물에 취해야 할 헤징포지션 및 계약 수는 얼마인가? 만일 이 펀드의 베타값을 2.0으로 만들고자 할 경우 주가지수선물에 취해야 할 헤징포지션 및 계약 수는 얼마인가?

5. 다음 정보를 이용하여 2년 후 1년 선도이자율을 계산하면 얼마인가?

만 기	현물이자율
1년	4.8%
2년	5.1%
3년	5.3%

6. 앞의 문제에서 계산한 선도이자율과 달리 현재 금리선물시장에서 형성된 2년 후 1년 선도이자율은 5.5%라고 한다면, 금리차익거래를 위하여 현재시점에서 취해야 할 포지션은 무엇인가?

7. 100억원 규모의 국채로 구성된 채권포트폴리오를 운용하고 있는 펀드매니저가 향후 3개월간의 금리변동에 대비하여 한국거래소에서 거래되는 3년국채선물을 이용하여 헤징하고자 한다. 현재 보유하고 있는 채권포트폴리오의 듀레이션은 4.4년이고, 국채선물의 듀레이션은 2.8년이며 거래가격은 105.50이다. 이 채권포트폴리오의 금리리스크를 최소화하기 위해 국채선물에 취해야 하는 포지션 및 계약수는? 만일 채권포트폴리오의 듀레이션을 2.5년으로 줄이고자 할 때 국채선물에 취해야 하는 포지션 및 계약수는?

8. 현재 엔 · 달러 현물환율은 ￥110/$이고 만기 6개월 유로달러금리는 5%이며 만기 6개월 유로엔 금리는 2%이다. 외환시장이 효율적이라면 만기가 6개월인 엔 · 달러 선물환율은 얼마이고, 선물환의 할증률 또는 할인율은 얼마인가?

9. 1년간 50억원이 필요한 국내기업이 원화로 차입할 경우의 금리는 9%인 반면에 달러화로 차입하면 금리가 6%라는 것을 알았다. 이 기업은 현재 ₩1,190/$인 원 · 달러 환율이 앞으로 1년간 크게 변동하지 않을 것으로 예상하고 있다. 그러나 만일 원 · 달러 환율이 상승하여 1년 후에 ₩1,250/$이 된다면 달러화 차입과 원화차입의 상환금액이 어떻게 달라지는가?

10. 현재 엔/달러 현물환율은 ￥110/$이고 3개월물 유로달러 금리는 연 6%이며 3개월물 유로엔 금리는 연 2%이다. 이때 3개월 만기 엔/달러 선물환율이 ￥109.25/$이라고 하면 어떠한 방식으로 차익거래가 실행될 수 있는가?

11. 어느 기업이 수입대금으로 4개월 후에 미화 1백만 달러가 필요하다. 현재 현물환율은 달러당 1,100원이고, 4개월 만기 선물환율은 달러당 1,130원이다. 원화 이자율은 12%, 달러화 이자율은 연 6%이다. 이 기업이 단기자금시장(money market)을 통해 환리스크를 헤징할 경우 현재 필요한 원화는 얼마인가?

CHAPTER 05

스 왑

5.1 스왑의 의의와 발전

5.2 금리스왑

5.3 통화스왑

5.4 변형된 형태의 스왑

5.5 스왑거래의 위험

5.1 스왑의 의의와 발전

스왑거래의 의의

스왑(swap)이란 거래의 두 당사자가 약속한 바에 따라 일련의 현금흐름을 교환하는 것으로 정의된다. 일반상품시장에서 거래당사자가 각자 자신에게 비교우위가 있는 상품을 상대방과 교환함으로써 서로의 효용을 극대화하는 거래방식은 오래 전부터 존재해 왔다. 이러한 거래방식이 금융상품에 응용되어 거래 양방이 서로가 상대적으로 유리한 조건으로 금리 및 통화 등의 교환계약을 맺는 것을 스왑거래라고 한다.

스왑의 종류는 여러 가지로 구분할 수 있으나, 흔히 교환되는 현금흐름이 무엇이냐에 따라 크게 금리스왑과 통화스왑으로 나누어 볼 수 있다. 금리스왑은 두 당사자간에 동일한 통화로 서로 다른 형태의 이자지급 현금흐름을 교환하는 계약이고, 통화스왑은 서로 다른 통화의 현금흐름을 교환하는 계약이다. 이 밖에도 스왑은 상황에 따라 새롭게 변형된 다양한 종류의 거래가 존재한다.

오늘날 스왑거래는 다양한 목적으로 활용된다. 첫째, 자본비용을 절감하는 수단으로 활용된다. 국제금융시장에서 각 차입자들은 지역간 서로 다른 금융여건에 따른 신용도의 차이를 이용하여 스왑거래에 의해 차입비용을 절감할 수 있다. 둘째, 금리 및 환율의 변동에서 오는 리스크를 헤지하는 데 활용된다. 스왑은 선물 및 옵션만으로 충족시키지 못하는 리스크헤지에 대한 보완적 수단으로 이용될 수 있다. 예를 들어 장기채권에 대한 선물 및 옵션시장이 없거나 통화선물 및 옵션의 유동성이 적은 경우 스왑을 통해 금리 및 환율변동리스크를 헤지할 수 있다. 셋째, 금융 및 외환에 대한 규제회피의 수단으로 스왑이 이용되기도 한다. 원래 스왑거래의 기원은 1970년대 영국의 외환관리규정을 회피하기 위한 방법으로 고안된 것이었다. 현재에도 자금의 국가간 이동이 규제를 받는 경우 이를 회피할 수 있는 수단으로 스왑이 이용되고 있다. 그 밖에도 스왑은 국제금융시장에서의 차익거래, 새로운 금융상품의 개발 등에 다양하게 활용되고 있다.

스왑시장의 발전

스왑은 1970년대에 성행하던 상호융자(parallel loan) 및 상호직접융자(back-to-back loan)에서 그 기원을 찾아볼 수 있다. 당시 대부분의 국가에서는 정부의 엄격한 외환통제로 국가간 자금이동이 극히 제한되었다. 특히 영국 정부는 자금의 해외유출을 방지하기 위하여 달러를 매입하는 기업은 시장환율보다 높은 가격으로 매입하도록 하는 외환규정을 제정하였다. 이러한 규제를 피하기 위해 고안된 방법이 상호융자에 의한 자금조달이었다.

상호융자란 서로 다른 국가에 소재하는 두 기업이 각각 상대국에 자회사를 갖고 있는 경우 각 모기업이 자국내 소재하는 상대방 자회사에게 동일한 금액과 만기의 자국통화 표시자금을 자국의 시장금리로 대출해 주는 거래이다. 예를 들어, 영국과 미국에 본사가 있는 두 개의 회사가 각각 상대국에 자회사를 두고 있으며 각 자회사는 본사로부터 자금대출이 필요한 상황이라고 가정하자. 그러나 정부에 의한 외환통제가 있는 경우 본국의 모회사가 외국의 자회사에게 직접 자금을 대출해 주는 것이 매우 어렵고 비용이 많이 들게 된다. [그림 5-1]은 모회사에 의한 직접대출이 제한된 경우 이용할 수 있는 대안으로서 상호융자를 보여주고 있다. 즉, 미국 모회사는 자국내 영국 자회사에게 달러화 자금을 대출해 주고, 대신에 영국 모회사는 미국 자회사에게 파운드화 자금을 빌려주는 것이다. 따라서 두 기업 모두 실제 국제자금이동 없이 국내 대출만으로 해외자회사에게 자금을 공급하는 효과를 갖게 된다.

상호융자는 독립된 두 개의 대출계약으로 이루어지므로 거래상대방이 도산하거나 채무불이행이 일어날 경우 이에 대응하여 계약불이행을 할 수 있는 상계권(right of offset)이 없다. 이러한 상계권의 문제를 보완한 것이 상호직접융자이다. 상호직접융자와 상호융자의 차이점은 자회사를 개입시키지 않고 본사간에 직접적으로 융자가 이루어진다는 점이며, 이에 따라 상호직접융자에서는 법적으로

그림 5-1 상호융자의 예

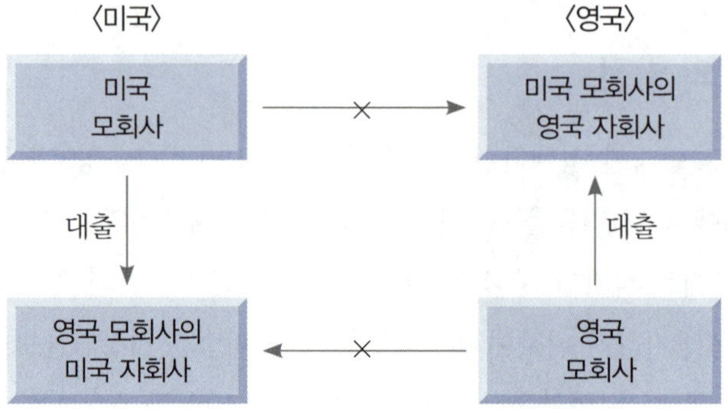

상대방의 채무불이행에 대응하여 계약불이행을 할 수 있는 권리가 존재한다. 상계권의 여부를 제외한 그 밖의 거래조건에 있어서는 상호융자와 상호직접융자가 서로 비슷한 구조를 가지고 있다.

1973년 브레튼우즈체제가 무너지고 이어서 많은 국가가 변동환율제도를 채택하면서 외환통제는 현저히 완화되게 된다. 이에 따라 다국적 기업은 보다 쉽게 해외로 자금이동을 할 수 있게 되며, 외환규제를 회피하기 위한 수단으로서 상호융자 및 상호직접융자의 필요성은 작아지게 된다. 반면에 환율변동성이 증가함에 따라 이를 헤지할 수 있는 수단이 필요하게 된다. 이러한 환위험문제를 해결하기 위하여 1980년대 초에 통화스왑이 등장하게 된다. 비슷한 시점에 통화스왑에 이어 금리스왑이 생겨나게 된다. 1970년대 두 차례에 걸친 오일쇼크로 인한 인플레이션은 국제금리의 변동성을 증대시키고, 이에 따라 금리위험을 헤지하는 수단으로 금리스왑이 등장한 것이다. 또한, 국제금융시장에서 차입자간 신용도의 차이와 지역간 금융여건의 차이에서 오는 상이한 거래조건에 대해 비교우위이론을 적용하여 차입비용을 절감하는 수단으로 금리스왑 및 통화금리스왑이 활용되기 시작하였다.

이렇게 시작된 스왑거래는 기업 및 금융기관이 장기차입비용을 절감하고 환율과 금리의 변동에 따르는 리스크를 효과적으로 헤지할 수 있는 수단으로 인정받으면서 폭발적인 성장을 하게 된다. 양적으로 뿐 아니라 질적으로도 스왑은 유연성이 뛰어나고 효과적인 금융공학의 도구로서 다양한 형태로 변형되어 활용되었고, 특히 국제금융시장에서 여러 가지 금융상품 및 각국의 금융시장을 효율적으로 연결해 주는 교량역할을 하게 되었다.

초기의 스왑시장에서 금융기관들은 서로 조건이 일치하는 상대기업을 찾아서 거래를 성사시키고 중개료를 받는 브로커 역할만을 수행하였다. 이 경우 서로 반대되는 거래의 필요를 가진 거래당사자가 있어야만 거래가 성립될 수 있기 때문에 스왑시장의 성장은 제약될 수밖에 없었다. 이후 금융기관들이 스왑딜러로서 스왑거래의 상대방이 됨으로써 반대되는 거래필요를 가진 거래상대방이 없더라도 거래를 성사시키고 포지션을 정리할 수 있게 되면서 스왑시장의 유동성이 크게 향상되었다. 이러한 시장조성자로서의 스왑딜러의 등장은 미국재정증권선물이나 통화선물 등을 통해 딜러들이 스왑거래의 상대방으로서 취하게 된 포지션을 헤지할 수 있었기 때문에 가능하였다.

스왑은 거래자의 다양한 필요에 따라 거래조건을 맞추어 주는 장외거래 파생상품이다. 스왑딜러들은 주로 은행간시장에서 스스로의 포지션을 정리하게 되는데 비슷한 유형의 스왑거래가 많아야 포지션을 용이하게 정리할 수 있다. 이에 따라 주요 스왑딜러들이 모여 스왑규정을 규격화하는 작업을 시작하여 1985년 국제스왑딜러협회(ISDA: International Swap Dealers Association)를 결성하고 최초로 규격화한 스왑규정을 만들었다. 그후 이 규정은 개정을 거쳐 1987년에 공식스왑계약서가 만들어졌다. 이 스왑계약서는 스왑계약의 표준화를 촉진하여 스왑거래의 시간과 비용을 절약하고 스왑시장의 유동성을 확대하는 데 기여하였다.

5.2 금리스왑

금리스왑의 개요

금리스왑(interest rate swap)은 미래의 정해진 만기까지 일정간격으로 동일한 통화로 표시된 이자를 서로 상대방에게 지급하기로 약정하는 계약이다. 금리스왑에도 여러 가지 형태가 있으나, 한 쪽은 고정금리를 지불하고 다른 한 쪽은 변동금리를 지불하는 가장 기본적인 형태의 금리스왑을 표준형 금리스왑(plain vanilla swap)이라고 한다. 여기서는 표준형 금리스왑을 중심으로 논의하고, 변형된 형태의 비표준형 금리스왑에 대해서는 뒤에서 설명하기로 한다.

표준형 금리스왑으로부터 발생하는 현금흐름을 각각 고정금리를 지급하는 계약자와 변동금리를 지급하는 계약자의 입장에서 나타낸 것이 [그림 5-2]이다. 이러한 현금흐름을 정확하게 계산하기 위해서 계약 초기에 결정되어야 내용은 명목원금, 고정금리, 변동금리 이자계산을 위한 기준금리, 변동금리 확정일, 이자지급일, 만기일 등이다.

금리스왑에서의 원금은 동일한 통화이고 액수도 동일하므로 굳이 원금을 교환할 필요가 없고, 원금의 설정은 거래 규모를 결정하는 것으로만 의의를 가지므로 이를 명목원금(notional principal)이라고 한다. 교환되는 이자지급액은 해당 기간의 이자금액 전액을 거래 당사자간에 서로 지불하는 것이 아니라 고정금리와 변동금리의 차이에 따른 이자금액의 차이만 지불된다. 따라서 계약시점에 변동금리 이자계산을 위한 기준금리와 이것과 교환되는 고정금리만 정해 놓으면 된다. 이때 변동금리에 대응되는 고정금리를 금리스왑가격 또는 스왑률이라고 부른다. 변동금리를 결정하는 기준금리로 가장 많이 사용되는 것은 LIBOR(London inter-bank offer rate) 또는 T-bill(Treasury bill)금리이다.

이자지급주기는 매월, 매분기, 매반기, 매년 등으로 정해지고, 변동금리 지급을 위한 각 기간의 금리결정은 기간 시작 날짜에 형성된 시장금리로 결정되는데

그림 5-2 표준형 금리스왑의 현금흐름

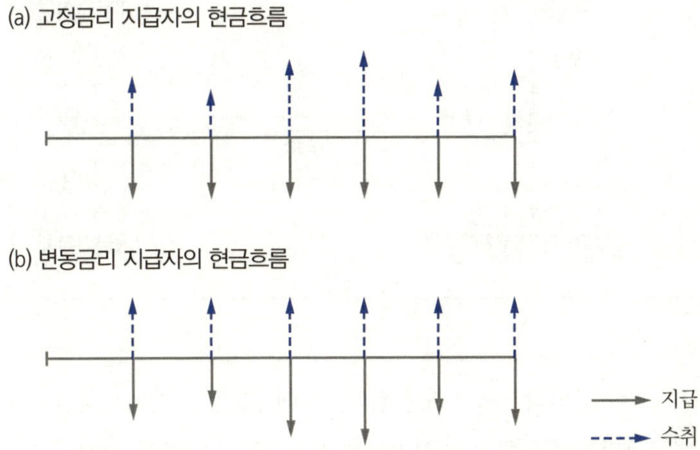

일반적인 관행은 기간이 시작하는 날보다 2영업일 이전의 금리로 결정되게 된다. 이렇게 매 이자지급기간 초기에 정해진 변동금리와 계약시점에 이미 확정된 고정금리의 차이에 대한 지불은 해당 기간의 마지막 날짜에 일어나게 된다.

금리스왑의 활용

금리스왑은 금리변동에 의해 기업 또는 금융기관의 자산 및 부채의 가치가 변하게 되는 리스크를 제거하는 목적으로 많이 사용되고 있다. 이것은 주로 자산 및 부채에 적용되는 금리가 불일치함에 따라 발생하는 리스크를 스왑거래를 통해 적용금리를 일치시킴으로써 제거하는 방법이다.

예를 들어 국내 A은행의 외화대출은 대부분이 변동금리로 이루어지는 반면 해외로부터의 차입은 주로 고정금리로 이루어지고 있다면 이 은행은 외화자산과 외화부채간의 현금흐름의 차이로 인한 금리리스크에 노출된다. 이와는 반대로 B은행은 고정금리 외화대출자금을 변동금리 외화차입으로 조달하고 있다면 A은행과

그림 5-3 **금리스왑에 의한 금리리스크헤지의 예**

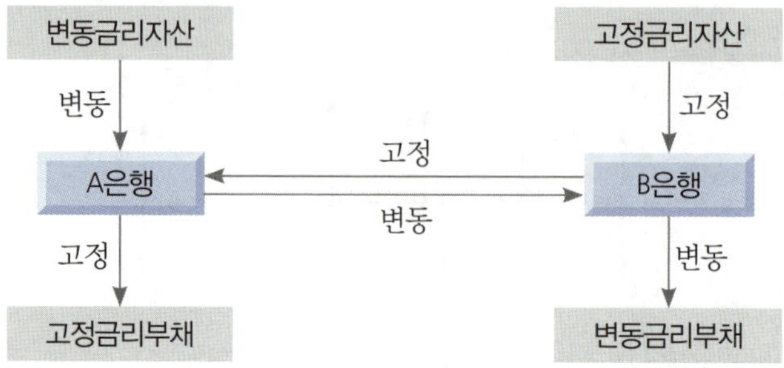

반대방향으로 금리리스크에 노출된다. 이때 [그림 5-3]에서처럼 A은행은 B은행에게 변동금리를 지급하고 대신 B은행은 A은행에게 고정금리를 지급하는 스왑을 하게 되면, 두 은행 모두 부채에 적용되는 금리와 자산에 적용되는 금리를 일치시킴으로써 금리변동에 따른 리스크를 효과적으로 헤지할 수 있게 된다. 결과적으로 A은행은 고정금리부채를 변동금리부채로 전환시킴으로써 자산에 적용되는 금리형태와 일치시켰고, B은행은 변동금리부채를 고정금리부채로 전환함으로써 자산에 적용되는 금리형태와 일치시켰다. 이러한 금리스왑거래를 통하여 자산 및 부채에 적용되는 금리의 불일치로 인한 리스크를 제거할 수 있게 되었다.

예제 1

A은행은 8%의 금리로 채권을 발행하여 평균수익률이 LIBOR+0.5%인 자산에 투자하고 있고, B은행은 LIBOR+1%의 변동금리로 자금을 차입하여 연간 10%의 수익을 내는 자산에 투자하고 있다.

	A은행	B은행
자 산 부 채	LIBOR + 0.5% 8%	10% LIBOR + 1%
자산 − 부채	LIBOR − 7.5%	9% − LIBOR

이 경우 두 은행 모두 금리변동으로 인한 리스크에 노출되어 있다. 즉, A은행은 LIBOR가 7.5% 이하로 하락하면 손실을 보게 되고, B은행은 LIBOR가 9% 이상으로 상승하면 손실을 보게 된다. 이러한 금리변동으로 인한 리스크는 두 은행이 자산과 부채에 적용되는 금리가 다르기 때문에 발생하는 것이다.

이때 LIBOR에 대한 스왑률이 8%라면 A은행은 B은행에게 변동금리 LIBOR를 지급하고 B은행은 A은행에게 고정금리 8%를 지급하는 금리스왑거래를 통해 금리리스크를 헤지할 수 있게 된다. 이러한 스왑거래를 통하여 A은행과 B은행 모두 자산과 부채에 적용되는 금리의 종류를 일치시킴으로써 금리리스크를 헤지하는 것이다. 결과적으로, 자산수익과 부채비용의 차이가 A은행의 경우 0.5%, B은행의 경우 1.0%가 되어 금리변동에 관계없이 안정적인 수익을 취할 수 있게 된다.

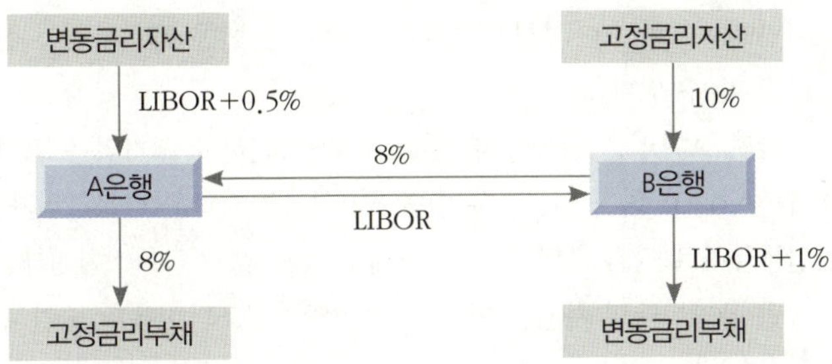

금리스왑은 금리리스크의 헤지수단으로서 뿐 아니라 신용기준의 차이에 따른 상대적인 비교우위를 이용하여 차입비용을 줄이기 위한 목적으로도 많이 활용된다. 자금시장에서 신용도에 따라 한 쪽은 고정금리로 자금을 조달하는 데 비교우위가 있고, 다른 쪽은 변동금리로 조달하는 데 비교우위가 있다면 이들은 각자 비교우위가 있는 금리로 자금을 조달하여 금리스왑을 함으로써 양쪽 모두 자금조달 비용을 줄일 수 있다. 구체적인 내용은 다음의 예제를 통해 살펴보기로 하자.

예제 2

A기업과 B기업은 각각 1억 달러를 차입하려고 하는데 자금시장에서 요구되는 금리가 다음과 같다고 가정하자.

	고정금리	변동금리
A회사	6.0%	LIBOR + 1.5%
B회사	7.5%	LIBOR + 2.0%
차입금리차	1.5%	0.5%

A기업의 경우 금융시장에서의 신용도가 높아 고정금리나 변동금리로 차입할 때 양쪽 모두 차입비용이 작다. 즉, 절대우위가 있다. 그러나, A기업과 B기업의 차입금리차가 고정금리에서는 1.5%이고 변동금리에서는 0.5%이므로 비교우위면에서 A회사는 고정금리 차입, B회사는 변동금리 차입이 상대적으로 유리하다고 할 수 있다.

한편, A기업은 변동금리로 차입하기를 원하고, B기업은 고정금리로 차입하기를 원한다고 하자. 이 경우 일단 A기업과 B기업은 비교우위가 있는 고정금리와 변동금리로 각각 조달한 뒤에 아래 그림과 같은 금리스왑거래를 통해 본래 의도했던 금리형태의 차입을 만들고 동시에 자금조달비용도 줄일 수 있게 된다.

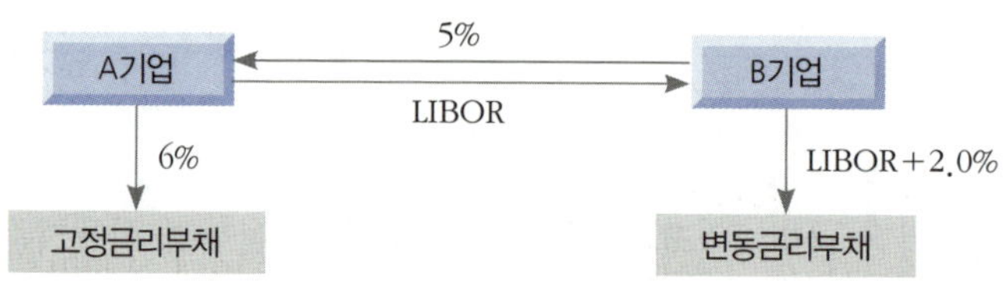

결과적으로, A기업은 LIBOR를 주고 5%를 받으므로 LIBOR+1%가 최종 조달비용이 되고, 반대로 B기업은 5%를 주고 LIBOR를 받으므로 7%가 최종 조달비용이 된다. 따라서 A기업은 변동금리로 차입한 것과 동일한 효과를 내며 조달비용은 직접 변동금리로 자금을 조달했을 때의 LIBOR+1.5%보다 0.5%만큼 저렴해졌다. 마찬가지로 B기업도 고정금리로 차입한 것과 동일한 효과를 내며 조달비용은 직접 고정금리로 자금을 조달했을 때의 7.5%보다 0.5%만큼 저렴해졌다. 즉, 두 기업 모두 0.5%씩 자금조달비용을 줄일 수 있었고, 이때 이익의 합계인 1.0%는 A기업과 B기업의 고정금리차이(1.5%)에서 변동금리차이(0.5%)를 뺀 값과 같음을 알 수 있다.

앞서 예제에서는 A은행과 B은행 또는 A기업과 B기업이 직접 스왑거래를 하는 것으로 되어 있으나, 실제로는 동일조건하에서 서로 정반대의 현금흐름을 필요로 하는 상대방을 찾기가 매우 어렵다. 따라서 대부분의 스왑거래는 시장조성자의 역할을 담당하는 딜러를 통해 이루어진다. 꼭 반대되는 거래필요를 가진 상대방을 찾지 않더라고 딜러가 거래의 일방으로서 역할을 하게 되므로 스왑포지션을 취하는 것이 수월하게 된다. 이때 딜러는 매입가격(bid price)과 매도가격(asked price)의 차이인 스프레드(spread)에 의해 제공하는 서비스와 부담하는 리스크에 대한 보상을 받게 된다. 여기서 매입은 딜러가 고정금리를 지급하는 스왑거래를 말하고, 매도는 고정금리를 수취하는 스왑거래를 가리킨다.

예제 3

A기업과 B기업의 차입조건에 관한 내용은 앞의 예제와 동일하다. 다만 A기업과 B기업은 각각 스왑딜러를 통해 스왑을 한다는 가정을 추가하자. 이때 스왑딜러가 제시하는 스왑률의 매입(bid)－매도(asked)가격은 9.85－10.15라고 하자. 이것은 스왑딜러의 입장에서 LIBOR를 지급할 경우 10.15%의 고정금리를 받는 스왑을 하고, LIBOR를 받는 경우 9.85%의 고정금리를 지급하는 스왑을 하겠다는 의미이다. 만일 A기업과 B기업이 각각 이 딜러가 제시한 가격을 받아들인다면 다음과 같은 스왑거래가 발생하게 된다.

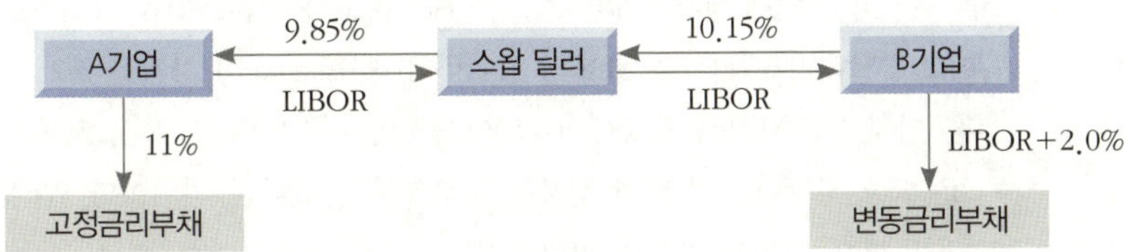

결과적으로, A기업은 스왑딜러에게 LIBOR를 주고 9.85%를 받으므로 LIBOR+1.15%의 변동금리비용이 발생하고, B기업은 스왑딜러에게 10.15%를 주고 LIBOR를 받으므로 12.15%의 고정금리비용이 발생한다. 여전히 A기업은 직접변동금리로 자금을 조달했을 때보다 0.35%만큼 저렴하고, B기업도 직접고정금리로 자금을 조달했을 때보다 0.35%만큼 저렴함을 알 수 있다. 스왑은행도 매입-매도 스프레드인 0.3%(= 10.15−9.85)를 취하고 있다. 이때에도 A기업, B기업과 스왑딜러가 취하는 이익의 합계는 1.0%(= 0.35+0.35+0.3)로 앞의 예제에서와 동일하다.

위의 예제에서 스왑딜러는 A기업과 B기업을 동시에 상대하고 있는 것처럼 보인다. 물론 우연히 같은 시점에 두 기업이 서로 반대 방향으로 거래가 필요할 수도 있으나, 실제로 대부분의 경우는 각각 스왑거래가 필요할 때 스왑딜러를 접촉하여 독립적으로 거래를 성사시키게 된다. 결국 스왑딜러는 원하는 거래의 상대방이 되어 유동성을 제공하는 역할을 하고 그 대가로 스프레드 만큼의 이익을 취하는 것이다. 그리고 만일 매입 또는 매도 중 어느 한 쪽의 거래가 많을 경우에는 스왑딜러는 자신의 포지션 불균형으로 인한 리스크를 감소시키려는 노력을 하게 된다. 아래 두 예제는 금리리스크헤징을 위해 금리스왑을 원하는 은행과 조달금의 절감을 위해 금리스왑을 고려하는 기업이 각각 스왑딜러와의 거래방식을 보여주고 있다.

예제 4

K은행은 4.5%의 고정금리로 채권을 발행하여 변동금리인 LIBOR+2%에 대출을 제공하고 이에 따른 금리리스크를 헤징하고자 금리스왑을 고려하고 있다. 이때 스왑딜러가 제시한 스왑률의 매입(bid)-매도(asked) 가격은 3.25%−3.50%이다. 이것은 스왑딜러 입장에서 LIBOR를 받는 스왑의 경우 3.25%를 지급하고, LIBOR를 지급하는 스왑의 경우는 3.50%를 받겠다는 의미이다. 만일 K은행이 스왑딜러가 제시한 가격을 받아드린다면 다음과 같은 스왑거래를 통해 금리리스크를 헤징하게 된다.

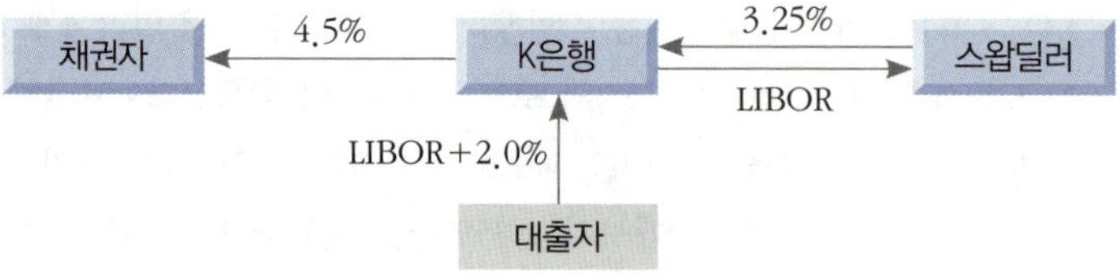

결과적으로 K은행은 대출자에게 받은 LIBOR 금리를 스왑딜러에게 주게 되므로 변동금리로 인한 금리리스크를 없애고, 스왑딜러에게 받은 3.25%와 대출자에게 LIBOR 외에 추가로 받은 2%를 합한 5.25% 중에서 채권자에게 4.5%를 지급하게 되면 0.75%의 금리수입이 발생하게 된다. 즉, 고정금리로 조달한 자금을 변동금리로 대출함으로써 발생한 금리리스크를 금리스왑을 통해 헤징하고 연 0.75%의 확정적인 금리수입을 올릴 수 있게 된다.

예제 5

고정금리 차입을 원하는 S기업 조달금리를 알아보니 5.5%였다. 그러나 변동금리로 조달한 경우는 LIBOR+1.25%이고, 스왑딜러가 제시하는 스왑률은 3.85%−4.05%이다. 따라서 S기업은 5.5%의 고정금리 차입 대신에 LIBOR+1.2%의 변동금리 차입을 하고 금리스왑을 통해 원래 원했던 고정금리 차입을 만드는 것이 유리하다는 것을 알았다. 즉, 다음과 같은 스왑거래가 가능해 진다.

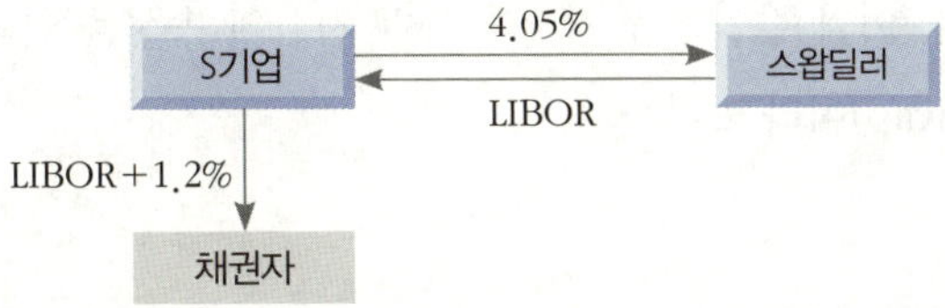

결과적으로, S기업은 스왑딜러로부터 받은 LIBOR 금리를 채권자에게 지급함으로써 변동금리 리스크를 없애고, 스왑딜러에게 지급하는 4.05%와 채권자에 LIBOR 외에 추가로 지급하는 1.2%를 합한 5.25%가 최종 금리 부담이 된다. 이 값은 처음부터 고정금리로 차입했다면 지급해야 했던 5.5%에 비해 연 0.25%의 금리를 절감한 것이 된다.

물론 이와 같이 조달비용을 절감하는 긍정적인 경우가 반드시 발생하는 것은 아니다. 이 문제에서 만일 스왑딜러에게 지급하는 스왑률이 4.30% 이상이었다면, S기업은 처음 그대로 5.5%의 고정금리로 차입하는 것이 유리했을 것이다.

한편, 금리스왑을 이용한 자금조달비용의 절감은 기업간의 조달금리의 차이가 고정금리시장과 변동금리시장에서 서로 다르다는 것을 전제로 한다. 이때 고정금리차이와 변동금리차이가 서로 다른 이유가 시장의 불완전성에 기인하지 않고, 신용도가 다른 기업들의 고정금리 및 변동금리시장에서 적용받는 계약의 성격이 다르다는 데 그 원인이 있다면 스왑거래의 결과가 달라질 수 있다. 즉, 고정금리대출의 만기에 비해 변동금리대출의 만기가 짧거나 변동금리에 가산되는 금리가 매 기간마다 변한다면 위와 같은 스왑거래가 달라질 수 있다.

그 밖에 금리스왑은 보유하고 있는 투자자산의 수익률을 제고시키거나 기존 투자자산에서 얻을 수 없는 새로운 수익구조를 창출하는 데 활용된다. 예를 들어, 연 7%의 고정금리를 제공하는 수익자산을 지닌 투자자가 미래의 금리상승에 대한 불안을 이 수익자산을 처분하지 않은채 스왑거래에 대해 FRN(변동금리채)을 합성함으로써 제거할 수 있다. 즉, [그림 5-4]에서처럼 이 투자자는 스왑딜러에게 연 7%의 고정금리를 지급하고 그 대가로 6개월 LIBOR에 20bp를 받는 금리스왑을 했다면 연 7%의 고정금리 자산을 LIBOR+20bp의 변동금리 채권으로 전환시킨 것이 된다. 이와 같이 스왑거래를 통해 자산의 속성을 변화시키는 경우를 자산스왑(asset swap)이라고 부른다.[1)]

그림 5-4 자산스왑의 예

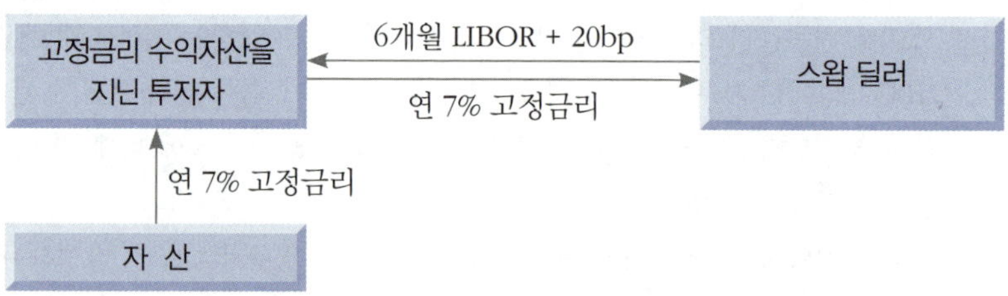

1) 한편, 고정금리 채무를 변동금리로 변환하거나 변동금리 채무를 고정금리로 바꾸는 경우처럼 부채의 속성을 변화시키는 스왑거래는 부채스왑(liability swap)이라고 한다.

5.3 통화스왑

통화스왑의 개요

통화스왑(currency swap)이란 서로 다른 통화로 표시된 현금흐름을 갖는 양측이 미래의 정해진 만기까지 일정한 기간마다 서로의 현금흐름을 교환하기로 약정하는 계약이다. 통화스왑은 금리스왑과 비슷한 구조를 가지고 있지만 교환되는 현금흐름의 표시통화가 다르다는 점에서 금리스왑과 구별된다. 또한 금리스왑에서는 명목원금(notional principal)만 있을 뿐 실제로 원금의 교환은 일어나지 않는 반면에, 통화스왑에서는 원금이 서로 다른 통화로 표시되어 있기 때문에 원금교환의 현금흐름이 발생하게 된다.

통화스왑은 대개 다음과 같은 3단계로 이루어지게 된다.

1) 계약시점의 원금교환이다. 이때 적용되는 환율은 두 통화의 원금 크기를 결정하기 때문에 계약기간 중 이자계산을 위한 기준이 되므로 매우 중요하다. 일반적으로 당시의 시장환율을 사용하나, 계약당사자간의 약정에 의한 환율을 사용할 수도 있다. 만일 당시의 시장환율을 사용할 경우에는 동일한 금액의 외화를 각자 외환시장에서 사고 팔 수 있으므로 원금의 교환이 반드시 필요한 것은 아니다.
2) 계약기간 중의 이자지급이다. 계약원금에 대한 이자를 합의에 의한 금리(고정 또는 변동금리)를 적용하여 해당 통화로 계약당사자간에 서로 지급한다. 이때 교환되는 금리의 형태가 양측 모두 고정금리인 경우는 고정금리 통화스왑, 양측 모두 변동금리인 경우는 변동금리 통화스왑, 한 쪽은 고정금리 다른 쪽은 변동금리인 경우는 고정-변동금리 통화스왑이라고 한다.
3) 만기시점에 원금의 반대교환이다. 통화스왑에서는 원금이 서로 다른 통화로 표시되어 있기 때문에 교환되는 서로 다른 통화표시 원금의 현재가치가 같도록 하는 현금의 교환이 만기시점에서는 필요하다. 그것이 환율변동

으로 인한 환리스크를 헤지하는 역할을 하게 된다. 이때 적용되는 환율은 계약당시 약정한 환율이 되며 대개는 원금교환시 사용했던 환율이 사용된다.

예제 6

A은행은 액면가 1억 달러 만기 5년의 유로달러채권을 발행하여 이를 현재의 환율(달러당 120엔)로 바꾸어 K기업에게 엔화 자금을 대출하였다. 이때 유로달러채권의 금리는 6.5%이고 K기업에 대한 엔화대출금리는 4%라고 가정하자.

동시에 A은행은 스왑딜러와 다음과 같은 조건의 고정금리 통화스왑을 체결하였다.

스왑계약기간 : 5년
달러화 원금 : 1억 달러
엔화 원금 : 120억 엔
엔달러 환율 : 달러당 120엔
달러화 고정금리 : 6.5%
엔화 고정금리 : 3.5%

이러한 통화스왑거래를 앞서 설명한 단계별로 그림으로 나타내면 다음과 같다.

1단계

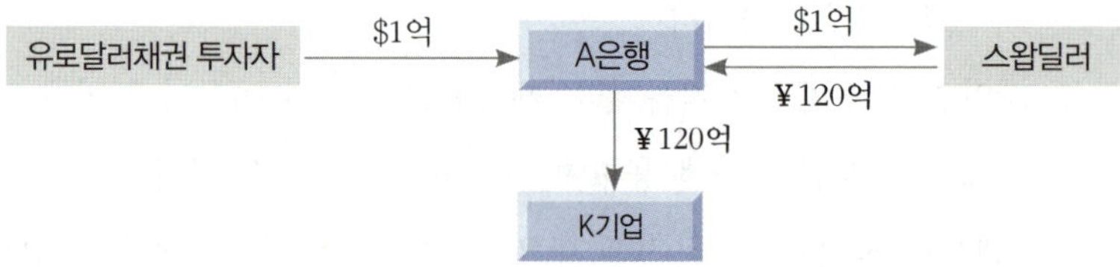

2단계

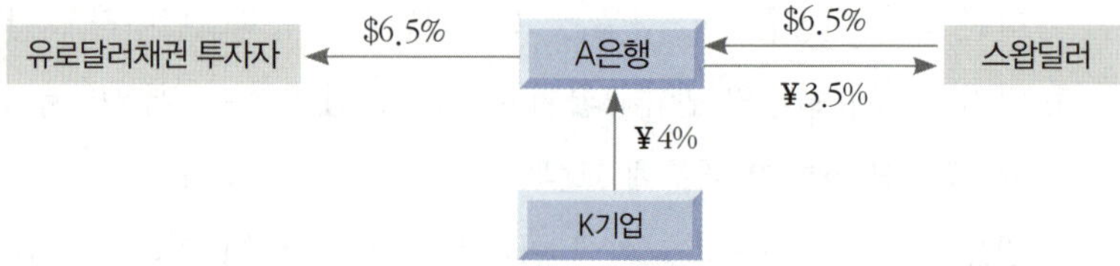

3단계

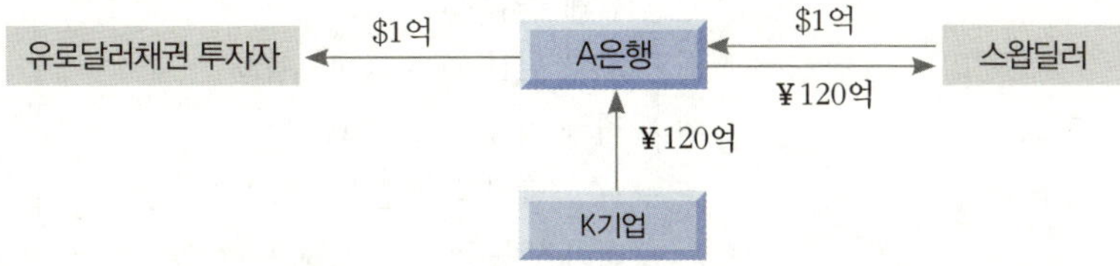

결국 A은행은 스왑딜러와의 고정금리 통화스왑거래를 통하여 환리스크를 제거하면서 엔화자금대출로부터 엔화 0.5%의 고정수익을 실현할 수 있게 된다.

통화스왑의 활용

금리스왑이 금리리스크를 헤징하는 수단으로 활용되듯이 통화스왑도 재무리스크를 관리하는 수단으로서 중요한 역할을 한다. 특히 국제차입과 국제투자에서 자산과 부채의 표시통화 및 금리의 차이로 인해 발생하는 환리스크 및 금리리스크를 제거하는 데 통화스왑이 널리 활용된다.

예제 7

우리나라의 이문기업은 독일 자회사의 공장설비를 확충하기 위해 1,000만 유로의 기계설비를 구입하고자 한다. 이러한 설비투자로 EUR 10%의 안정적인 수익이 있을 것으로 기대하고 있고 설비투자액은 5년 후 전액 회수가 가능하다고 보고 있다. 이문기업은 설비투자액 조달을 위해 다방면으로 알아본 결과 달러화 LIBOR+60bp의 변동금리대출이 가장 유리한 것으로 나타났다.

이 경우 이문기업의 수익구조는 유로화 고정수익률인 반면에 비용구조는 달러화 변동금리이기 때문에 환율 및 금리리스크에 노출되게 된다. 이러한 재무리스크를 헤징하기 위해 이문기업은 스왑은행과 다음과 같은 고정 변동금리 통화스왑을 체결하였다.

스왑계약기간 : 5년
유로화 원금 : 1,000만 유로
달러화 원금 : 1,224만 달러
유로당 달러화 환율 : 1.2240
달러화 변동금리 : LIBOR+60bp
유로화 고정금리 : 7%

이러한 스왑거래의 이자지급단계를 그림으로 나타내면 다음과 같다.

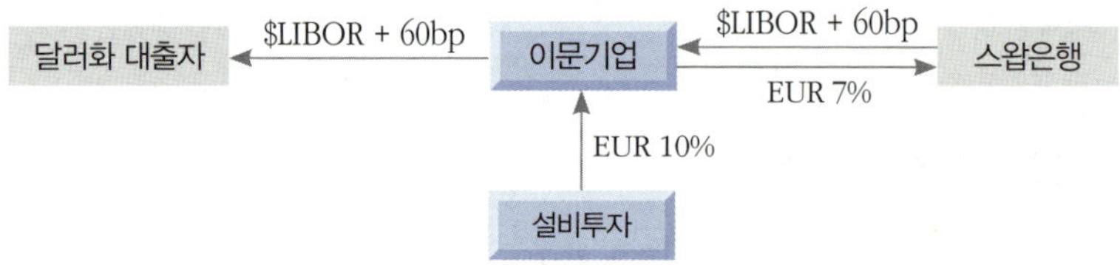

이러한 고정-변동금리 통화스왑을 통해 이문기업은 수익과 비용구조가 동일한 종류의 통화와 금리로 대응되도록 함으로써 환율 및 금리의 변동에 관계없이 투자로부터 유로화 3%의 안정적인 순수익을 기대할 수 있게 된다.

또한 통화스왑은 금리스왑과 마찬가지로 국제금융시장에서 신용기준의 차이에 따른 상대적인 비교우위를 이용하여 차입비용을 줄이기 위한 목적으로 많이 활용된다. 특히 국제금융시장에서는 서로 다른 통화의 금리를 비교하기 때문에 동일한 리스크에 대한 리스크프리미엄이 서로 다르게 결정되는 경우가 발생할 가능성이 크다. 예를 들면, 기업 A는 미국 회사로서 미국 투자자에게 더 잘 알려진 기업이고 기업 B는 영국 기업으로서 영국 투자자에게 더 잘 알려진 기업일 경우 기업 A는 미국달러 자금시장에서 비교우위에 있고 기업 B는 영국파운드 자금시장에서 비교우위가 있을 가능성이 있다. 그러나 기업 A가 파운드화 자금을 원하고 기업 B가 달러화 자금이 필요하다면, 두 기업은 각각 비교우위가 있는 통화로 자금을 조달한 뒤에 통화스왑을 이용하게 되면 각각 원했던 통화의 자금을 원래의 차입비용보다 낮은 금리로 조달할 수 있게 된다.

예제 8

기업 A와 기업 B는 국제금융시장에서 달러화와 파운드화에 대하여 다음과 같은 차입조건을 갖고 있다.

	달러	파운드
기업 A	LIBOR+1.5%	9%
기업 B	LIBOR+1%	7%

기업 A는 달러화 변동금리차입에서 비교우위가 있고, 기업 B는 파운드화 고정금리 차입에서 비교우위가 있음을 알 수 있다. 그러나 기업 A는 파운드화 고정금리차입을 원하고 기업 B는 달러화 변동금리차입을 원하고 있다고 가정하자. 이때 스왑은행이 두 기업에게 각각 다음과 같은 스왑조건을 제시하고 있다고 하자.

따라서 두 기업은 각각 비교우위가 있는 통화로 자금을 조달하고 스왑은행과 통화스왑을 하게 되면 다음과 같은 결과가 된다.

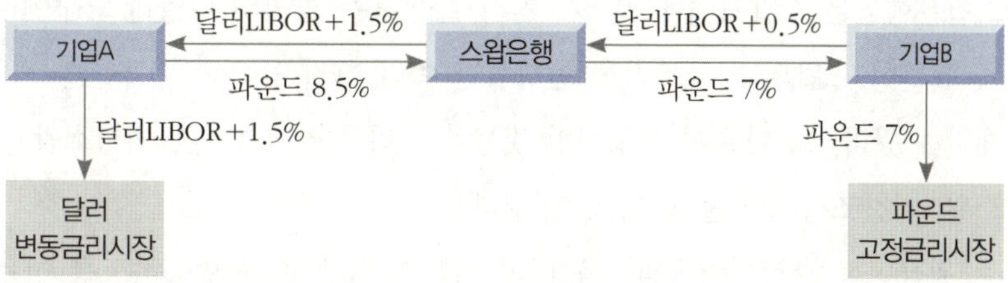

즉, 기업 A는 파운드화 고정금리 8.5%가 최종 차입비용이 되고 기업 B는 달러화 변동금리 LIBOR+0.5%가 최종 차입비용이 되므로 원래 두 기업이 각각 원했던 종류의 통화와 금리로 자금을 조달한 것과 동일한 결과가 나타나고 있다. 더욱 중요한 것은 기업 A가 직접 파운드 고정금리로 자금을 차입한 경우에는 금리가 9%인 반면에 통화스왑을 이용함으로써 0.5%만큼 절감한 8.5%가 되었고, 기업 B도 본래의 차입비용인 달러 LIBOR+1%보다 0.5%만큼 줄어든 LIBOR+0.5%가 되었다.

한편, 스왑은행의 경우에는 파운드 8.5%를 수취하여 7%를 지급하므로 파운드 1.5%가 수익인 반면에, 달러 LIBOR+0.5%를 수취하여 LIBOR+1.5%를 지급하므로 달러 1.0%가 비용이 된다. 통화의 종류를 무시하면 스왑은행은 0.5%의 순이익이 발생한다. 그러나, 스왑의 결과로 파운드화는 포지티브 포지션이 되었고 달러화는 네가티브 포지션이 되었기 때문에 파운드가 달러에 비해 강세가 되면 이익, 약세가 되면 손실이 발생하는 환리스크를 갖게 되었다. 이와 같이 통화스왑에서의 환리스크는 다양한 헤지수단을 갖고 있는 스왑은행이 떠 안는 것이 일반적이다.

5.4 변형된 형태의 스왑

계약조건이 변형된 스왑

지금까지 설명한 스왑들은 비교적 단순한 형태의 금리스왑과 통화스왑이었다. 스왑은행들은 스왑거래에 있어서 거래 일방 또는 양방의 다양한 요구에 부합하도록 표준형 스왑의 계약조건을 변형시킨 여러 가지 종류의 비표준형 스왑계약을 개발해 왔다. 그 가운데 대표적인 것들을 정리하면 크게 원금변형스왑, 이자변형스왑, 기간조정스왑 등으로 나누어진다.

원금변형스왑은 명목원금을 미리 정한 방식에 따라 변동하도록 하는 스왑으로서 명목원금의 변화추세에 따라 원금증가(accreting), 원금감소(amortising) 롤러코스터(rollercoaster) 스왑 등으로 구분된다. 원금증가형스왑은 향후 자금조달 계획에 따라 차입금 규모가 증가하거나 무역거래에 있어서 수출입 규모가 증가할 것으로 예상되는 경우에 금리나 환율위험을 헤지하고자 할 때 유용하다. 원금감소형스왑은 감채기금(sinking fund)이 있는 채권을 발행했거나 원리금이 분할상환되는 대출에 의해 자금을 조달한 경우에 시간이 지남에 따라 감소하는 원금에 맞추어 설계된 스왑계약이다. 롤러코스터스왑은 원금의 증가 또는 감소가 반복되는 형태의 스왑거래로서 사전에 파악한 미래현금흐름 전체를 대상으로 금리나 환율위험을 헤지하기 위한 경우에 이용된다. 또한 개별적으로는 스왑거래의 대상이 되지 않는 소액의 자산 또는 부채가 다양하게 시간에 따라 분포되어 있는 경우에 전체를 모아서 하나의 롤러코스터스왑으로 거래할 수도 있다.

이자변형스왑에는 변동금리와 교환되는 고정금리가 스왑기간 중에 일정하게 고정된 것이 아니고 몇 단계의 기간에 걸쳐 점차 높은 금리를 적용하는 금리증가형(step-up)과 점차 낮은 금리를 적용하는 금리감소형(step-down)스왑이 있다. 금리증가형스왑은 급하게 우상향하는 수익률곡선하에서 고정금리를 지급하고 변동금리를 수취하는 스왑계약자가 스왑 초기의 자금부담을 줄이고 향후 예상되는 변동금리의 상승과 비슷한 수준에서 고정금리가 지급되도록 하는 데 효과적이다. 반면에 급하게 우하향하는 수익률곡선하에서는 같은 논리로 금리감소형스왑이 활용될 수 있다.

그 밖에도 자주 활용되는 이자변형스왑 중에는 무이표(zero coupon)스왑이 있다. 무이표스왑은 변동금리 부분의 현금흐름은 예정된 시점마다 정기적으로 발생하는 반면, 고정금리 부분의 현금흐름은 스왑기간 도중에는 발생하지 않고 계약시점 또는 만기에 일시불로 지급되는 스왑이다. 무이표스왑은 1980년대 초에 Morgan Guaranty가 유로달러 무이표채권을 변동금리부채권으로 전환하여 금리차익을 얻기 위한 목적으로 개발한 것이다. 그후 무이표스왑은 세금과 관련하여 현금흐름을 조정하거나 오랜 시일 후에 수익이 발생하는 투자에 소요되는 자금을 조달할 때 발생하는 현금흐름의 불일치를 해소하는 데 사용되고 있다.

기간조정스왑에는 스왑 당사자의 한 쪽이 스왑계약기간을 연장할 수 있는 연장가능형(extendable)스왑과 스왑계약을 조기에 해지할 수 있는 해지가능형(puttable)스왑이 있다. 이러한 선택권(option)을 갖는 쪽은 자신에게 유리하도록 권리를 행사하게 되므로 상대방에게 그 대가를 지불해야 하는데 계약시점에 일시불로 지급되거나 또는 스왑률에 반영되게 된다. 한편, 많이 활용되는 기간조정스왑의 하나가 이연(deferred start)스왑이다. 이연스왑은 계약일로부터 일정기간(수 개월 또는 수 년) 후에 거래가 시작되는 스왑이다. 미래 시점에 발생하게 될 자산수익 또는 부채비용의 스케줄에 맞추어 미래 스왑계약을 하거나, 기존의 스왑이나 자산 또는 부채의 구조를 변경하는 데 활용된다.

베이시스스왑

표준형 금리스왑에서는 고정금리와 변동금리를 교환하지만 베이시스스왑(basis swap)에서는 서로 다른 종류의 변동금리간의 교환이 일어난다. 이때 교환되는 변동금리는 일반적으로 한 쪽이 LIBOR가 되고 다른 쪽은 미국 국내은행 우대금리(prime rate), 상업어음(CP: commercial paper)금리, 양도성정기예금증서(CD: certificate of deposit)금리, 연방준비자금(Federal fund)금리 등이 된다.

베이시스스왑은 주로 자산과 부채의 금리유형의 차이에 따른 리스크를 관리하는 데 사용된다. 예를 들면, CP를 연속적으로 발행하여 조달한 자금으로 LIBOR만큼의 수익을 얻을 수 있는 자산에 투자한 기업 또는 금융기관의 경우 베이시스스왑을 활용함으로써 수익과 비용간의 불일치에서 발생하는 베이시스리스크를 제거할 수 있다. 한편, 단기자금조달수단인 CP를 연속적으로 발행하여 자금을 조달하고자 하는 기업이 자금조달비용을 장기 고정금리로 변환하고자 할 때는 먼저 베이시스스왑을 이용하여 CP금리를 LIBOR로 바꾼 후에 표준형 금리스왑을 이용하여 LIBOR를 고정금리로 전환할 수 있을 것이다. 그 밖에도 베이시스스왑은 LIBOR, CP, CD, Federal fund 등의 단기금리간의 차이의 변화를 예상하고 이를 이용하기 위한 수단으로도 활용된다.

예제 9

영국계 B은행은 유로달러시장에서 6개월 LIBOR+0.2%의 변동금리로 달러자금을 조달하여 미국의 K기업에게 prime rate+1.2%의 변동금리로 대출하려고 한다. 이때 B은행은 조달금리가 LIBOR에 연동되고 대출금리는 prime rate에 연동되기 때문에 두 변동금리간의 차이, 즉 베이시스가 변함에 따라 수익이 불확실해지는 베이시스 리스크에 노출된다. 이러한 리스크를 제거하기 위해 LIBOR와 prime rate간의 베이시스 스왑을 하기로 결정하고 알아본 결과, B은행은 스왑달러로부터 6개월 LIBOR를 받고 prime rate − 0.8%를 지급하는 베이시스 스왑이 가능하다고 한다.

이상 언급한 거래과정을 그림으로 나타내면 다음과 같다.

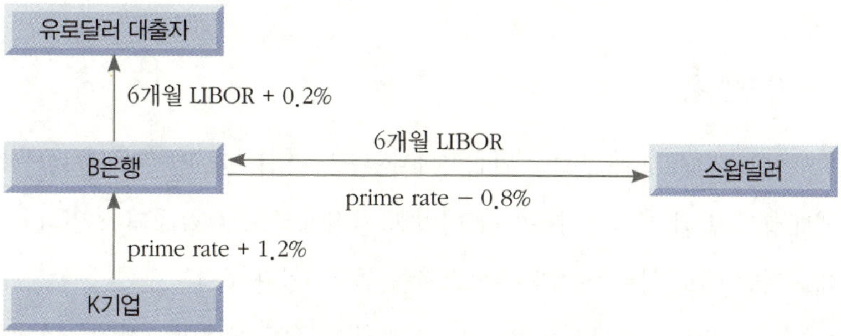

전체적인 거래과정을 통해 B은행이 얻게 될 손익구조를 살펴보면, 스왑딜러에게 LIBOR를 받아 유로달러 대출자에게 LIBOR+0.2%를 지급하므로 0.2%의 차손이 발생하고, K기업으로부터 prime rate+1.2%를 받아 스왑딜러에게 prime rate−0.8%를 지급하므로 2.0%의 차익이 발생하여 총손익은 1.8%(=−0.2%+2.0%)이 된다. 이러한 수익은 향후 6개월 LIBOR와 prime rate간의 금리 차이가 어떻게 변하든 상관없이 확정적으로 발생하게 된다.

베이시스스왑의 하나의 변형으로서 딥스왑(diff swap)이 있다. 딥스왑에서 거래 일방은 특정한 통화로 표시된 변동금리이자를 지급하고 상대방은 다른 통화로 표시된 변동금리에 일정한 마진을 가감한 금리로 이자를 지급하되 지급통화는 서로 같은 통화가 된다. 예를 들면, 천만 달러의 명목원금에 대해서 6개월 달러 LIBOR를 지급하고 동일한 명목원금에 6개월 마르크 LIBOR에서 1.9%를 차감한 금리로 계산된 이자를 달러로 지불받는 스왑계약이 있다. 이러한 형태의 스왑은 1990년대 초 달러금리가 매우 낮았으나 수익률곡선은 가파른 우상향의 형태를 갖고 있고 마르크금리는 매우 높았으나 가파른 우하향의 형태를 갖고 있던 시기에 매우 인기가 있었다. 왜냐하면 많은 투자자들이 미래의 달러금리가 수익률곡선에서 예상된 것보다 낮은 수준에 있을 것이고 마르크금리는 수익률곡선에 나타난 것보다 높은 수준에 머무를 것으로 기대하여 딥스왑계약을 체결하였던 것이다. 예상대로라면 투자자들은 높은 수준의 마르크 수익률을 누리면서 마르크화의 가치가 하락할 경우의 환손실을 피할 수 있게 된다.

기타스왑

스왑시장은 원래 금리스왑과 통화스왑을 중심으로 성장하였지만, 최근에는 거래대상의 범위가 실물상품이나 다양한 금융상품으로 확대되고 있다. 그 중에서도 대표적인 예로 상품스왑과 주식스왑을 들 수 있다.

상품스왑(commodity swap)은 거래의 한쪽이 상대방에게 일정한 양의 상품에 대해서 고정된 가격을 정기적으로 지불하고 상대방은 고정가격 대신에 당시의 시장가격을 지불하기로 약정하는 계약이다. 거래의 대상이 되는 상품은 동일한 상품일 수도 있고 서로 다른 상품일 수도 있다. 거래대상이 되는 상품이 동일한 경우는 실물의 교환은 필요없고 가격차이만 현금으로 정산하면 되지만, 상품이 서로 다른 경우에는 실물의 교환이 필요할 수도 있다. 거래는 당사자간의 직접거래로 이루어지거나 혹은 금융기관의 중개에 의해 이루어지기도 한다.

이러한 상품스왑은 1970년대부터 이루어져 왔으며, 상품선물계약을 대신하여 상품의 생산자나 구매자가 상품가격리스크를 헤징할 수 있는 유용한 수단으로 활용되어 왔다. 이처럼 헤지목적으로 활용될 경우 상품구매자는 고정가격 지급자가 되고 상품생산자는 고정가격 수취자가 된다.

예제 10

매달 1만 배럴의 원유를 생산하는 원유생산자가 향후 3년 동안 고정된 가격을 확보하기를 원하고, 정유회사는 매달 1만2천 배럴의 원유를 향후 3년 동안 고정된 가격에 구입하고 싶어한다. 서로가 원하는 결과를 얻기 위해 양측은 각자 스왑딜러를 통해 상품스왑을 하면 된다. 이때 스왑딜러가 제시한 매입-매도가격이 배럴당 19.50-19.75 달러이고, 이것과 교환되는 시장가격은 지난 달 원유가격의 평균으로 결정한다고 하자. 원유생산자는 지난 달의 평균원유가격을 딜러에게 지불하고 딜러로부터 배럴당 19.50 달러를 받는 스왑을 하고, 정유회사는 배럴당 19.75 달러를 딜러에게 지불하고 지난 달의 평균원유가격을 수취하는 스왑을 하면 된다.

이상 언급한 상품스왑거래를 그림으로 나타내면 다음과 같다.

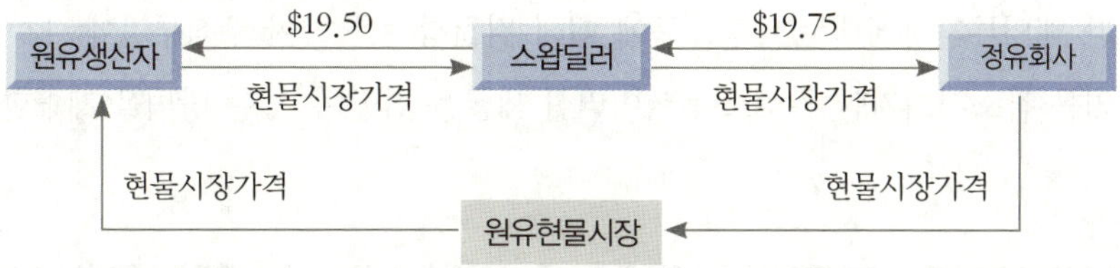

여기서 실제로 두 회사와 스왑딜러간에 교환되는 것은 고정가격과 시장가격의 차액이고, 두 회사가 매입 또는 매도하고자 하는 원유는 각자 현물시장에서 거래하면 된다. 한편 스왑딜러는 양측이 거래하려는 원유의 양과 거래시점이 다른 경우에 원하지 않는 포지션을 갖게 된다. 이렇게 가격변동리스크에 노출된 포지션은 선물시장 등을 이용해 헤징하게 된다

주식스왑(equity swap)은 채권의 변동금리 또는 고정금리와 자본이득 및 배당수익으로 구성되는 주가수익률을 교환하는 계약이다. 여기서 거래대상이 되는 주가는 특정한 개별주식, 일부 주식의 포트폴리오, 주가지수 등이 될 수 있는데, 그 중에서 주가지수가 가장 많이 사용된다. 주식스왑은 동일통화 뿐 아니라 이종통화간에도 거래될 수 있는데, 예를 들어 T-bill 수익률과 Nikkei 지수의 교환처럼 금리와 주가지수가 서로 다른 통화인 경우 콴토스왑(quanto swap)이라고 부른다.

주식스왑은 일정기간 동안 주식 포지션을 합성된 고정수입 포지션으로 전환하거나 반대로 고정수입 포지션을 합성된 주식 포지션으로 전환할 수 있게 해준다. 주식스왑의 대표적인 용도는 기존 포지션의 위험을 적은 거래비용으로 헤징하는 것이다. 예를 들어 FT100 지수를 모방하도록 구성된 주식펀드가 있는데 향후 2년간 영국 주식시장의 침체를 예상하고 있다면 펀드의 가치와 동일한 금액을 명목원금으로 하여 LIBOR를 받고 FT지수의 수익을 지급하는 주식스왑을 통해 주가변

동리스크를 헤징할 수 있다. 또 다른 중요한 용도로서 각종 제약으로 인해 접근이 힘든 새로운 시장에 투자하기 위해 주식스왑을 사용할 수 있다. 예를 들어 인도 등의 신흥 주식시장은 해외투자자들에게 완전히 개방되어 있지 않지만 주식스왑은 이러한 시장에 국외자들이 참가할 수 있게 해주는 기능을 지니고 있고, 많은 국가가 해외투자자에게는 배당소득에 대해 원천징수를 하여 주식투자에 대한 실효 수익을 감소시키지만 주식스왑은 이러한 세금을 피할 수 있는 방법을 제공한다.

예제 11

국내 어느 펀드매니저는 KOSPI200지수와 연계성이 높은 포트폴리오 1,000억원(매입가격기준)을 보유하고 있는 펀드가 향후 전망이 불투명하여 실세금리 수준만이라도 확보하기 위해 모투자기관과 주식스왑을 체결하였다. 계약내용을 보면 계약기간이 1년이고 명목원금은 1,000억원이며 스왑금리를 6%(분기 기준 1.5%)로 하였다.

스왑에 의해 이 펀드는 지수변동과 관계없이 연 6%의 투자수익을 확보하게 된다. 예컨대, 3개월간 지수가 10% 상승했다면 펀드가 투자기관에게 1,000억원×8.5%(=10%−1.5%)를 지불하고, 3개월간 지수가 5% 하락했다면, 투자기관이 펀드에게 1,000억원×6.5%(=5%+1.5%)를 지급해야 한다.

이상 설명한 주식스왑의 기본구조에 여러 가지 변형이 가해진 변형주식스왑이 계속 개발되어 활용되고 있다. 대표적인 예로 주식베이시스스왑(equity basis swap)과 복합지수 주식스왑(blended-index equity swap)을 들 수 있다. 주식베이시스스왑은 주가지수수익률과 금리를 교환하는 주식스왑의 기본구조와는 달리 두 개의 서로 다른 주가지수의 성과에 기초하여 주기적으로 지불금을 교환하는 계약이다. 예를 들어 S&P500 지수와 DAX 지수의 성과를 서로 교환하는 것이다. 복합지수 주식스왑은 두 가지 이상의 주가지수의 수익률과 금리가 교환되는 스왑이다. 예를 들어 Nikkei 지수와 FT100 지수의 평균적인 성과와 6개월 LIBOR를 교환하는 것이다.

5.5 스왑거래의 위험

신용위험

스왑거래는 기본적으로 거래쌍방의 계약으로 이루어진다. 따라서 자신의 목적에 부합하는 거래상대방을 찾는 것도 어려운 일이나, 거래쌍방의 성실한 계약이행 여부도 스왑거래가 성사되는 데 중요한 요소가 된다. 스왑거래에서 거래상대방이 파산 등의 이유로 계약을 이행하지 않음으로써 손실을 입을 수 있는 위험을 신용위험(credit risk)이라고 한다.

오늘날 스왑시장이 폭발적으로 성장할 수 있었던 것은 스왑딜러가 스왑거래를 원하는 거래자의 상대방이 되어서 거래를 성사시키고 신용위험을 떠 안은 역할을 했기 때문이다. 위에서 스왑거래를 설명하면서 많은 경우에 스왑딜러가 중간에서 양측과 각각 반대방향으로 거래를 하는 것을 예로 들었다. 그러나 여기에서 주목할 것은 스왑딜러 입장에서 보면 양측과 각각 두 개로 분리된 계약을 갖는다는 것이다. 실제로 양쪽 거래자는 서로를 전혀 알지 못하는 상황에서 스왑딜러를 거래상대방으로 하여 스왑계약을 체결한 것이다. 따라서 어느 한 상대방이 스왑계약을 이행하지 않더라도 스왑딜러는 계속해서 다른 상대방과의 계약은 이행해야 하는 의무를 진다.

스왑은 대출(loan)에 비해 신용위험이 매우 작다. 스왑거래 특히 금리스왑의 경우는 원금의 교환이 없으므로 대출의 경우 발생할 수 있는 원금에 대한 지불불능 등의 위험이 없기 때문이다. 원금교환이 없는 금리스왑에 비해 만기에 원금교환이 발생하는 통화스왑의 신용위험은 커질 수 있다. 그러나 이때에도 대출은 원금 전액이 신용위험에 노출되지만 통화스왑은 환율변동으로 인한 원금의 차액만이 신용위험에 노출되게 된다. 또한, 대출의 경우는 이자 전체가 신용위험에 노출되는 반면에 스왑은 금리차이에 따른 순현금흐름만이 신용위험에 노출되므로 전체적으로 스왑의 신용위험은 대출에 비해 작아지게 된다.

한편, 스왑은 선도 및 선물계약의 결합으로 볼 수 있다. 이러한 유사성에도 불구하고 스왑과 선도 및 선물계약의 신용위험은 모두 다르다. 선도계약은 결제일과 만기가 일치하므로 만기시 결제가 이루어지지 않으면 계약불이행이 발생하게 되지만, 스왑은 만기까지 여러 번의 결제일이 존재하므로 신용위험을 분산시킬 수 있다. 그러나 스왑은 증거금거래가 이루어지고 매일 일일정산이 일어나는 선물계약보다는 신용위험이 크다.

가격위험

스왑거래에서 가격위험(price risk)은 스왑계약을 체결할 당시에 영(0)이었던 스왑의 가치가 이후 스왑가격이 변동함에 따라 스왑의 가치가 변하게 되는 리스크를 의미한다. 이러한 가격위험도 자신의 목적에 따라 원래 스왑계약을 원했던 계약자보다는 스왑계약의 결과로 원치 않는 포지션을 갖게 되는 스왑딜러에게 더 큰 문제가 될 수 있다. 이러한 가격위험을 헤징하기 위해 스왑딜러들은 여러 가지 노력을 하게 된다.

스왑딜러의 입장에서 가장 확실한 헤징방법은 모든 계약조건이 일치하는 스왑계약을 서로 반대방향으로 동시에 포지션을 취하는 방법일 것이다. 그러나 이것은 현실적으로 불가능에 가깝다. 따라서 스왑딜러인 금융기관들은 최대한 많은 스왑계약을 체결하는 스왑창고(swap warehouse)로서의 역할을 하여 노출되어 있는 가격위험이 서로 상쇄(offsetting)되도록 하고 상쇄되지 않고 남아 있는 위험에 대해서만 헤징을 하는 방식을 취하게 된다.

스왑딜러들이 가격위험을 헤징하는 데는 선물시장이나 채권시장을 많이 이용한다. 이것은 스왑을 각 이자지급 약정일을 만기로 갖는 선도금리계약(FRA) 또는 금리선물계약의 결합으로 보거나, 서로 다른 현금흐름을 갖는 채권을 서로 반대 방향으로 결합한 채권포트폴리오로 간주할 수 있기 때문이다. 예를 들면, 고정금리를 지불하고 변동금리를 수취하는 스왑계약은 선도금리계약의 매입 또는 금리선물계약의 매도포지션으로 보거나, 변동금리채권을 매입함과 동시에 고정금리채권을 매도한 포지션으로 간주할 수 있다. 따라서 스왑딜러들은 선도 또는 선물계약을 이용하거나 보유하고 있는 채권 등을 이용하여 자신의 포지션을 조정함으로써 개별거래를 서로 매치(match)시키지 않고도 효과적으로 스왑거래의 가격위험을 헤징할 수 있게 된다.

사례 : 스왑거래와 금융위험 – P&G와 BT사건

1994년 12월 세계적 투자은행인 Bankers Trust(BT)와 다국적기업으로서 소비재 용품 회사인 Proctor & Gamble(P&G)는 상호간에 체결한 금리스왑계약에서 발생한 P&G의 약 1억2천만 달러에 달하는 손실을 둘러싸고 서로 소송을 제기했다.

이 사건의 핵심이 된 BT와 P&G가 체결한 금리스왑의 구조를 살펴보기로 하자. 우선 BT는 5.3%의 고정금리를 지불하는 대신 P&G로부터 변동금리인 CP금리를 수취하기로 하였다. 이것은 고정금리와 변동금리를 교환하는 표준형 금리스왑에 해당한다. 문제는 추가된 조항이다. BT는 5.3%의 고정금리에 0.75%의 고정금리를 추가로 지급하는 대신에 P&G로부터 다음 공식에 따라 결정되는 α만큼을 추가 수취하기로 하였다.

$$\alpha = \max\left\{0,\ \left[98.5\times\frac{YTM(5)}{5.78}-B(30)\right]\times\frac{1}{100}\right\}$$

단, $YTM(5)$ = 5년만기 국채의 만기수익률(%)
$B(30)$ = 30년 만기 국채의 시장가격

여기서 α의 구조를 자세히 살펴보면, 시장금리가 일정수준 이상으로 상승하게 되면 $YTM(5)$는 증가하고 $B(30)$은 감소하여 α가 양(+)의 값을 갖게 된다. 또한, 이때 P&G가 BT에게 지급하기로한 CP금리도 상승하게 되므로 P&G는 상승한 CP금리에 α만큼을 추가하여 지급해야 한다. 즉, 시장금리가 상승할 경우 P&G의 금리부담은 그 이상으로 커지게 되는 일종의 레버리지된(leveraged) 스왑이라고 할 수 있다. 이와는 반대로 시장금리가 하락할 경우에는 $YTM(5)$는 감소하고 $B(30)$은 증가하여 괄호(bracket)안의 값이 음(−)이 되나 α의 값은 영(0)이 되어 P&G가 BT에게 CD금리 외에 추가로 지급할 금리는 없게 된다. 따라서 BT입장에서는 0.75%의 추가금리를 지불하였으나, P&G로부터 추가로 받을 금리가 없게 된다.

그러므로 BT의 입장에서는 금리가 상승하게 되면 지급받는 이자가 계속 커져서 이익의 규모가 지속적으로 확대되고, 금리가 하락하게 되면 추가금리로 지급한 0.75%만큼만 손해를 보면 되는 손익구조를 갖고 있다. 반대로 P&G의 입장에서는 금리가 하락하면 BT에게 추가로 지급하는 금리없이 0.75%만큼을 추가수취하므로 그만큼이 이익인 반면에, 금리가 상승하는 경우에는 추가로 지급하는 금리 α가 계속 커지게 되므로 손실의 규모가 무한정 커질 수 있는 위험을 갖고 있다. 결과적으로 α는 옵션의 구조를 갖고 있다고 볼 수 있다. 즉, BT는 α라는 옵션의 매입자, P&G는 옵션의 매도자, 0.75%는 이 옵션의 프리미엄이라고 할 수 있다.

이러한 계약이 1993년 11월에 체결되었는데, 1994년 초부터 인플레이션을 우려한 미국연방준비은행(Federal Reserve Board)이 금리를 인상시키는 조치를 취함에 따라 시장금리가 지속적으로 상승하게 되었다. 그 결과 α값이 0.275, 즉 27.5% 까지 상승하여 P&G는 막대한 손실을 보게 되었다.

P&G는 이 계약에 대해 BT의 지나치게 적극적인 마케팅에 의해 계약을 체결했으며 계약의 위험, 특히 사실상 옵션매도자의 손익구조를 갖는 계약의 위험에 대해 충분히 주지시키지 않았다는 이유를 들어 BT에 지급을 거부하는 소송을 제기하였다. 이에 대해 BT는 P&G같은 대규모 다국적기업이 계약의 위험을 충분히 이해하지 못하고 계약을 체결했다는 것은 있을 수 없는 일이라며 P&G는 1억2천만 달러를 지급하라는 소송을 제기한 것이다.

이 사건은 금융기관이 거래상대방에게 파생금융상품의 복잡성과 내재된 위험에 대해 어느 정도까지 설명해야 할 의무가 있는가에 대해 법원의 판단을 구한 사건으로서 많은 관심을 불러 일으켰으나, 최종판결 이전에 양측이 서로의 중간 입장에서 화해함으로써 사건이 종료되었다.

– 이 사례는 주로 오세경 · 김진호 · 이건호의
「위험관리론」을 참조하여 작성한 것임.

연/습/문/제

1. 이문기업은 LIBOR+2.5%로 변동금리채를 발행하고 금리스왑을 통해 지급이자를 고정하고자 한다. 스왑딜러가 LIBOR에 대해 지시하고 있는 스왑률의 bid-offer 가격이 4.12–4.160이라고 할 때 이문기업이 최종적으로 부담해야 될 고정이자비용은 얼마인가?

2. K은행은 6%에 유로달러본드를 발행하여 LIBOR+1.5%에 달러대출을 제공하고 이에 따른 금리 리스크를 금리스왑을 통해 헤징하고자 한다. 현재 스왑딜러가 달러 LIBOR금리에 대해 제시하고 있는 스왑률의 bid-offer 가격이 4.94–4.980이라고 할 때 K은행이 현재시점에서 고정시킬 수 있는 수익은 얼마인가?

3. J은행은 LIBOR+20bp에 자금을 조달하여 CP+40bp로 대출을 제공하고 있다. 만일 J은행이 금리리스크를 헤징하기 위하여 LIBOR를 수취하고 CP–10bp를 지급하는 베이시스 스왑거래를 한다면 J은행이 고정시킬 수 있는 수익은 얼마인가?

4. 통상적인 스왑거래에서 스왑딜러가 부담하게 되는 위험에 대해서 설명하시오.

5. 현재 Q사와 P사는 각각 1,000만달러를 차입하려고 하는데 자금시장에서 요구되는 금리가 다음과 같다고 가정하자.

	고정금리	변동금리
Q사	8.5%	LIBOR + 1.0%
P사	10.0%	LIBOR + 1.5%

Q사는 변동금리 차입을 원하고 P사는 고정금리 차입을 원하고 있는 상황에서 금리스왑을 통해 두 회사 모두가 동일하게 조달금리를 절약할 수 있는 방법을 검토하시오.

6. 고정금리로 자금을 조달하기 원하는 X기업이 조달금리를 알아보니 연 8.25%였다. 그러나 조달금리를 절감할 수 있는 다른 방법을 모색해 보기로 하고 변동금리로 자금을 조달한 뒤에 금리스왑을 통해 변동금리를 고정금리로 전환하는 것을 고려하고 있다. 현재 X기업은 LIBOR+1.5%의 변동금리로 자금을 조달할 수 있고, 스왑은행이 LIBOR에 대해 제시하고 있는 스왑률의 매입-매도 가격은 6.25-6.50이다. 이러한 상황에서 X기업은 변동금리로 자금을 조달하고 금리스왑을 통해 고정금리로 전환하는 것이 과연 얼마만큼 조달금리를 절감할 수 있는 방법인지를 평가하시오.

7. A사는 고정금리로 미국 달러화의 차입을 원하고, B사는 변동금리로 일본 엔화의 차입을 원하고 있다. 두 회사가 차입하려는 금액은 현재 환율로 환산했을 때 같은 규모라고 가정하자. A사와 B사가 제시받은 금리가 아래 표와 같을 때 두 회사는 스왑계약을 통해 조달비용을 절약할 수 있다.

	달러	엔
A사	9%	LIBOR + 0.5%
B사	10%	LIBOR + 2.5%

A, B사는 각각 어떤 차입방법에 비교우위가 있는지 확인하고, 이러한 비교우위를 이용한 통화스왑을 통해 절약되는 조달비용 가운데 스왑은행이 중개 역할 및 모든 환위험을 지는 대가로 0.4%를 갖게 되고 나머지는 두 회사에 공평하게 돌아가도록 하는 스왑계약을 만들어 보시오.

CHAPTER 06

옵션 및 옵션거래에 관한 기초지식

6.1 옵션의 개요
6.2 옵션의 기능
6.3 옵션거래의 이해

6.1 옵션의 개요

옵션이란?

흔히 옵션(option)이라고 하면 선물과는 전혀 별개의 개념으로 이해하기 쉬우나 실제로 옵션은 선물개념의 연장선상에서 정의될 수 있다. 선물계약은 장래의 일정시점을 인수 · 인도일로 하여 일정한 품질과 수량의 어떤 물품 또는 금융상품을 정한 가격에 사고 팔기로 약속하는 계약이다. 이 정의는 옵션에도 그대로 적용된다. 즉, 옵션이란 장래의 일정시점 또는 일정기간 내에 특정 기초자산을 정한 가격에 팔거나 살 수 있는 권리를 말한다.

두 계약 간의 차이점은 선물계약은 매입측과 매도측 쌍방이 모두 계약이행의 의무를 지게 되나, 옵션계약의 경우에는 계약당사자 중 일방이 자기에게 유리하면 계약을 이행하고 그렇지 않으면 계약을 이행하지 않을 수 있는 권리를 갖는 데 반해 상대방은 이러한 권리행사에 대해 계약이행의 의무만을 지게 된다는 점이다. 따라서 옵션계약의 경우는 계약이행의 선택권을 갖는 계약자가 의무만을 지는 상대방에게 유리한 조건에 상응하는 대가를 지불하고 계약을 체결하게 된다.

옵션 계약을 이해하기 위해서는 다음과 같은 주요 용어들을 명확히 이해하는 것이 필요하다.

- **옵션보유자 또는 옵션매입자**(option holder) : 옵션계약에서 선택권을 갖는 측을 말한다. 옵션보유자는 일정 대가를 지불하고 선택권을 매입하여 자기에게 유리하면 선택권을 행사하여 계약을 이행하고 불리하면 선택권의 행사를 포기하고 계약을 이행하지 않는다.
- **옵션발행자 또는 옵션매도자**(option writer) : 옵션계약에서 옵션보유자의 계약상대방을 말한다. 즉, 옵션발행자는 일정 대가를 받고 옵션매입자에게 기초자산을 정한 가격에 매입 또는 매도할 수 있는 권리를 팔고, 옵션매입자가 계약의 이행을 원하는 경우 계약의 상대방이 되어 계약을 이행해야 할

의무를 지게 된다.

- **옵션프리미엄**(option premium) : 옵션계약은 선물계약과 달리 계약 자체가 불평등계약이다. 그러므로 유리한 조건의 계약을 맺는 옵션보유자가 불리한 계약을 체결하는 옵션발행자에게 일정한 대가를 지불해야 하며 이를 옵션프리미엄이라 한다. 다시 말하면 옵션프리미엄은 옵션매입자가 선택권을 갖는 대가로 옵션매도자에게 지급하는 금액을 말한다. 옵션시장에서 결정되는 옵션의 가격은 바로 옵션의 프리미엄을 지칭한다.
- **기초자산**(underlying asset) : 옵션계약에서 매입측과 매도측이 사고 팔기로 약속한 대상으로 선물거래의 기초자산과 동일한 개념이다. 다만 선물의 경우에는 실물상품과 금융상품이 모두 기초자산이 되지만 일반적으로 옵션의 기초자산은 금융상품에 한정된다.
- **행사가격**(exercise price 또는 strike price) : 옵션보유자가 선택권을 행사할 수 있는 가격으로서 선물계약의 인도가격(delivery price)에 해당하는 개념이다. 여기서 주의해야 할 것은 선물시장에서 형성되는 가격은 선물계약의 인도가격을 가리키나, 옵션계약에서는 행사가격이 사전에 이미 결정되어 있고 옵션시장에서 형성되는 가격은 옵션의 프리미엄이라는 점이다. 즉, 선물의 시장가격이라고 하면 미래의 현물인수도가격을 가리키나, 옵션의 시장가격이라고 할 때는 옵션의 행사가격이 아니라 프리미엄을 지칭한다.
- **만기일**(expiration date) : 옵션보유자가 선택권을 행사할 수 있도록 정해진 날 또는 정해진 기간을 말한다. 다시 말하면 옵션보유자의 권리가 만기가 되는 날을 의미한다.

옵션의 종류

옵션은 선택권의 보유자, 권리행사시기, 기초자산, 거래장소 등에 따라 다음과 같이 구분된다.

선택권 보유자에 따른 구분

- **콜옵션**(call option) : 기초자산을 매입하기로 한 측이 옵션보유자가 되는 경우를 말한다. 즉, 콜옵션의 매입자는 장래의 일정시점 또는 일정기간 내에 특정 기초자산을 정해진 가격으로 매입할 수 있는 선택권을 가진다.
- **풋옵션**(put option) : 기초자산을 매도하기로 한 측이 옵션보유자가 되는 경우를 지칭한다. 즉, 풋옵션의 매입자는 장래의 일정시점 또는 일정기간 내에 특정 기초자산을 정해진 가격으로 매도할 수 있는 선택권을 가진다.

권리행사시기에 따른 구분

- **유럽식 옵션**(European option) : 옵션의 만기일에만(on expiration date) 권리를 행사할 수 있는 형태의 옵션을 지칭한다.
- **미국식 옵션**(American option) : 옵션의 만기일이 될 때까지(by expiration date) 언제라도 권리를 행사할 수 있는 형태의 옵션을 지칭한다.

기초자산에 따른 구분

- **주식옵션**(stock option) : 옵션 중 가장 흔한 형태로 개별 주식이 기초자산이 되는 옵션이다. 선물시장에서는 개별주식을 대상으로 하는 주식선물이 흔하지 않은 데 반해 옵션에서는 개별주식을 대상으로 하는 주식옵션이 가장 먼저 도입되어 활발히 거래되고 있다.
- **주가지수옵션**(stock index option) : 주가지수선물과 마찬가지로 주가지수 자체가 기초자산이 되는 옵션을 말한다. 옵션의 대상이 되는 주가지수로는 시장 전체의 움직임을 대표하는 경우도 있고 특정부문(예를 들어 소수우량 종목, 석유가스업 종목 등)을 대상으로 하는 것도 있다.
- **통화옵션**(currency option) : 외국통화가 기초자산이 되는 옵션으로서 환율변동에 따라 가격이 결정된다. 통화옵션은 거래소를 통해서 거래되는 것보다는 장외에서 은행이나 금융기관 간에 거래가 이루어지는 경우가 많다.

- **금리옵션**(interest rate option) : 금리변동과 연계되는 금융상품이 기초자산이 되는 옵션으로서 기간에 따라 단기, 중기, 장기로 구분된다. 금리옵션은 그다지 거래가 활발히 이루어지지는 않는 실정이며 다음에 살펴볼 채권선물옵션의 형태로 오히려 많이 거래되고 있다.
- **선물옵션**(option on futures) : 지금까지 살펴본 옵션계약의 기초자산은 모두 현물이었던데 반해 선물옵션은 이들 현물을 기초자산으로 하는 선물계약 자체를 기초자산으로 하는 옵션이다. 즉, 선물옵션은 선물계약과 옵션계약이 복합된 형태로 이해할 수 있는 데 선물옵션을 행사하면 대상이 되는 현물의 매매를 할 수 있는 것이 아니라 현물에 대한 선물계약을 가지게 된다는 점에 유의해야 한다. 이러한 선물옵션은 주로 상품선물, 채권선물, 통화선물 등을 기초자산으로 하여 존재한다.

거래장소에 따른 구분

- **거래소 옵션**(exchange traded option) : 거래소에 상장되어 거래되는 옵션을 말하며 장내옵션이라고도 한다. 거래소옵션은 선물과 마찬가지로 계약이 표준화되어 있다. 우리나라에서 활발하게 거래되는 KOSPI200주가지수옵션을 예로 들면, 계약의 크기는 지수에 50만원을 곱한 값이고, 만기일은 매월 두번째 목요일로 정해져 있다.
- **장외옵션**(over-the-counter option) : 은행이나 증권사 등 거래당사자간의 접촉을 통해 장외에서 거래하는 옵션이다. 제1장에서 살펴본 선도계약과 선물계약의 차이점과 같이 거래소옵션은 계약이 표준화되어 거래소에서 거래된다는 점에서 선물계약과 유사한 반면, 장외옵션은 계약당사자들 간에 자유롭게 계약조건을 정한다는 점에서 선도계약과 비슷하다 하겠다.

6.2 옵션의 기능

다양한 투자수단의 제공

옵션이 갖고 있는 중요한 기능은 우선 투자수단으로서의 기능이다. 옵션은 전통적인 금융상품인 주식, 채권 등에 의해 만들 수 없는 수익패턴을 창출하는 데 이용될 수 있다. 흔히 투자라고 하면 일방향적인(uni-directional) 투자패턴만을 생각하게 된다. 예를 들어 주식에 투자하는 경우 주가가 오르면 이익이고 주가가 하락하면 손해를 보게 된다. 이러한 단순한 투자패턴을 다양화시킨 것이 옵션이다. 옵션이 활용됨으로써 종래의 일방향적인 투자패턴을 벗어나 다방향적인(multi-directional) 투자패턴을 창출할 수 있게 된 것이다.

제11장에서 구체적으로 설명하겠지만, 콜옵션과 풋옵션의 매입 · 매도를 다양하게 결합하거나 주식, 채권 등과 옵션을 결합함으로써 여러 가지 형태의 수익흐름을 가진 투자수단을 만들어 낼 수 있다. 따라서 투자자들은 각자의 위험에 대한 선호나 향후 가격변화에 대한 예상에 따라 또는 자신의 자금사정이나 투자목적에 따라 적합한 투자전략을 다양하게 구사할 수 있다. 옵션이 거래되는 가장 큰 의의가 바로 다양한 투자수단을 제공하는 점이라 하겠다.

이와 같이 옵션 등의 파생금융상품(derivative financial assets)을 활용하여 투자자의 요구에 적합한 새로운 금융상품을 개발하는 활동을 금융공학(financial engineering)이라 부른다. 최근 금융공학에 대한 관심이 고조되면서 이에 대한 이해의 범위가 넓어졌고 금융기관 뿐 아니라 기업들도 기업재무에 널리 활용하고 있다.

아울러 옵션은 다양한 결합을 통해 각종 금융상품의 합성포지션을 만들어 내는 수단이 된다. 이렇게 옵션을 이용하여 합성포지션을 쉽게 구성할 수 있다는 것은 각종 금융상품의 가격이 비효율적으로 형성되는 경우에 차익거래에 의해 무위험이익이 가능하다는 것을 의미한다. 예를 들어 KOSPI200 주가지수선물의 시장가격이 이론가격보다 낮게 형성된다면, 저평가된 주가지수선물을 매도함과 동시에 주가지수옵션을 이용하여 선물매입의 합성포지션을 구성하는 차익거래가 가능하다. 옵션을 활용한 차익거래에 대해서는 제9장에서 설명한다.

효율적인 리스크관리 수단

선물계약의 가장 큰 기능이 헤징(hedging)이었듯이 옵션도 불확실한 미래가격 변동에 따른 위험을 관리하는 수단으로 활용된다. 헤징을 위해 선물과 옵션을 이용하는 데는 근본적인 차이가 존재하는데, 선물계약은 헤저가 거래할 기초자산에 가격을 고정시킴으로써 위험을 제거하는 반면, 옵션계약은 투자자에게 미래에 가격이 불리한 방향으로 움직이는 것에 대비한 보호수단을 제공하며 가격이 유리한 방향으로 움직일 때는 이익을 취할 수 있게 해준다. 또한 옵션을 이용한 헤징은 옵션거래에 따른 계약비용(즉, 옵션계약에 따른 프리미엄의 지급 또는 수취)이 발생한다는 점에서 선물과 다르다.

예를 들면, 주식포트폴리오를 보유하고 있는 투자자가 주가지수 풋옵션을 매입한다면 주가가 하락하는 경우 주식에서의 손실을 풋옵션에서의 이익으로 보전하여 전체 포트폴리오의 가치를 일정한 수준으로 유지하면서 주가가 상승하는 경우에는 주가상승분에서 지급한 옵션의 프리미엄을 제외한 만큼의 수익을 올릴 수 있게 된다. 만일 옵션을 이용한 헤징이 여의치 않을 경우에는 선물매도를 통해 동일한 효과를 얻을 수도 있는데 이러한 전략을 포트폴리오보험이라고 하고 이에 관한 구체적인 내용은 제10장에서 설명될 것이다.

옵션개념의 응용

오늘날 옵션은 그 자체가 투자수단 또는 헤지수단으로 다양하게 활용되는 것 외에도 옵션의 개념과 옵션가격결정에 관한 이론이 투자 및 기업재무관리의 문제를 이해하고 해결하는 데 많이 응용되고 있다. 구체적으로 옵션의 개념과 이론은 투자의사결정, 기업가치평가, 자금조달 및 배당정책 등의 기업의 중요한 재무의사결정에 응용될 뿐 아니라 옵션이 내재된 증권 예컨대 조기상환권부채권, 전환사채, 신주인수권부사채 등의 가치를 평가하는 데도 활용된다.

특히, 재무학의 전통적인 가치평가방법인 현금흐름분석법(discounted cash flow method)을 비판하고 이에 대한 대안으로 새롭게 제시된 가치평가모형이 실물옵션평가법(real option valuation)이다. 실물옵션평가법은 많은 불확실성이 존재하는 상황 하에서 급속한 변화에 유연하게 대응할 필요가 있는 투자의사결정이나 가치평가에 적합한 방법으로 알려져 있다. 실물옵션을 포함한 옵션개념의 응용에 관해서는 제12장에서 논의될 것이다.

6.3 옵션거래의 이해

증거금제도

옵션계약도 선물계약과 마찬가지로 계약에 참여하는 사람들로 하여금 계약이행을 보증하기 위한 장치로 증거금제도를 두고 있다. 즉, 옵션거래에 참여하려는 투자자들은 거래소가 정한 규정에 따라 위탁증거금을 납부하고 거래에 참여하게 된다. 다시 말하면 옵션거래도 증거금거래의 형태를 띠게 되는 것이다.

그러나 선물계약에서는 매입측과 매도측이 모두 증거금을 납부해야 하지만 옵션거래에서는 옵션발행자만 증거금을 납입하면 된다. 왜냐하면 증거금이란 계약자가 자신에게 불리할 경우 계약을 이행하지 않을 가능성에 대비한 보증금인데 옵션보유자의 경우는 자기에게 유리하면 계약을 이행하고 불리하면 계약이행을 포기할 수 있는 선택권을 갖고 있으므로 계약불이행의 위험이 전혀 없기 때문이다. 이에 반해 옵션발행자는 자기에게 불리할 경우에 계약을 이행할 의무를 가지게 되므로 계약이행을 보증하기 위한 증거금이 필요하게 된다. 따라서 옵션거래에서는 옵션발행자 일방만이 증거금을 납입하도록 되어 있다.

옵션거래시 증거금과 프리미엄을 혼동하는 경우가 많으나 양자는 완전히 다른 개념이다. 프리미엄은 옵션보유자가 옵션발행자에게 옵션의 대가로 계약 당시 지불한 금액으로서 계약이행 여부와는 상관없이 지불이 완료된 금액이다. 다시 말하면 옵션보유자가 옵션을 행사하지 않더라도 옵션프리미엄은 되돌려 받을 수 없다. 이에 반해 증거금은 옵션발행자가 계약이행을 보증한다는 증거로서 제3자(일반적으로 거래소내 청산소)에게 맡긴 금액으로서 계약청산시에는 거래의 결과로 남은 금액을 되돌려 받을 수 있다.

옵션거래자가 거래소에 납부하는 위탁증거금은 옵션거래의 이행을 약속하는 보증금에 해당한다. 일반적으로 위탁증거금은 보유중인 선물/옵션 포트폴리오를 당일 중 가장 불리한 상태에서 투자자가 부담해야 하는 금액을 기준으로 산출된다.[1]

선물거래에서는 일일정산을 하기 때문에 금일 정산가격과 전일 정산가격의 차이에 상당하는 정산차금이 매일 매입과 매도 쌍방간에 수수된다. 그러나 일반적으로 옵션거래에서는 반대매매를 하거나 옵션을 행사하기 전에는 미실현 매매손익이 매매쌍방간에 이체되지 않는다.[2]

옵션거래의 결제

옵션거래의 결제방법은 반대매매, 권리행사, 권리포기의 세 가지로 나눌 수 있다.

옵션을 매입한 투자자는 동일한 옵션을 매도하는 반대주문(offsetting order)을 통해 자신의 포지션을 청산(close out)할 수 있고, 마찬가지로 옵션을 발행한 투자자는 동일한 옵션을 매입하는 반대주문을 하여 포지션을 마감할 수 있다. 이때 옵션매입자는 지불한 프리미엄 이상으로 옵션가격이 상승하였으면 이익을 얻을 수 있고, 옵션매도자는 수취한 프리미엄보다 가격이 하락한 경우 이익을 얻게 된다. 한편, 반대매매가 기존의 옵션시장 참여자들 간에 일어나면 미결제약정수량(open

---

1) 실제로 옵션거래의 증거금을 산출하는 공식은 다소 복잡한 편으로 본 서에서는 생략하기로 한다.
2) 거래소에 따라서는 옵션거래에 대해서도 일일정산을 하는 경우도 있다.

interest)은 감소하고, 이러한 반대매매의 상대방이 신규옵션계약자일 경우는 미결제 약정수량이 변하지 않으며, 거래 쌍방이 모두 신규옵션계약자일 경우에는 미결제 약정수량이 증가하게 된다.

권리행사에 의한 결제란 옵션매입자가 옵션의 행사가격과 기초자산의 시장가격을 비교하여 자신에게 유리하다고 판단될 때, 콜옵션의 경우는 현물매입, 풋옵션의 경우는 현물매도를 결정하는 것이다. 이러한 옵션행사요구에 대해 결제기관이 해당 옵션의 발행자 가운데 특정인을 미리 정해진 절차(무작위 선정 등)에 의해 배정하면(assigned) 이 투자자는 옵션보유자의 요구, 즉 현물매매에 응해야 한다. 단 현물거래가 불가능한 주가지수옵션 등에서는 행사가격과 시장가격 간의 차액이 현금으로 결제된다. 옵션이 행사되면 미결제약정수량은 감소한다. 우리나라의 거래소에 상장된 모든 옵션은 유럽형 옵션이므로 만기에만 행사될 수 있는 반면에, 미국형 옵션은 만기 이전이라도 옵션을 행사할 수 있는데 이를 옵션의 조기행사(early exercise)라고 한다.

옵션매입자가 권리행사 최종일까지 권리를 행사하지 않으면 권리포기에 의한 결제가 된다. 물론 이러한 권리포기는 옵션매입자의 입장에서 권리를 행사하는 것, 즉 계약을 이행하는 것이 불리하다고 판단했기 때문이다. 따라서 청산기관은 옵션보유자의 특별한 지시가 없더라도 옵션을 행사하는 것이 고객에게 이익이 되는 경우에는 자동적으로 만기일에 옵션을 행사하는 것이 관례이다. 즉, 최종거래일에 옵션이 내가격상태에 있더라도 이를 행사하지 않으면 그 가치가 소멸되므로 옵션보유자가 모르고 행사하지 않더라도 청산기관은 자동적으로 옵션을 행사하게 된다.

옵션의 투기거래

선물시장과 마찬가지로 옵션시장에서도 투기적(speculative) 목적으로 거래를 하는 투기거래자(speculator)가 적지 않다. 특히 옵션거래는 기초자산 가격변화의 방향(direction) 뿐 아니라 변동성, 스프레드 등에 대한 예측을 근거로 다양한 투기적 거래전략이 가능하다. 옵션을 이용한 다양한 투자전략에 관해서는 제9장에서 자세히 논의하기로 하고, 여기서는 가장 단순한 형태의 옵션투기거래를 예로 들어 옵션거래의 레버리지효과(leverage effect)에 대해 살펴보기로 하자.

선물거래가 손익확대효과, 즉 레버리지효과가 존재하는 것처럼 옵션거래의 경우에도 기초자산의 가격변동에 비해 손익이 훨씬 확대된다. 예를 들어 주가상승을 예상하는 투자자가 주식콜옵션 또는 주가지수콜옵션을 매입하는 경우 주가의 상승폭이 커질수록 콜옵션의 수익률은 기하급수적으로 높아지게 된다. 반대로 주가하락을 예상하는 투자자가 주식풋옵션 또는 주가지수풋옵션을 매입하는 경우 주가의 하락폭이 커질수록 풋옵션의 수익률은 기하급수적으로 확대된다. 물론, 예상이 빗나가는 경우에는 손실도 급속하게 커지나, 옵션매입자의 경우 최대 손실이 지급한 프리미엄에 한정되어 −100%를 넘지 않는다는 점이 선물의 투기거래와 다르다.

예제 1

현재 주가가 28,500원인 주식을 기초자산으로 하는 행사가격 30,000원의 콜옵션을 1,000원의 프리미엄에 매입한 후 만기까지 보유한 투자자가 있다. 이 투자자의 옵션투자손익은 만기시 주가수준에 따라 달라지게 된다.

1) 만기시 주가가 35,000원이 된 경우 :

이 투자자는 콜옵션을 행사하여 35,000원인 주식을 30,000원에 매입할 수 있기 때문에 5,000원의 수익이 발생하고, 여기에서 옵션을 매입할 때 지급한 프리미엄 1,000원을 차감하면 거래비용과 화폐의 시간가치를 무시하고 4,000원의 순수익이 발생하게 된다. 결과적으로 1,000원을 투자하여 4,000원의 순수익이 발생했으므로 수익률은 400%가 된 것이다.

2) 만기시 주가가 26,000원의 된 경우

이 투자자는 26,000원인 주식을 콜옵션을 행사하여 30,000원에 매입할 필요가 없기 때문에 지급한 프리미엄 1,000원이 고스란히 손실이 된다. 결과적으로 1,000원을 투자하여 1,000원이 모두 손실이 되었으므로 거래비용과 화폐의 시간가치를 무시하면 수익률은 −100%이다. 또한 만기시 주가가 콜옵션의 행사가격인 30,000원 이하일 경우는 옵션의 행사를 포기하게 되므로 수익률은 항상 −100%가 된다. 따라서 이 옵션매입자의 최대 손실은 지급한 프리미엄인 1,000원으로 한정된다.

3) 만기시 주가가 30,500원이 된 경우 :
이 투자자는 콜옵션을 행사하여 30,500원인 주식을 30,000원에 매입할 수 있기 때문에 500원의 수익이 발생하나, 옵션을 매입할 때 지급한 프리미엄 1,000을 차감하면 거래비용과 화폐의 시간가치를 무시하고 500원의 순손실이 발생하게 된다. 결과적으로 1,000원을 투자하여 500원의 순손실이 발생했으므로 수익률은 −50%이다.

사례 : 투기적 옵션거래의 리스크 - 9.11 테러 다음 날 우리나라의 옵션시장의 예

2001년 9월 11일 전세계를 경악케 한 끔찍한 테러가 미국에서 발생하였다. 그 시점이 우리나라 시간으로는 오후 9시 경으로 증권시장이 폐장한 지는 오랜 시간이 지난 후였다. 이 엄청난 사건이 우리나라 증권시장에 미칠 충격을 고려하여 다음 날 주식시장의 개장 여부를 고심하던 당국은 거래시간을 단축하여 개장하기로 결정하였다.

9월 12일에 예상대로 주가는 폭락하여 아래 표에서 보는 바와 같이 전일 종가대비로 종합주가지수는 64.97(12.01%), KOSPI200지수는 7.96(11.96%) 하락하였다. 이는 곧 주식투자자들이 평균적으로 12% 정도의 손실을 입었음을 의미한다. 한편, 9월물 KOSPI200선물가격은 당일종가 전일종가에 비해 6.65(9.99%) 하락함에 따라 15%의 증거금률을 고려할 경우 매입포지션의 경우 약 67%의 손실, 매도포지션의 경우는 약 67%의 이익이 하루만에 발생한 것이다.

		9월 11일 종가	9월 12일 종가	변화분
종합주가지수		540.57	475.60	−64.97
KOSPI200지수		66.55	58.59	−7.96
9월물 KOSPI200 지수선물 및 옵션	선물가격	66.75	60.10	−6.65
	콜60.00	6.30	0.52	−5.78
	콜62.50	3.90	0.17	−3.73
	콜65.00	1.55	0.04	−1.51
	풋60.00	0.01	3.00	+2.99
	풋62.50	0.01	5.05	+5.04
	풋65.00	0.19	7.50	+7.31

그러나 더욱 큰 충격은 옵션시장에서 발생하였다. 당시 9월물 KOSPI200 주가지수옵션은 만기일이 9월 13일로서 잔존만기가 얼마 남지 않아 시간가치가 매우 작은 상태였다. 여러 가지 행사가격의 옵션이 있었지만 그 중에서 행사가격이 60, 62.5, 65인 옵션을 예로 들어보기로 하자.

9월 11일 KOSPI200지수의 종가가 66.55이므로 행사가격이 60, 62.5, 65인 콜옵션은 모두 내재가치가 양(+)인 내가격옵션이었고, 반면에 같은 행사가격의 풋옵션은 모두 내재가치가 영(0)인 외가격옵션이었다. 그러나, 9.11 테러 다음날 주가가 폭락하면서 상황은 완전히 역전되었다. 즉, KOSPI200 콜옵션은 폭락하고 풋옵션은 폭등한 것이다.

예를 들면, 행사가격이 62.5인 콜옵션의 가격은 전일종가가 3.90이던 것이 9월 12일 종가가 0.17이 되었다. 당시 거래승수 10만원을 적용하여 금액으로 환산하면 39만원하던 콜옵션이 하루만에 1만 7천원이 된 것이다. 따라서 이 콜옵션의 매입자는 약 −96%, 매도자는 약 +96%의 수익률이 발생한 것이다. 옵션의 특성상 옵션매입자의 최대손익은 옵션의 프리미엄에 한정되기 때문에 이 경우 콜옵션에서 발생한 손익의 폭은 그나마 풋옵션에 비하면 작은 편이었다.

9월 11일 행사가격이 62.5인 풋옵션의 종가는 옵션의 최소가격인 0.01, 즉 1천원이었다. 9월 13일인 옵션의 만기일까지 이틀이 남은 상황에서 66.55인 KOSPI200지수가 행사가격인 62.50 이하로 하락하여 이 옵션의 내재가치가 양(+)이 될 확률은 거의 없다고 본 것이다. 그러나 아무도 예상하지 못했던 사건이 발생하고 KOSPI200지수가 58.59로 하락함에 따라 가능성이 희박했던 외가격 풋옵션이 내가격이 된 것이다. 9월 12일 행사가격이 62.5인 풋옵션은 5.05, 즉 50만 5천원에 장을 마감하여 무려 5만% 이상의 수익률을 기록하였다. 전날 10만원을 주고 이 풋옵션 100계약을 사두었던 투자자가 있다면 하루만에 5,050만원을 손에 쥔 셈이 된다.

옵션거래의 손익이 매입자와 매도자간의 제로섬(zero sum)인 점을 감안하면, 이러한 풋옵션매입자의 엄청난 이익은 풋옵션매도자의 손실로부터 나온 것이다. 옵션시장은 비대칭적인 위험구조와 위탁증거금 때문에 주로 증권사, 은행, 투신사 등의 기관투자자가 매도자가 되는 특성이 있다. 실제로 9월 11일까지 이들 기관투자자들이 쌓은 누적 풋옵션 순매도는 약 52만 계약에 달한 것으로 추산된다. 따라서 주가폭락으로 이들이 본 손실의 규모는 대략 1,500억원 이상인 것으로 알려지고 있다.

연/습/문/제

1. 유럽식 옵션과 미국식 옵션의 차이점은 무엇인가?

2. 선물시장에서 형성된 선물가격과 옵션시장에서 결정되는 옵션가격은 서로 다른 의미를 갖는다. 이를 구체적으로 설명하시오.

3. 선물거래에서는 매입측과 매도측이 모두 증거금을 납부해야 하지만 옵션거래에서는 옵션발행자만 증거금을 납입하면 된다. 그 이유를 설명하시오.

4. 현재 주가 24,000원인 주식을 기초자산으로 하는 행사가격 25,000원의 콜옵션을 1,500원에 매입한 후 만기시 주가가 27,500원이 되었다면 투자손익은 얼마인가?(거래비용과 화폐의 시간가치 무시)

5. 현재 이문기업의 주가는 50,000원이다. 이 주식을 기초자산으로 하는 콜옵션이 있는데 만기는 1개월 남고 행사가격은 52,000원인 콜옵션이 현재 시장에서 1,500원에 거래되고 있다. 만일 1개월 후 옵션 만기일에 이문기업 주가가 20% 상승하여 60,000원이 된 경우 300만원으로 이문기업 주식을 매입한 투자자와 이문기업 주식 콜옵션을 매입한 투자자의 투자성과를 비교해 보시오.(거래비용과 화폐의 시간가치 무시)

6. 행사사격이 50,000원인 풋옵션을 2,500원에 매도한 투자자에게 만기시점에 손익분기점이 되는 기초자산의 가격은 얼마인가?(거래비용과 화폐의 시간가치 무시)

CHAPTER 07

옵션가격의 특성

7.1 옵션의 가치
7.2 옵션가격에 영향을 미치는 요인들
7.3 옵션가격의 범위 및 풋-콜 패러티

7.1 옵션의 가치

옵션의 매입자(보유자)가 계약이행의 선택권을 갖는 대가로 옵션의 매도자(발행자)에게 지불해야 하는 옵션의 프리미엄은 내재가치와 시간가치의 합으로 구성된다.

옵션의 가치 = 내재가치+시간가치

옵션의 내재가치

내재가치(intrinsic value)란 옵션매입자가 옵션의 권리를 행사함으로써 발생하는 가치이다. 내재가치는 행사가치(exercise value) 또는 경제적 가치(economic value)라고도 하며, 기초자산의 가격과 행사가격을 비교하여 결정된다. 콜옵션의 내재가치는 기초자산의 가격이 행사가격을 초과하는 부분이고, 반대로 풋옵션의 내재가치는 행사가격에서 기초자산의 가격을 뺀 부분이 된다.

예를 들면, 행사가격이 100달러인 IBM주식콜옵션이 있는데 현재 IBM주가가 110달러라고 하면 이 옵션의 내재가치는 10달러가 된다. 이것은 행사가격이 100달러인 이 콜옵션을 행사할 경우 현재 110달러인 IBM주식을 100달러에 매입할 수 있으므로 10달러만큼 이익임을 의미한다. 이번에는 행사가격이 100달러인 IBM주식풋옵션이 있는데 현재 IBM주가가 95달러라고 하면 이 옵션의 내재가치는 5달러가 된다. 이것은 행사가격이 100달러인 이 풋옵션을 행사할 경우 현재 95달러인 IBM주식을 100달러에 매도할 수 있으므로 5달러만큼 이익임을 의미한다.

그러나 옵션을 행사하면 손실인 경우 옵션의 내재가치는 음(−)이 아닌 영(0)이 된다. 위의 예에서 행사가격이 100달러인 IBM주식콜옵션의 보유자는 현재 IBM주가가 95달러라고 하면 옵션을 행사하여 IBM주식을 100달러에 매입할 이유가 없다. 따라서 옵션의 권리를 행사함으로써 발생하는 가치, 즉 내재가치는 영(0)이 된다. 마찬가지로 행사가격이 100달러인 IBM주식풋옵션도 현재 IBM주가가 110달러라고 하면 행사될 필요가 없으므로 내재가치는 영(0)이 된다.

이상의 논의를 수식과 그래프로 나타내 보자. 우선 콜옵션의 내재가치는

$$\max(S-X,\ 0)$$

단, S = 기초자산의 가격
X = 옵션의 행사가격

이 되고, 이 식을 그래프로 나타내면 [그림 7−1]과 같다.

한편, 풋옵션의 내재가치는

$$\max(X-S,\ 0)$$

이 되고, 이 식을 그래프로 나타내면 [그림 7-2]와 같다.

옵션의 내재가치가 양(+)이면 내가격(ITM: in-the-money)옵션이라고 하고, 이 옵션을 행사하면 손실이 발생하는 경우는 외가격(OTM: out-of-the-money) 옵션이라고 하며, 기초자산의 가격이 행사가격과 같아서 옵션을 행사하더라도

그림 7-1 **콜옵션의 내재가치**

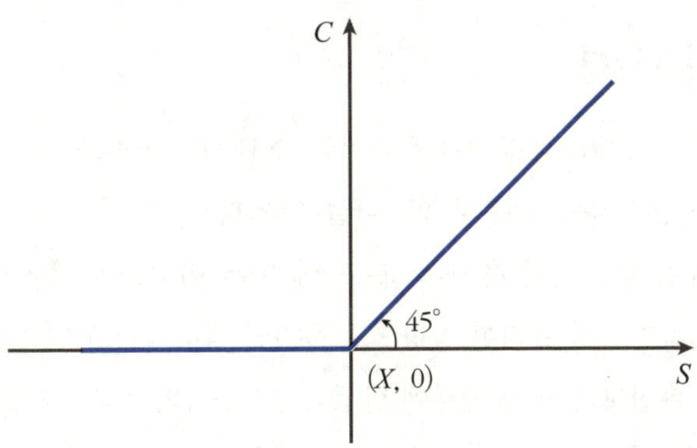

그림 7-2 풋옵션의 내재가치

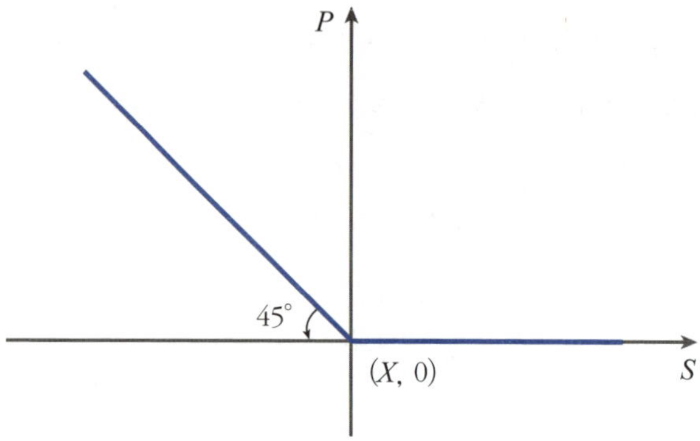

이익이나 손실이 발생하지 않는 경우를 등가격(ATM: at-the-money)옵션이라고 한다. 이상 논의된 내용을 정리하면 다음과 같다.

	$S>X$	$S=X$	$S<X$
콜옵션(call option)	내가격(ITM)	등가격(ATM)	외가격(OTM)
풋옵션(put option)	외가격(OTM)	등가격(ATM)	내가격(ITM)

S = 기초자산의 가격, X = 옵션의 행사가격

옵션의 시간가치

옵션의 시간가치(time value)란 프리미엄 중 내재가치를 초과하는 부분을 가리킨다. 옵션의 시간가치는 두 부분으로 나눌 수 있다.

첫번째 부분은 만기까지 옵션을 보유함에 따른 이익을 나타내는 것으로 만기까지 기초자산의 가격이 유리한 방향으로 움직일 경우의 이익이 불리한 방향으로 움직일 경우의 손실보다 크기 때문에 발생하는 양(+)의 기대가치를 의미한다. 이러한 시간가치는 기초자산의 가격과 행사가격이 같은 경우, 즉 등가격(ATM)에서

가장 크고, 기초자산의 가격이 행사가격에서 멀어질수록, 즉 내가격(ITM) 또는 외가격(OTM)으로 갈수록 감소하게 된다. 이해를 돕기 위하여 예를 들어 설명해 보기로 하자.

행사가격이 100달러이고 만기까지 1개월이 남은 유럽형 IBM주식콜옵션이 있다. 만일 현재 IBM주가가 행사가격과 동일한 100달러라면, 등가격상태의 이 콜옵션은 내재가치는 영(0)이지만 시간가치는 존재한다. 왜냐하면 이 옵션매입자는 앞으로 1개월 후에 IBM주가가 100달러 이상이 되면 행사가격을 초과한 부분만큼 이익이 되는 반면에, 주가가 100달러 이하가 되면 옵션행사를 포기하고 지불한 프리미엄만큼의 손해만 보면 된다. 따라서 향후 IBM주가가 상승 또는 하락할지는 불확실하나, 주가하락에 따른 손실은 한정되는 반면 주가상승으로 인한 이익은 비례적으로 커지므로 전체적인 기대가치는 양(+)의 값을 갖게 된다.

이번에는 옵션의 다른 조건은 동일한 반면 현재 IBM주가가 행사가격보다 낮은 90달러라고 가정해 보자. 외가격상태인 이 콜옵션도 내재가치는 없지만 시간가치는 존재한다. 왜냐하면 이때에도 위의 경우와 같이 1개월 후에 IBM주가가 상승하여 100달러 이상이 될 경우 볼 수 있는 이익에 대한 기대가치가 시간가치로 반영되기 때문이다. 그러나 등가격상태에서는 주가상승으로 인한 이익이 즉각 발생하는데 비하여 이 경우에는 주가가 10달러 이상 올라야만 옵션의 내재가치가 생기기 때문에 기대가치를 반영하는 시간가치가 등가격옵션에 비해 작게 된다.

다시 가정을 바꿔서 현재 IBM주가가 행가가격보다 높은 110달러라고 하자. 이 콜옵션은 10달러의 내재가치에 시간가치가 추가된다. 옵션만기일까지 남은 1개월 동안 현재 110달러인 IBM주가는 오를 수도 있고 내릴 수도 있다. 만일 주가가 현재보다 상승하면 할수록 비례적으로 내재가치는 증가할 것이다. 그러나 위의 두 경우와는 달리 주가가 현재보다 하락하면 내재가치도 감소하게 된다. 다만, 감소하는 규모는 현재의 내재가치인 10달러에 한정된다. 따라서 기대가치는 양(+)의 값을 갖지만, 주가가 하락할 경우에 입게 되는 손실의 크기로 인하여 시간가치가 등가격옵션에 비하면 작아진다.

시간가치의 두번째 부분은 옵션의 기초자산을 매입 또는 매도함으로써 발생하는 현금흐름과 관련된 시간가치이다. 선물과 마찬가지로 옵션에서도 보유비용(cost of carry)의 개념을 이용하여 옵션가격결정모형을 이해할 수 있다.[1] 결론만 언급하면, 콜옵션 매입포지션은 기초자산의 일부를 매입하여 보유함으로써 복제되고, 풋옵션 매입포지션은 기초자산의 일부를 공매(short selling)함으로써 복제가 가능해진다. 이때 매입 또는 공매하는 기초자산의 양은 옵션이 행사될 가능성이 높은 내가격상태에서 커지고 외가격으로 갈수록 작아지게 된다. 그러므로 콜옵션의 가격에는 기초자산의 매입 자금에 대한 이자비용이 포함되고, 내가격으로 갈수록 매입하는 기초자산의 규모가 커지므로 이자비용이 증가하게 된다. 이것이 시간가치의 두번째 부분에 해당하는 것으로서 콜옵션의 시간가치가 외가격보다 내가격상태에서 크게 되는 이유가 된다. 이와는 반대로, 풋옵션의 경우에는 기초자산의 일부를 매도하여 들어오는 자금에 대한 이자수익을 고려해야 한다. 이것은 보유비용의 관점에서 보면 음(−)의 값을 갖게 되고, 따라서 풋옵션 시간가치의 두번째 부분은 음(−)의 값을 가진다. 이러한 음(−)의 시간가치는 풋옵션이 내가격으로 갈수록 커지고 외가격으로 갈수록 작아지므로 풋옵션의 시간가치는 내가격보다 외가격상태에서 크게 된다.

일반적으로 시간가치의 두번째 부분은 첫번째 부분에 비해 훨씬 작기 때문에 무시하는 경향이 있으나, 시간가치의 두번째 부분을 고려함으로써 [그림 7-3]에서 보는 바와 같이 옵션가격의 몇 가지 중요한 특성을 이해할 수 있다. 첫째, 옵션의 시간가치는 등가격을 중심으로 정확하게 좌우대칭이 아니다. 위에서 언급한 바와 같이, 콜옵션의 시간가치는 외가격보다 내가격에서 약간 크고 풋옵션의 시간가치는 내가격보다 외가격에서 약간 커지게 된다. 둘째, 시간가치의 두번째 부분은 콜옵션에서는 양(+)의 값을 갖고 풋옵션에서는 음(−)의 값을 가지므로 전체적인 시간가치는 콜옵션이 풋옵션에 비해 약간 크게 된다. 따라서 등가격 상태에서 콜

1) 이에 관한 자세한 내용은 제8장의 옵션가격결정모형과 제10장의 옵션과 관련된 헤징전략에서 설명될 것이다.

그림 7-3 **콜옵션과 풋옵션의 가치 비교**

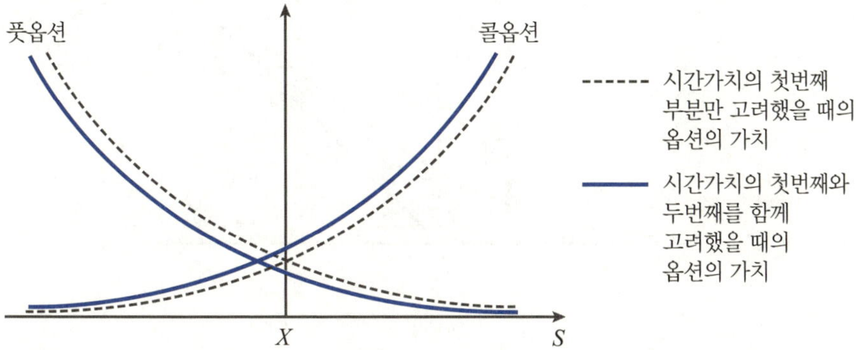

옵션과 풋옵션은 동일한 가치를 갖지 않고 콜옵션의 가치가 풋옵션의 가치에 비해 약간 높게 된다. 셋째, 풋옵션의 경우 깊은 내가격(deep ITM)으로 갈수록 양(+)의 값을 갖는 시간가치의 첫번째 부분은 점차 작아지고 음(−)의 값을 갖는 시간가치의 두번째 부분이 커지게 되어 순시간가치가 음(−)의 값을 갖게 된다. 이러한 풋옵션의 음(−)의 시간가치는 뒤에서 다시 논의되겠지만 미국형 풋옵션의 조기행사와 관련된다.

이상 논의한 옵션의 시간가치와 앞서 설명한 옵션의 내재가치를 종합하여, 조기행사가 불가능한 유럽형 콜옵션과 풋옵션의 가치를 그림으로 나타낸 것이 각각 [그림 7-4]와 [그림 7-5]이다.

그러나 옵션의 기초자산이 현물자산이 아니고 또 다른 파생상품인 경우, 예를 들어 선물에 대한 옵션이나 스왑에 대한 옵션의 경우에는 기초자산의 보유비용이 없다. 이러한 옵션에 대해서는 시간가치의 첫번째 부분만이 중요하고 두번째 부분은 무시해도 된다. 따라서 등가격을 중심으로 내가격의 시간가치와 외가격의 시간가치가 좌우대칭을 보이고, 콜옵션과 풋옵션도 등가격에서 동일한 가치를 갖는다.

그림 7-4 만기 전 유럽형 콜옵션의 가치

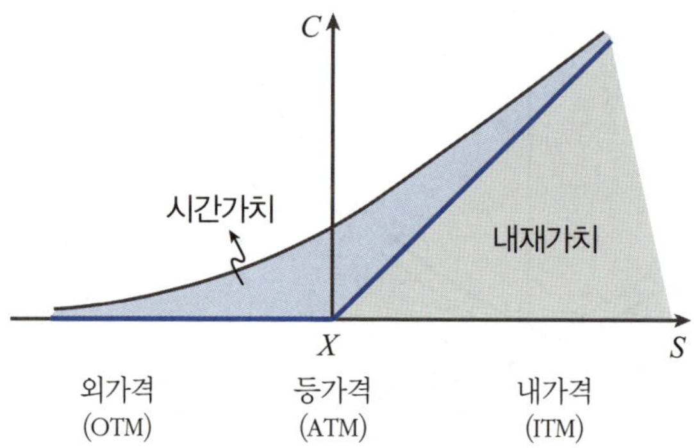

그림 7-5 만기 전 유럽형 풋옵션의 가치

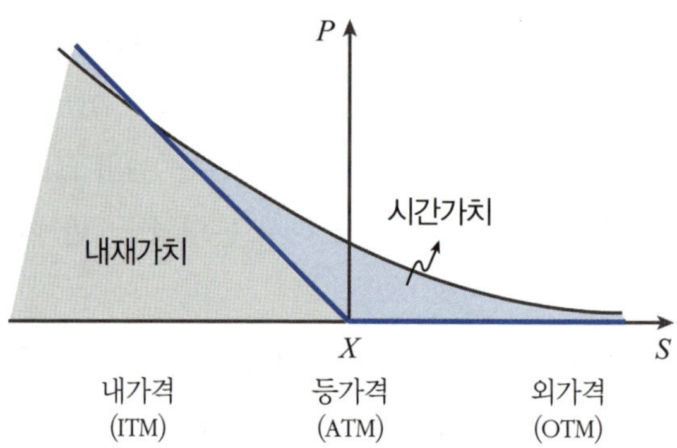

조기행사와 옵션의 가치

지금까지 옵션의 가치에 관한 논의는 주로 조기행사가 불가능한 유럽식 옵션을 중심으로 생각하였다. 그렇다면 조기행사가 가능한 미국식 옵션의 가치는 유럽식 옵션에 비해 어떻게 다른가? 언뜻 생각하면 미국식 옵션은 유럽식 옵션보다 추가적인 선택권을 제공하기 때문에 미국식 옵션이 유럽식 옵션보다 더 가치가 있을 것 같다. 왜냐하면, 유럽식 옵션은 만기에만 옵션을 행사할 수 있는 반면,

그림 7-6 **미국형 풋옵션의 가치와 유럽형 풋옵션의 가치**

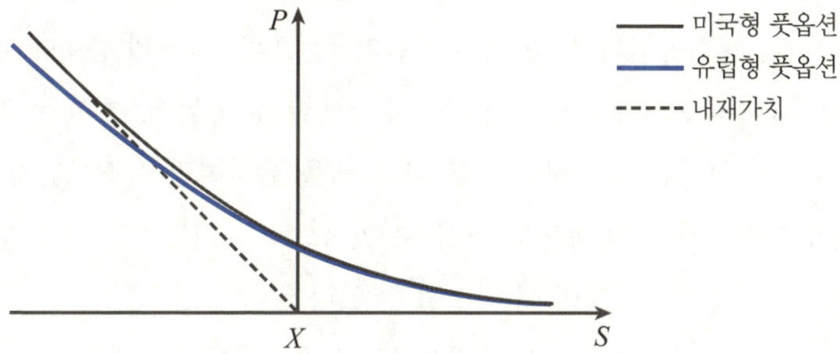

미국식 옵션은 만기를 포함하여 만기 이전에 언제나 옵션을 행사할 수 있기 때문이다. 그러나 미국식 옵션이 유럽식 옵션보다 많은 가치를 갖기 위해서는 미국식 옵션보유자가 만기 이전에 옵션을 행사함으로써 이익을 얻을 수 있는 가능성이 있어야만 한다. 즉, 만기 이전에 옵션을 행사하는 것이 합리적인 선택일 경우에 한한다.

일반적으로 옵션보유자가 만기 이전에 옵션을 행사하는 것은 합리적인 선택이 아니다. 왜냐하면, 옵션을 행사하면 옵션보유자는 내재가치만 받게 되고 시간가치를 포기하는 것이 된다. 반면에 보유한 옵션을 시장에서 매도하는 경우에는 옵션의 시간가치를 포함한 옵션의 총가치를 받게 된다. 따라서 옵션은 행사하는 것보다 반대매매에 의해 매도하는 것이 더 이익이 된다. 이 경우 미국식 옵션이 동일한 조건의 유럽식 옵션에 비해 가치가 커질 이유가 없다.

예외가 있다면, 옵션의 시간가치가 음(−)이 되는 경우이다. 이때 미국식 옵션보유자는 옵션의 시간가치가 음(−)이 되기 직전에 옵션을 행사함으로써 음(−)의 시간가치를 피할 수 있는 반면에 유럽식 옵션은 그것이 불가능하다. 위에서 언급한 바와 같이, 깊은 내가격(deep ITM)의 풋옵션은 시간가치가 음(−)이 될 수 있다. 따라서 미국식 풋옵션은 조기행사하는 것이 최적일 수도 있다. 이러한 선택권을 반영하여 미국식 풋옵션의 가치는 내가격으로 갈수록 유럽형 풋옵션보다 조금씩 커지고, 총가치가 내재가치 이하로 떨어지지 않는다. [그림 7-6]은 미국형 풋옵션의 가치를 유럽형 풋옵션의 가치와 비교하여 보여주고 있다.

옵션의 시간가치가 음(−)이 될 수 있는 또 다른 예로는 통화옵션의 경우를 들 수 있다. 통화옵션에서 음(−)의 시간가치는 낮은 금리의 통화에 대한 풋옵션이나 높은 금리의 통화에 대한 콜옵션에서 발생할 수 있는데, 특히 두 통화의 금리차가 클수록 가능성은 높아진다. 이러한 옵션을 행사하면 옵션보유자는 낮은 금리의 통화를 높은 금리의 통화로 바꿀 수 있으므로 시간가치의 다른 부분을 희생하더라도 조기행사하는 것이 이익이 될 수 있다.[2)]

음(−)의 시간가치는 깊은 내가격의 선물옵션에서도 발생할 수 있다. 선물옵션이 행사되면 옵션보유자는 기초자산인 선물계약을 행사 당시의 선물가격으로 정산받을 수 있게 된다. 특히, 깊은 내가격의 선물옵션을 행사하면 큰 내재가치로 인해 많은 금액이 현금으로 실현되므로 이에 대한 이자수익이 커지게 된다. 따라서 깊은 내가격의 선물옵션보유자는 시간가치의 다른 부분을 희생하더라도 조기행사하는 것이 이익이 될 수 있다.

미국식 옵션이 동일한 조건의 유럽식 옵션보다 높은 가치를 갖는 또 다른 경우는 옵션의 기초자산에 현금유입이 있는 경우이다. 대표적인 예가 배당이 있는 주식을 기초자산으로 하는 주식옵션이다. 일반적으로 주가는 배당기준일에 배당락으로 인해 하락한다. 배당기준일 시점에 주식을 보유하고 있는 투자자는 배당의 혜택을 받기 때문에 배당락이 문제가 되지 않으나, 이 주식을 기초자산으로 하는 옵션의 보유자는 배당금은 받지도 못하면서 기초자산의 가격만 하락하는 상황이 된다. 주식분할(stock split)이나 주식배당(stock dividend)의 경우처럼 행사가격이

---

2) 이해를 돕기 위해 부연설명을 하면, 낮은 금리의 통화에 대한 풋옵션은 낮은 금리의 통화를 상대적으로 높은 금리의 통화로 바꿀 수 있는 옵션이다. 이자율평가설에 의하면 금리가 낮은 통화의 가치는 금리가 높은 통화의 가치에 비해 낮아지고 금리차이가 클수록 그 차이는 더욱 커지게 된다. 그러므로 금리차이가 클수록 낮은 금리의 통화에 대한 풋옵션이 내가격이 될 확률이 커지고 금리차이가 커질수록 깊은 내가격이 될 수 있으므로 앞서 설명한 일반적인 내가격 풋옵션의 경우처럼 음(−)의 시간가치가 발생할 수 있는 것이다. 한편, 통화옵션에서는 교환되는 두 통화 중 어느 통화를 기초자산으로 하는가에 따라 콜옵션과 풋옵션이 바뀌므로 낮은 금리통화의 풋옵션은 높은 금리의 콜옵션으로 이해할 수 있으며, 따라서 깊은 내가격 풋옵션의 경우 발생하는 음(−)의 시간가치는 깊은 내가격 콜옵션의 경우에도 발생할 수 있다.

조정되면 문제가 없으나, 일반적으로 주식옵션의 행사가격은 현금배당으로 인한 배당락이 반영되지 않는다. 따라서 미국식 콜옵션보유자는 배당락에 의한 주가하락으로 인해 볼 수 있는 손실이 옵션의 시간가치보다 크다면 이 옵션을 조기행사하는 것이 합리적인 선택이 될 것이다. 이때 행사하는 시점은 최대한 미루어서 배당락 직전에 행사하는 것이 최적의 선택이 된다.

7.2 옵션가격에 영향을 미치는 요인들

위의 논의에서 옵션의 가치는 크게 내재가치와 시간가치로 이루어짐을 알았다. 옵션의 내재가치는 기초자산의 가격과 옵션의 행사가격을 비교함으로써 간단히 계산할 수 있는 반면에, 옵션의 시간가치는 여러 가지 요인들에 의해 복합적으로 결정된다. 구체적으로 옵션가격에 영향을 미치는 요인으로는 기초자산의 가격, 옵션의 행사가격, 만기까지 남은 기간, 기초자산가격의 변동성, 이자율 등이 있다. 이러한 요인들이 복합적으로 옵션의 가격에 영향을 미치고 있으나, 여기에서는 분석의 편의상 다른 요인은 일정하다(other things being equal)는 가정 하에 어느 한 요인이 변할 때 옵션가격이 어떻게 움직이는가를 분석한다. 이때 어떤 요인의 변동에 대한 옵션가격의 반응이 항상 선형(linear)은 아니라는 점을 유의해야 한다.

기초자산의 가격 및 옵션의 행사가격

옵션거래의 대상이 되는 기초자산의 현물가격은 옵션의 가격을 결정하는 가장 중요한 요인이다. 콜옵션은 일정한 가격으로 기초자산을 매입할 수 있는 권리이므로 기초자산의 현물가격이 옵션의 행사가격을 상회하여 상승하면 할수록 옵션 행사에 따른 이익이 증대하여 콜옵션의 가격은 상승하게 된다. 즉, 콜옵션의 경우 기초자산의 현물가격은 콜옵션의 가격에 양(+)의 방향으로 영향을 미친다. 반대로 풋옵션의 경우에는 기초자산의 현물가격이 행사가격보다 하락하면 할수록 이익이 증가하므로 기초자산의 현물가격은 풋옵션의 가격에 음(−)의 방향으로 영향을 미친다.

옵션의 행사가격도 기초자산의 현물가격과 마찬가지로 옵션가격결정에 중요한 영향을 미친다. 이미 논의된 바와 같이 옵션의 내재가치는 기초자산의 현물가격과 옵션의 행사가격의 차이에 의해 결정된다. 즉, 콜옵션에서는 행사가격이 현물가격에 비해 낮을수록, 풋옵션에서는 행사가격이 현물가격에 비해 높을수록 옵션의 가격, 즉 프리미엄이 증가하게 된다.

옵션의 행사가격은 옵션을 매입 또는 매도하는 시점에 선택되어 확정되므로 변하지 않는 반면에, 기초자산의 가격은 수시로 변화하기 때문에 옵션포지션의 손익에 영향을 미치는 중요한 리스크요인이 된다. 기초자산의 가격이 1단위 변화할 때 수반되는 옵션가격의 변화분을 나타내는 값을 델타(delta)라고 한다. 만일 기초자산의 가격이 10만큼 증가하였다면, 델타값이 0.3인 옵션의 가격은 3만큼 증가하고 델타값이 −0.6인 옵션의 가격은 6만큼 하락할 것이다.

수학적으로 델타는 옵션가격을 기초자산의 가격으로 편미분(partial derivative)한 값으로서 기초자산의 가격을 S, 콜옵션의 가격을 C, 풋옵션의 가격을 P라고 할 때 콜옵션의 델타값은 $\partial C/\partial S$, 풋옵션의 델타값은 $\partial P/\partial S$로 표시된다. 앞서 옵션의 가치를 기초자산의 가격의 함수로 나타낸 [그림 7-4]와 [그림 7-5]에서 접선의 기울기가 각각 콜옵션과 풋옵션의 델타값이 된다. 즉, [그림 7-7]과 같이 나타낼 수 있다.

콜옵션의 가치는 기초자산의 가격이 증가하면 함께 증가하므로 델타가 양(+)의 값을 갖고, 풋옵션의 가치는 기초자산의 가격과 반대방향으로 움직이므로 델타가 음(−)의 값을 갖는다. 따라서 콜옵션과 풋옵션 모두 깊은 외가격 상태에서 델타값이 영(0)에 근접하고, 등가격 주위에서 콜옵션의 델타값은 0.5, 풋옵션의 델타값은 −0.5가 되며, 내가격으로 갈수록 콜옵션의 델타값은 0, 풋옵션의 델타값은 −1.0에 수렴하게 된다. 한편, 만기 전 옵션의 가격을 나타내는 곡선은 만기

그림 7-7 **콜옵션과 풋옵션의 델타값**

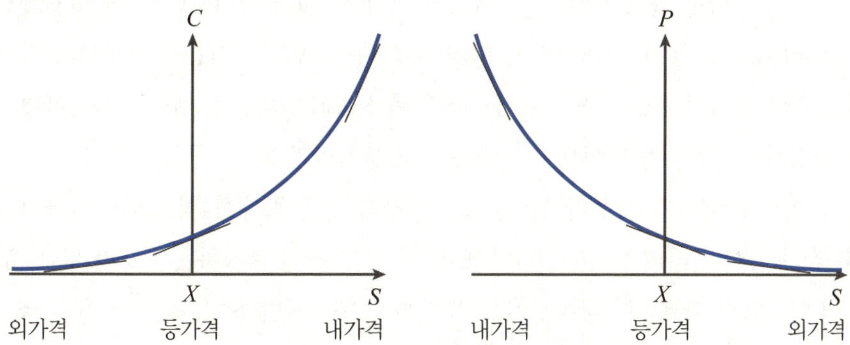

까지 남은 기간이 짧을수록 원점에 가까워지고 볼록성(convexity)이 심화되기 때문에 이 곡선의 기울기가 되는 델타값은 만기까지 남은 기간에 따라 변화하게 된다. 즉, 기초자산의 가격이 변화하지 않더라도 만기가 가까워짐에 따라 내가격 옵션의 델타의 절대값은 커지고 외가격 옵션의 델타의 절대값은 작아지게 된다.[3] 그러나 등가격 옵션의 델타값은 잔존만기가 변하더라도 크게 달라지지 않는다.

옵션의 델타값은 여러 가지로 중요하게 활용되는데, 특히 기초자산으로 옵션을 헤지할 때 헤지비율로 이용된다. 이를 델타헤징(delta hedging)이라고 하는데 상세한 내용은 제10장에서 설명될 것이다. 또한 옵션의 델타값은 옵션포지션을 복제(replicate)하기 위하여 보유해야 하는 기초자산의 수를 계산할 때에도 이용된다. 이에 관한 내용도 제10장에서 상세하게 설명될 것이다.

델타와 관련하여 함께 논의되어야 할 지표가 감마(gamma)이다. 감마는 기초자산의 가격이 1단위 변화할 때 옵션의 델타가 얼마만큼 변화하는지를 나타낸다. 감마의 절대값이 작으면 델타가 느리게 변화하고, 감마의 절대값이 크면 델타가 기초자산의 가격변동에 민감하다는 것을 의미한다. 감마는 콜옵션과 풋옵션 모두 매입포지션에서는 양(+)의 값을 갖고 매도포지션은 음(−)의 값을 갖는다.

3) 풋옵션의 델타값은 음(−)이기 때문에 델타의 절대값이 커진다(작아진다)는 것은 풋옵션의 델타값이 감소(증가)한다는 의미이다.

수학적으로는 델타를 옵션가격을 기초자산의 가격으로 1차 편미분한 값으로 표시하고, 감마는 옵션가격을 기초자산의 가격으로 2차 편미분한 값, 즉 $\partial^2 C/\partial S^2$ 또는 $\partial^2 P/\partial S^2$로 표시하기도 한다. [그림 7-7]에서 보면, 감마는 기초자산의 가격에 대한 옵션가격곡선의 곡률(curvature)을 측정하고 있다. 즉, 델타는 옵션가격곡선의 접선의 기울기를 나타내고 감마는 이 기울기의 변화속도를 보여준다.

그러므로 델타가 옵션가격의 기초자산가격 변동에 대한 리스크를 나타낸다면, 감마는 이 델타리스크가 얼마나 빨리 변화하는가를 측정하는 척도가 된다. 부호의 양 · 음과 관계없이 감마값이 크면 델타리스크가 변화하는 속도가 매우 빠르므로 유의해야 하고, 특히 매도포지션의 경우 음(−)의 감마값이 크면 기초자산의 가격이 조금만 변해도 큰 손실을 볼 가능성이 있음을 의미하므로 더욱 유의해야 한다.

한편, 옵션의 델타가 헤지비율로 사용된다는 점을 상기한다면, 감마는 기초자산의 가격변동에 대해 헤지비율이 얼마나 많이 변화하는가를 나타낸다. 델타헤징은 기초자산의 가격이 변할 때마다 델타값이 함께 변하기 때문에 헤지비율을 수시로 조정해야 하는 동적헤징(dynamic hedging)이다. 따라서 감마값이 작으면 헤지된 포트폴리오를 자주 조정하지 않아도 되는 반면에, 감마값이 큰 경우에는 기초자산의 가격변동에 따라 포트폴리오를 조정하지 않으면 헤징의 효과성이 급격히 떨어지게 된다. 이에 관한 내용은 제10장에서 보다 상세하게 설명될 것이다.

[그림 7-7]에서 보면, 옵션가격곡선의 기울기의 변화는 양극단에서 미미하고 등가격 부분에서 비교적 빠르다는 것을 알 수 있다. 감마는 기울기의 변화속도를 의미하므로 콜옵션과 풋옵션에 상관없이 등가격에서 가장 크고 외가격과 내가격으로 갈수록 작아진다. 한편, 옵션가격곡선은 만기까지 남은 기간이 짧아질수록 원점에 대해 볼록(convex)하고 X축과 45°선에 더욱 밀착하게 된다. 이러한 결과로 만기가 가까워질수록 등가격 부근에서는 기초자산의 가격이 조금만 움직여도 델타값이 민감하게 변하게 되므로 감마값이 커지게 된다. 그러나 외가격과 내가격의 경우는 만기가 가까워질수록 곡선의 기울기의 변화속도가 더욱 느려지게 되어 원래 작은 감마값이 더욱 작아진다.

만기까지 남은 기간

일반적으로 옵션의 시간가치는 만기까지 남은 기간이 길수록 증가한다. 그 이유로는 만기까지의 기간이 길수록 기초자산가격의 변동가능성이 증대되기 때문이다. 콜옵션의 경우는 현물가격의 상승가능성이 클수록, 풋옵션의 경우는 현물가격의 하락가능성이 클수록 기대가치가 커지게 된다. 또한 조기행사가 가능한 미국형 옵션의 경우는 만기가 길수록 옵션을 행사할 수 있는 기회가 많아진다는 점에서 유리해진다. 따라서 콜옵션과 풋옵션 모두 만기까지 남은 기간이 길수록 옵션의 가격은 커지게 된다.

따라서 옵션은 다른 요인이 변하지 않더라도 시간이 지나 만기가 가까워짐에 따라 옵션의 가치가 점점 줄어들게 된다. 세타(theta)는 이와 같이 시간이 지남에 따라 옵션의 가치가 변화하는 정도, 즉 시간가치가 잠식(time decay)되는 속도를 나타낸다. 수학적으로 세타는 옵션가격을 만기까지 남은 기간(t)으로 편미분하여 구하게 되는데 그 결과는 양(+)의 값이 되나, 실무적으로는 음(−)의 값으로 나타낸다.[4] 예를 들어 쎄타값이 −0.0527이라고 하면 다른 요인들이 변하지 않더라도 하루가 지나가면 0.0527만큼 옵션의 가치가 감소한다는 의미이다.

내가격과 외가격옵션은 원래 작은 시간가치를 가지고 있기 때문에 시간가치의 잠식이 그다지 크지 않은 반면에, 등가격옵션은 많은 시간가치를 가지고 시작하기 때문에 시간가치의 잠식속도도 빠를 수밖에 없다. 옵션의 시간가치는 잔존만기에 정비례하지 않으며 [그림 7-8]에서 보는 바와 같이 만기일이 가까워질수록 빠른 속도로 소멸한다. 따라서 시간가치의 잠식은 만기에 가까운 등가격옵션에서 가장 두드러지게 나타난다.

지금까지 옵션의 시간가치는 만기가 가까워질수록 감소하는 것으로 보고 세타가 음(−)의 값을 갖는다고 하였다. 그러나 예외적으로 세타가 양(+)의 값을 갖는

4) 만기가 가까워질수록 옵션의 가치가 감소한다는 것은 잔존만기가 작을수록 옵션가치도 작아진다는 의미이므로 옵션가치를 잔존만기로 편미분한 값은 수학적으로 양(+)의 값이 된다. 그러나 실무에서는 시간이 흐름에 따라 옵션의 가치가 감소한다는 데 초점을 맞추어 세타값을 음(−)으로 표시하여 감소한다는 것을 강조하고 있다.

그림 7-8 옵션 시간가치의 잠식효과

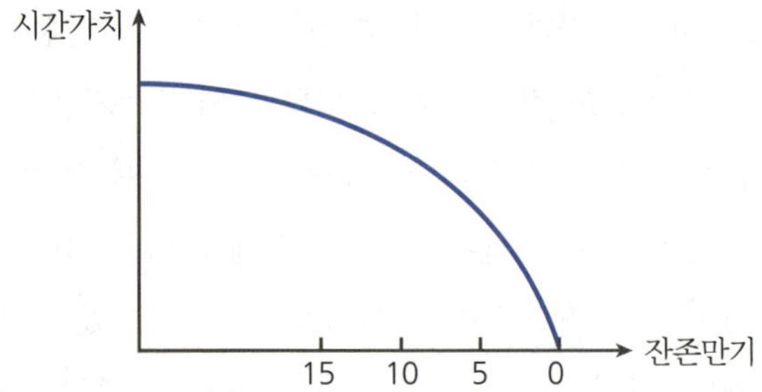

경우가 있다. 위에서 언급한 바와 같이 깊은 내가격 상태의 유럽형 풋옵션이나 높은 금리의 통화에 대한 유럽형 콜옵션의 경우는 음(−)의 시간가치를 가질 수 있는데, 이러한 옵션은 만기가 가까워짐에 따라 음(−)의 시간가치가 영(0)에 근접하게 되므로 세타가 양(+)의 값을 갖게 된다.

한편, 세타는 앞서 논의한 델타나 뒤에 설명할 다른 요인들과는 달리 리스크 요인(risk factor)이 아니다. 다른 요인들은 향후 어떻게 움직일 것인가가 불확실한 반면에 시간의 흐름은 불확실성이 없고 이러한 시간의 흐름에 따라 옵션가치가 감소하는 정도가 확정적이기 때문이다.

기초자산가격의 변동성

기초자산가격의 변동성(volatility)이란 시간의 변화에 따른 가격변동의 정도를 말하며 통계학적으로는 흔히 표준편차로 측정한다. 가격변동성이 클수록 기초자산의 가격이 크게 상승하거나 하락할 가능성이 커지게 된다. 이러한 기초자산의 가격변동성이 높을수록 옵션의 가격은 상승한다. 변동성이 1% 변화할 때 옵션가격이 변화하는 정도를 나타내는 척도로서 베가(vega)를 사용한다.[5] 콜옵션과 풋옵션 모두 베가는 매입포지션의 경우 양(+)의 값을 갖고 매도포지션의 경우에는

5) 베가는 원래 그리스 문자(Greek letter)가 아니므로 베가 대신에 카파(kappa)라는 그리스 문자를 사용하기도 한다.

음(−)의 값을 갖는다.

기초자산가격의 변동성과 옵션가격간의 관계는 옵션이론과 실무에서 매우 중요하게 취급되므로 반드시 이해해야 할 부분이다. 이것을 이해하기 위해서는 옵션의 특성인 비대칭성을 이해해야 한다. 콜옵션 보유자는 기초자산의 현물가격이 옵션의 행사가격을 하회하여 하락하더라도 손실은 프리미엄 지급액에 한정되는 데 반해 현물가격이 상승하는 경우에는 가격상승폭에 비례하여 이익이 증가한다. 그러므로 확률적 기대가치를 반영하는 옵션의 가격은 예상되는 기초자산가격의 변동이 클수록 상승하게 될 것이다. 풋옵션 보유자의 경우에도 기초자산의 현물가격이 옵션의 행사가격을 상회하여 상승하더라도 손실은 프리미엄 지급액으로 한정되는 반면 가격하락폭이 크면 클수록 이익이 증가하게 되므로 콜옵션의 경우와 같은 이유로 기초자산의 가격변동폭이 클수록 풋옵션의 가격은 상승하게 된다.

옵션의 베가값은 감마값의 경우처럼 등가격 부근에서 높고 내가격이나 외가격으로 갈수록 낮아진다. 왜냐하면, 옵션이 깊은 내가격 또는 깊은 외가격 상태에 있게 되면 기초자산가격의 변동성이 높더라도 그 반대의 상황, 즉 내가격이 외가격이 되거나 외가격이 내가격으로 전환될 가능성이 낮기 때문이다. 또한 옵션의 베가는 잔존만기에 비례하고 그 관계는 상당히 선형적(linear)이다. 따라서 옵션만기일이 다가올수록 옵션의 베가값은 감소한다. 왜냐하면, 만기일이 가까워지면 변동성이 커지더라도 외가격이나 등가격 상태가 내가격으로 전환되거나 내가격상태가 외가격으로 방향전환될 가능성이 작아지기 때문이다.

이자율

이자율이 옵션가격에 미치는 영향은 앞서 설명한 시간가치의 두번째 부분과 관련하여 이해될 수 있다. 이자율이 상승하면 기초자산의 보유비용이 상승하기 때문에 양(+)의 보유비용을 갖는 기초자산의 대체역할을 하는 콜옵션의 가치는 상승하게 되고, 풋옵션의 경우는 음(−)의 보유비용, 즉 이자소득이 커지게 되므로 옵션의 가치가 하락한다. 그러나 이자율의 변동 자체가 그다지 크지 않고 이자율의 변동이 옵션가격에 미치는 영향도 다른 요인들에 비해 매우 작기 때문에 리스크요인으로서는 무시되는(negligible) 경향이 있다. 특히, 기초자산을 보유하는 데 비용이 소요되지 않는 선물옵션의 경우에는 보유비용에 따른 이자율의 영향이 사실상 없다고 볼 수 있다.

이 밖에도 이자율이 옵션가격에 영향을 미칠 수 있는 다른 경우로는 기초자산의 가격이 이자율변동과 관련되는 경우이다. 대표적인 예로서 주가와 금리가 반비례하는 경우에는 이자율이 상승하면 주가가 하락하게 되어 주식 또는 주가지수 콜옵션의 가격은 하락하고 풋옵션의 가격은 상승하게 된다. 따라서 이자율과 콜옵션가격이 서로 반대방향으로 움직이고 이자율과 풋옵션가격은 서로 같은 방향으로 움직이게 되므로 위에서 언급한 이자율의 옵션가격에 미치는 영향과는 반대가 된다. 이런 경우에는 두 가지 효과 중에서 어느 것이 더 큰가에 따라 순효과가 결정될 것이다.

이자율변화에 대한 옵션가격의 민감도를 나타내는 척도로 로우(rho)를 사용한다. 이자율변화가 옵션가격에 미치는 영향을 옵션 및 그 기초자산을 보유하는 데 소요되는 기회비용에 국한시킬 경우 콜옵션의 로우는 양(+)의 값, 풋옵션의 로우는 음(−)의 값을 갖게 된다. 따라서 잔존만기가 길수록 부담하는 기회비용도 증가하므로 로우의 절대값은 잔존만기에 비례하게 된다. 또한 행사될 가능성이 높은 옵션일수록 기초자산을 보유하는 데 소요되는 기회비용이 증가하므로 내가격으로 갈수록 로우의 절대값이 커지게 된다. 그러나 위에서 언급한 바와 같이 금리변화에 대한 옵션가격의 탄력성이 매우 낮기 때문에 로우의 상대적 중요성은 다른 요인들에 비해 훨씬 떨어진다.

종합적 논의

이상으로 옵션가격에 영향을 미치는 여러 가지 요인들을 살펴보았다. 이러한 요인들이 각각 콜옵션과 풋옵션에 어떤 방향으로 영향을 미치는가에 대해서는 〈표 7-1〉과 같이 정리된다.

표 7-1 옵션가격결정요인과 그 효과

요 인	콜옵션	풋옵션
기초자산의 가격	+	−
행사가격	−	+
만기까지 남은 기간	+	+
기초자산가격의 변동성	+	+
이자율	+(?)	−(?)

이러한 결론은 다른 요인들이 일정하다는 가정 하에서 얻은 것이다. 실제로 결정요인 상호간에도 서로 영향을 주고 받으면서 복합적으로 옵션가격에 영향을 미치고 있다는 점을 간과해서는 안될 것이다. 또한 〈표 7-1〉은 일반적인 경향을 정리한 것으로 일부 특수한 경우에는 표에 나타난 부호와 반대방향으로 효과가 발생할 수 있다는 점을 유의해야 한다. 위에서 언급한 것처럼 깊은 내가격상태의 유럽형 풋옵션이나 높은 금리의 통화에 대한 유럽형 콜옵션의 경우에는 만기까지 남은 기간이 위의 표에 나타난 부호와 반대방향으로 영향을 미칠 수도 있다. 또한 이자율이 옵션가격에 미치는 영향도 기초자산의 보유에 따른 기회비용에 한정시키지 않고 다른 간접적인 영향을 함께 고려할 경우에는 위의 표에 나타난 부호와 달라질 수도 있다.

그 밖에도 위에서 고려한 요인들 외에 일부 옵션은 보유기간동안에 기초자산의 현금흐름이 발생하여 옵션가격에 영향을 주는 경우가 있다. 대표적인 것이 주식 또는 주가지수옵션의 경우로서 주식의 배당금이 옵션가격에 영향을 미치게 된다. 배당금은 배당기준일에 주식을 가지고 있던 투자자에게 지급되는 것으로 배당기준일에 주식의 가격은 배당금 지급액만큼 하락하는, 즉 배당락이 생기게 된다. 그러므로 주식옵션이나 주가지수옵션의 경우 옵션의 보유기간 중에 배당기준일이 포함될 경우 주가나 주가지수가 배당락의 영향을 받게 되므로 주식 또는 주가지수옵션의 가격은 이를 반영하여 결정된다. 콜옵션의 경우 기초자산의 현물가격이 하락하면 콜옵션의 가격도 낮아지므로 배당금이 클수록 콜옵션의 가격도 낮아진다. 풋옵션의 경우에는 기초자산의 현물가격이 낮을수록 풋옵션의 가격이 상승하므로 배당금이 클수록 풋옵션의 가격은 높아진다. 주가지수옵션의 경우에도 구성주식 중 배당금을 지급하는 주식의 비중이 클수록 주가지수도 낮게 형성될 것이므로 주식옵션의 경우와 동일하게 영향을 받게 된다.

7.3 옵션가격의 범위 및 풋-콜 패러티

콜옵션 또는 풋옵션의 가격은 그 특성상 상한과 하한으로 나타낼 수 있는 일정한 범위 안에서 결정된다. 이러한 옵션가격의 범위는 대부분이 무위험 차익거래 원리에 의해 유도된다. 또한 콜옵션과 풋옵션가격 간에도 차익거래 원리에 따라 일정한 관계식이 성립한다.

설명의 편의를 위해 옵션의 가격과 관련된 용어들을 다음과 같이 표기하기로 하자.

S : 현재시점의 기초자산의 가격

X : 옵션의 행사가격

t : 만기까지 남은 기간(연단위로 표시)

σ : 기초자산가격의 변동성

S_T : 만기시점(T)의 기초자산의 가격

r : 투자만기가 T기인 무위험이자율(연율로 표시)

D : 현재부터 만기 사이에 기초자산으로부터 발생하는 현금흐름의 현재가치

C : 미국형 콜옵션의 가격

c : 유럽형 콜옵션의 가격

P : 미국형 풋옵션의 가격

p : 유럽형 풋옵션의 가격

콜옵션가격의 범위

콜옵션은 보유자에게 기초자산을 정해진 가격, 즉 행사가격에 매입할 수 있는 권리를 부여한 것이다. 따라서 어떤 경우에도 콜옵션의 가격은 기초자산의 가격을 상회할 수 없다. 만일 $c>S$ 또는 $C>S$라고 하면 기초자산을 S에 매입하고 그 기초자산에 대한 콜옵션을 c 또는 C의 값을 받고 매도할 경우 $(c-S)$ 또는 $(C-S)$ 만큼의 차익거래이익이 발생한다. 따라서 무위험 차익거래이익이 발생하지 않기 위해서는 다음과 같이 콜옵션의 상한이 결정되어야 한다.

$$c \le S,\ C \le S$$

한편, 현금흐름이 없는 기초자산에 대한 유럽형 콜옵션의 하한은 다음과 같이 된다.

$$c \ge \max(0,\ S - Xe^{-rt})$$

우선 이 식에서는 옵션의 특성상 불리한 경우에는 언제든지 계약을 포기할 수 있으므로 어떤 경우에도 옵션의 가격은 음(−)이 될 수 없음을 나타내고 있다. 다음으로 $c \ge S - Xe^{-rt}$임을 증명하기 위하여 아래와 같은 포트폴리오를 만들어 보자.

포트폴리오 A : 유럽형 콜옵션 매입과 Xe^{-rt}에 해당하는 금액의 무위험채권 매입
포트폴리오 B : 기초자산의 매입

만기시 이들 포트폴리오의 성과는 다음과 같다.

포트폴리오	투자금액	투자성과	
		$S_T<X$	$S_T \ge X$
A	$c+Xe^{-rt}$	X	S_T
B	S	S_T	S_T

이러한 결과에 따르면 포트폴리오 A의 투자성과는 어떤 경우에도 포트폴리오 B보다 낮지 않음을 알 수 있다. 따라서 차익거래이익이 발생하지 않기 위해서는 포트폴리오 A의 투자금액은 적어도 포트폴리오 B의 투자금액보다 커야 한다. 즉,

$$c + Xe^{-rt} \geq S$$
$$c \geq S - Xe^{-rt}$$

예제 1

현재 주가가 50,000원인 주식을 기초자산으로 하는 유럽형 콜옵션의 행사가격은 48,000원이고 만기는 3개월이다. 무위험이자율은 연 5%이고 이 주식으로부터 옵션의 만기까지 예상되는 배당금은 없다.

이러한 콜옵션의 가격 상한은 50,000원(=S)이고, 하한은 다음과 같이 구해진다.

$$S - Xe^{-rt} = 50,000 - 48,000e^{-0.05 \times 0.25} = 2,596\text{원}$$

만일 이 콜옵션의 가격이 2,200원이라면 차익거래기회가 발생한다. 즉, 과소평가 된 콜옵션을 2,200원에 매입하고 동시에 기초자산인 주식을 50,000원에 공매도하는 것이다. 여기에서 유입된 47,800원(= 50,000−2,200)의 현금을 연 5%의 이자율로 3개월간 투자하면 옵션의 만기일에 48,400원(= $47,800e^{0.05 \times 0.25}$)이 된다.

한편, 옵션 만기일에 주가가 행사가격인 48,000원보다 커지면 콜옵션을 행사하여 48,000원에 매입한 주식으로 공매도한 주식을 상환하면 400원(= 48,400−48,000)의 차익거래이익이 발생한다. 만일 주가가 행사가격인 48,000원보다 작다면 콜옵션의 행사를 포기하고 48,000원보다 낮은 가격에 주식을 매입하여 공매도한 주식을 상환하면 적어도 400원보다 많은 차익거래이익이 발생한다.

한편, 현금흐름이 없는 기초자산에 대한 미국형 콜옵션은 조기행사될 필요가 없으므로 사실상 유럽형 콜옵션과 동일하다. 따라서 현금흐름이 없는 기초자산에 대한 미국형 콜옵션의 하한도 유럽형 콜옵션과 마찬가지로 다음과 같이 된다.

$$C \geq \max(0,\ S - Xe^{-rt})$$

만일 기초자산으로부터 현금흐름이 발생할 경우에는 위의 포트폴리오 B의 투자금액이 $(S-D)$가 되므로 유럽형 콜옵션의 하한을 다음과 같이 나타낼 수 있다.

$$c \geq \max(0,\ S - D - Xe^{-rt})$$

그러나 현금흐름이 발생하는 기초자산에 대한 미국형 콜옵션은 만기 전에 조기행사될 가능성이 있으므로 조기행사 여부에 따라 옵션가격의 하한이 달라질 수 있다.

풋옵션가격의 범위

풋옵션은 보유자에게 기초자산을 행사가격 X에 매도할 수 있는 권리를 부여한 것이므로 어떤 경우에도 풋옵션의 가격은 행사가격을 상회할 수 없다. 만일 $p > X$ 또는 $P > X$라고 하면 옵션을 매도하고 수입금을 무위험채권에 투자함으로써 적어도 $(p - X)$ 또는 $(P - X)$만큼의 차익거래이익이 발생한다. 따라서 무위험 차익거래이익이 발생하지 않기 위해서는 다음과 같이 풋옵션의 상한이 결정되어야 한다.

$$p \leq X,\ P \leq X$$

한편, 현금흐름이 없는 기초자산에 대한 유럽형 풋옵션의 하한은 다음과 같이 된다.

$$p \geq \max(0,\ Xe^{-rt} - S)$$

이 식은 콜옵션과 마찬가지로 풋옵션의 가격도 음(−)이 될 수 없음을 나타내고 있고, 다음으로 $p \geq Xe^{-rt} - S$임도 앞서 콜옵션의 경우와 유사한 방식으로 다음과 같은 포트폴리오를 이용하여 증명할 수 있다.

> 포트폴리오 A : 유럽형 풋옵션 매입과 기초자산의 매입
> 포트폴리오 B : Xe^{-rt}에 해당하는 금액의 무위험채권 매입

만기시 이들 포트폴리오의 성과는 다음과 같다.

포트폴리오	투자금액	투자성과	
		$S_T<X$	$S_T \geq X$
A	$p+S$	X	S_T
B	Xe^{-rt}	X	X

결과적으로 포트폴리오 A의 투자성과는 어떤 경우에도 포트폴리오 B보다 낮지 않음을 알 수 있다. 따라서 차익거래이익이 발생하지 않기 위해서는 포트폴리오 A의 투자금액은 적어도 포트폴리오 B의 투자금액보다 커야 한다. 즉,

$$p+S \geq Xe^{-rt}$$
$$p \geq Xe^{-rt}-S$$

예제 2

주가는 50,000원이고 배당금은 없는 주식을 기초자산으로 하는유럽형 풋옵션이 있다고 하자. 풋옵션의 행사가격은 52,000원이고 만기는 3개월이며 무위험이자율은 연 5%이다.

이러한 풋옵션의 가격 상한은 52,000원(=X)이고, 하한은 다음과 같이 구해진다.

$$Xe^{-rt}-S = 52,000e^{-0.05\times0.25}-50,000=1,354\text{원}$$

만일 이 풋옵션의 가격이 1,000원이라고 하면 차익거래기회가 발생한다. 즉, 과소평가된 풋옵션을 1,000원에 매입하고 동시에 기초자산인 주식을 50,000원에 매입하는 것이다. 여기에 소요되는 자금 51,000원은 연 5%의 이자율로 3개

월간 차입하여 옵션의 만기일에 51,642원(=51,000$e^{0.05\times0.25}$)을 상환해야 한다.

한편, 옵션 만기일에 주가가 행사가격인 52,000원보다 작아지면 풋옵션을 행사하여 소유하고 있던 주식을 52,000원에 매도하고 차입한 원리금 51,642원을 상환하여 358원(= 52,000−51,642)의 차익거래이익이 발생한다. 만일 주가가 행사가격인 52,000원보다 커지면 풋옵션의 행사를 포기하고 52,000원보다 높은 가격에 소유하고 있던 주식을 매도하고 차입한 원리금 51,642원을 상환하면 적어도 358원 이상의 차익거래이익이 발생한다.

한편, 앞서 설명한 바와 같이 미국형 풋옵션은 기초자산의 현금흐름이 없는 경우라도 조기행사를 통해 음(−)의 시간가치를 피할 수 있으므로 내재가치보다 크게 된다. 즉, 미국형 풋옵션의 하한은 다음과 같이 결정된다.

$$p \geq X - S$$

만일 기초자산으로부터 현금흐름이 발생할 경우에는 위의 포트폴리오 A의 투자금액이 $(p+S-D)$가 되므로 유럽형 풋옵션의 하한은 다음과 같이 결정된다.

$$p \geq \max(0,\ Xe^{-rt} - S + D)$$

그러나 현금흐름이 발생하는 기초자산에 대한 미국형 풋옵션은 조기행사 여부를 판단하는 것이 어렵기 때문에 풋옵션의 가치를 계산하는 데 수치해석법이 사용된다. 그러므로 미국형 풋옵션의 가격범위를 정하는 것은 쉽지 않다.

풋-콜 패러티

유럽형 콜옵션과 풋옵션의 가격간에는 풋-콜 패러티(put-call parity)라고 불리는 등식에 의해 다음과 같은 관계식이 성립한다.

$$c + Xe^{-rt} = p + S$$

이러한 풋-콜 패러티 공식은 비교적 간단하게 증명될 수 있다. 다음과 같은 두 가지 포트폴리오를 고려해 보자.

포트폴리오 A : 유럽형 콜옵션 매입과 Xe^{-rt}에 해당하는 금액의 무위험채권 매입
포트폴리오 B : 유럽형 풋옵션 매입과 기초자산의 매입

만기시 이들 포트폴리오의 성과는 다음과 같다.

포트폴리오	투자금액	투자성과	
		$S_T>X$	$S_T \le X$
A	$c+Xe^{-rt}$	S_T	X
B	$p+S$	S_T	X

결과적으로 만기시점의 두 포트폴리오는 $\max(S_T, X)$라는 동일한 가치를 갖는다. 그리고 이 포트폴리오에 포함된 옵션은 유럽형이기 때문에 만기일 이전에 행사할 수 없다. 그러므로 차익거래이익이 발생하지 않기 위해서는 현재시점에서 두 포트폴리오의 투자금액은 같아야 한다. 즉,

$$c+Xe^{-rt}=p+S$$

만일 기초자산으로부터 현금흐름이 발생할 경우에는 위의 포트폴리오 B의 투자금액이 $(p+S-D)$가 되고 나머지 조건은 동일하므로 유사한 논리를 적용하면 다음과 같은 풋-콜 패러티 공식이 유도된다.

$$c+Xe^{-rt}=p+S-D$$

한편, 옵션의 기초자산이 선물계약인 선물옵션의 경우에는 풋-콜 패러티 공식을 선물보유비용 모형으로부터의 관계식 $F=Se^{rt}$를 이용하여 유도할 수 있다. 즉, 위의 풋-콜 패러티 공식에서 S 대신에 Fe^{-rt}를 대입하면

$$c+Xe^{-rt}=p+Fe^{-rt}$$

가 되고, 이 식을 정리하면 다음과 같이 선물계약에 대한 풋-콜 패러티 공식이 도출된다.[6)]

$$c-p=(F-X)e^{-rt}$$

풋-콜 패러티 공식은 여러 가지로 유용하게 활용된다. 우선 행사가격과 만기가 같은 유럽형 콜옵션과 풋옵션 가운데 어느 한 옵션의 이론가격이 결정되면 나머지 값을 풋-콜 패러티 공식에 의해 구할 수 있다. 또한, 앞에서 같은 등가격 상태일 때 콜옵션의 가치가 풋옵션의 가치보다 크다는 것을 배웠는데, 풋-콜 패러티 공식을 이용해 이를 확인할 수 있다. 즉, $c-p=S-Xe^{-rt}$이므로 등가격($S=X$) 상태에서 콜옵션의 가치(c)는 풋옵션의 가치(p)에 비해 $S-Xe^{-rt}$만큼 크게 된다.

예제 3

현재 주가는 50,000원이고 무위험이자율은 5%이다. 이 주식을 기초자산으로 하고 행사가격이 50,000원이며 만기가 3개월인 유럽형 콜옵션의 가격이 4,000원이다.

이때 풋-콜 패러티가 성립한다는 전제 하에 동일한 조건의 유럽형 풋옵션의 가격을 다음과 같이 구할 수 있다.

$$\begin{aligned} p &= c+Xe^{-rt}-S \\ &= 4,000+50,000e^{-0.05\times0.25}-50,000 = 3,379\text{원} \end{aligned}$$

여기에서 콜옵션과 풋옵션의 가격차이인 621원(= 4,000−3,379)은 $S-Xe^{-rt}$로부터 구해지는 값 621원(= $50,000-50,000e^{-0.05\times0.25}$)과 일치하게 된다. 즉, 등가격 상태에서 콜옵션의 가치는 풋옵션의 가치보다 $S-Xe^{-rt}$만큼 크게 된다.

6) 기초자산으로부터 현금흐름이 예상되는 경우에도 $F=(S-D)e^{rt}$가 되고 $(S-D)=Fe^{-rt}$이므로 선물 풋-콜 패러티 공식은 여전히 $c-p=(F-X)e^{-rt}$가 된다.

더욱 중요한 것은 풋-콜 패러티 공식이 갖는 의미이다. 풋-콜 패러티 공식을 자세히 살펴보면 기초자산, 콜옵션, 풋옵션 및 무위험채권으로 구성된 포트폴리오간의 관계식임을 알 수 있다. 따라서 이 가운데 어떤 증권도 다른 증권들을 이용하여 동일한 수익(payoff)구조를 갖도록 합성될 수 있음을 의미한다. 예를 들면, $Xe^{-rt}=S-c+p$로부터 옵션 만기일에 현금흐름 X가 보장되는 무위험채권 Xe^{-rt}는 주식을 매입하고 동시에 콜옵션 매도, 풋옵션 매입포지션을 취함으로써 복제될 수 있음을 알 수 있다. 한편, 풋-콜 패러티 공식이 성립하지 않을 때는 시장에서 실제 증권을 매입 또는 매도하거나 합성된 매입 또는 매도포지션을 만들어 차익거래를 할 수 있게 된다. 풋-콜 패러티를 이용한 합성포지션과 차익거래에 관해서는 제9장에서 상세히 논의될 것이다.

연/습/문/제

1. 현재 KOSPI200 지수는 167.25이다. 이때 행사가격이 165인 KOSPI200 주가지수 콜옵션의 프리미엄이 3.430이라면 이 콜옵션의 시간가치는 얼마인가?

2. 옵션의 시간가치란 무엇이며 만기일에 접근함에 따라 시간가치가 감소하는 이유를 설명하시오.

3. 옵션의 시간가치는 등가격을 중심으로 좌우대칭이 아니다. 즉, 등가격 상태에서 콜옵션의 가치가 풋옵션의 가치에 비해 약간 높아진다. 그 이유를 설명하고, 풋-콜 패러티에 의하면 등가격 상태에서 두 옵션 가치의 차이가 정확하게 얼마가 되는지 도출하시오.

4. 미국형 옵션이라고 하더라도 일반적으로 옵션보유자는 만기 이전에 옵션을 행사하는 것이 합리적인 선택이 아니다. 그 이유를 설명하고, 예외적으로 미국형 옵션을 조기행사하는 것이 유리한 경우들을 들어보시오.

5. 옵션의 델타값은 기초자산의 가격이 변화하거나 옵션이 잔존만기가 가까워짐에 따라 달라지게 된다. 콜옵션과 풋옵션의 델타값이 각각 어떻게 변화하는지를 옵션의 감마값과 연관시켜 설명하시오.

6. 옵션의 델타, 감마, 쎄타, 베가값이 행사가격대별로, 즉 내가격, 등가격, 외가격 상태 중 어느 때 가장 커지는가? (단, 음의 값인 경우는 절대값을 기준으로)

7. 기초자산가격의 변동성이 옵션가격에 어떻게 영향을 미치는지 설명하시오.

8. 행사가격이 X이고 잔존만기가 t년인 유럽형 콜옵션 1개와 이 옵션의 만기일에 현금흐름 X가 보장되는 무위험채권을 Xe^{-rt}만큼 매입하여 구성된 포트폴리오가 있다. 옵션의 만기일에 이 포트폴리오와 동일한 가치를 갖는 포트폴리오를 구성하는 방법은?

CHAPTER 08

옵션가격결정모형

8.1 이항옵션가격결정모형

8.2 블랙-숄즈 옵션가격결정모형

8.3 변동성

앞장에서 옵션가격에 영향을 미치는 요인들에 대해 살펴보았지만, 구체적으로 옵션의 이론가격을 계산하는 모형에 관해서는 설명되지 않았다. 옵션의 가격결정과정을 체계적으로 분석하여 정형화된 모형을 최초로 개발한 것이 블랙(Black)과 숄즈(Scholes)이다. 1973년 블랙-숄즈 옵션가격결정모형(Black-Scholes option pricing model)이 소개된 이후 이 모형의 단점을 보완하는 여러 다른 모형들이 개발되었으나 대부분의 모형들이 난해한 수학 및 통계학적 내용을 포함하고 있다. 예외적으로 1979년 Cox-Ross-Rubinstein에 의해 개발된 이항옵션가격결정모형(binomial option pricing model)은 복잡한 수학적 기법을 사용하지 않고도 옵션의 가격결정원리를 쉽게 이해할 수 있어서 교육적으로 널리 쓰일 뿐 아니라, 복잡한 파생상품의 가치평가를 위한 수치적(numerial) 방법으로도 유용하게 활용되고 있다. 본 장에서는 옵션가격결정모형의 유도과정에 대한 이해를 돕기 위해 우선 이항모형에 관해 설명하고, 블랙-숄즈모형을 수학적인 도출과정은 생략하고 주로 개념적 내용을 중심으로 설명할 것이다.

8.1 이항옵션가격결정모형

이항옵션가격결정모형은 기초자산의 가격이 일정한 비율로 상승하거나 하락하는 두 가지 상황만 존재하는 이항분포(binomial distribution)를 따른다는 가정하에서 개발된 모형이다. 물론 기초자산의 가격이 두 개의 상황만이 허용되는 이항분포를 따른다는 것은 비현실적인 가정이다. 그럼에도 불구하고 이항분포를 이용하게 되면 옵션가격결정과정을 명확하고도 간략하게 이해할 수 있고, 더욱 중요한 것은 기초자산의 가격이 변화하는 단계의 시차를 작게 하여 충분히 많은 단계를 갖게 만들면 기초자산의 가격변동이 현실적인 분포를 갖게 된다. 이에 따라 본 서에서는 주식을 기초자산으로 하는 주식콜옵션의 예를 가지고 1기간 및

2기간 이항모형을 설명하고 이를 다기간 이항모형으로 일반화시키기로 한다.

1기간 이항모형

1기간 이항모형에서는 어느 한 단위 기간동안 기초자산의 가격은 단 한번 변화할 수 있는 기회가 주어지는데 그것도 일정한 비율로 오르거나 내리는 두 개의 상황만이 존재한다고 가정한다. 현재 주가가 S인 어떤 주식에 대해 가격이 C인 콜옵션이 있다고 하자. 이항분포에 따라 주가가 오르는 비율은 u, 내리는 비율을 d로 표시하면, 주가가 uS로 상승하여 옵션가격이 C_u가 되든지 아니면 dS로 하락하여 옵션가격은 C_d가 될 것이다. [그림 8-1]에서는 이러한 관계를 보여주고 있다.

예를 들어 $S=100$, $u=1.2$, $d=0.9$이며, 이러한 주식을 기초자산으로 하는 행사가격 100인 콜옵션이 있다고 하자. 1기간 후에 주가가 상승하여 120(=1.2×100)이 되면 이 콜옵션의 가치는 20이 되고, 주가가 하락하여 90(=0.9×100)이 되면 이 콜옵션의 가치는 0이 된다.

이항모형에서 옵션의 이론가격 도출은 블랙-숄즈모형과 마찬가지로 적절한 주식과 옵션의 결합에 의해 무위험포트폴리오를 구성함으로써 시작된다.[1] 이 포트폴리오는 콜옵션 1계약을 매도하고 h주의 주식을 매입하여 구성된다.[2] 즉, 무위험포트폴리오의 현재가치를 V라고 하고, 기간 말에 주가가 상승했을 때 포트폴리오의 가치를 V_u, 주가가 하락했을 때 포트폴리오의 가치를 V_d라고 하면 다음과 같이 나타낼 수 있다.

---

1) 단지 두 모형의 차이점은 이항모형에서는 기초자산의 가격변동이 이산적(discrete) 이항분포를 따른다고 가정함으로써 손쉽게 옵션의 이론가격을 구하는 반면에, 블랙-숄즈모형에서는 연속적인(continuous) 로그정규분포를 따른다는 가정을 함으로써 난해한 수학 및 통계학적인 개념이 포함되어 있다는 점이다.

2) 여기에서 무위험포트폴리오는 콜옵션을 매도한 투자자가 자신의 포지션을 헤징하기 위하여 기초자산인 주식을 매입하여 보유하는 것으로 이해할 수 있다. 따라서 h를 헤지비율이라고도 하는데 선물포지션의 헤징과는 달리 옵션포지션의 헤징은 옵션이 행사되는 경우에만 기초자산을 인도하게 되므로 h의 값이 옵션의 행사가능성에 따라 변화하게 된다.

그림 8-1 1기간 이항모형에서 기초자산가격과 옵션가격

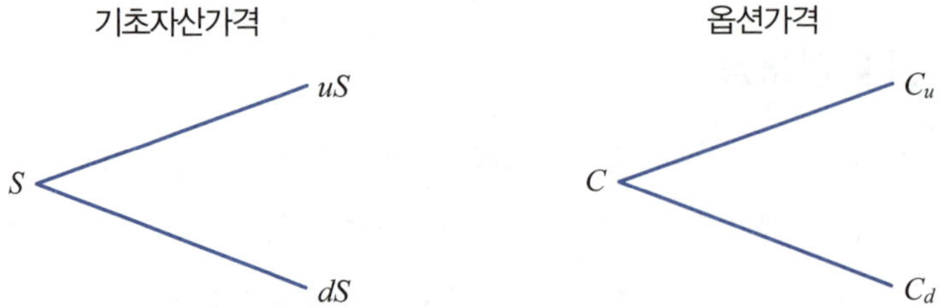

$$\text{기간 초} : V = hS - C$$
$$\text{기간 말} : V_u = huS - C_u \text{ 또는 } V_d = hdS - C_d$$

이 포트폴리오는 무위험이므로 주가의 상승 또는 하락에 관계없이 포트폴리오의 가치가 일정해야 한다. 따라서 $V_u = V_d$를 성립시키는 h값을 구하면 다음과 같다.

$$h = \frac{C_u - C_d}{uS - dS}$$

한편 무위험포트폴리오의 수익률은 무위험이자율이 되어야 한다. 이 기간동안의 무위험이자율을 연율로 r이라고 하고 기간을 연단위로 t라고 하면, 기간 말의 무위험포트폴리오의 가치는 현재가치에 무위험이자수익률을 곱한 값, 즉 $(hS - C)e^{rt}$가 된다. 그리고 $V_u = V_d = (hS - C)e^{rt}$로부터 다음과 같은 수식이 성립한다.

$$huS - C_u = (hS - C)e^{rt}$$
$$\text{또는, } hdS - C_d = (hS - C)e^{rt}$$

이 식에 위에서 구한 h값을 대입하고 C에 대해서 풀면, 콜옵션의 이론가격 C는 다음과 같이 구해진다.

$$C = [pC_u + (1-p)C_d]e^{-rt}$$

$$\text{단, } p = \frac{e^{rt} - d}{u - d}$$

예제 1

현재 주가가 100이고 1기간 후의 주가가 120이거나 90이 될 것으로 알려져 있다고 하자. 주식은 배당을 지급하지 않는다고 가정하고 1기간 후에 이 주식을 100에 매입할 수 있는 유럽형 콜옵션의 가치를 평가해 보자.

이 옵션은 기간 말에 아래 그림과 같이 둘 중 하나의 가치를 가질 것이다. 만일 주가가 120이 되면 옵션의 가치는 20이 되고, 주가가 90이 되면 옵션의 가치는 영(0)이 된다.

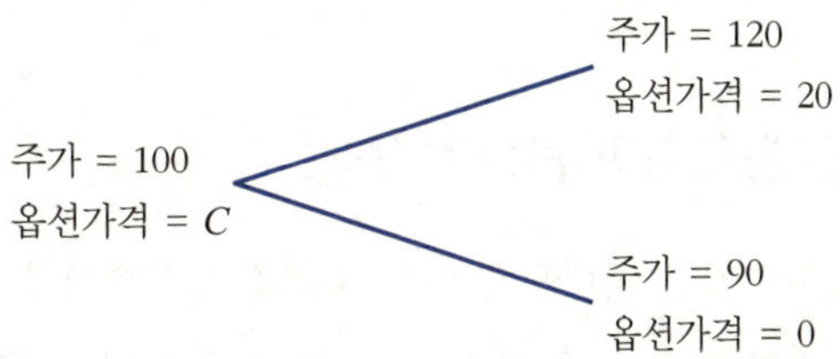

이러한 주식을 기초자산으로 하는 콜옵션의 이론가격 C를 구하기 위하여 콜옵션 1계약을 매도하고 h주만큼의 주식을 매입하여 무위험포트폴리오를 만든다. 기간 말에 포트폴리오의 가치는 주가가 상승하면 $(120h-20)$이 되고 주가가 하락하면 $90h$가 된다. 무위험포트폴리오는 주가의 상승 또는 하락에 관계없이 일정한 가치를 갖게 되므로 주가의 두 가지 움직임에 상관없이 포트폴리오의 최종가치가 같도록 하는 h의 값을 다음과 같이 구한다.

$$120h - 20 = 90h$$
$$h = 2/3$$

따라서 무위험포트폴리오는 콜옵션 1계약 매도에 대해 주식 2/3주를 매입함으로써 구성된다. 즉, 콜옵션 3계약 매도에 대해 주식 2주의 비율로 매입하면 된다.

만일 주가가 120으로 상승하면 포트폴리오의 가치는 $60(=120\times2/3-20)$이 되고, 주가가 90으로 하락해도 포트폴리오의 가치는 $60(=90\times2/3)$이 된다.

차익거래가 없는 무위험포트폴리오의 수익률은 무위험이자율이 되어야 한다. 만일 이 기간 동안의 무위험이자율을 10%라면 이 포트폴리오의 현재가치는 기간 말의 가치 60을 10%의 무위험이자율로 할인한 값이 된다. 즉,

$$60e^{-0.10} = 54.29$$

따라서 콜옵션 1계약을 C에 매도하고 2/3주의 주식을 S에 매입하여 구성한 무위험포트폴리오에서 현재의 주가 S는 100으로 알려져 있으므로 콜옵션의 가격 C가 다음과 같이 구해진다.

$$100 \times 2/3 - C = 54.29$$
$$C = 12.38$$

옵션가격결정모형과 관련된 논의

위에서 도출한 1기간 이항모형에 의한 옵션가격결정공식을 보면, 옵션의 가치는 현재 기초자산의 가격 S, 행사가격 X, 무위험이자율 r, 기초자산가격의 상승폭 u, 기초자산가격의 하락폭 d의 값만 주어지면 구할 수 있음을 알 수 있다. 이러한 결과는 옵션가격결정모형과 관련하여 몇 가지 중요한 사실을 시사하고 있다.

첫째, 옵션의 가치는 기초자산의 가격이 상승 또는 하락할 확률과 무관하게 결정된다는 것이다. 다시 말하면 옵션의 가격을 구할 때 기초자산의 가격이 오를 확률이 크든 작든 상관없이 동일한 가격이 나온다. 이 점은 기초자산의 가격이 오를 확률이 커질수록 콜옵션의 가치는 증가하고 풋옵션의 가치는 하락한다고 알고 있는 우리의 직관에 반하는 것이다. 이렇게 되는 주된 이유는 옵션의 가격을 절대적 조건으로 구한 것이 아니라 기초자산의 가격에 비례해서 계산하기 때문이다. 다시 말해서 기초자산의 가격과 행사가격이 두 배가 되면 옵션가격 역시 두 배가 된다. 미래 기초자산의 가격이 상승 또는 하락할 확률은 현재 기초자산의 가격에 이미 반영되어 있으므로 기초자산의 가격으로 옵션의 가격을 계산하고자 할 때 그 확률을 다시 고려할 필요가 없는 것이다.

둘째, 옵션의 가치는 투자자들의 위험에 대한 성향과 관계없이 결정된다는 것이다. 좀더 구체적으로 말하면 위험중립적(risk neutral)이란 가정 하에 옵션의 가격을 결정하고 있다. 이 점은 모든 투자자가 위험회피적(risk averse)이라는 재무관리의 기본가정에 어긋나는 것이다. 그럼에도 불구하고 위험중립을 가정할 수 있는 근거는 옵션과 기초자산을 적절하게 배합함으로써 무위험포트폴리오를 구성하고 이 포트폴리오의 수익률이 무위험이자율이 된다는 원리를 이용하여 옵션가격결정모형을 도출한다는 데 있다. 무위험포트폴리오는 위험중립적이거나 위험회피적인 투자자 모두에게 있어서 동일한 가치를 갖게 된다. 단지 위험중립적이라는 가정을 하게 되면 무위험이자율로 미래현금흐름을 할인할 수 있기 때문에 편리하다. 위에서 언급한 바와 같이 옵션가격은 기초자산의 가격에 비례해서 결정된다. 만일 위험회피적인 투자자가 미래현금흐름을 리스크프리미엄이 포함된 높은 이자율로 할인하여 현재가치를 계산하게 되면 기초자산의 가격은 낮아지고 옵션가격 역시 기초자산의 가격에 비례해서 계산되기 때문에 낮아지게 된다. 따라서 모든 투자자에게 적용되는 일관성을 유지하기 위해서 위험중립을 가정하여 기초자산의 수익률도 무위험이자율이 되고 이 자산에 대한 옵션으로부터 발생하는 미래현금흐름도 무위험이자율로 할인하도록 한 것이다.

끝으로 1기간 이항모형에 의해 도출된 옵션가격결정모형을 보면, p를 기초자산의 가격이 상승할 확률로 보고 $(1-p)$를 기초자산의 가격이 하락할 확률로 간주할 경우, $[pC_u+(1-p)C_d]$는 만기에서의 옵션가치의 기대값으로 볼 수 있다.[3] 따라서 이 기대값을 무위험이자율로 할인한 것이 옵션의 가치가 되는 것이다. 여기에서 흥미로운 것은 p를 기초자산의 상승확률로 간주하는 것은 기초자산의 수익률이 무위험이자율과 같다고 가정한 것과 동일하다는 점이다. 이를 증명하기 위해 기간 말의 기초자산가격의 기대값을 $E(S_T)$라고 하고 기초자산의 상승확률을

3) 여기에서 주의할 점은 p가 실제로 기초자산의 가격이 상승할 확률이 아니라는 점이다. 위에서 언급한 것처럼 옵션의 가치는 실제로 기초자산의 가격이 상승 또는 하락할 확률과는 무관하게 결정된다. 단지 옵션의 가치를 구하기 위해 p라는 값을 계산한 다음에 이것을 마치 확률인 것처럼 간주하여 기대값을 구한다고 이해하는 것이다.

p라고 하면 $E(S_T)$는 다음과 같이 계산된다.

$$E(S_T) = uSp + dS(1-p)$$

여기에서 $p = \frac{e^{rt} - d}{u - d}$를 대입하여 정리하면 다음과 같이 된다.

$$E(S_T) = Se^{rt}$$

이것은 기초자산의 가격이 평균적으로 무위험이자율로 증가한다는 것을 의미한다. 따라서 기초자산의 상승확률을 p로 보는 것은 기초자산의 수익률이 무위험이자율과 같다고 가정하는 것과 같아진다.

위험중립적 세계(risk-neutral world)에서 투자자들은 위험에 대한 보상을 바라지 않으므로 모든 자산으로부터의 기대수익은 무위험이자율이 된다. 따라서 기초자산의 상승확률을 p라고 간주하는 것은 곧 위험중립적 세계를 가정하고 있는 것이 되고, 위에서 도출한 옵션가격결정모형은 옵션의 가치가 위험중립적 세계에서 기대현금흐름을 무위험이자율로 할인한 것임을 의미한다. 이러한 방식으로 옵션의 가치를 평가하는 것을 위험중립적 가치평가(risk-neutral valuation)라고 한다. 여기에서는 아주 단순화된 1기간 이항모형을 이용하여 논의되었지만, 위험중립적 가치평가는 옵션을 비롯한 기타 파생상품의 가치를 평가하는 데 널리 활용이 되는 일반적인 원칙이라고 할 수 있다.

예제 2

앞의 예제를 위험중립적 가치평가방식에 따라 다시 풀어보기로 하자.

$S=100$, $X=100$, $u=1.2$, $d=0.9$, $r=10\%$가 주어진 상황에서 우선 주가의 상승확률인 p의 값이 다음과 같이 구해진다.

$$p = \frac{e^{0.1} - 0.9}{1.2 - 0.9} = 0.6839$$

즉, 기간 말에 옵션의 가치가 20이 될 확률은 0.6839이고 0이 될 확률은 0.3161

이 된다. 따라서 이 옵션의 기대가치는 다음과 같다.

$$0.6839 \times 20 + 0.3161 \times 0 = 13.68$$

이것을 무위험이자율 10%로 할인하면 다음과 같이 옵션의 가격이 구해진다.

$$13.68e^{-0.1} = 12.38$$

이렇게 계산된 옵션의 가격은 앞의 예제의 결과와 동일하다. 그러므로 차익거래가 없는 상황에서의 옵션가치평가와 위험중립적 세계에서의 옵션가치평가가 동일한 답을 갖게 됨을 알 수 있다.

다기간 이항모형으로의 확장

위에서 설명한 1기간 이항모형에 의한 옵션가격의 결정방식을 다기간 이항모형으로 확장시켜 보자. 우선 1기간 추가하여 2기간 이항모형으로 확장시키면 [그림 8-2]에서 보는 바와 같이 1기 말에 두 개의 상황과 2기 말에 세 개의 상황이 발생하게 된다. 즉, 기초자산의 가격이 1기에 상승하고 이어서 2기에 상승하게 되면 uuS가 되고, 1기에 상승한 뒤 2기에 하락하거나 또는 1기에 하락한 뒤 2기에 상승하게 되면 udS가 되며, 1기에 이어 2기에도 하락하면 ddS가 된다. 따라서 2기 말의 옵션가치 C_{uu}, C_{ud}, C_{dd}의 값은 2기말의 주가에 따라 다음과 같이 구해진다.

$$C_{uu} = \max[0,\ uuS - X]$$
$$C_{ud} = \max[0,\ udS - X]$$
$$C_{dd} = \max[0,\ ddS - X]$$

위험중립적 가치평가방식에 따라 각 단위기간동안 기초자산의 가격이 상승할 확률을 p로 간주하게 되면 1기 말의 옵션가치 C_u와 C_d는 다음과 같이 구해진다.

$$C_u = [pC_{uu} + (1-p)C_{ud}]e^{-rt}$$
$$C_d = [pC_{ud} + (1-p)C_{dd}]e^{-rt}$$

그림 8-2 2기간 이항모형에서 기초자산가격과 옵션가격

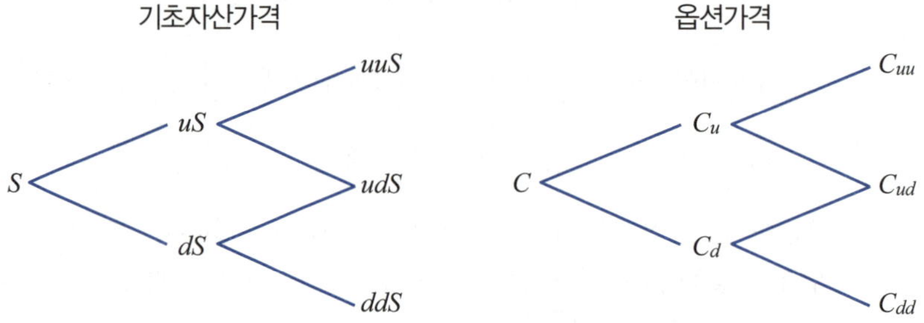

즉, 1기 말의 옵션가치 C_u는 2기 말의 옵션가치 C_{uu}와 C_{ud}에 각각의 확률값 p와 $(1-p)$를 곱하여 구한 기대가치를 무위험이자율 r로 할인한 값이 된다. C_d도 C_{ud}와 C_{dd}를 이용하여 마찬가지 방법으로 구해진다. 따라서 우리가 궁극적으로 구해야 하는 옵션의 현재가치 C는 다음과 같이 C_u와 C_d에 각각의 확률값 p와 $(1-p)$를 곱하여 구한 기대가치를 무위험이자율 r로 할인한 값이 된다.

$$C=[pC_u+(1-p)C_d]e^{-rt}$$

이 식에 위에서 구한 C_u와 C_d 값을 대입하여 정리하면 다음과 같이 된다.

$$C=[p^2C_{uu}+2p(1-p)C_{ud}+(1-p)^2C_{dd}]e^{-2rt}$$

이러한 결과는 1기간 이항모형에서 설명했던 위험중립적 가치평가의 원칙이 2기간 이항모형에도 그대로 성립함을 보여주고 있다. 즉, 단위기간동안 기초자산가격의 상승확률을 p라고 하면, p^2, $2p(1-p)$, $(1-p)^2$은 각각 2기간 말에 가능한 세가지 옵션가치의 확률이 된다. 그리고 현재의 옵션가치는 이 옵션으로부터 기대되는 현금흐름을 무위험이자율로 할인한 값이 됨을 알 수 있다.

더 많은 기간의 단계를 추가하더라도 위험중립적 가치평가의 원칙은 계속 유효하다. 즉, 옵션가격은 항상 위험중립적 세계에서 기대되는 현금흐름을 무위험

이자율로 할인한 값이 된다. 이항모형에 의한 콜옵션가격결정모형을 n기간으로 일반화시켜서 수식으로 표현하면 다음과 같다.

$$C=\sum_{j=0}^{n}\frac{n!}{j!(n-j)!}p^j(1-p)^{n-j}\max[0,\ u^jd^{n-j}S-X]e^{-nr}$$

단, $j=n$ 기간 동안에 기초자산의 가격이 상승한 횟수

예제 3

앞의 예제를 2기간 이항모형으로 확장해 보자.

현재 100인 주가가 각 기간마다 20% 상승 또는 10% 하락한다고 가정했으므로 아래 그림과 같이 주가는 1기간 말에 120 또는 90이 되고, 2기간 말에는 144, 108 또는 81이 된다.

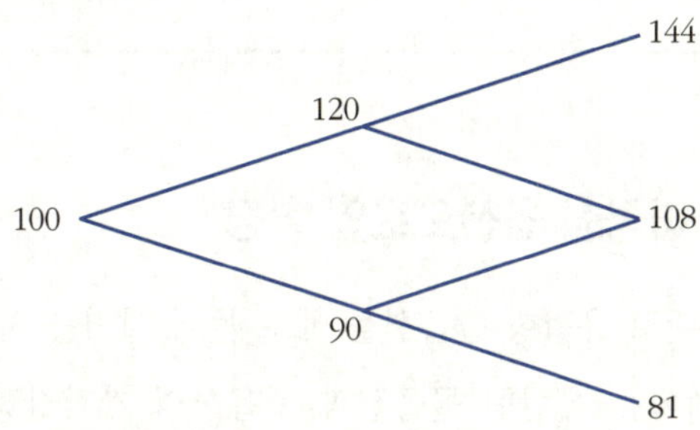

따라서 2기간 말의 옵션의 가치는 다음과 같다.

$$C_{uu}=44\ ;\ C_{ud}=8\ ;\ C_{dd}=0$$

위험중립적 가치평가모형을 적용하기 위해 각 기간별 주가의 상승확률인 p의 값을 다음과 같이 구한다.

$$p=\frac{e^{0.1}-0.9}{1.2-0.9}=0.6839$$

따라서 이 옵션의 2기간 말의 기대가치가 다음과 같이 계산된다.

$$\begin{aligned}&p^2C_{uu}+2(1-p)C_{ud}+(1-p)^2C_{dd}\\&=(0.6839)^2\times 44+2\times 0.6839\times 0.3161\times 8+(0.3161)^2\times 0\\&=24.04\end{aligned}$$

무위험이자율 10%를 이용하여 다음과 같이 2기간 말의 기대가치의 현재가치를 구하면 그 값이 현재시점에서 옵션의 가치가 된다.

$$24.04e^{-0.1\times 2}=19.68$$

이와 같이 2기간 말의 옵션의 가치로부터 직접 현재시점의 옵션의 가치를 구하는 대신에 각 기간별로 차례대로 옵션의 가치를 구하는 방법도 있다. 즉, 1기간 말의 옵션의 가치를 다음과 같이 구하고,

$$C_u=(0.6839\times 44+0.3161\times 8)\times e^{-0.1}=29.52$$
$$C_d=(0.6839\times 8+0.3161\times 0)\times e^{-0.1}=4.95$$

이 값을 이용하여 다음과 같이 현재시점의 옵션의 가치를 구해도 위와 동일한 결과가 나온다.

$$C=(0.6839\times 29.52+0.3161\times 4.95)\times e^{-0.1}=19.68$$

풋옵션 및 미국형 옵션으로의 확장

지금까지는 주로 유럽형 콜옵션을 예로 들어 설명을 하였다. 이항모형의 중요한 특성 중의 하나는 유럽형 콜옵션과 풋옵션의 가격결정방식에 차이가 없다는 점이다. 다만 풋옵션을 평가하기 위해서는 기말의 옵션의 가치를 max(0, $X-S$)로 계산하면 된다. 구체적인 방법은 다음 예제를 이용하여 설명하기로 한다.

예제 4

기초자산의 조건은 모든 것이 앞의 예제와 동일하다고 가정하자. 즉, 현재주가는 100이고 각 기간마다 20% 상승 또는 10% 하락하고 1기간의 무위험이자율은 10%이다. 또한 주식은 배당을 지급하지 않는다. 이러한 주식을 2기간 후에 매도할 수 있는 유럽형 풋옵션의 가치를 평가해 보자.

2기간 말의 주가는 144,108 또는 81이 되므로 2기간 말의 풋옵션의 가치는 다음과 같다.

$$P_{uu}=0\ ;\ P_{ud}=0\ ;\ P_{dd}=19$$

각 기간별 주가의 상승확률 p의 값은 앞의 예제와 동일하게 다음과 같이 구한다.

$$p=\frac{e^{0.1}-0.9}{1.2-0.9}=0.6839$$

따라서 이 옵션의 2기간 말의 기대가치가 다음과 같이 계산된다.

$$\begin{aligned}&p^2P_{uu}+2p(1-p)P_{ud}+(1-p)P_{dd}\\&=(0.6839)^2\times 0+2\times 0.6839\times 0.3161\times 0+(0.3161)^2\times 19\\&=1.8985\end{aligned}$$

무위험이자율 10%를 이용하여 다음과 같이 2기간 말의 기대가치에 대한 현재가치를 구하면 그것이 현재시점에서 옵션의 가치가 된다.

$$1.8985\times e^{-0.1\times 2}=1.5543$$

또는 앞의 예제에서처럼 각 기간별로 차례대로 옵션의 가치를 구하는 방법이 있다. 1기간 말의 옵션의 가치를 다음과 같이 구하고,

$$P_u=(0.6839\times 0+0.3161\times 0)\times e^{-0.1}=0$$
$$P_d=(0.6839\times 0+0.3161\times 19)\times e^{-0.1}=5.43$$

이 값을 이용하여 다음과 같이 현재시점의 풋옵션의 가치를 계산해도 위와 동일한 결과가 나온다.

$$P=(0\times 0.6839+5.43\times 0.3161)\times e^{-0.1}=1.55$$

사실은 본 예제의 풋옵션과 앞의 예제의 콜옵션은 동일한 주식을 기초자산으로 하고 만기와 행사가격이 서로 같기 때문에 다음과 같이 풋-콜 패러티가 성립한다.

$$S+P=C+Xe^{-rt}$$
$$100+1.55=19.68+100e^{-0.1\times 2}$$

따라서 두 옵션 중 어느 한 옵션의 가치만 알고 있으면 나머지 옵션의 가치를 풋-콜 패러티에 의해 구할 수 있다.

이항모형은 만기에만 행사가 가능한 유럽형 옵션 뿐 아니라 만기 이전에 조기행사가 가능한 미국형 옵션의 가치평가에도 적용할 수 있다. 기본적인 방식은 유럽형 옵션의 평가와 동일하게 기간의 마지막 단계에서부터 초기단계로 거꾸로 거슬러 오면서 옵션의 가치를 구하되, 각 교점에서 조기행사가 적절한지를 판단해야 한다. 구체적인 내용은 다음 예제를 이용하여 설명하기로 한다.

예제 5

기초자산 및 옵션에 관한 모든 조건이 앞의 예제와 일치한다. 다만 앞의 예제에서는 유럽형 풋옵션이었던 반면에 여기에서는 미국형 풋옵션이란 것만 다르다. 조기행사가 가능한 미국형 풋옵션의 가치평가는 유럽형 풋옵션과 어떻게 다른지 비교하면서 분석해 보자.

앞의 예제에서 유럽형 풋옵션의 가치평가를 트리(tree)형태로 나타내 보면 다음과 같다.

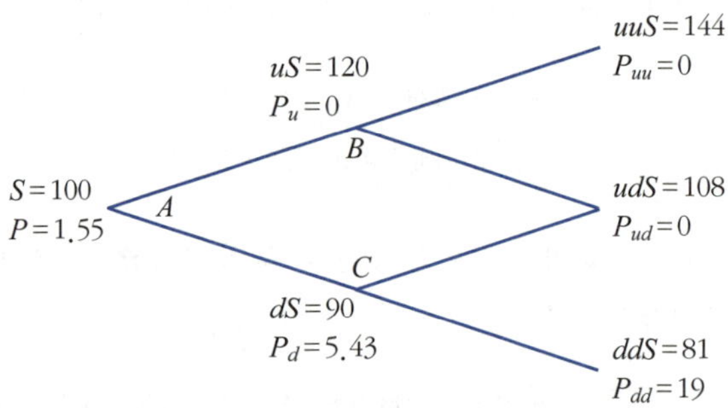

트리의 마지막 단계에서는 조기행사의 기회가 더 이상 없기 때문에 미국형 옵션과 유럽형 옵션의 가치가 일치한다. 그러나 그 이전 단계에서의 미국형 옵션의 가치는 조기행사에 따른 현금흐름과 미행사시 옵션가치를 비교하여 두 값 중 큰 값이 된다. 먼저 교점 B에서 옵션의 가치는 0이고 조기행사에 따른 현금흐름도 동일하게 0이므로 미국형 풋옵션의 가치는 그대로 0이 된다. 교점 C의 경우에는 조기행사에 따른 현금흐름은 10(=100−90)인 반면 미행사 시 옵션의 가치는 5.43이다. 따라서 조기행사가 유리하며, 미국형 풋옵션의 가치는 10이 된다. 즉, 유럽형 풋옵션의 경우 $P_d=5.43$이었던 반면 미국형 풋옵션에서는 $P_d=10$이 된다. 이에 따라 현재시점의 풋옵션의 가치는 다음과 같이 된다.

$$P = (0 \times 0.6839 + 10 \times 0.3161) \times e^{-0.1} = 2.86$$

끝으로 교점 *A*에서의 조기행사 가능성을 점검해 보면, 조기행사에 따른 현금흐름은 0(=100−100)인 반면, 이 옵션의 가치는 위에서 구한 바와 같이 2.86이므로 조기행사를 하지 않는다. 결과적으로 이 미국형 풋옵션의 가치는 2.86이 된다. 이 값은 앞의 예제에서 구한 유럽형 풋옵션의 가격 1.55와 비교하여 조기행사에 따른 현금흐름의 증가가 반영되어 옵션의 가치가 커졌음을 알 수 있다.

지금까지의 분석을 트리형태로 나타내면 다음과 같다.

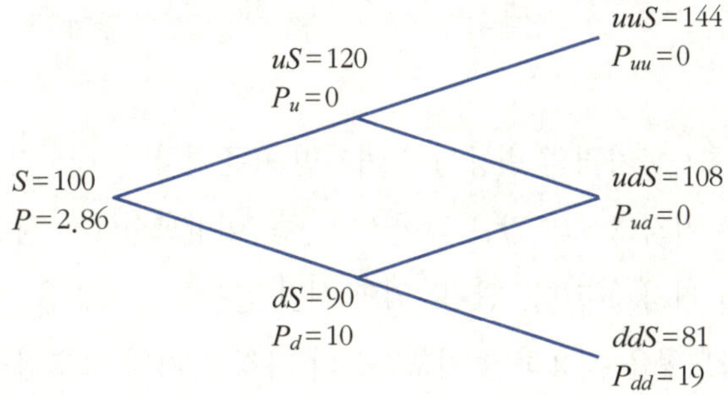

이항모형의 현실성과 실무적 활용

이항모형은 각 단계마다 기초자산의 가격이 일정한 값만큼 상승하거나 하락한다는 가정에서 출발하였다. 이러한 가정은 매우 비현실적인 것처럼 보인다. 그러나 각 단계의 시간의 크기를 작게 하여 충분히 많은 단계로 나눌 경우에는 기초자산의 가격변동이 현실적인 분포를 갖게 된다. 실무적으로는 대부분 약 30~50단계의 이항모형을 적용하는 것이 보통인데, 이 정도가 되면 이산적인 이항분포가 거의 연속적인 분포모형으로 수렴하게 된다.[4)]

이항모형을 실무적으로 적용하기 위해서는 u와 d값을 결정해야 한다. 이 두 값은 현재시점으로부터 옵션의 만기까지 기초자산의 변동성에 의해 결정된다. 실무적으로 u와 d값을 결정하는 데 많이 선택하는 방법은 이항모형을 블랙-숄즈모

4) 30단계만 되어도 약 10억(=2^{30}) 개의 기초자산의 가격경로를 고려해야 한다.

형에서 가정하고 있는 로그정규분포에 가장 가깝도록 만드는 u와 d를 택하는 것이다. 기초자산의 가격이 로그정규분포를 따르면, u와 d값은 다음과 같은 관계를 갖는다.

$$u = e^{\sigma\sqrt{\Delta t}}$$

$$d = \frac{1}{u} = e^{-\sigma\sqrt{\Delta t}}$$

단, σ = 기초자산의 연수익률의 표준편차

Δt = 연단위 잔존만기(t)를 이항모형의 단계수로 나눈 기간

만일 기초자산가격의 변동성이 커지면 표준편차인 σ가 커지게 되고, 이에 따라 u의 값은 커지고 d의 값은 작아진다. 즉, 이항모형에서 상승시 가격과 하락시 가격의 폭이 커지게 된다. 한편, 위의 식과 같이 u와 d값을 결정하여 약 30단계 이상의 이항모형을 적용하면 기초자산의 가격이 거의 로그정규분포에 따르게 되고 사실상 블랙-숄즈모형에 의해 계산한 옵션의 가치와 같아지게 된다.[5)]

여기에서 중요한 것은 이항모형이 블랙-숄즈모형의 대체 역할 뿐 아니라 훨씬 다양한 형태의 옵션의 가치를 평가하는 데 활용된다는 점이다. 이항모형은 뒤에서 설명하게 될 블랙-숄즈모형에 비해 제약적인 가정이 훨씬 적기 때문에 복잡한 구조를 갖는 옵션의 가격을 계산하는 데 활용될 수 있다. 예를 들면, 조기행사가 가능한 미국형 옵션이나 불규칙한 현금흐름을 갖는 자산에 대한 옵션의 가치를 평가할 경우 블랙-숄즈모형을 이에 맞게 변형하는 것보다 이항모형을 이용하는 것이 훨씬 효과적인 방법이 된다.

5) 이때 가장 큰 이슈는 두 모형 모두 변동성, 즉 σ값을 결정하는 문제이다. 이에 관해서는 뒷부분에서 자세히 논의될 것이다.

8.2 블랙-숄즈 옵션가격결정모형

블랙-숄즈모형의 전제가정

1972년 블랙(Fisher Black)과 숄즈(Myron Scholes)가 옵션의 이론가격을 도출하는 모형을 개발하면서 파생상품의 가치평가에 획기적인 전기를 마련하게 된다.[6)]

블랙-숄즈 옵션가격결정모형(Black-Scholes option pricing model)은 몇 가지 엄격한 가정 하에서 차익거래의 논리를 이용하여 도출된 모형이다. 블랙-숄즈모형은 주식을 기초자산으로 하는 주식옵션 중에서 만기에만 권리를 행사할 수 있는 유럽형 옵션의 이론가격을 계산하는 공식을 도출하고 있다. 블랙-숄즈모형을 도출하기 위해서는 우선 시장에 관련된 몇 가지 가정과 기초자산의 가격변동의 확률적 특성에 관한 가정 등이 전제되어야 한다. 이러한 가정들 중에 일부는 여러 학자들의 후속 연구에서 완화되거나 수정되어 블랙-숄즈모형을 확장시킨 새로운 모형들로 발전하게 된다.

첫째, 기초자산인 주식의 배당금 지급은 없다고 가정한다. 즉, 옵션의 기간동안 기초자산으로부터 아무런 현금흐름이 없다고 가정한다. 그러나 옵션의 기간동안에 지불될 배당이 확실하게 예측 가능하다면 블랙-숄즈모형은 쉽게 변형될 수 있다. 마찬가지로 기초자산이 주식이 아닌 경우라도 옵션기간동안의 현금흐름이 확정적인 경우에는 블랙-숄즈모형을 확장하여 주가지수옵션, 통화옵션, 선물옵션 등에 적용할 수 있다.[7)] 따라서 주식의 배당금 지급이 없다는 가정은 확실한 배당금이 예상되는 경우에는 쉽게 완화될 수 있는 가정이다.

둘째, 거래비용, 세금 및 공매도(short selling) 제약이 없는 완전시장(perfect market)을 가정한다. 이러한 완전시장의 가정은 이미 많은 경제학 이론들을 도출

6) Fisher Black and Myron Scholes, "The Pricing of Options and Corporate Liabilities," *Journal of Political Economy* 81(May–June 1973), pp.637–654 참조.

7) 이에 관한 구체적인 내용은 제11장에서 다양한 종류의 옵션계약을 설명하면서 언급될 것이다.

하는 과정에서 흔히 사용되는 가정이므로 새로운 내용은 아니다. 다만, 공매도에 관한 가정은 무위험포트프리오를 구성하는 과정에서 기초자산을 공매도하고 여기에서 발생하는 현금흐름을 완전히 무위험채권에 투자할 수 있다는 가정을 필요로 한다. 또한 옵션과 기초자산으로 무위험포트폴리오를 구성할 때 자산을 세밀하게 분할하는 것이 가능하다고 가정한다. 예를 들어 콜옵션 1계약을 매도하고 기초자산인 주식 0.31주를 매입하여 무위험포트폴리오를 구성하는 것이 가능하다고 본다. 이때 실제로는 콜옵션 100계약을 매도하고 주식 31주를 매입하여 포트폴리오를 구성한다고 이해하면 된다.

셋째, 무위험이자율과 기초자산의 수익률의 분산은 옵션의 잔존만기동안 변하지 않는다고 가정한다. 이자율과 변동성이 불변이라는 블랙–숄즈모형의 가정은 많은 논란을 불러일으키면서 여러 가지 대안적(alternative) 모형들이 제안되었다. 머튼(Merton)은 이자율이 확률적(stochastic)일 때의 옵션평가모형을 개발하였다.[8] 이자율에 비해 변동성이 옵션의 가치에 미치는 영향은 매우 크기 때문에 옵션의 잔존만기동안 기초자산의 수익률의 변동성이 일정하다는 가정은 가격결정의 왜곡(pricing biases)을 야기하는 원인으로 지적되고 있다. 헐(Hull)과 화이트(White)는 확률적 변동성(stochastic volatility)을 고려한 옵션평가모형을 제안하였다.[9]

끝으로, 블랙-숄즈모형을 유도하는 데 시발점이 되는 중요한 가정으로서 기초자산인 주식은 연속적(continuous)으로 거래가 이루어지고 주가는 연속확률과정인 이토 프로세스(Ito process)를 따른다고 가정한다. 이것을 식으로 표현하면 다음과 같다.

$$dS = \mu S dt + \sigma S dz$$

---

8) Robert C. Merton, "Theory of Rational Option Pricing," *Bell Journal of Economics and Management Science* 4, 1973, pp.141–183 참조.

9) J. Hull and A. White, "The Pricing of Options on Assets with Stochastic Volatilities," *Journal of Finance* 42, 1987, pp.281–300 참조.

이 식에서 dt는 극소의 시간을 의미하여 σS는 dt동안에 발생한 주가 S의 변화분을 나타낸다. 가격변화의 확률적 부분은 위너 프로세스(Weiner process)를 따르는 변수 z에 포함되는데 dz는 dt 동안의 z값의 변화분을 의미한다. 이때 z가 위너 프로세스를 따르면 dz와 dt의 관계는 다음과 같은 식으로 표현된다.

$$dz = \varepsilon\sqrt{dt}$$

단, ε = 평균이 0이고 표준편차가 1인 표준정규분포에서 무작위로 추출된 값

위 식에서 양변을 S로 나누면 주가수익률의 확률과정을 다음과 같이 나타낼 수 있다.

$$\frac{dS}{S} = \mu dt + \sigma dz$$

여기에서 dS/S는 dt 동안에 발생한 주가변동분(dS)을 현재의 주가(S)로 나눈 것이므로 주식의 순간수익률이라고 할 수 있다. μ는 순간수익률의 평균을 표시하고 σ는 순간변동성을 나타낸다. 이것은 dz에 대한 가정과 함께 주가수익률이 정규분포를 따르고 주가는 로그정규분포를 따른다는 것을 의미한다.

현재시점에서 보았을 때 미래의 한 시점 t에서의 주가 S_t의 값은 확률변수(random variable)이다. 확률분포(probability distribution)는 확률변수가 취할 수 있는 값의 확률을 나타내는 방법이다. 따라서 주가의 움직임을 가정한다는 것은 곧 S_t의 확률분포를 규정하는 일이다. 짧은 순간의 주가의 움직임이 이토 프로세스를 따른다면, t시점까지의 기간동안 주가에 자연로그를 취한 값 $\ln S$의 변화는 다음과 같은 정규분포를 갖게 된다.

$$\ln S_t - \ln S \sim N\left[\left(\mu - \frac{\sigma^2}{2}\right)t,\ \sigma\sqrt{t}\right]$$

여기에서 $\ln S_t - \ln S = \ln(S_t/S)$이므로 결과적으로 주식의 수익률은 정규분포를 갖는다는 의미가 된다.[10)] 정규분포의 성질로부터 위식을 다음과 같이 변형할 수 있다.

$$\ln S_t \sim N\left[\ln S + \left(\mu - \frac{\sigma^2}{2}\right)t,\ \sigma\sqrt{t}\right]$$

그러므로 미래시점 t의 주가 S_t에 자연로그를 취한 값이 정규분포를 갖는다는 것을 알 수 있다. 정규분포의 특성상 어떤 변수에 자연로그를 취한 값이 정규분포를 따르면 그 변수는 로그정규분포를 가진다. 이에 따라 주가 S_t는 평균이 $Se^{\mu t}$이고 표준편차가 $Se^{\mu t}\sqrt{e^{\sigma^2 t}-1}$인 로그정규분포를 가지게 된다. [그림 8-3]에서 보는 바와 같이 로그정규분포는 양(+)의 값만 취할 수 있고, 중심의 한쪽으로 기울어져(skewed) 있어서 평균(mean), 중앙값(median), 최빈값(mode)이 모두 상이한 값을 갖는다.

그림 8-3 **로그정규분포**

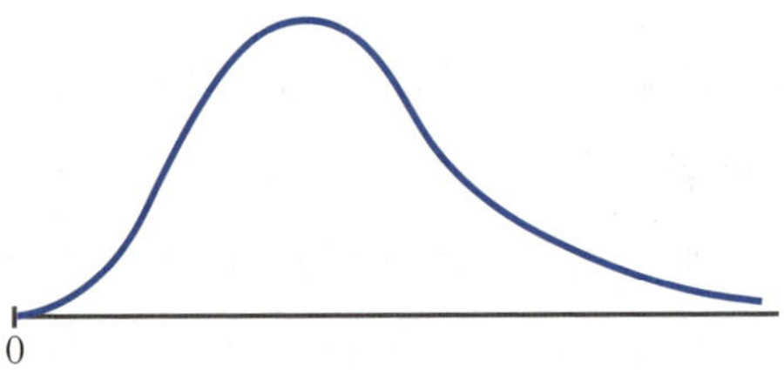

10) 상대가격비에 로그를 취하여 수익률을 계산하는 이유는 다음과 같다. 예를 들면, 100에 주식 1주를 매입한 투자자가 전통적인 방법에 의해 계산한 수익률이 첫 해 +10%, 다음 해에 −10%였다면 주가는 원래의 가격 100으로 되돌아왔다고 생각하기 쉽다. 그러나 주가는 첫 해 100에서 110으로 10% 상승하고 다음 해에는 110에서 10% 하락하여 99가 된다. 즉, 동일한 폭의 수익률 상승과 하락이 서로 다르게 작용하여 주가가 처음 시작한 것보다 낮아지게 된 것이다. 이러한 모순은 다음과 같이 로그수익률을 계산함으로써 해결될 수 있다.

$$\ln(110/100) = 0.0953 \text{ 또는 } +9.53\%$$
$$\ln(99/100) = -0.1054 \text{ 또는 } -10.54\%$$

즉, 로그수익률로 계산하면 110에서 99로 감소할 때의 수익률은 첫 해에 100에서 110으로 증가할 때의 수익률보다 절대값이 1.01%만큼 커지게 된다. 이러한 로그수익률은 연속복리(continuous compounding)의 개념과 일치하는 것으로서 수익률이 주어질 때 다음과 같이 변동된 주가를 계산하는 데 사용된다.

$$100 \times e^{+0.0953} = 110$$
$$110 \times e^{-0.1054} = 99$$

블랙-숄즈모형 도출과정의 개념적 이해

블랙-숄즈옵션가격결정모형도 이항모형과 마찬가지로 주식과 옵션으로 구성되는 무위험포트폴리오의 개념에서 출발한다. 그러나 실제로 이 모형을 도출하기 위하여 사용되는 수학적 접근방법은 매우 복잡하므로 여기서는 중요한 중간과정만 소개하고자 한다.

위에서 언급한 가정에 따라 주가는 다음과 같이 이토 프로세스를 따른다.

$$dS = \mu S dt + \sigma S dz$$

콜옵션의 가격 C는 주가 S와 잔존만기 t의 함수로 규정한다. 즉,

$$C = C(S, t)$$

여기서 콜옵션 1단위를 매도하고 주식 $\partial C/\partial S$만큼을 매수하여 다음과 같은 무위험포트폴리오 V를 구성한다.[11)]

$$V = -C + \frac{\partial C}{\partial S} S$$

무위험포트폴리오의 Δt 시간 동안의 변화 ΔV는 다음과 같다.

$$\Delta V = -\Delta C + \frac{\partial C}{\partial S} \Delta S$$

이토정리(Ito's lemma)를 이용하여 구한 ΔC를 위 식에 대입하여 정리하면 다음과 같이 된다.

$$\Delta V = \left(-\frac{\partial C}{\partial t} - \frac{1}{2}\frac{\partial^2 C}{\partial S^2}\sigma^2 S^2\right)\Delta t$$

---

11) 콜옵션 1단위를 매도하고, 이 옵션이 행사될 확률에 대비해서 기초자산의 일부$\left(\frac{\partial C}{\partial S}\right)$를 매입하여 보유함으로써 헤징포지션을 유지하고 있는 것으로 이해할 수 있다.

여기서 무위험포트폴리오의 수익률은 Δt시간 동안의 무위험이자율이 된다. 따라서

$$\Delta V = rV\Delta t$$

이고, r은 무위험이자율이다. 이 식에 위에서 구한 V와 ΔV의 값을 대입하여 정리하면 다음과 같은 블랙-숄즈 미분방정식이 도출된다.[12)]

$$\frac{\partial C}{\partial t} + rS\frac{\partial C}{\partial t} + \frac{1}{2}\sigma^2 S^2 \frac{\partial^2 C}{\partial S^2} - rC = 0$$

이 방정식에서 C에 대한 해를 구하면 유럽형 콜옵션의 이론가격이 도출된다. 이 때 이 방정식은 S에 대하여 2차 방정식이므로 이 식을 풀기 위해서는 다음과 같은 한계조건이 필요하다.

$$S = 0\text{이면, } C = 0$$
$$S \to \infty\text{ 이면, } \partial C/\partial S = 1$$
$$C_T = \max(0,\ S_T - X)$$

이러한 조건 하에서 블랙과 숄즈는 미분방정식을 푸는 데 성공하면서 다음과 같은 옵션가격결정모형을 도출하였다.

$$C = SN(d_1) - Xe^{-rt}N(d_2)$$

$$d_1 = \frac{\ln(S/X) + \left(r + \frac{\sigma^2}{2}\right)t}{\sigma\sqrt{t}}$$

$$d_2 = \frac{\ln(S/X) + \left(r - \frac{\sigma^2}{2}\right)t}{\sigma\sqrt{t}}$$

12) 구체적으로 수식을 유도하는 과정은 다소 복잡하므로 본 서에서는 이를 생략하였다.

단, S = 기초자산의 현재가격

X = 옵션의 행사가격

σ = 기초자산 가격변화율의 표준편차

t = 옵션의 만기까지의 기간(연단위)

r = 무위험이자율(연율)

여기에서 $N(d)$는 평균이 0이고 표준편차가 1인 표준정규분포를 따르는 확률변수의 누적분포함수(cumulative distribution function)로서 [그림 8-4]에서 음영 부분의 면적을 나타낸다.

한편, 풋옵션의 가격은 풋-콜 패러티를 이용하여 쉽게 구해진다. 즉,

$$\begin{aligned} P &= C - S + Xe^{-rt} \\ &= [SN(d_1) - Xe^{-rt}N(d_2)] - S + Xe^{-rt} \\ &= -S[1 - N(d_1)] + Xe^{-rt}[1 - N(d_2)] \end{aligned}$$

여기서 $N(d)$가 평균값 0을 중심으로 좌우대칭인 점을 이용하면 $[1-N(d_1)] = N(-d_1)$이고 $[1-N(d_2)] = N(-d_2)$가 된다. 따라서 유럽형 풋옵션의 이론가격은 다음과 같이 나타낼 수 있다.

$$P = Xe^{-rt}N(-d_2) - SN(-d_1)$$

그림 8-4 **표준정규분포의 누적분포함수**

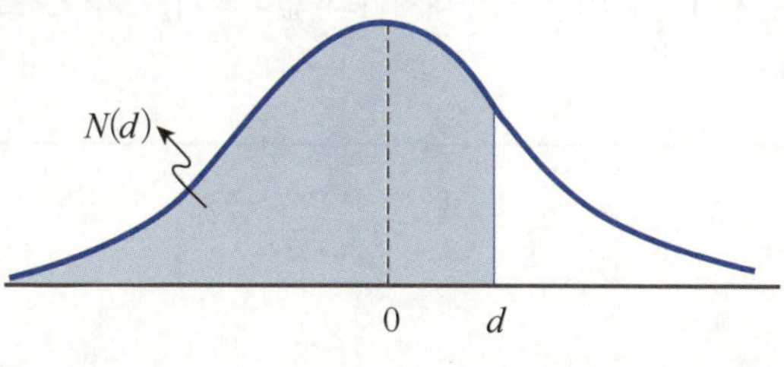

예제 6

Black-Scholes 모형을 이용해 옵션가격을 계산하는 예를 들어보자. 현재 주가는 42달러, 행사가격 40달러, 무위험이자율 연 10%, 기대되는 주가의 변동성은 표준편차로 측정했을 때 연 20%, 만기까지 남은 기간 6개월일 경우 유럽형 옵션의 이론가격을 구해 보기로 하자.

옵션가격을 결정하는 데 필요한 요인들의 값은 다음과 같다.

$$S=42,\ X=40,\ r=0.1,\ \sigma=0.2,\ t=0.5$$

이 값들을 블랙-숄즈 공식에 대입하여 계산한다.

$$d_1=\frac{\ln(42/40)+(0.1+0.5\times(0.2)^2)\times 0.5}{0.2\times\sqrt{0.5}}=0.7693$$

$$d_2=\frac{\ln(42/40)+(0.1-0.5\times(0.2)^2)\times 0.5}{0.2\times\sqrt{0.5}}=0.6278$$

본 서의 뒷부분에 첨부된 누적정규밀도함수표에 의해

$$N(0.7693)=0.7792 \qquad N(0.6278)=0.7350$$
$$N(-0.7693)=0.2208 \qquad N(-0.6278)=0.2650$$

따라서,

$$C=42\times 0.7792-(40\times e^{-0.1\times 0.5}\times 0.7350)=4.76$$
$$P=(40\times e^{-0.1\times 0.5}\times 0.2650)-42\times 0.2208=0.81$$

즉, 콜옵션의 이론가격은 4.76달러, 풋옵션의 이론가격은 0.81달러가 된다. 그러므로 콜옵션가격 4.76달러는 내재가치 2달러와 시간가치 2.76달러로 구성되고, 풋옵션가격 0.81달러는 내재가치 없이 시간가치만으로 구성되고 있음을 알 수 있다.

블랙-숄즈모형과 관련된 논의

블랙-숄즈모형을 도출하는 과정에서 콜옵션 1단위를 매도하고 주식 $\partial C/\partial S$만큼을 매입함으로써 무위험포트폴리오를 구성하였다. 결과적으로 $\partial C/\partial S$는 콜옵션가격을 주가로 편미분한 값으로 콜옵션의 델타에 해당하고, 블랙-숄즈모형에서 이 값은 $N(d_1)$으로 주어진다. 그러나 S와 t가 변함에 따라 $\partial C/\partial S$의 값도 변하기 때문에 포트폴리오의 무위험상태를 유지시키려면 포트폴리오를 구성하는 옵션과 기초자산의 상대적 비율을 지속적으로 변화시켜 주어야 한다. 한편, 풋옵션의 델타값은 풋옵션가격을 주가로 편미분한 값으로 $-N(-d_1)$ 즉 $[N(d_1)-1]$이 된다.

블랙-숄즈모형의 도출과정을 잘 살펴보면 앞서 이항모형에서 설명한 위험중립적 가치평가의 원리가 그대로 적용됨을 알 수 있다. 특히 블랙-숄즈 미분방정식에 포함된 변수들을 보면 현재주가 S, 시간 t, 주가변동성 σ, 무위험이자율 r임을 알 수 있다. 이 방정식을 유도하는 과정에서 주식의 기대수익률 μ가 제거되었음을 알 수 있다. 따라서 이 방정식이 주가의 기대수익률을 포함하고 있지 않기 때문에 투자자의 위험선호도에 관계없이 옵션의 가치를 결정할 수 있다. 즉, 모든 증권의 기대수익률을 무위험이자율로 간주하고 위험중립적 가치평가를 할 수 있게 된다.

Black과 Scholes는 복잡한 수학적 기법을 동원하여 옵션가격결정모형을 도출하였는데, 후에 Cox와 Ross는 비교적 쉬운 방식으로 동일한 모형을 유도할 수 있음을 보여 주었다.[13] 그 방법을 간단히 요약하면 다음과 같다.

우선 유럽형 콜옵션의 만기시점 T에서의 기대가치는 다음과 같이 나타낼 수 있다.

$$E(C_T) = p \times [E(S_T \mid S_T > X) - X] + (1-p) \times 0$$

단, p= 만기시 콜옵션이 내가격($S_T > X$)이 될 확률

13) J. C. Cox and S. A. Ross, "The Valuation of Options for Alternative Stochastic Processes," *Journal of Financial Economics* 3, 1976, pp.145–166.

위험중립적 가치평가에 관한 논의로부터 유럽형 콜옵션의 가격 C는 위의 기대가치를 무위험이자율로 할인한 값이 된다.

$$\begin{aligned} C &= E(C_T) \times e^{-rt} \\ &= p \times [E(S_T \mid S_T > X) - X] \times e^{-rt} \end{aligned}$$

블랙-숄즈모형에서는 주가가 이토 프로세스를 따른다고 가정했으므로 만기시점의 주가는 로그정규분포를 하게 된다. 이 분포식을 이용하면 다음과 같은 값을 얻을 수 있다.[14]

$$p = \text{Prob}(S_T > X) = N(d_2)$$

$$E(S_T \mid S_T > X) = Se^{rt}\frac{N(d_1)}{N(d_2)}$$

단, d_1과 d_2의 값은 위의 블랙-숄즈모형에서 정의한 값과 동일하다.

이들 값을 위식에 대입하여 정리하면 블랙-숄즈모형과 동일한 결과가 된다.

$$\begin{aligned} C &= N(d_2) \times \left[Se^{rt}\frac{N(d_1)}{N(d_2)} - X \right] \times e^{-rt} \\ &= SN(d_1) - Xe^{-rt}N(d_2) \end{aligned}$$

여기에서 흥미로운 것은 $N(d_2)$가 만기시 콜옵션이 내가격이 될 확률이란 점이다. 유럽형 풋옵션의 가격도 유사한 방법으로 유도할 수 있고 이때에는 $N(-d_2)$, 즉 $[1-N(d_2)]$가 만기시 풋옵션이 내가격이 될 확률이 된다.

블랙-숄즈모형은 다양한 다른 종류의 옵션에 적합하도록 조정이 가능하다. 우선 블랙-숄즈모형에서는 배당이 없는 주식을 기초자산으로 하는 주식옵션의 가치평가에 대해 설명하고 있다. 그러나 옵션의 기간 동안에 지불될 배당이 예측가능

---

14) 구체적으로 수식을 유도하는 과정은 다소 복잡하므로 본 서에서는 이를 생략하였다.

하다면 블랙-숄즈모형은 배당을 지급하는 주식에 대한 유럽형 콜옵션과 풋옵션의 가치를 평가하도록 쉽게 확장될 수 있다. 블랙-숄즈 공식에 현재주가 S 대신에 옵션의 기간 동안 기대되는 배당금의 현재가치에 의해 감소된 주가를 대입하면 된다.

예제 7

다른 모든 상황은 앞의 예제와 같으나, 단 옵션의 만기 전인 3개월 후를 배당기준일로 하여 주당 0.50달러의 배당금 지급이 예상되는 주식의 옵션이 있다고 하자.

$$S=42,\ X=40,\ r=0.1,\ \sigma=0.2,\ t=0.5$$

우선 무위험이자율 $r=0.1$로 할인된 3개월 후에 지급될 배당금의 현재가치를 구하면 다음과 같다.

$$0.5\times\frac{1}{\left(1+0.1\times\frac{3}{12}\right)}=0.4878$$

따라서 Black-Scholes 공식의 S에 42달러 대신에 배당금의 현재가치 0.4878달러를 차감한 금액, 즉 41.5122달러를 대입하여 옵션가격을 구하면, 콜옵션가격은 4.38달러, 풋옵션가격은 0.92달러가 된다.

결과적으로 무배당주식의 옵션가격에 비해 콜옵션 이론가격은 0.38달러만큼 낮아졌고, 풋옵션의 이론가격은 0.11달러만큼 높아졌음을 알 수 있다.

배당이 있는 주식을 기초자산으로 하는 옵션에 대한 블랙-숄즈모형의 확장은 현금흐름을 갖는 다른 기초자산에 대한 옵션의 가치평가에도 그대로 적용된다. 예를 들면, 주가지수옵션의 기초자산인 주식포트폴리오는 배당률의 영향을 받게 되고, 통화옵션의 경우에는 국내이자율 뿐 아니라 외국통화에 대한 이자율의 영향을 받게 된다. 이때에도 블랙-숄즈모형에 적용하는 기초자산의 가격을 배당률 또는 외국통화 이자율만큼 할인하면 된다. 구체적인 확장공식은 제11장에서 논의한다.

그 밖에도 블랙-숄즈모형은 기초자산의 가격이 정확히 로그정규분포를 따르지 않을 때 이를 고려하여 모형을 다소 수정하여 사용하기도 한다. 예를 들어 기초자산의 가격이 때때로 점프(jump)를 하는 경우에는 수익률은 정규분포보다 다소 두꺼운 꼬리(fat tail)를 갖는 확률분포를 갖는다. 이러한 현실을 실무적으로 고려할 때에는 블랙-숄즈모형을 그대로 이용하되, 내가격이나 외가격옵션의 가격을 평가할 때에는 변동성의 크기를 다소 크게 하여 공식에 대입하는 방식을 취하기도 한다.

8.3 변동성

변동성과 옵션가격

블랙-숄즈모형에서 옵션가격은 기초자산의 가격, 옵션의 행사가격, 무위험이자율, 옵션의 잔존만기, 기초자산수익률의 변동성 등 5개의 요인들에 의해 결정됨을 알 수 있다. 이들 요인은 이항모형에서도 마찬가지로 옵션의 가격을 산출하기 위하여 필요하다.[15] 이 가운데 행사가격과 잔존만기는 이미 결정되어 있고, 기초자산의 현재가격과 무위험이자율은 시장에서 쉽게 관찰될 수 있는 값들이다. 유일하게 직접 관찰할 수 없는 변수(unobservable factor)가 기초자산수익률의 변동성이다. 왜냐하면 옵션가격을 결정하는 데 필요한 변동성은 현재시점에서 옵션의 만기시점까지 기대되는 기초자산가격의 변동성, 즉 미래변동성(future volatility)이기 때문이다. 이러한 미래변동성을 정확하게 측정한다는 것은 사실상 불가능하다.

---

15) 이항모형을 보면 변동성을 표시하는 표준편차(σ)가 공식에 직접 포함되어 있지 않으나, 기초자산가격의 상승 또는 하락폭을 나타내는 u와 d값을 추정하는 데 변동성이 필요하기 때문에 궁극적으로는 위험중립적 확률값인 p의 값에 변동성에 관한 정보가 포함되어 있다.

표 8-1 **변동성과 옵션의 이론가격**

변동성(표준편차)	콜옵션가격	풋옵션가격
20%	2.38	1.45
21%	2.47	1.54
22%	2.55	1.62
23%	2.65	1.73
24%	2.75	1.82
25%	2.84	1.91

그럼에도 불구하고 옵션가격은 변동성의 변화에 민감하게 반응하므로 변동성을 정확하게 추정한다는 것은 옵션가격결정모형을 이용하는 데 매우 중요한 문제이다. 〈표 8-1〉은 옵션가격이 변동성에 얼마나 민감하게 반응하는지를 보여준다.

〈표 8-1〉에서는 블랙-숄즈모형을 이용하여 KOSPI200 주가지수옵션의 이론가격을 계산하고 있는데, 이때 투입된 값은 KOSPI200지수 77.60, 행사가격 77.50, 이자율 12.15%, 잔존만기 34일 등이다. 다만 변동성을 20%에서 25%까지 1%씩 증가시켰을 때 콜옵션과 풋옵션의 가격이 어떻게 달라지는가를 보여주고 있다. 변동성이 20%에서 25%로 상승하면 콜옵션가격은 2.38에서 2.84로 19% 정도 상승하고 풋옵션가격은 1.45에서 1.91로 무려 32%까지 상승한다. 따라서 옵션가격결정모형을 이용하는 데 정확한 변동성 값을 추정하여 사용하는 것이 매우 중요하다는 것을 알 수 있다. 앞서 언급한 것처럼 변동성의 변화에 대한 옵션가격의 민감도를 나타내는 값은 베가로서 베가값이 클수록 변동성의 추정이 더욱 중요해지게 된다.

변동성의 추정방법

실제 옵션가격을 계산하는 데는 과거자료로부터 추정된 역사적 변동성(historical volatility)을 많이 사용한다. 역사적 변동성을 구하는 데는 통계치 선택, 시간

간격, 계산기간 등을 결정하는 것이 문제가 된다.

첫째, 변동성을 측정하는 데 사용되는 통계치는 기초자산가격의 표준편차(σ)가 일반적이다. 다만 이때 전제가 되는 것은 기초자산가격의 변화행태가 안정적인 로그정규분포를 따른다는 가정을 하고 있다는 것이다.

둘째, 기초자산가격은 일정한 간격(매일, 매주, 매월 등)으로 관측된다. 이 경우 어떤 것을 선택하더라도 변동성은 크게 달라지지 않는다는 것이 통설이나, 적절한 통계치를 추정하기 위한 자료의 양과 적합도 면에서 일일종가(daily closing price)가 변동성을 측정하는 자료로 흔히 사용된다.

끝으로 변동성을 계산하는 기간을 선택하는 데 있어서는 자료의 양이 많아지면 정확도는 증가한다는 장점이 있는 반면, 너무 오래된 자료는 미래를 예측하는 데 적합하지 않다는 점도 고려해야 한다.

이렇게 계산된 역사적 변동성은 기초자산가격의 변동이 안정적일 것이라는 가정, 즉 과거의 변동성이 미래에도 지속될 것이란 가정 하에 옵션가격결정모형에서 요구되는 미래 변동성을 대신하여 사용된다. 그러나 옵션의 유효기간동안에 기초자산가격의 변동성이 역사적 변동성과 같을 것이라는 가정은 비현실적인 경우가 많다. 대부분 옵션의 기초자산의 변동성을 실제로 측정해 보면 기간별로 크게 변화하고 있는 것을 알 수 있다.

이와 같이 통계적 방법에 의한 변동성의 측정치가 불안정할 때 정확한 추정치를 얻기 위하여 추정방법을 바꾸거나 자료를 달리하여 변동성을 추정하기도 한다. 예를 들면, 현재시점에 가까운 자료에 높은 가중치를 부여하고 멀어질수록 낮은 가중치를 부여하여 최근 자료에 중점을 두어 변동성을 추정하는 방법을 사용하기도 한다. 또는 변동성의 변화추세를 감안하여 추정한 변동성을 이용하기도 한다. 그 밖에도 종가 이외에 일중 고가와 저가 자료를 활용하여 변동성을 추정하기도 하고, 실거래 자료를 활용하기도 한다.

내재변동성

변동성과 옵션가격간의 관계와 관련하여 논의해야 할 중요한 개념은 내재변동성(implied volatility)이다. 내재변동성은 시장에서 관측가능한 옵션의 가격에 내재된 변동성을 말한다. 좀더 설명하자면, 위에서 우리는 옵션가격결정모형을 구성하는 다섯 가지 요인들(S, X, t, σ, r)을 공식에 대입하여 옵션의 이론가격(C 또는 P)을 구하는 방법을 논의했으나, 이제는 옵션의 시장가격이 주어진 상태에서 기초자산의 변동성(σ)을 미지수로 간주하여 옵션가격모형에 주어진 변수들의 값을 대입하여 계산된 변동성을 내재변동성이라 부른다. 이렇게 구한 내재변동성은 옵션시장 참여자들이 예상하는 미래 기초자산가격의 변동성이라고 할 수 있다.

예를 들어 설명해 보면, 앞의 예제에서 $S=42$, $X=40$, $r=0.1$, $\sigma=0.2$, $t=0.5$이고 배당금은 없을 때 블랙-숄즈모형에 의해 콜옵션 이론가격 $C=4.76$달러를 구했다. 그러나 이 콜옵션의 시장가격이 4.90달러에 형성되어 있다면, 즉 시장가격이 이론가격에 비해 0.14달러만큼 높다고 했을 때 이 사실을 어떻게 설명할 것인가? 만일 모든 시장참여자가 동일한 이론가격모형, 즉 블랙-숄즈모형을 사용하고 시장가격은 이렇게 결정된 이론가격을 정확히 반영한다고 가정한다면, 추정한 이론가격($4.76)이 실제 시장가격($4.90)과 차이를 보이는 것은 모형에 대입된 요소값 가운데 일부가 문제가 있다고 볼 수 있다. 가장 가능성이 큰 것이 기초자산의 변동성이다. 왜냐하면 다른 요소값들은 직접측정이 가능한 반면 변동성은 과거자료로부터 추정된 값을 미래변동성으로 사용하기 때문이다.

따라서 다른 요소값은 일정하고 시장가격이 균형가격이라고 하면 이들 값을 공식에 대입하여 변동성을 구할 수 있다. 이 변동성을 내재변동성이라고 부른다. 컴퓨터의 도움으로 반복탐색절차(iterative search procedure)에 의해 내재변동성을 구하면 $\sigma=0.216$이 된다. 즉, 현재 시장가격에 반영된 기초자산의 변동성 연 21.6%는 과거자료로부터 추정한 변동성 연 20%보다 크다는 것을 알 수 있다. 다만 여기에서 주의해야 할 것은 이렇게 산출한 내재변동성이 기초자산가격의 변동성의 진실값(true value)이 되기 위해서는 중대한 가설을 필요로 하고 있다는 것이다. 즉, 옵션의 시장가격은 모든 시장참여자가 사용하는 동일한 이론가격모형에 따라 형성된 균형가격(equilibrium price)이란 전제가 있어야 한다.

내재변동성의 장점은 미래지향적이라는 점이다. 역사적 변동성은 미래에 발생할지 모르는 기초자산의 변동성의 변화에 대한 새로운 정보를 반영할 수 없다. 옵션시장의 투자자들은 미래의 변동성에 영향을 미치는 요소들을 감안하여 거래를 하기 때문에 이러한 정보는 옵션가격에 영향을 미쳐서 내재변동성에 반영되게 된다. 그러므로 과거 자료를 활용하여 추정한 역사적 변동성은 사실상 변동성이 시간의 흐름에 따라 변화하는 상황에서 신뢰하기 어려우므로 실무적으로는 내재변동성을 선호한다.

옵션의 내재변동성에서의 문제점은 동일한 기초자산에 대해 여러 개의 옵션종목이 존재하는데 이때 각각의 옵션으로부터 구한 기초자산의 내재변동성이 서로 다른 경우가 흔히 발생한다는 점이다.[16] 동일한 기초자산의 변동성이 여러 개 존재한다는 것은 모순이다. 이러한 문제점을 해결하는 방법으로 여러 개의 변동성에 가중치를 부여하여 평균값을 구하는 것이다. 이때 사용하는 가중치는 동일한 비중을 부여하거나 옵션종목별로 베가를 산출하여 이를 가중치로 삼는 방법이 있다. 그 밖에 시장가격을 이용하여 내재변동성을 구하는 과정에서 자료상의 오류, 호가공백, 일시적인 수급불균형 등 다양한 문제점들이 포함될 가능성이 높은 것도 유의하여야 할 문제이다.

이러한 문제점에도 불구하고 내재변동성은 옵션시장 뿐 아니라 현물시장에서도 실무적으로 다양하게 활용된다. 우선 내재변동성을 콜옵션과 풋옵션의 내재변동성으로 구분하여 콜 내재변동성이 풋 내재변동성보다 크면 현물시장의 상승기대감으로 해석하고 반대의 경우 하락으로 해석하기도 한다. 또한 내재변동성

16) 실제 자료를 이용하여 내재변동성을 구해 보면 내가격과 외가격 옵션이 등가격 옵션보다 높은 내재변동성을 갖거나, 외가격 옵션의 내재변동성이 다른 행사가격의 옵션들에 비해 높은 내재변동성을 갖는 경우가 흔히 발생하는데 실무자들은 이러한 현상을 '변동성 스마일(volatility smile)'이라고 부른다. 또한 풋옵션의 내재변동성이 콜옵션의 내재변동성보다 높게 형성되는 경향이 있는데 이를 '변동성 편이(volatility skew)'라고 부른다.

과 역사적 변동성의 상대적 차이로부터 옵션의 고평가 또는 저평가 여부를 판단하는 데 이용한다. 한편, 내재변동성을 이용해 시장참여자들의 심리적 공포(fear)를 수치화한 지표인 변동성지수(volatility index)가 주식시장에서 중요한 심리지표(sentimental index)로 사용된다. 대표적으로 S&P100 지수옵션의 내재변동성을 계산해 만든 지표인 VIX와 NASDAQ100 지수옵션의 내재변동성으로 만든 지표인 VXN이 있다. 국내에서도 KOSPI200 주가지수옵션의 내재변동성을 기초로 만든 지표로서 VKOSPI가 있다.

사례 : 옵션가격결정에 있어서 변동성 추정의 중요성 – Natwest 은행의 사례

1997년 3월 영국의 4대 은행 중에 하나인 Natwest은행은 옵션가격 계산상의 오류로 인하여 약 9천만 파운드의 손실이 발생하였음을 발표하였다. 이 사건의 직접적인 발생원인은 옵션가격을 결정하는 데 있어서 중요한 요인인 변동성을 측정하는데 오류가 발생한 것이었다.

옵션가격을 결정하는 데 투입되는 요인들 가운데 시장에서 관찰할 수 없는 변수가 기초자산수익률의 변동성이다. 왜냐하면 이때 사용되는 변동성은 미래변동성이기 때문이다. 이러한 미래변동성을 추정하기 위하여 다양한 통계적 기법이 활용되나, 이를 정확하게 측정한다는 것은 사실상 불가능하다. 그럼에도 불구하고 추정된 변동성의 크기에 따라 옵션가격은 민감하게 반응한다.

Natwest은행의 내부조사에 의하면 이 은행의 옵션거래 전문가인 Kyriacos Papouis가 변동성을 조정하여 옵션의 평가금액을 높였고, 그의 상사인 Neil Dodgson은 전문성의 결여로 이러한 평가방법의 오류를 발견하지 못했던 것이다. 무려 2년 동안이나 오류가 지속되었으나 이를 관리감독하지 못했던 것이다.

Natwest은행은 1996년 당시 파생금융상품의 거래잔액이 미국달러로 5천억을 초과하면서 전세계 시장점유율의 3.5%정도를 차지하고 있었음에도 불구하고, 전문가 부족으로 인한 관리감독상의 허점이 있었다는 사실은 충격이 아닐 수 없었다. 특히, 문제는 베어링스 사건 이후 영란은행이 파생금융상품 부문에 대한 통제 및 감독을 특별히 강화하던 시기에 이러한 사건이 발생했다는 것이다.

이 사건이 주는 교훈은 파생금융상품업무를 수행하는 데 있어서 충분한 전문지식을 갖춘 거래자와 관리자가 필요하다는 점이다. 최근에는 금융공학(financial engineering)의 발달로 복잡하고 다양한 금융신상품이 계속적으로 개발되고 있는데 전문적인 지식이 없이 이러한 상품을 취급하는 것은 위험한 일이 아닐 수 없다. 특히 새로운 장외파생상품은 상품의 구조에 대한 이해 뿐 아니라 가격결정(pricing)에 고도의 수학적 지식이 요구된다. 이러한 상품을 직접 거래하는 거래자(trader)가 전문성을 갖추고 있어야 함은 물론이고, 이를 통제 · 감독하는 관리자도 전문지식이 필요하다.

– 이 사례는 주로 「월간 선물시장」 2000년 3월호에 게재된 김숭진의 "파생금융상품의 위험관리방안에 관한 실증적 연구"를 참조하여 작성한 것임.

연/습/문/제

1. 현재 주가는 50,000원이고 1년 후의 주가는 60,000원으로 상승하거나 45,000원으로 하락하는 두 가지 경우만 가능하다고 가정하자. 배당금은 없고 무위험이자율은 연 8%이다. 이 주식을 55,000원에 매입할 수 있는 유럽형 콜옵션의 가치를 무차익거래논리에 의해 구해 보시오.

2. 현재 주가는 10,000원이고 6개월 후의 주가는 12,000원으로 상승하거나 8,000원으로 하락하는 두 가지 경우만 가능하다고 가정하자. 배당금은 없고 무위험이자율은 연 6%이다. 이 주식을 11,000원에 매도할 수 있는 유럽형 풋옵션의 가치를 위험중립적 가치평가방식에 의해 구해 보시오.

3. 현재 주가는 10,000원이고 6개월마다 주가가 10% 상승하거나 10% 하락하는 두 가지 경우만 가능하다고 가정하자. 배당금은 없고 무위험이자율은 연 6%이다. 이 주식을 1년 후에 9,500원에 매입할 수 있는 유럽형 콜옵션의 가치와 9,500원에 매도할 수 있는 유럽형 풋옵션의 가치를 구하시오.

4. 현재 주가는 50,000원이고 3개월마다 주가가 5% 상승하거나 5% 하락하는 두 가지 경우만 가능하다고 가정하자. 배당금은 없고 무위험이자율은 연 8%이다. 이 주식을 기초자산으로 하는 만기 6개월, 행사가격 50,000원인 풋옵션이 있다. 이 풋옵션이 유럽형인 경우와 미국형인 경우의 옵션가치를 각각 구해 보시오.

5. 옵션가격결정모형에서 위험중립적(risk-neutral) 가치평가의 논리를 설명하시오.

6. 이항모형과 블랙-숄즈 모형을 비교 설명하시오

7. 블랙-숄즈 모형에서 $N(d_1)$과 $N(d_2)$의 값이 갖는 의미는 무엇인가?

8. 옵션가격을 결정하는 데 있어서 변동성 값이 왜 중요한지를 설명하시오.

CHAPTER 09

옵션을 이용한 투자전략

9.1 기본적인 투자의 손익패턴

9.2 옵션을 이용한 스프레드전략

9.3 옵션을 조합하는 투자전략

9.4 옵션을 이용한 차익거래전략

옵션이 갖고 있는 중요한 기능의 하나는 종래의 일방향적인(uni-directional) 투자패턴을 벗어나 다방향적인(multi-directional) 투자패턴을 창출하는 데 활용된다는 점이다. 콜옵션과 풋옵션의 매입 · 매도를 다양하게 결합함으로써 다양한 형태의 수익흐름을 가진 투자수단을 만들어 낼 수 있다. 따라서 옵션을 활용하여 투자자들은 위험에 대한 선호나 향후 가격변화의 예상 등에 따라 각자의 투자목적에 적합한 투자수단을 선택할 수 있고,[1] 옵션을 이용하여 합성포지션을 구성함으로써 차익거래전략을 구사할 수 있게 된다.

9.1 기본적인 투자의 손익패턴

기초자산의 매입 또는 공매(short selling), 콜옵션 매입 또는 매도, 풋옵션 매입 또는 매도 등과 같은 단순한 투자의 순익패턴을 그림으로 나타내 보자. 뒤에 살펴볼 다양한 형태의 투자수익패턴도 이러한 단순한 투자수익패턴의 결합으로 이루어짐을 알게 될 것이다.

기초자산의 매입보유 및 공매

기초자산의 매입포지션(long position)과 공매포지션(short position)의 손익패턴은 각각 [그림 9-1] 및 [그림 9-2]와 같이 나타낼 수 있다.

이것은 장래의 어떤 시점에서 기초자산가격의 변동과 손익과의 관계를 나타낸 것이다. 매입포지션의 경우는 45도의 경사를 갖는 우상향 직선으로 매입가격

1) 본 장에서 언급하는 대부분의 투자전략은 옵션만을 결합해서 만들어 낸 투기적(speculative) 포지션이란 점을 유념해 주길 바란다.

그림 9-1 **기초자산 매입포지션의 손익패턴**

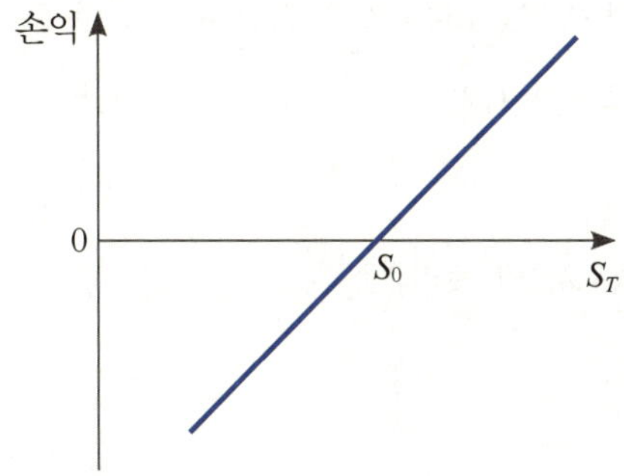

그림 9-2 **기초자산 공매포지션의 손익패턴**

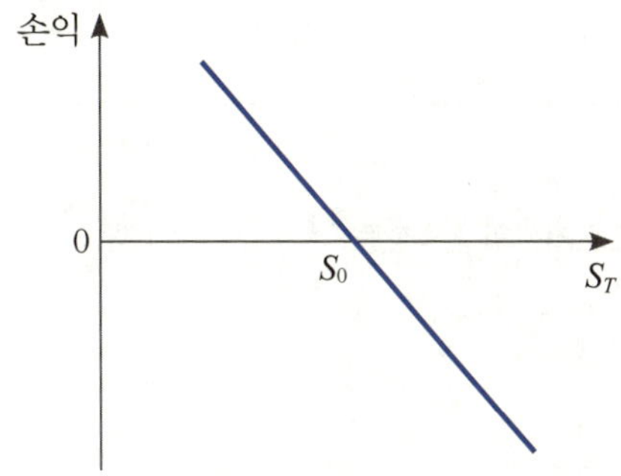

S_0에서 손익이 영(0)이 되고, 기초자산가격의 S_0 이상으로 상승하면 상승분만큼이 이익이고 S_0 이하로 하락하면 하락분만큼이 손실이 됨을 나타낸다. 이때 물론 수수료, 증거금, 세금 등의 거래비용은 없다고 가정하고 있다. 공매는 그 반대의 경우로서 기초자산가격의 하락은 이익으로 기초자산가격의 상승은 손실로 나타난다.

콜옵션의 매입 또는 매도

콜옵션을 만기시까지 보유하는 경우 콜옵션매입 및 콜옵션매도의 손익패턴은 각각 [그림 9-3] 및 [그림 9-4]와 같이 나타낼 수 있다.[2)]

그림 9-3 콜옵션 매입포지션의 손익패턴

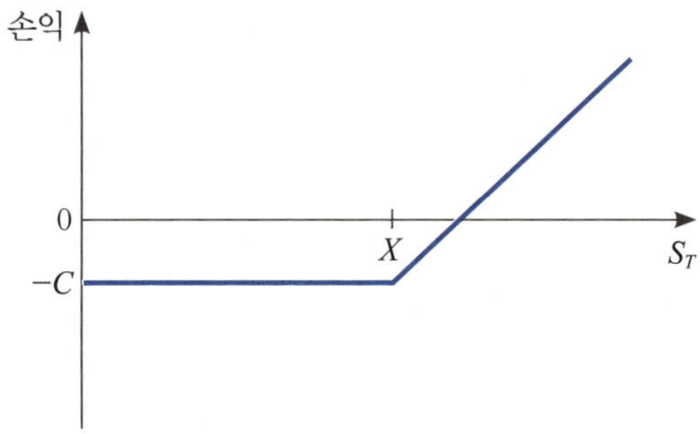

그림 9-4 콜옵션 매도포지션의 손익패턴

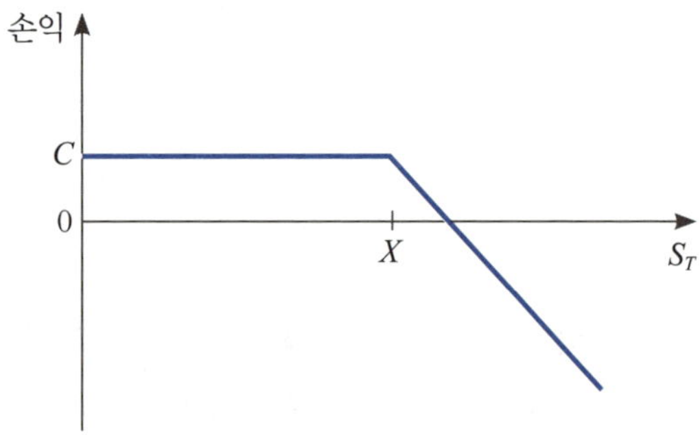

2) 만기시점에 옵션은 내재가치만 갖기 때문에 손익패턴을 직선으로 나타낼 수 있으나, 만기 전에는 내재가치 뿐 아니라 시간가치도 갖고 있으므로 손익패턴이 곡선의 형태로 나타난다. 실제 옵션투자의 경우 만기까지 포지션을 갖고 가는 경우는 드물기 때문에 만기 전 손익패턴이 중요하지만, 일반적으로 교과서에서는 편의성을 고려하여 만기시점을 기준으로 손익패턴을 나타낸다.

콜옵션매입자는 기초자산의 가격 S가 행사가격 X보다 높을 경우 옵션을 행사한다. 즉, 가격이 S인 기초자산을 그것보다 낮은 가격 X에 매입함으로써 $(S-X)$만큼의 이익을 누리게 된다. 다만 옵션을 매입하는데 이미 프리미엄 C를 지급했으므로 $(S-X)$에서 C를 뺀 금액이 손익으로 계산된다. 만일 기초자산의 가격 S가 행사가격 X보다 작을 경우에는 옵션은 행사되지 않으므로 옵션매입자는 프리미엄 C만 허비한 결과가 되어 지급한 프리미엄 C가 손실이 된다.[3)]

콜옵션매도자는 정확하게 반대의 경우가 된다. 즉, 기초자산의 가격 S가 행사가격 X보다 높아 옵션이 행사된 경우에는 가격이 S인 기초자산을 그것보다 낮은 가격 X에 매도해야 하므로 $(S-X)$만큼의 손실을 보나 이미 옵션계약시 프리미엄 C를 수취했기 때문에 C만큼 손실이 감소하여 $-(S-X)+C$의 손익이 발생한다. 만일 기초자산의 가격 S가 행사가격 X보다 낮을 경우에는 옵션은 행사되지 않고 콜옵션매도자는 프리미엄 C만큼의 수입을 올리고 옵션계약이 종결된다.

이때 옵션투자도 선물과 마찬가지로 제로섬(zero sum) 게임임을 알 수 있다. 즉, 옵션매입자와 매도자의 손익은 서로 반대방향으로 움직여 일방의 이익은 상대방의 손실과 정확하게 상쇄되고 있다. [그림 9-3]과 [그림 9-4]를 보면 두 그래프는 X축을 중심으로 정확하게 대칭을 이루어 두 그래프의 합은 손익이 제로가 되는 X축과 일치함을 알 수 있다.

단순히 옵션만을 매입 또는 매도하는 것은 기초자산가격의 변화방향을 예상하고 포지션을 취하는 일종의 투기적 거래전략이다. 콜옵션매입은 기초자산의 가격이 상승할 것으로 예상되지만 만일 예상이 빗나가서 가격이 하락할 경우의 손실을 지급한 프리미엄에 한정시키고자 할 때 적합한 투자방식이다. 특히 행사가격이 높은 외가격 콜옵션을 매입할 경우에는 확률은 낮지만 기초자산의 가격의 크게 상승할 경우 낮은 프리미엄으로 높은 수익을 올릴 수 있으므로 다른 어떤 투자

3) 여기에서 프리미엄을 지급한 시점은 옵션을 매입한 당시이기 때문에 만기시점의 손익패턴을 계산할 때는 지급한 프리미엄의 이자비용까지 합하는 것이 원칙이나, 그 금액이 매우 작기 때문에 일반적으로 옵션투자에서는 이를 무시한다. 즉, 화폐의 시간가치를 무시하고 손익을 계산하는 것이 일반적이다.

전략보다도 높은 레버리지효과를 거둘 수 있다. 반대로 콜옵션매도는 기초자산의 가격이 상승할 가능성이 아주 적다고 확신할 때 적합한 투자전략이 된다. 예상대로 기초자산의 가격이 하락하거나 별로 변하지 않을 경우 콜옵션매도자는 프리미엄의 한도내에서 이익을 보게 되지만 예상이 빗나갈 경우에는 커다란 손실을 감수해야 하는 위험이 있다. 이러한 논의대로라면 옵션거래는 매입자에게 유리하고 매도자에게 불리한 것처럼 보일지도 모르나, 기초자산의 가격이 변동할 확률을 포함시켜 기대수익을 고려할 경우에는 매입자나 매도자에게 공정한(fair) 조건이 된다.

예제 1

행사가격이 60,000원이고 프리미엄이 3,000원인 콜옵션이 있다. 이 옵션의 매입자와 매도자의 만기시 손익을 계산해 보기로 하자.

1) 만기시 기초자산의 가격이 70,000원이라면;

콜옵션매입자는 옵션을 행사할 것이므로 옵션의 내재가치는 10,000원(= 70,000−60,000)이 된다. 그러나 이 옵션을 매입하면서 지급한 프리미엄 3,000원을 고려하면 콜옵션매입자의 이익은 7,000원(= 10,000−3,000)이 된다. 반대로 콜옵션매도자는 매입자의 옵션행사로 우선 내재가치인 10,000원만큼이 손실이나, 옵션매도시 수취한 3,000원의 프리미엄을 고려하면 콜옵션매도자의 순손실은 7,000원(= −10,000+3,000)이 된다. 따라서 매입자와 매도자의 손익의 합은 영(0)이 됨을 알 수 있다.

2) 만기시 기초자산의 가격이 55,000원이라면;

콜옵션매입자는 옵션을 행사하지 않을 것이고 옵션의 내재가치는 영(0)이 된다. 그러나 이 옵션을 매입하면서 지급한 프리미엄 3,000원을 고려하면 콜옵션매입자는 3,000원의 손실을 본 것이 된다. 반대로 콜옵션매도자는 옵션이 미행사되므로 이로 인한 손실은 없고 옵션매도시 수취한 3,000원의 프리미엄만이 이익으로 남는다. 이때에도 매입자와 매도자의 손익의 합은 영(0)이 됨을 알 수 있다.

풋옵션의 매입 또는 매도

풋옵션매입 및 풋옵션매도의 만기시 손익패턴은 각각 [그림 9-5] 및 [그림 9-6]과 같이 나타낼 수 있다.

풋옵션매입자는 기초자산의 가격 S가 행사가격 X보다 낮을 경우에 옵션을 행사함으로써 가격이 S인 기초자산을 그것보다 높은 가격 X에 매도하여 매도가격면에서 $(X-S)$만큼의 이익을 누릴 수 있다. 다만 그러한 옵션을 매입하는 데 이미 프리미엄 P를 지급했기 때문에 $(X-S)$에서 P를 뺀 금액이 손익으로 계산된다.

그림 9-5 **풋옵션 매입포지션의 손익패턴**

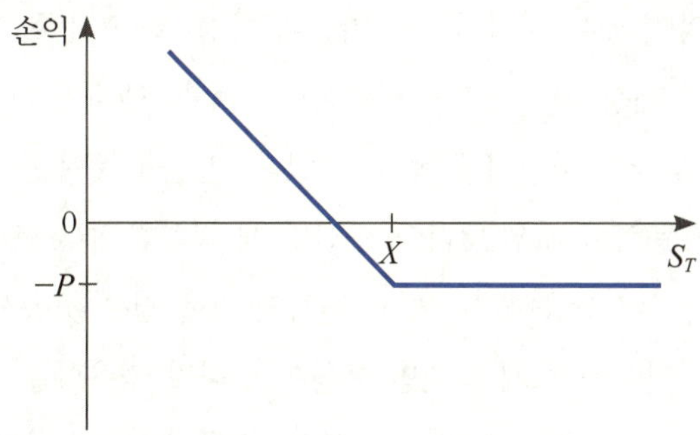

그림 9-6 **풋옵션 매도포지션의 손익패턴**

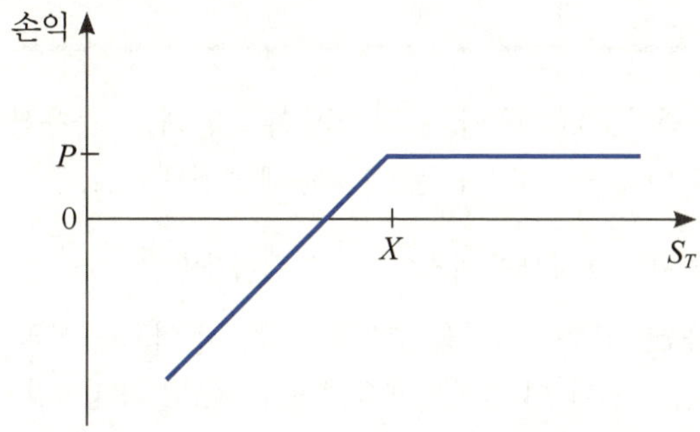

만일 기초자산의 가격 S가 행사가격 X보다 클 경우에는 옵션은 행사되지 않고 지급된 프리미엄 P는 손실로 남는다.

반대로 풋옵션매도자는 옵션이 행사되는 $S<X$의 경우 시장가격이 S인 기초자산을 그것보다 높은 가격 X에 매입할 의무를 지게 되므로 매입가격면에서 $(X-S)$만큼의 손실을 보게 되나 옵션매도 시 수취한 프리미엄 P는 상쇄되어 $-(X-S)+P$의 손익이 발생한다. 만일 기초자산의 가격 S가 행사가격 X보다 높을 경우에는 옵션은 행사되지 않고 프리미엄 P만 옵션매도자의 수익으로 남게 된다. 이 경우에도 콜옵션과 마찬가지로 매입자와 매도자의 손익은 거래비용이 전혀 없다는 가정 하에서 제로섬이 된다.

풋옵션매입은 기초자산가격의 하락이 예상되지만 만일 예상이 빗나가서 가격이 상승할 경우의 손실은 지급한 프리미엄에 한정시키고자 할 때 적합한 투자방식이다. 이때에도 예상되는 가격의 하락폭이 클수록 행사가격이 낮은 외가격 풋옵션을 매입함으로써 레버리지를 높일 수 있다. 반면에 풋옵션매도는 기초자산의 가격이 하락할 가능성이 매우 낮다고 확신할 때 적합한 투자전략이 된다. 예상대로 기초자산의 가격이 상승하거나 별로 변하지 않을 경우 풋옵션매도자는 프리미엄의 한도내에서 이익을 보게 되지만 예상이 빗나갈 경우에는 커다란 손실을 감수해야 하는 위험이 있다. 이때에도 옵션의 프리미엄이 적정하게 결정되었다고 전제한다면 기초자산의 가격이 변동할 확률을 포함시켜 계산한 기대수익을 고려할 경우 옵션거래는 매입자나 매도자에게 모두 공정한(fair) 조건이 된다.

예제 2

행사가격이 60,000원이고 프리미엄이 2,000원인 풋옵션이 있다. 이 옵션의 매입자와 매도자의 만기시 손익을 계산해 보기로 하자.

1) 만기시 기초자산의 가격이 70,000원이라면;

풋옵션매입자는 옵션을 행사하지 않을 것이고 옵션의 내재가치는 영(0)이 된다. 그러나 이 옵션을 매입하면서 지급한 프리미엄 2,000원을 고려하면 풋옵션매입자는 2,000원의 손실을 본 것이 된다. 한편, 풋옵션매도자는 옵션이 미행사되므로 이로 인한 손실은 없고 옵션매도시 수취한 2,000원의 프리미엄만이 이익으로 남는다. 따라서 매입자와 매도자의 손익의 합은 영(0)이 된다.

2) 만기시 기초자산의 가격이 55,000원이라면;

옵션의 내재가치는 5,000원(= 60,000－55,000)이고, 따라서 풋옵션매입자는 옵션을 행사할 것이다. 그러나 이 옵션을 매입하면서 지급한 프리미엄 2,000원을 고려하면 풋옵션매입자의 이익은 3,000원(= 5,000－2,000)이 된다. 한편, 풋옵션매도자는 매입자의 옵션행사로 우선 내재가치인 5,000원만큼이 손실이나, 옵션매도시 수취한 2,000원의 프리미엄을 고려하면 풋옵션매도자의 순손실은 3,000원(= －5,000＋2,000)이 된다. 이때에도 매입자와 매도자의 손익의 합은 영(0)이 됨을 알 수 있다.

9.2 옵션을 이용한 스프레드전략

옵션스프레드는 만기, 행사가격 등이 서로 다른 두 개 이상의 옵션에 각각 매입과 매도포지션을 동시에 취하는 투자전략이다. 사용하는 옵션이 콜옵션이면 콜스프레드(call spread)라고 하고 풋옵션이면 풋스프레드(put spread)라고 한다. 옵션스프레드전략은 옵션의 독특한 수익구조를 이용하여 투자자가 원하는 현금흐름을 창출할 수 있다는 장점이 있으므로 광범위하게 사용된다.

수직스프레드

수직스프레드(vertical spread)는 콜(풋)옵션을 매입하면서 행사가격만 다른 콜(풋)옵션을 매도하는 전략으로서 가격스프레드(price spread)라고 부르기도 한다. 매입한 옵션의 행사가격이 매도한 옵션의 행사가격보다 낮으면 강세스프레드(bull spread)라고 하고, 이와는 반대로 매입한 옵션의 행사가격이 매도한 옵션의 행사가격보다 높으면 약세스프레드(bear spread)라고 한다.

[그림 9-7]은 만기는 같으나 행사가격이 X_1, X_2(단, $X_1 < X_2$)인 콜옵션을 이용하여 행사가격이 낮은 콜옵션은 매입하고 행사가격이 높은 콜옵션은 매도하여 만든 강세형 콜스프레드의 만기시 손익패턴을 나타내고 있다. 이 전략은 기초자산의 가격이 완만하게 상승할 것으로 예상되는 경우에 옵션을 통하여 손익증폭효과를 기대하지만, 예상이 빗나가 가격이 많이 상승하는 경우의 이익은 한정적인 대신에

그림 9-7 강세형 콜스프레드

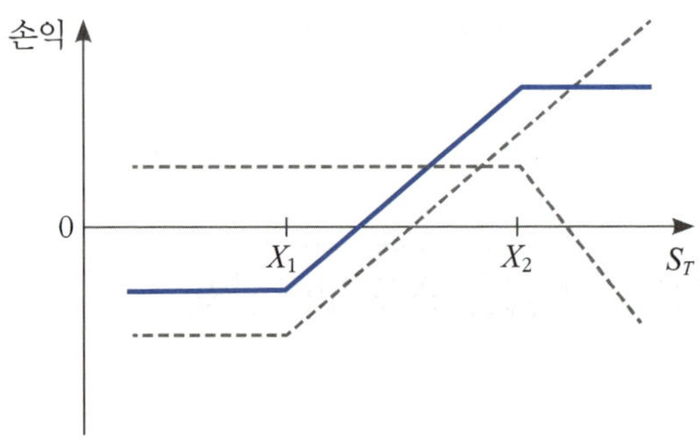

그림 9-8 강세형 풋스프레드

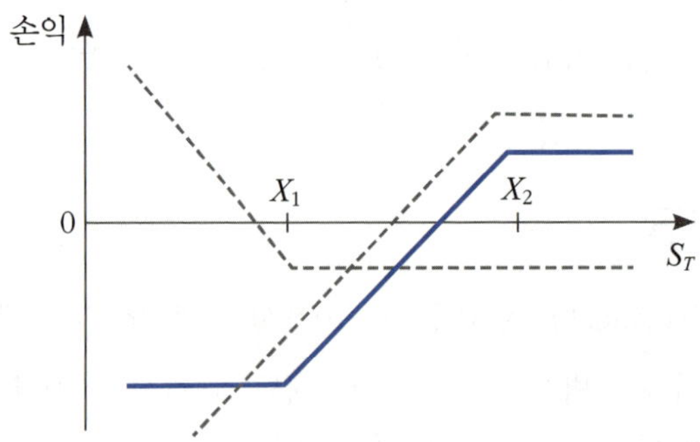

하락시에도 손실을 한정할 수 있다. [그림 9-7]에서 보듯이 기초자산의 가격이 매입한 콜옵션의 행사가격(X_1) 이하로 하락할 경우 매입한 콜옵션과 매도한 콜옵션의 프리미엄의 차이만큼으로 손실이 한정된다. 기초자산의 가격이 그 이상으로 상승할 때마다 점차 손실이 줄거나 이익이 커지게 되나, 가격이 매도한 옵션의 행사가격(X_2)에 도달하게 되면 이익증가는 멈추고 한정된 이익만 취하게 된다.

강세스프레드는 풋옵션을 이용하여 만들 수도 있다. 즉, 행사가격이 낮은 풋옵션을 매입하고 동시에 행사가격이 높은 풋옵션을 매도하면, [그림 9-8]에서 보는 바와 같이 강세형 콜스프레드와 유사한 손익패턴이 만들어진다.

강세형 콜스프레드와 강세형 풋스프레드의 차이는 만기시점의 손익액의 크기가 다소 차이가 있다는 점이다. 그 이유는 간단하다. 콜옵션은 행사가격이 클수록 프리미엄이 작아지고 풋옵션은 그 반대이기 때문에 비싼 콜옵션을 매입하고 싼 콜옵션을 매도하는 강세형 콜스프레드는 포지션을 취할 당시에 비용이 들어가는 반면, 싼 풋옵션을 매입하고 비싼 풋옵션을 매도하는 강세형 풋스프레드는 프리미엄의 차이만큼 현금유입이 있게 된다. 따라서 강세형 콜스프레드에서는 현금유출에 대한 만기까지의 이자비용이 발생하는 반면에 강세형 풋스프레드에서는 현금유입에 대한 이자수입이 발생하기 때문에 이 차이만큼이 만기시 손익에 반영되어 강세형 풋스프레드의 손익이 강세형 콜스프레드보다 낮아지게 된다.

약세스프레드는 강세스프레드와는 반대로 기초자산의 가격이 완만하게 하락할 것으로 예상되는 경우에 취할 수 있는 옵션투자전략이다. 이 경우에도 이익과 손실이 한정된다는 점은 동일하다. 약세스프레드는 매입하는 옵션이 높은 행사가격을 갖고 매도하는 옵션이 낮은 행사가격을 가져야 한다는 점을 제외하면 강세스프레드를 구축하는 것과 동일한 방법으로 만들어질 수 있다. [그림 9-9]와 [그림 9-10]은 각각 콜옵션과 풋옵션을 이용한 약세형 스프레드의 손익패턴을 보여주고 있다.

약세형 콜스프레드전략은 기초자산의 가격이 매도옵션의 행사가격(X_1) 이하로 하락할 경우 두 옵션의 프리미엄 차이만큼의 이익이 고정적으로 발생되고, 기초자산의 가격이 상승하면 손실이 생기게 되는데 매입옵션의 행사가격(X_2) 이상이

그림 9-9 약세형 콜스프레드

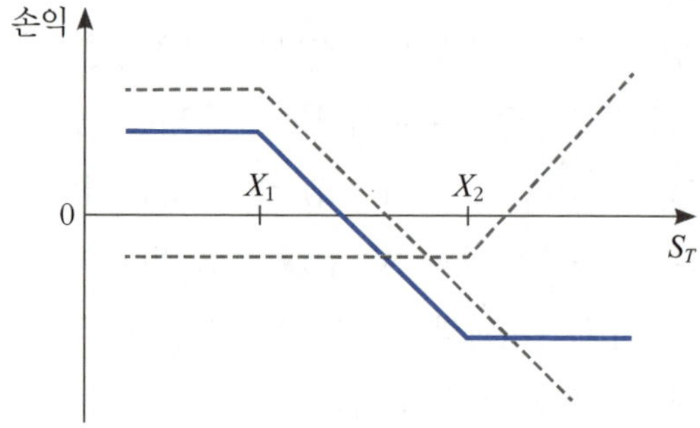

그림 9-10 약세형 풋스프레드

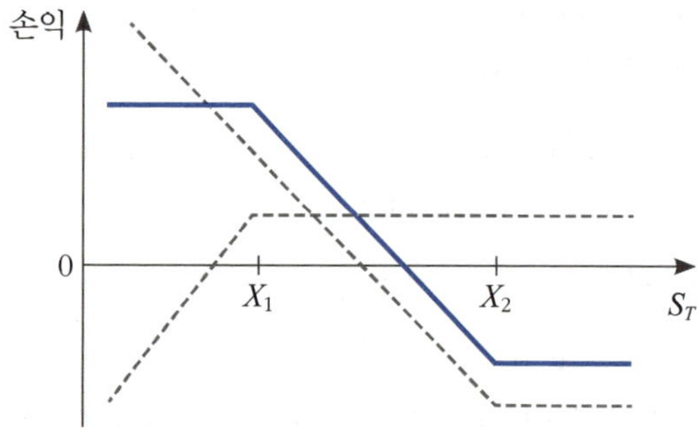

되면 손실액은 두 옵션의 행사가격의 차이(X_2-X_1)에 프리미엄 차이만큼의 이익을 합한 금액으로 한정된다. 약세형 풋스프레드는 약세형 콜스프세드와 달리 포지션을 취할 때 두 옵션의 프리미엄 차이만큼의 비용이 든다는 단점이 있는 반면, 이익폭이 크고 손실폭은 작다는 장점이 있다. 최대손실은 두 옵션간의 프리미엄 차이, 즉 투자비용이 되고, 최대이익은 두 옵션의 행사가격의 차이 (X_2-X_1)에서 투자비용을 뺀 금액이 된다.

예제 3

동일한 만기의 KOSPI200 주가지수 풋옵션을 행사가격이 95인 것을 1.50에 매입하고 행사 가격이 105인 것은 6.50에 매도하여 강세형 풋스프레드 포지션을 취하였다. 만기시점의 손익패턴을 그래프로 나타내고, 만기일에 손익분기점이 되는 KOSPI200 지수값과 손익의 최저값과 최고값을 구해 보자.

만기시점의 손익패턴을 만기시점의 지수(S_T)를 x축, 손익을 y축에 표시한 그래프로 나타내면 다음과 같다.

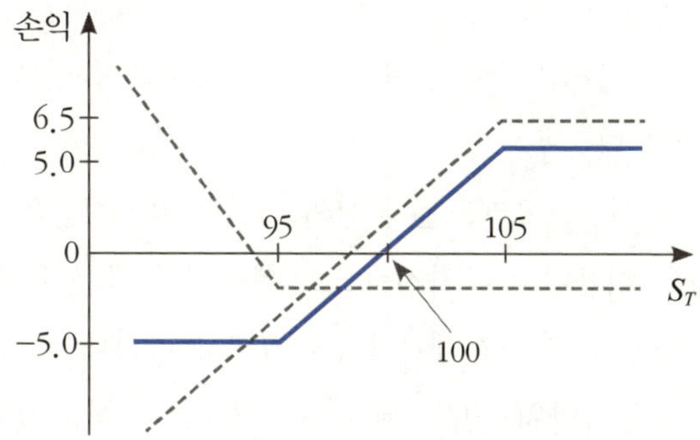

만기시점의 지수값(S_T)에 따른 각 옵션별 손익금액 및 이들의 합계를 표로 나타내면 다음과 같다.

	$S_T \leq 95$	$95 < S_T < 105$	$S_T \geq 105$
풋(X=95) 매입 풋(X=105) 매도	$(95-S_T)-1.5$ $-(105-S_T)+6.5$	$0-1.5$ $-(105-S_T)+6.5$	$0-1.5$ $0+6.5$
합계	-5.0	S_T-100	5.0

따라서 옵션만기시점에 KOSPI200 지수가 95 이하가 되면 −5.0의 손실이 발생하고 105 이상이 되면 5.0의 이익이 발생한다. 손익분기점이 되는 지수값은 (S_T-100)를 영(0)으로 만드는 S_T의 값인 100이 된다.

수평스프레드

수평스프레드(horizontal spread)는 옵션유형과 행사가격은 동일하지만 만기일이 서로 다른 옵션간에 매입 · 매도를 조합하여 만드는 포지션으로서 시간스프레드(time spread) 또는 캘린더스프레드(calendar spread)라고도 부른다. 만기가 짧은 옵션을 매도하고 행사가격은 같으나 만기가 긴 옵션을 매입하여 만드는 매입시간스프레드(long time spread)와 반대로 만기가 짧은 옵션을 매입하고 만기가 긴 옵션은 매도하여 만드는 매도시간스프레드(short time spread)로 구분된다. 시간스프레드는 콜옵션과 풋옵션 중에서 어느 유형의 옵션을 이용하든 거의 유사한 손익패턴을 갖는다.

일반적으로 시간스프레드는 옵션의 시간가치와 시간의 경과에 따른 시간가치의 잠식효과를 이용하는 투자전략으로 활용된다. 옵션은 그 특성상 등가격에서 시간가치가 가장 크고 시간가치의 잠식효과를 나타내는 세타(theta)값도 가장 크다. 특히 만기가 가까워지면서 세타값은 커지는 경향이 있는데 단기월물 등가격옵션은 장기월물 등가격옵션보다 만기가 상대적으로 짧기 때문에 빠른 속도로 시간가치가 감소하게 된다.

시간스프레드에서 손익이 발생하는 과정을 만기가 긴 등가격옵션을 매입하고 만기가 짧은 등가격옵션을 매도하여 만든 매입시간스프레드의 예를 통해 살펴보자. 만일 기초자산의 가격이 크게 변동하지 않는다면 시간이 경과함에 따라 두 옵션 모두 시간가치의 잠식현상이 나타나게 된다. 이에 따라 매입한 장기 옵션의 시간가치잠식에 의해 손해를 입지만 매도한 단기 옵션의 시간가치잠식으로부터 이익을 얻게 된다. 이때 단기 등가격옵션의 시간가치가 장기 등가격옵션의 기간가치보다 빠르게 감소하기 때문에 시간가치의 잠식효과는 매입시간스프레드의 보유자에게 이익을 가져오게 된다. 그러나 만일 기초자산의 가격이 크게 상승하거나 하락하여 양 옵션이 모두 깊은 내가격 또는 외가격 상태가 될 경우에는 양 옵션의 시간가치가 모두 작아지고 내가격과 외가격 옵션은 기간경과에 따른 시간가치잠식이 선형적 형태를 보이기 때문에 스프레드에 의한 시간가치의 잠식효과가 발생하지 않는다. 오히려 매입한 장기 옵션의 프리미엄은 매도한 단기 옵션의

그림 9-11 콜옵션에 의한 매입시간스프레드

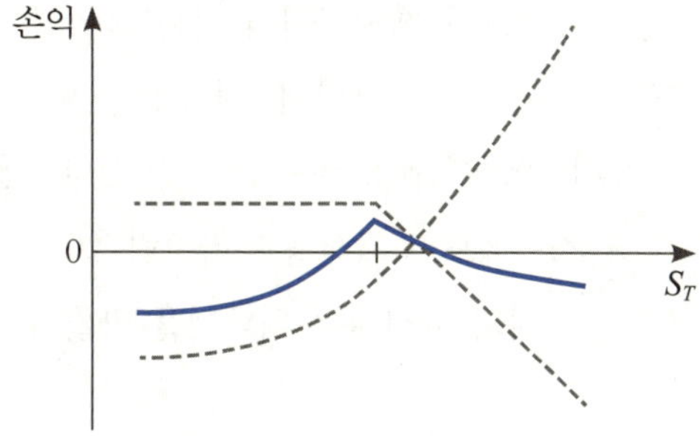

그림 9-12 콜옵션에 의한 매도시간스프레드

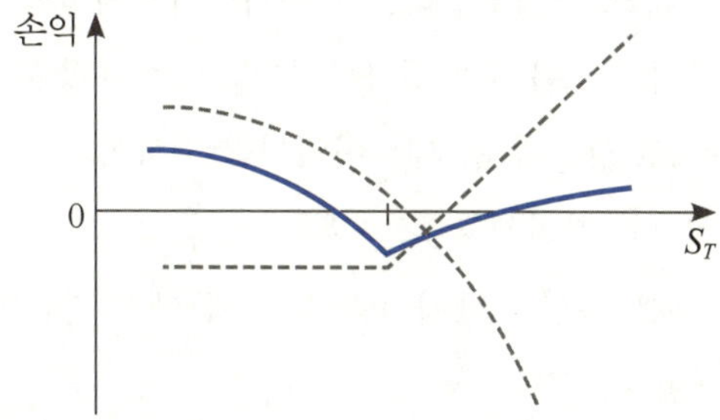

프리미엄보다 크기 때문에 손실이 발생하게 된다. [그림 9-11]은 콜옵션에 의한 매입시간스프레드의 손익패턴을 단기 옵션의 만기시점을 기준으로 나타낸 것이다.

만기가 짧은 등가격옵션을 매입하고 동시에 만기가 긴 등가격옵션을 매도함으로써 만들어지는 매도시간스프레드(short time spread)의 손익패턴을 나타낸 것이 [그림 9-12]이다. 매입시간스프레드가 기초자산의 가격이 안정된 상태에서 시간가치의 잠식효과를 이용한 전략이라면, 매도시간스프레드는 시간가치의 잠식효과면에서는 손실이 나타날 수 있지만 기초자산의 가격이 급등 또는 급락할 경우에는 시간가치의 잠식효과를 피하면서 순프리미엄의 수입으로 인한 이익을 얻게 된다.

기타 다양한 스프레드전략

수직스프레드가 만기는 같으나 행사가격이 다른 콜옵션 또는 풋옵션을 동일 수량 매입 또는 매도하여 만들어지는 반면에, 매입 또는 매도하는 옵션의 비율을 달리하게 되면 비율스프레드(ratio spread)를 만들 수 있다. 매입 · 매도하는 옵션의 비율을 조정하는 것은 스프레드 포지션을 델타중립적으로 구성하기 위한 목적으로 이용되기도 하나, 투자자가 원하는 손익패턴을 만들어 가는 과정으로 활용되는 경우가 많다.

특정 행사가격의 콜옵션을 매입하고 이보다 행사가격이 높은 콜옵션을 더 많이 매도하는 옵션투자전략을 비율콜스프레드(ratio call spread)라고 한다. 매입과 매도수량의 비율을 1대 2로 한 비율콜스프레드의 만기시 손익패턴을 나타낸 것이 [그림 9-13]이다. 비율콜스프레드전략은 기초자산가격의 하락시 손실이 일정수준으로 한정되고, 가격이 매도옵션의 행사가격(X_2)와 같아질 때 최대이익이 발생하며, 가격이 그 이상으로 상승할 경우는 이익이 감소하여 궁극적으로는 손실도 커지는 손익패턴을 갖는다. 따라서 이 전략은 기초자산의 가격이 크게 하락하지 않을 것으로 예상되고 매도옵션의 행사가격(X_2) 부근에서 가격이 형성될 것으로 기대될 때 유용한 전략이다.

그림 9-13 **비율콜스프레드**

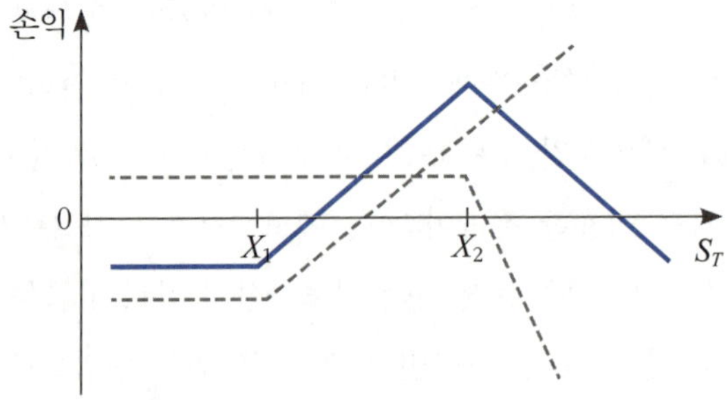

그림 9-14 **비율풋스프레드**

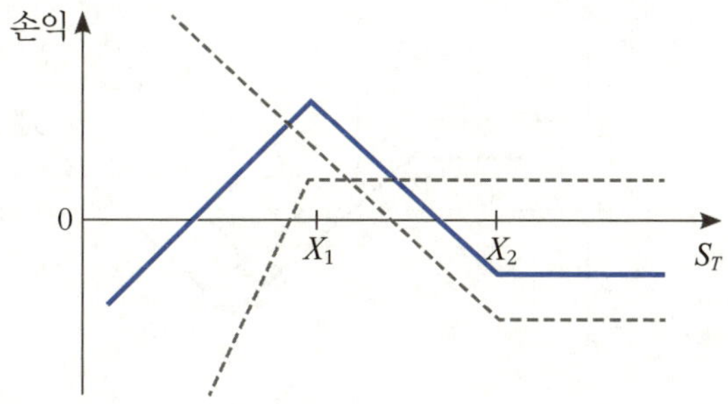

특정 행사가격의 풋옵션을 매입하고 이보다 행사가격이 낮은 풋옵션을 더 많이 매도하는 옵션투자전략을 비율풋스프레드(ratio put spread)라고 한다. 매입수량과 매도수량의 비율을 1대 2로 한 비율스프레드의 손익패턴을 그림으로 나타내면 [그림 9-14]와 같다. 비율풋스프레드전략은 기초자산가격의 상승시 손실에 일정수준으로 한정되고, 가격이 매입옵션의 행사가격(X_1)과 같을 때 최대이익이 발생하며, 가격이 그 이하로 하락하면 이익이 감소하여 궁극적으로는 손실이 점차 커지는 손익패턴을 갖는다. 따라서 이 전략은 기초자산의 가격이 크게 하락하지 않을 것으로 예상되고 매입옵션의 행사가격(X_1) 부근에서 가격이 형성될 것으로 기대될 때 유용한 전략이다.

특정 행사가격의 콜옵션에 매도포지션을 취하고 이보다 행사가격이 높은 콜옵션을 더 많이 매입하는 옵션투자전략을 역비율콜스프레드(reverse ratio call spread)라고 하는데 이 전략은 종종 백스프레드(back spread)라고도 불리운다. 매도수량과 매입수량의 비율을 1대 2로 한 백스프레드의 손익패턴은 [그림 9-15]와 같다.

역비율콜스프레드전략은 기초자산의 가격이 크게 상승하거나 하락할 경우 이익이 발생하는데, 하락시 이익폭은 제한된 반면 상승시 이익폭에는 제한이 없다. 기초자산의 가격이 매입옵션의 행사가격(X_2)과 같아질 때 최대손실이 발생한다.

그림 9-15 **역비율콜스프레드**

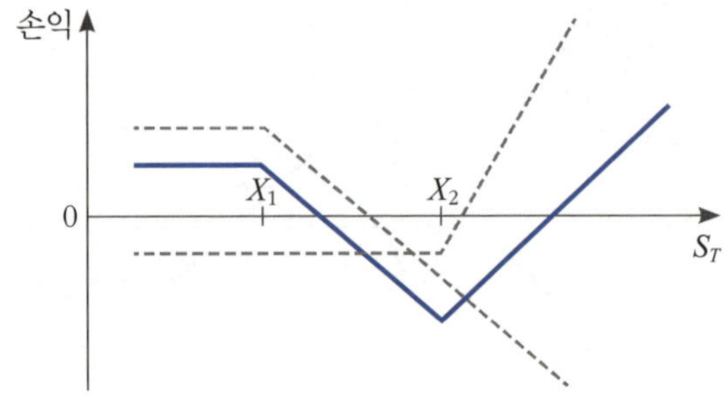

따라서 이 전략은 기초자산의 가격이 큰 폭으로 움직일 것으로 예상될 때, 특히 하락할 가능성보다 큰 폭으로 상승할 가능성이 더 클 때 주로 취하는 전략이다.

특정 행사가격의 풋옵션에 매도포지션을 취하고 이보다 행사가격이 낮은 풋옵션을 더 많이 매입하는 옵션투자전략을 역비율풋스프레드(reverse ratio put spread)라고 한다. 매도수량과 매입수량의 비율을 1대 2로 한 역비율풋스프레드의 손익패턴은 [그림 9-16]과 같다.

역비율풋스프레드는 비율풋스프레드와 X축을 중심으로 대칭되는 모양의 손익패턴을 갖는다. 따라서 기초자산의 가격이 매입옵션의 행사가격(X_1)과 같아질 때 최대손실이 발생하고, 가격이 큰 폭으로 하락하거나 상승하면 이익이 발생

그림 9-16 **역비율풋스프레드**

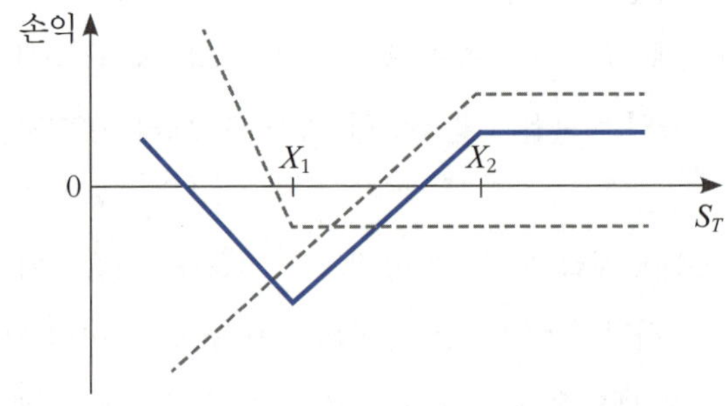

하는데 상승시 이익폭은 제한된 반면에 하락시 이익폭에는 제한이 없다. 이 전략은 기초자산의 가격이 큰 폭으로 움직일 것으로 예상될 때, 특히 상승할 가능성보다 큰 폭으로 하락할 가능성이 더 클 때 주로 취하는 전략이다.

한편, 수직스프레드와 수평스프레드를 혼합한 형태의 대각스프레드(diagonal spread)가 있다. 수직스프레드가 주로 기초자산의 가격변화에 대한 예측을 기초로 하는 투자인 반면, 수평스프레드는 주로 옵션의 시간가치잠식효과를 이용한 투자전략이다. 대각스프레드는 이 두 가지 스프레드의 특성을 함께 갖고 있는 투자전략이다. 대각스프레드는 옵션의 유형은 같으나 행사가격과 만기가 다른 두 옵션을 동시에 매입 · 매도함으로써 구성되는데 시간가치의 차이와 가격변화의 방향에 대한 예상이익을 동시에 취하고자 할 때 실행되는 전략이다. 이러한 대각스프레드전략을 이용할 경우 만기가 짧은 옵션의 시간가치의 잠식효과를 극대화하기 위해서는 매도하는 단기 옵션의 행사가격은 등가격이 되도록 하는 것이 유리하다.

9.3 옵션을 조합하는 투자전략

위에서 설명한 스프레드전략은 모두 동일한 유형의 옵션을 대상으로 행사가격 또는 만기를 달리하는 옵션을 동시에 매입 · 매도함으로써 만들어지고 있음을 알 수 있다. 이번에는 다른 유형의 옵션, 즉 콜옵션과 풋옵션을 동시에 매입하거나 매도함으로써 만들어지는 투자전략에 대해 알아보자. 이것은 흔히 조합(combination)전략이라고도 불리우는데 주로 변동성의 변화를 예측하여 이용한다는 점이 이 전략의 특징이다.

스트래들

동일한 행사가격과 만기를 가진 콜옵션과 풋옵션을 동시에 매입하거나 매도하는 옵션투자전략을 스트래들(straddle)이라고 한다. 콜옵션과 풋옵션을 동시에 매입하는 매입스트래들(long straddle)과 동시에 매도하는 매도스트래들(short straddle)로 구분된다. 스트래들은 기초자산의 방향성에 따른 손익은 제거하고 주로 변동성의 변화에 따른 수익을 올리는 데 이용되므로 포지션의 델타를 영(0)으로 만드는 것이 일반적이다. 델타중립적(delta neutral) 포지션을 만드는 방법으로는 콜옵션과 풋옵션의 매입비율을 조정하거나 기초자산을 적절히 매입 또는 매도하는 방법이 있다.

[그림 9-17]은 콜옵션과 풋옵션을 동일한 비율로 매입하여 만든 매입스트래들의 만기시점의 손익패턴을 보여주고 있다. V자 형태인 만기시점의 손익패턴과는 달리 매입스트래들의 만기 전의 손익패턴은 완만한 U자 형태를 갖게 된다. 매입스트래들은 기초자산의 가격이 큰 폭으로 상승하거나 하락하여 행사가격을 크게 벗어날 것이라고 예상되는 경우에 유리하고, 기초자산의 가격이 행사가격에서 크게 벗어나지 않을 경우에는 콜옵션과 풋옵션을 매입하는 데 사용된 프리미엄의 한도내에서 손실이 발생한다.

한편, 동일한 행사가격과 만기를 가진 콜옵션과 풋옵션을 동일한 비율로 매도하여 만든 매도스트래들의 만기시점의 손익패턴을 나타낸 것이 [그림 9-18]이다.

그림 9-17 **매입스트래들**

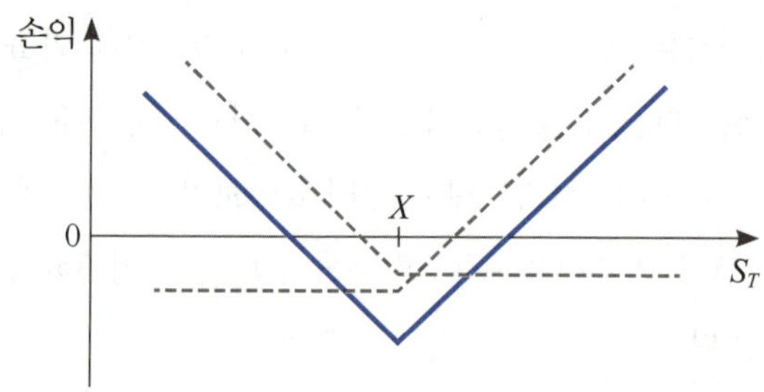

그림 9-18 **매도스트래들**

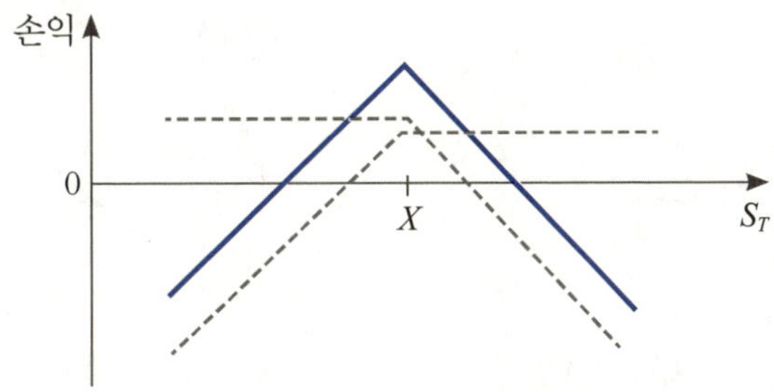

매도스트래들은 매입스트래들과는 반대로 기초자산의 가격이 행사가격에서 크게 벗어나지 않을 것으로 예상되는 경우에 활용되는 투자전략이다. 예상대로라면 매도시 수취한 콜옵션과 풋옵션의 프리미엄의 한도내에서 이익이 발생하지만 예상과 반대로 움직일 경우에는 큰 손실이 발생할 위험이 있다.

스트랩 및 스트립

스트랩(strap)과 스트립(strip)은 동일한 만기와 행사가격을 갖는 콜옵션과 풋옵션을 동시에 매입 또는 매도한다는 점에서는 스트래들과 같으나, 콜옵션과 풋옵션의 배합비율을 다르게 한다는 점에서 스트래들과 구별된다. 스트랩은 콜옵션을 풋옵션보다 많은 비율로 매입 또는 매도하고, 스트립은 풋옵션을 콜옵션보다 많은 비율로 매입 또는 매도한다는 점에서 서로 구분된다.

[그림 9-19]는 콜옵션과 풋옵션을 2대 1의 비율로 결합한 매입스트랩과 매도스트랩의 손익패턴을 나타내고 있다. 매입스트랩은 기초자산의 가격이 옵션의 행사가격을 크게 벗어나는 경우 이익을 얻게 되는데, 특히 가격상승시 이익의 폭이 가격하락시 이익의 폭보다 더 크다는 특징이 있다. 그러나 매입스트랩은 매입스트래들보다 옵션매입비용이 더 많이 들기 때문에 기초자산의 가격이 행사가격에서 많이 벗어나지 않을 경우의 손실은 더 커지는 위험이 따른다. 반대로 매도스트

그림 9-19 **매입스트랩 및 매도스트랩**

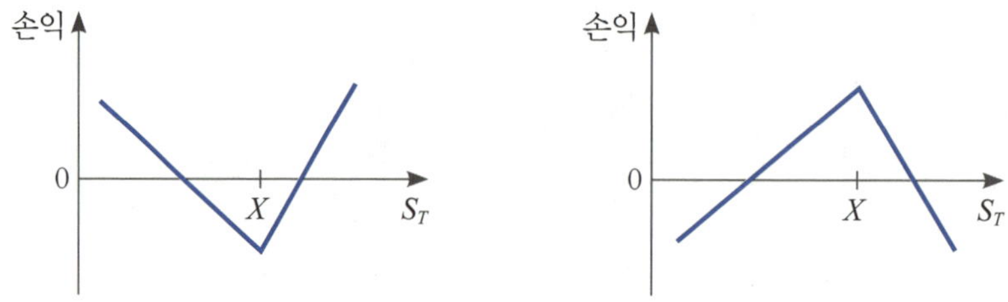

(a) 매입스트랩 (b) 매도스트랩

그림 9-20 **매입스트립 및 매도스트립**

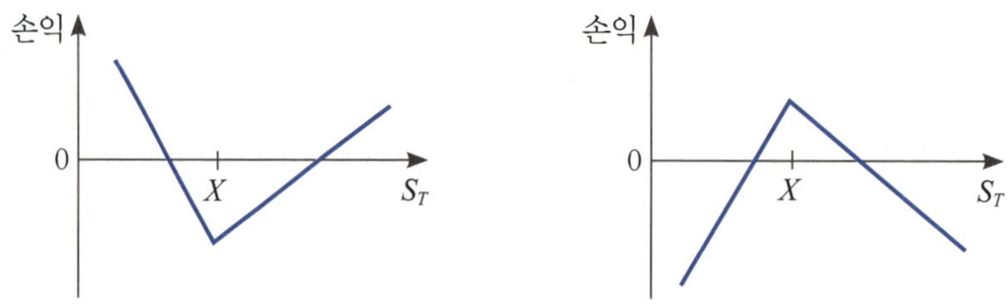

(a) 매입스트립 (b) 매도스트립

랩은 가격상승시 손실폭이 가격하락시 손실폭보다 크다는 위험이 있으나, 기초자산의 가격이 옵션의 행사가격에서 크게 벗어나지 않을 경우 매도스트래들보다 이익폭이 크게 된다.

[그림 9-20]은 콜옵션과 풋옵션을 1대 2의 비율로 결합한 매입스트립과 매도스티립의 손익패턴을 보여주고 있다. 매입스트립은 기초자산의 가격이 옵션의 행사가격에서 크게 벗어날 경우 이익이 발생하는데, 특히 가격하락시 이익폭이 더 크게 된다. 즉, 풋옵션을 콜옵션보다 많이 매입함으로써 기초자산의 가격하락시 풋옵션 행사로 인한 이익이 가격상승시 콜옵션 행사로 인한 이익보다 크게 되는 것이다. 반대로 매도스트립은 기초자산의 가격이 행사가격에서 크게 벗어나지 않

을 경우에 이익을 보게 되며 가격이 크게 변하는 경우는 특히 가격하락시에 가격 상승시보다 더 큰 손실을 보게 된다.

스트랭글

만기일은 같고 행사가격은 다른, 즉 행사가격이 큰 콜옵션과 행사가격이 작은 풋옵션을 동시에 매입 또는 매도하는 옵션투자전략을 스트랭글(strangle)이라고 한다. 이때 콜옵션과 풋옵션을 동시에 매입하면 매입스트랭글(long strangle), 동시에 매도하는 포지션을 취하면 매도스트랭글(short strangle)이라 부른다. 이들의 손익패턴을 그림으로 나타내면 각각 [그림 9-21], [그림 9-22]와 같다.

그림 9-21 **매입스트랭글**

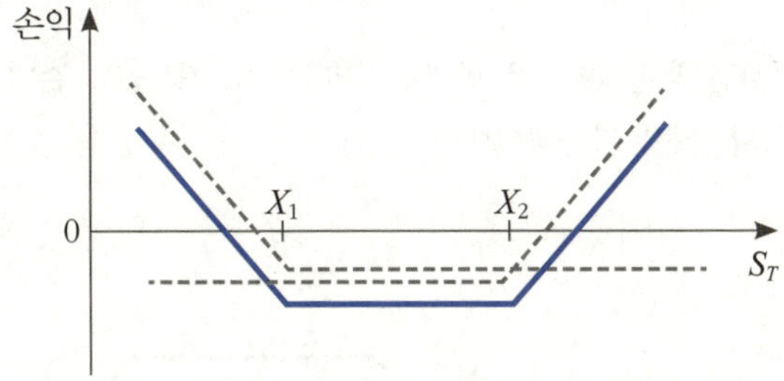

그림 9-22 **매도스트랭글**

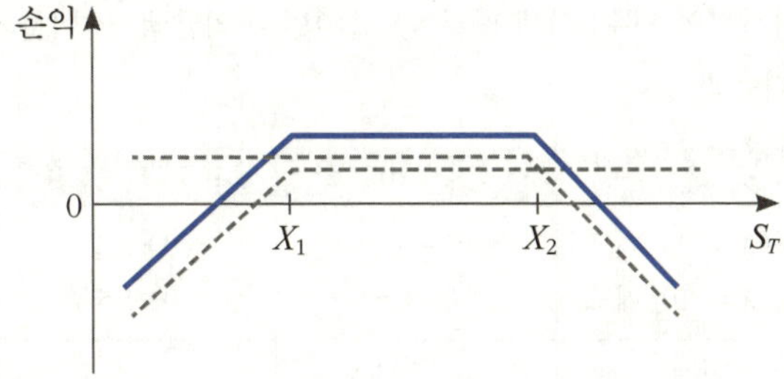

매입스트랭글은 매입스트래들과 마찬가지로 기초자산의 가격이 큰 폭으로 움직일 때 이익이 발생하나, 매입스트래들보다는 가격이 더 크게 움직여야 이익을 취할 수 있다는 점에서는 불리한 반면, 가격이 큰 폭으로 움직이지 않아 발생할지도 모르는 최대손실의 크기는 매입스트랭글의 경우가 작다는 점에서는 유리하다. 반대로 매도스트랭글은 기초자산의 가격이 두 행사가격 사이나 근처에서 형성될 때 이익을 보게 되는데, 매도스트래들보다는 이익을 취할 수 있는 구간이 더 넓다는 이점이 있는 반면, 최대이익의 크기는 매도스트래들보다 작다.

예제 4

행사가격이 105인 KOSPI200 주가지수 풋옵션을 1.20에 매도하고 같은 만기에 행사가격이 110인 KOSPI200 주가지수 콜옵션을 1.50에 매도하여 매도스트랭글 포지션을 취하였다. 만기시점의 손익패턴을 그래프로 나타내고, 이익이 발생하는 범위와 최대가능이익을 구해 보자.

만기시점의 손익패턴을 만기시점의 지수(S_T)를 x축, 손익을 y축에 표시한 그래프로 나타내면 다음과 같다.

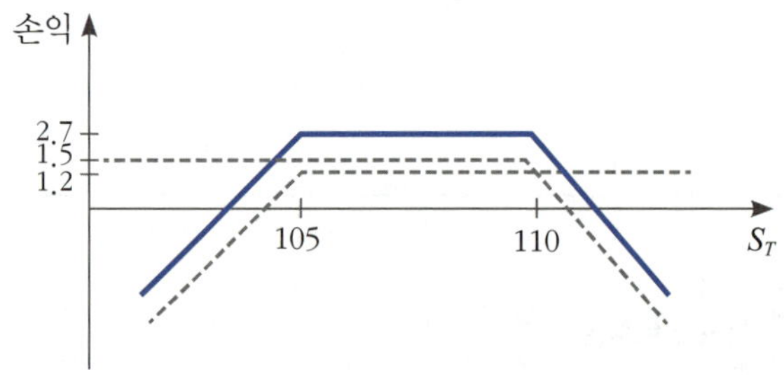

만기시점의 지수(S_T)에 따른 각 옵션별 손익금액 및 이들의 합계를 표로 나타내면 다음과 같다.

	$S_T \leq 105$	$105 < S_T < 110$	$S_T \geq 110$
풋(X=105) 매도	$-(105-S_T)+1.2$	$0+1.2$	$0+1.2$
콜(X=110) 매도	$0+1.5$	$0+1.5$	$-(S_T-110)+1.5$
합계	$S_T-102.3$	2.7	$-S_T+112.7$

따라서 옵션 만기시점에 KOSPI200 지수가 102.3~112.7 사이가 되면 이익이 발생하고, 최대가능이익은 지수가 105~110 사이일 때 매도한 두 옵션의 프리미엄의 합인 2.7(=1.2+1.5)이 된다.

나비형스프레드

위에서 논의한 스트래들과 스트랭글은 콜옵션과 풋옵션이 결합되어 만든 투자전략인 반면에 나비형스프레드(butterfly spread)는 동일한 유형의 옵션을 이용하는 투자전략이란 면에서 스프레드전략의 일종으로 분류할 수 있다. 그럼에도 불구하고 여기에서 설명하는 이유는 나비형스프레드는 스트래들 또는 스트랭글이 변형된 형태로서 변동성의 변화에 대한 예측을 기초로 하는 투자전략이기 때문이다.

매입나비형스프레드는 낮은 행사가격의 옵션을 하나 매입하고 중간 행사가격의 옵션을 둘 매도하면서 높은 행사가격의 옵션을 하나 매입함으로써 만들어진다. 이때 사용되는 옵션이 콜옵션 또는 풋옵션에 상관없이 유사한 형태의 손익패턴이 된다. [그림 9-23]은 콜옵션으로 구성된 매입나비형스프레드의 만기시 손익패턴을 나타내고 있다. 매입나비형스프레드는 기초자산의 가격이 크게 변동할

그림 9-23 콜옵션으로 구성된 매입나비형스프레드

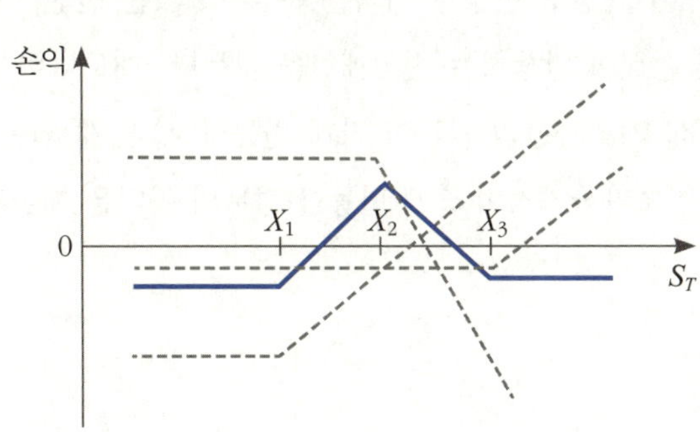

그림 9-24 콜옵션으로 구성된 매도나비형스프레드

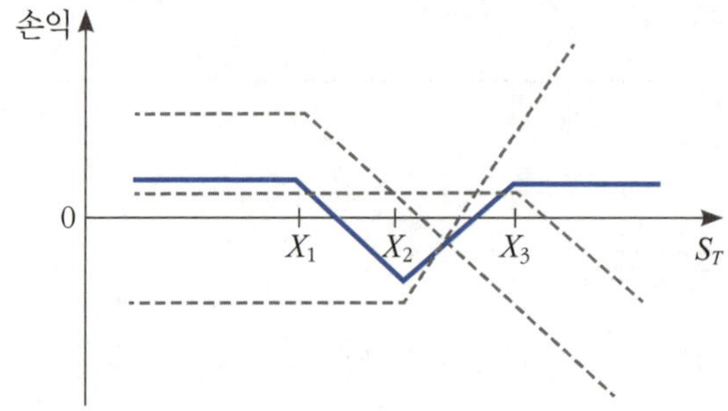

경우에 발생하는 위험을 일정수준으로 막고, 가격변동이 작을 때 이익을 취할 수 있도록 포지션을 구성한 것이다. 매입나비형스프레드는 기초자산의 가격이 크게 변동하는 경우에 매도스트래들에 비해 상대적으로 적은 손실을 입게 되나, 기초자산가격변동이 작을 때 얻을 수 있는 이익도 상대적으로 적다.

매도나비형스프레드는 낮은 행사가격의 옵션을 하나 매도하고 중간 행사가격의 옵션을 둘 매입하면서 높은 행사가격의 옵션을 하나 매도함으로써 만들어진다. 이때에도 사용되는 옵션이 콜옵션 또는 풋옵션에 상관없이 유사한 형태의 손익패턴이 만들어진다. [그림 9-24]는 콜옵션으로 구성된 매도나비형스프레드의 만기시 손익패턴을 나타내고 있다. 매도나비형스프레드는 기초자산의 가격이 많이 오르거나 내릴 경우 한정된 이익을 누릴 수 있는 반면, 기초자산의 가격이 작게 변동하면 손실이 발생하는 손익패턴을 갖는다. 매도나비형스프레드는 매입스트래들에 비해 기초자산의 가격이 작게 변동할 때 입게 되는 손실이 상대적으로 적은 반면, 기초자산가격이 크게 변동할 경우의 이익은 제한된다.

9.4 옵션을 이용한 차익거래전략

합성포지션

같은 행사가격과 만기를 가진 콜옵션과 풋옵션을 결합하면 기초자산에 매입(long) 또는 매도(short)포지션을 취한 것과 동일한 결과를 얻을 수 있다. 즉, 콜옵션을 매입하고 풋옵션을 매도하게 되면 마치 그 옵션의 기초자산을 매입한 것과 동일한 효과를 갖는 손익패턴을 합성할 수 있고, 반대로 콜옵션을 매도하고 풋옵션을 매입하게 되면 기초자산에 매도포지션을 취한 것과 동일한 손익패턴을 합성할 수 있다. 전자를 합성매입(synthetic long), 후자를 합성매도(synthetic short)라고 부른다.

합성매입을 증명하기 위해 행사가격이 X인 콜옵션을 프리미엄 C에 매입함과 동시에 동일한 행사가격의 풋옵션을 프리미엄 P에 매도한 포지션의 만기시점의 손익을 계산해 보면 다음과 같다.

만기시	콜옵션 매입	풋옵션 매도	합성포지션
$S_T > X$	$S_T - X$	0	$S_T - X$
$S_T \leq X$	0	$-(X - S_T)$	$S_T - X$

만기시 이 포지션은 항상 $(S_T - X)$의 손익이 발생함을 알 수 있다. 이것은 마치 기초자산을 행사가격 X에 매입하여 옵션의 만기까지 보유하였을 때 발생하는 손익과 동일한 것이다. 그러나 이 포지션을 구성하기 위해서는 콜옵션 매입에 따른 비용 C를 지급하고 풋옵션매도에 따라 P를 수취하여 $(C-P)$의 순현금지급이 이루어졌다. 따라서 만기시점을 기준으로 했을 때 기초자산의 합성포지션의 실제 매입가격은 행사가격에다 순현금지급과 그 이자비용을 합한 금액이 된다. 즉, 합성기초자산의 매입가격은 다음과 같이 나타낼 수 있다.

$$X+(C-P)e^{rt}$$

이번에는 합성매도를 증명하기 위해 행사가격이 X인 콜옵션을 프리미엄 C에 매도하고 동시에 동일한 행사가격의 풋옵션을 프리미엄 P에 매입한 포지션의 만기시점의 손익을 계산해 보면 다음과 같다.

만기시	콜옵션 매도	풋옵션 매입	합성포지션
$S_T>X$	$-(S_T-X)$	0	$X-S_T$
$S_T\le X$	0	$X-S_T$	$X-S_T$

만기시 이 포지션은 항상 $(X-S_T)$의 손익이 발생하고 있다. 이것은 마치 기초자산을 행사가격 X에 공매한 뒤 만기시 기초자산을 S_T에 매입하여 포지션을 청산하는 경우에 발생하는 손익과 동일한 것이다. 그러나 이때에도 이 포지션을 구성하기 위해 발생한 순현금흐름을 감안하면 만기시 합성기초자산의 매도가격은 다음과 같이 나타낼 수 있다.

$$X+(C-P)e^{rt}$$

여기에서 합성기초자산의 매입 또는 매도가격 $[X+(C-P)e^{rt}]$은 선물 풋-콜 패러티에 의하면 현재시점의 선물가격 F와 동일하다. 따라서 만기시점을 기준으로 합성포지션을 보게 되면, 합성에 이용된 옵션과 동일한 기초자산 및 만기를 갖는 선물포지션을 보유한 것과 같은 효과를 얻을 수 있다. 왜냐하면 만기시점에서는 선물과 현물이 일치하기 때문이다.

만기시점을 기준으로 합성매입과 합성매도를 그림으로 나타내면 각각 [그림 9-25] 및 [그림 9-26]과 같다. 이때 그림에서 합성포지션의 손익분기점이 X가 아니라 이보다 약간 큰 값임을 알 수 있다. 왜냐하면 만기시점을 기준으로 했을 때 합성포지션의 매입 또는 매도가격이 $X+(C-P)e^{rt}$이기 때문이다. 즉, 만기시점에 합성포지션이 손익분기점은 $X+(C-P)e^{rt}$이고, 이 값은 합성포지션을 취할 당시의 풋-콜 패러티를 만족시키는 선물가격 F와 동일하다.

그림 9-25 **합성매입**

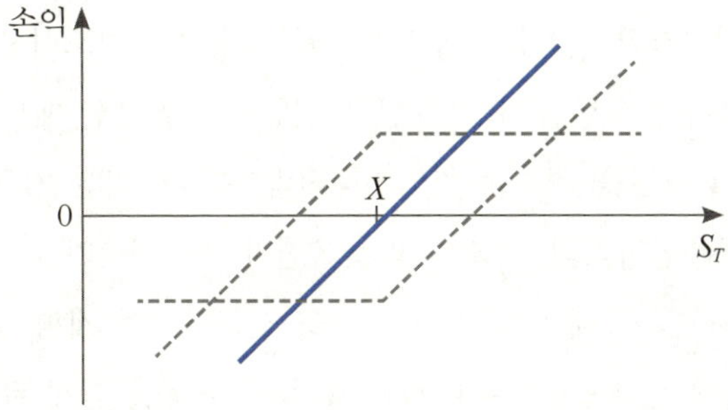

그림 9-26 **합성매도**

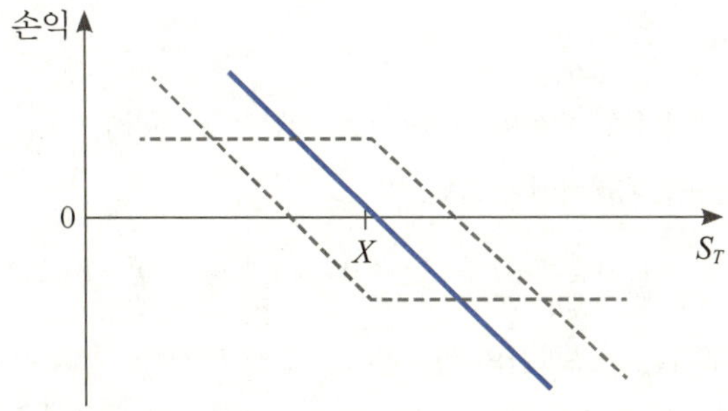

컨버션과 역컨버션

옵션을 이용한 차익거래전략으로는 기초자산의 현물가격 또는 선물가격과 합성포지션의 가격간의 차이를 이용하는 방법이 있다. 이러한 차익거래전략은 합성매도포지션을 이용하는 컨버션(conversion)과 합성매입포지션을 이용하는 역컨버션(reverse conversion)으로 구분된다. 이때 반대포지션은 기초자산의 현물이 되거나 또는 기초자산의 선물포지션으로 구성할 수 있다. 그러나 현물의 경우에는 매입할 때 매입비용이 지출되고 매도포지션을 취할 때는 공매의 제약 등이 따르기 때문에 실제로는 포지션을 취하는 데 비용지출이 없고 매입 또는 매도포지션을 자유롭게 선택할 수 있는 선물을 많이 이용한다.[4)]

컨버션은 기초자산의 현물가격 또는 선물가격이 합성포지션에 의한 가격보다 낮을 경우 기초자산의 현물 또는 선물을 매입하고 콜옵션 매도와 풋옵션 매입에 의한 합성매도포지션을 취하는 차익거래전략이다. 이러한 차익거래기회가 발생하는 이유는 콜옵션가격의 고평가 및 풋옵션가격의 저평가로 인해 풋-콜 패러티 등식이 성립하지 않기 때문이다. 그 밖에도 선물가격이 저평가된 경우에는 옵션과 함께 선물을 활용함으로써 추가적인 차익거래이익을 얻게 된다.

예제 5

행사가격이 10,000원인 3개월 만기 유럽형 주식콜옵션이 1,000원이고, 동일한 기초자산, 행사가격, 만기의 풋옵션이 400원이며, 무위험이자율은 연율 10%이다.

1) 기초자산인 주식의 가격이 10,200원이라고 하자.

풋-콜 패러티에 따르면,

$$(C+Xe^{-rt}-P)-S=(1,000+9,753-400)-10,200=153\text{원}$$

이는 기초자산의 현물가격이 합성포지션의 가격보다 낮음을 의미한다. 따라서 기초자산인 주식을 매입하고 동시에 콜옵션을 매도하고 풋옵션을 매입하여 합성매도포지션을 취한다. 이 전략은 현재시점에서 9,600원(= 10,200−1,000+400)의 현금지출이 발생한다. 무위험이자율로 자금이 조달되면 3개월 후에 9,843원(= $9,600e^{0.1\times 0.25}$)을 지불해야 한다.

3개월 후에 주가가 10,000원보다 높아지면 매도한 콜옵션이 행사되고, 10,000원보다 낮아지면 매입한 풋옵션을 행사할 수 있다. 이는 두 경우 모두 3개월 전에 매입한 주식을 10,000원에 팔 수 있음을 의미한다. 따라서 만기시점의 순이익은

$$10,000\text{원}-9,843\text{원}=157\text{원}$$

4) 선물에 포지션을 취하려면 증거금이 필요하나 증거금에는 이자가 발생하기 때문에 비용으로 보지 않는다. 물론 수수료 등의 거래비용이 발생하나 여기서는 이를 무시하기로 한다.

이 된다. 이 금액은 위에서 계산한 풋–콜 패러티의 차액에 3개월간의 이자를 더한 것과 같음을 알 수 있다. 즉, $153e^{0.1\times0.25}=157$원이다.

2) 옵션과 기초자산 및 만기가 동일한 선물의 가격이 10,400원이라고 하자.

선물 풋–콜 패러티에 의하면,

$$[X+(C-P)e^{rT}]-F=[10,000+615]-10,400=215\text{원}$$

이는 기초자산의 선물가격이 합성포지션의 가격보다 낮음을 의미한다. 따라서 선물을 매입하고 동시에 콜옵션을 매도하고 풋옵션을 매입하여 합성매도포지션을 취한다. 이때 발생하는 현금흐름은 600원(= 1,000 − 400)이고 무위험이자율을 고려하면 만기시점에서 615원(= $600e^{0.1\times0.25}$)의 현금유입이 발생한다.

3개월 후에 선물계약에 의해 기초자산인 주식을 10,400원에 매입하고 옵션으로 구성된 합성매도포지션에 의해 주식을 10,000원에 매도하게 된다. 따라서 만기시점의 순이익은

$$10,000\text{원}-10,400\text{원}+615\text{원}=215\text{원}$$

이다. 이 금액은 위에서 계산한 선물 풋–콜 패러티의 차액과 정확하게 일치함을 알 수 있다.

이때 주식보다 선물을 이용한 차익거래이익이 만기시점을 기준으로 58원(= 215−157) 많은 이유는 주어진 선물가격(10,400원)이 현재 주가로부터 계산한 이론선물가격 10,458원(= $10,200e^{0.1\times0.25}$) 보다 58원 저평가되어 있기 때문이다.

역컨버션은 기초자산의 현물가격 또는 선물가격이 합성포지션에 의한 가격보다 높을 경우 기초자산의 현물 또는 선물을 매도하고 콜옵션매입과 풋옵션매도에 의한 합성매입포지션을 취하는 차익거래전략이다. 콜옵션가격의 저평가 및 풋옵션가격의 고평가로 인해 풋–콜 패러티 등식이 성립하지 않는 것이 이러한 차익거래기회를 제공한다. 그밖에도 선물가격이 고평가된 경우에는 옵션과 함께 선물을 활용함으로써 추가적인 차익거래이익을 얻게 된다.

예제 6

행사가격이 10,000원인 3개월 만기 유럽형 주식콜옵션이 900원이고, 동일한 기초자산, 행사가격, 만기의 풋옵션이 600원이며, 무위험이자율은 연율 10%이다.

1) 기초자산인 주식의 가격이 10,200원이라고 하자.

풋-콜 패러티에 따르면,

$$S-(C+Xe^{-rt}-P)=10,200-(900+9,753-600)=147\text{원}$$

이는 기초자산의 현물가격이 합성포지션의 가격보다 높음을 의미한다. 따라서 기초자산인 주식을 공매하고 동시에 콜옵션을 매입하고 풋옵션을 매도하여 합성매입포지션을 취한다. 이 전략은 현재시점에서 9,900원(=10,200−900+600)의 현금유입이 발생한다. 이것을 무위험이자율로 투자하면 3개월 후에 10,151원(= $9{,}900e^{0.1\times0.25}$)이 된다.

3개월 후에 주가가 10,000원 이상이 되면 매입한 콜옵션을 행사하고, 10,000원 이하가 되면 매도한 풋옵션이 행사된다. 두 경우 모두 주식을 10,000원에 매입하는 결과가 된다. 이렇게 매입한 주식은 3개월 전에 공매한 주식을 반환하는 데 쓰인다. 그러므로 만기시점의 손이익은

$$10,151\text{원}-10,000\text{원}=151\text{원}$$

이 된다. 이 금액은 위에서 계산한 풋-콜 패러티의 차액에 3개월간의 이자를 더한 것과 같다. 즉, $147e^{0.1\times0.25}=151$원이다.

2) 옵션과 기초자산 및 만기가 동일한 선물의 가격이 10,500원이라고 하자.

선물 풋-콜 패러티에 의하면,

$$F-[X+(C-P)e^{rT}]=10,500-[10,000+308]=192\text{원}$$

이는 기초자산의 선물가격이 합성포지션의 가격보다 높음을 의미한다. 따라서 선물을 매도하고 동시에 콜옵션을 매입하고 풋옵션을 매도하여 합성매입포지션을 취한다. 이때 발생하는 현금흐름은 300원(= 900−600)이고 3개월간의 이자까지 고려하면 만기시점에서의 지출은 308원(= $300e^{0.1\times0.25}$)이 된다.

3개월 후에 옵션으로 구성된 합성매입포지션에 의해 기초자산인 주식을 10,000원에 매입하고 이 주식을 선물계약에 의해 10,500원에 매도한다. 그러므로 만기시점의 순이익은

$$10,500\text{원} - 10,000\text{원} - 308\text{원} = 192\text{원}$$

이 된다. 이 금액은 위에서 계산한 선물 풋-콜 패러티의 차액과 정확하게 일치함을 알 수 있다.

이때 주식보다 선물을 이용한 차익거래이익이 만기시점을 기준으로 41원(= 192 − 151) 많은 이유는 주어진 선물가격(10,500원)이 현재 주가로부터 계산한 이론선물가격 10,458원(= $10,200 \times e^{0.1 \times 0.25}$)보다 42원보다 고평가되어 있기 때문이다(반올림에 따른 오차).

박스스프레드

박스스프레드(box spread)는 기초자산의 현물 또는 선물 대신에 옵션의 합성포지션만으로 옵션가격에서 발생하는 불균형을 이용하여 차익거래이익을 남기고자 하는 전략이다. 박스스프레드는 합성매입포지션(즉, 콜옵션매입과 풋옵션매도)에 사용된 옵션의 행사가격이 합성매도포지션(즉, 콜옵션매도와 풋옵션매입)에 사용된 옵션의 행가가격보다 높게 구성하는 크레디트 박스(credit box)와 합성매입의 행사가격을 합성매도의 행사가격보다 낮게 구성하는 데빗 박스(debit box)로 구분된다. 전자를 매도박스스프레드(selling a box), 후자를 매입박스스프레드(buying a box)라고도 부른다.

크레디트 박스는 옵션가격이 균형을 벗어나 박스를 매도한 가격이 박스의 본질적 가치보다 높을 때 유효한 전략이다. 데빗 박스는 박스 매입가격이 박스의 본질적 가치보다 낮을 때 유효하다. 구체적인 박스스프레드전략은 다음 예제를 통해 살펴보기로 하자.

예제 7

행사가격이 9,000원이고 만기가 3개월인 유럽형 콜옵션과 풋옵션이 있고, 기초자산과 만기가 같으나 행사가격이 10,000원인 또 다른 콜옵션과 풋옵션이 있다. 무위험이자율은 연율 12%라고 가정한다.

1) 크레디트 박스

행사가격이 10,000원인 콜옵션을 매입하고 풋옵션을 매도하여 합성매입포지션을 만들고, 동시에 행사가격이 9,000원인 콜옵션을 매도하고 풋옵션을 매입하여 합성매도포지션을 만들었다고 하자.

이렇게 구성된 크레디트 박스는 만기시점에 기초자산의 가격에 상관없이 항상 1,000원의 손실을 보게 된다. 왜냐하면 두 개의 합성포지션에 의해 만기시점에서 기초자산을 10,000원에 매입하고, 동시에 9,000원에 매도하기로 되어 있기 때문이다. 그러나 행사가격이 낮을수록 콜옵션의 프리미엄은 커지고 풋옵션의 프리미엄은 작아지므로 크레디트 박스를 구성하면 현재시점에서 순옵션프리미엄의 유입이 발생한다. 이때 옵션가격의 불균형으로 인해 만기시점을 기준으로 할 때 순옵션프리미엄의 유입액이 크레디트 박스로 인한 손실액을 초과하여 차익거래이익이 발생할 수 있다.

예를 들어 현재시점에서 옵션프리미엄의 차이로 990원의 현금유입이 있었다면, 이것을 12%의 이자율로 3개월간 투자하게 되면 만기시점에 1,020원이 된다. 따라서 만기시점의 순이익은 다음과 같이 계산된다.

$$1,020\text{원} - 1,000\text{원} = 20\text{원}$$

2) 데빗 박스

행사가격이 10,000원인 콜옵션을 매도하고 풋옵션을 매입하여 합성매도포지션을 만들고, 동시에 행사가격이 9,000원인 콜옵션을 매입하고 풋옵션을 매도하여 합성매입포지션을 만들었다고 하자.

이렇게 구성된 데빗 박스는 만기시점에 기초자산의 가격에 상관없이 항상 1,000원의 이익이 발생한다. 왜냐하면 두 개의 합성포지션에 의해 만기시점에서 기초자산을 10,000원에 매도하고 동시에 9,000원에 매입하기로 되어 있기 때문이다. 그러나 데빗 박스를 구성하기 위해서는 행사가격이 낮은 콜옵션은 매입하고 행사가격이 높은 콜옵션은 매도하면서 행사가격이 낮은 풋옵션은 매도하고 행사가격이 높은 풋옵션은 매입해야 하므로 현재시점에서 순옵션프리미엄의 지출이 일어난다. 이때 옵션가격의 불균형으로 인해 만기시점을 기준으로 할 때 데빗박스로 인한 이익액이 순옵션프리미엄의 지출액을 초과하여 차익거래이익이 발생할 수 있다.

예를 들어 현재시점에서 옵션프리미엄의 차이로 960원의 지출이 있었다면, 여기에 3개월 동안의 이자를 합하면 989원이 된다. 그러므로 만기시점의 순이익은 다음과 같이 계산된다.

$$1{,}000원 - 989원 = 11원$$

지금까지 논의한 옵션을 이용한 차익거래전략은 수수료, 매입-매도 호가차이, 세금 등의 직접적인 거래비용과 옵션의 유동성 부족에서 야기되는 시장충격비용 등을 무시하고 있다. 이러한 비용들을 고려할 경우 선물에서의 차익거래와 마찬가지로 옵션가격의 불균형 정도가 차익거래불가영역(no arbitrage bound)을 넘어서는 수준이어야 한다. 따라서 실제로 옵션을 이용한 차익거래도 정교한 거래시스템을 갖춘 기관투자자들을 중심으로 이루어진다.

연/습/문/제

1. 행사가격이 50,000원인 콜옵션 1개를 2,000원의 프리미엄에 매도하고 만기는 같으나 행사가격이 45,000원인 풋옵션 1개를 3,000원의 프리미엄에 매도한 뒤 만기에 기초자산의 가격이 54,000원이 되었다면 이 옵션 투자자의 손익은 얼마인가? (거래비용과 화폐의 시간적 가치는 무시)

2. 행사가격이 110인 콜옵션과 풋옵션의 프리미엄이 각각 1.22, 2.05이다. 이 두 옵션을 동시에 매도했을 때 옵션 만기일을 기준으로 이익이 발생하는 범위와 최대가능이익을 구하시오.

3. 행사가격이 45,000원인 콜옵션 1개를 7,000원의 프리미엄에 매입하고 만기는 같으나 행사가격이 55,000원인 콜옵션 1개를 2,000원의 프리미엄에 매도한 투자자가 만기시 누릴 수 있는 이익의 최대값은 얼마인가?(거래비용과 화폐의 시간적 가치는 무시)

4. 만기가 3개월이고 행사가격이 15,000원인 콜옵션 1개를 4,000원에 매입하고, 같은 만기에 행사가격이 17,500원인 콜옵션 2개를 2,000원에 매도하고, 같은 만기에 행사가격이 20,000원인 콜옵션 1개를 500원에 매입한 뒤 만기에 기초자산의 가격이 18,000원이 되었다면 이 옵션투자자의 손익은 얼마인가?(거래비용과 화폐의 시간적 가치는 무시)

5. 현재 주식가격이 $30이고 행사가격이 $30, 무위험 이자율이 연 10%이고 3개월 유럽형 콜옵션이 $3이고 3개월 유럽형 풋옵션이 $2이다. 이때 취해야 할 차익거래 전략을 설명하시오.

6. 현재 만기가 2개월 남은 KOSPI200 주가지수선물가격이 105.30이고, 행사가격이 105.50이고 만기가 2개월 남은 KOSPI200 주가지수 콜옵션과 풋옵션의 프리미엄은 각각 0.75, 1.15이다. 무위험 이자율은 연 6%이다. 이때 선물과 옵션을 이용한 차익거래전략을 설명하시오.

7. 행사가격이 10,000원인 3개월 만기 유럽형 주식콜옵션이 1,200원이고, 동일한 기초자산, 행사가격, 만기의 풋옵션이 400원에 거래되고 있다. 기초자산인 주식은 11,000원이고 1개월 후에 300원의 배당금이 예상되고 있다. 한편, 옵션과 기초자산 및 만기가 동일한 선물계약이 10,968원에 거래되고 있다. 무위험이자율은 연 8%이다. 풋-콜 패러티를 이용하여 주식과 옵션간의 차익거래 및 선물과 옵션간의 차익거래기회를 확인하고 각각의 차익거래이익을 계산하시오.

CHAPTER 10

옵션과 관련된 헤징전략

10.1 옵션을 이용한 헤징

10.2 옵션포지션에 대한 헤징

10.3 포트폴리오 보험

선물과 마찬가지로 옵션도 투기거래, 차익거래, 헤징 등의 목적으로 활용된다. 그 중에서도 옵션이 존재하는 궁극적인 이유는 헤징이다. 본 장에서는 우선 옵션이 현물포지션의 리스크를 헤징하는 데 어떻게 활용되는지를 살펴보고, 다음은 반대로 옵션거래로 인하여 노출되는 리스크를 현물포지션으로 헤징하는 방법을 설명하며, 끝으로 옵션을 이용하지 않고도 옵션에 의한 헤징포지션을 만들어 내는 포트폴리오 보험전략을 살펴보고자 한다.

10.1 옵션을 이용한 헤징

옵션의 중요한 기능의 하나는 다양한 헤지수단을 제공한다는 것이다. 선물계약을 이용한 헤징은 특정자산의 가치를 고정(lock-in)시키는 데 한정된 반면, 옵션에 의한 헤징은 불확실한 미래가격변동의 위험을 다양하게 관리할 수 있다는 특징이 있다.

방어적 포지션

기초자산을 보유한 상태에서 풋옵션을 매입하게 되면 미래에 기초자산을 매도할 때 가격의 하락으로 인한 손실을 일정범위 내로 제한할 수 있다. 이러한 헤징전략을 방어적 풋(protective put)이라고 부르고 이때의 손익패턴을 그림으로 나타내면 [그림 10-1]과 같다.

아무런 헤지수단을 취하지 않고 기초자산을 그대로 보유하고 있는 경우 가격변동에 따른 수익은 원점을 지나는 직선으로 나타난다. 따라서 가격이 하락하면 그 만큼 손실도 비례적으로 늘어난다. 이때 보유하고 있는 기초자산에 대한 풋

그림 10-1 **방어적 풋 포지션의 만기시 손익패턴**

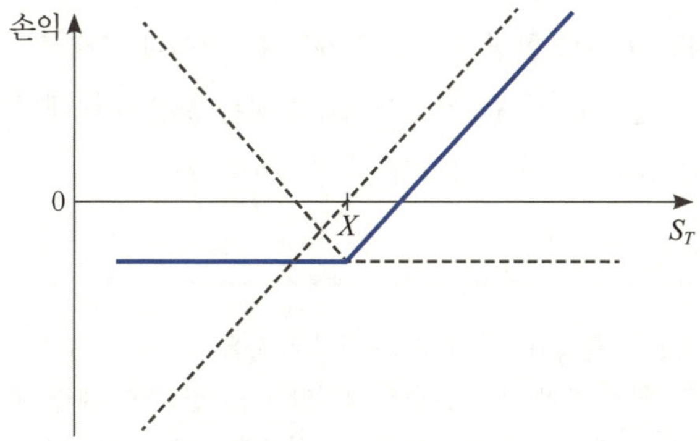

옵션을 매입했다고 하자. 분석을 단순화하기 위해 옵션의 매입가격과 행사가격이 동일하다고 가정한다. 이 경우 기초자산과 풋옵션이 결합된 수익패턴은 [그림 10-1]에서 실선으로 표시된다. 즉, 풋옵션을 매입한 헤저는 기초자산의 가격이 옵션의 행사가격보다 낮아지는 경우 풋옵션을 행사함으로써 단순히 기초자산만 보유하고 있는 경우에 비해 손실을 일정범위로 축소시킬 수 있게 된다. 반면에 기초자산의 가격이 옵션의 행사가격을 초과하는 경우에는 기초자산의 가격이 상승하는 데 비례하여 이익이 증가하긴 하지만 아무런 헤지전략을 취하지 않고 단순히 기초자산만을 보유하고 있는 경우에 비해 이익 규모는 옵션의 프리미엄만큼 적어진다. 왜냐하면 풋옵션 매입시 프리미엄을 지급했기 때문에 옵션을 행사하지 않더라도 그 만큼은 이미 지출되었기 때문이다.

방어적 풋 포지션의 만기시 손익분기점은 기초자산의 매입가격에 풋옵션을 매입하는 데 지불한 프리미엄이 된다. 따라서 가격하락시 최대손실 규모를 작게 하려면 내가격 풋옵션을 매입하여야 하나 가격상승시 이익 규모가 프리미엄만큼 낮아진다. 이와는 반대로 외가격 풋옵션으로 방어적 풋 포지션을 취할 경우에는 가격상승시 이익 규모가 상대적으로 덜 낮아지는 대신에 가격하락시 최대손실 규모가 커지게 된다.

이상을 종합해 보면 방어적 풋 전략을 취하는 경우 아무런 헤지수단을 취하지 않는 경우에 비해 가격상승시의 이익은 줄어들지만 이를 대가로 가격하락시에는 손실을 일정범위 내로 한정시킬 수 있게 되는 것이다. 따라서 특정자산을 보유하고 있는 투자자는 그 자산을 기초자산으로 하는 풋옵션을 매입함으로써 가격하락에 따른 손실확대의 위험을 회피할 수 있게 된다.

예제 1

어떤 수출상이 100만달러어치의 상품을 수출하고 3개월 후에 대금을 지급받기로 했다. 계약 당시 환율은 달러당 1,300원이나 3개월 후의 환율이 얼마가 될지 알 수 없으므로 현시점에서 유입금액이 원화로 얼마가 될지는 알 수 없다. 즉, 환리스크가 존재하는 것이다.

이때 수출상은 통화선물이나 선물환을 이용하여 환율변동의 리스크를 헤지할 수 있다. 만약 3개월물 선물환율이 달러당 1,305원이라고 한다면 이 수출상은 (대원화)달러선물환을 매도함으로써 3개월 후의 원화유입금액을 13억 500만원(=1백만×1,305)으로 고정시킬 수 있게 된다.

또 다른 헤지수단으로 수출상은 선물 대신 (대원화)달러풋옵션을 매입할 수도 있다. 풋옵션의 만기가 3개월, 행사가격은 달러당 1,300원, 프리미엄은 달러당 25원이라고 가정한다면 3개월 후의 환율에 따라 수출상의 원화유입금액은 달라지게 된다.

만약 3개월 후의 환율이 1,300원보다 낮아진다면 이 수출상은 풋옵션을 행사함으로써 행사가격에서 프리미엄 지급액을 차감한 12억 7,500만원[=1백만×(1,300−25)]의 원화가 유입될 것이다. 환율이 아무리 많이 하락하더라도 원화유입금액은 12억 7,500만원 이하가 되지는 않는다. 그러나 3개월 후의 환율이 달러당 1,300원 이상으로 상승하는 경우 이 수출상은 풋옵션 행사를 포기하고 현물시장에서 달러를 매각함으로써 환율상승의 이익을 향유할 수 있게 된다. 그러므로 환율이 달러당 1,350원인 경우에는 프리미엄 지급액을 차감한 후 13억 2,500만원[=1백만×(1,350−25)]의 수익을 얻게 되고, 환율이 달러당 1,400원으로 상승하면 원화유입금액은 13억 7,500만원[=1백만×(1,400−25)]으로 증가하게 된다.

따라서 선물을 매입하는 경우에는 13억 500만원으로 원화유입금액이 확정되는 데 반해, 풋옵션을 매입하는 경우에는 최소한 12억 7,500만원은 보장되고 환율이 상승하면 그 이상의 원화유입도 가능하다.

그림 10-2 **방어적 콜 포지션의 만기시 손익패턴**

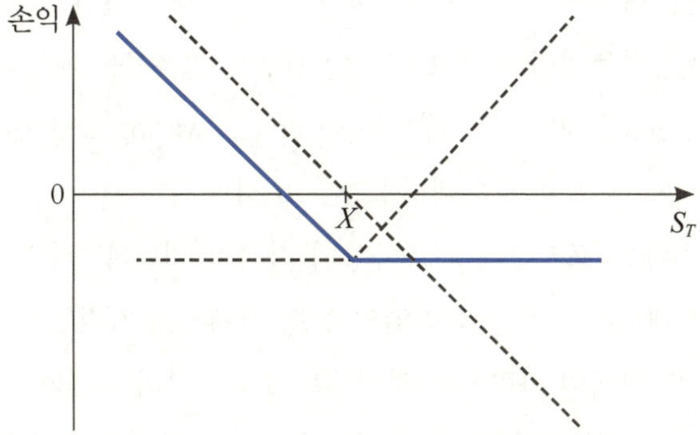

방어적 풋 포지션 외에도 현재 현물에 매도포지션을 취하고 있거나 미래에 현물을 매입할 예정일 때 현물가격의 상승으로 인한 손실을 일정수준으로 한정시키고 싶은 경우에는 콜옵션을 매입하여 헤징하는 방어적 콜(protective call) 포지션이 있다. 이때의 손익패턴을 그림으로 나타내면 [그림 10-2]와 같다.

방어적 콜 포지션은 기초자산의 가격이 상승함에 따른 현물포지션의 손실을 매입한 콜옵션을 행사함으로써 손실의 규모를 일정액으로 한정시킬 수 있다. 반면 기초자산의 가격이 하락하는 경우에는 이에 비례하여 이익이 증가하나 이익의 규모는 지급한 옵션의 프리미엄만큼 작아진다. 이 경우에도 내가격 콜옵션을 매입하면 최대손실 규모를 작게 할 수 있으나 옵션의 프리미엄이 커지므로 이익의 크기가 그만큼 작아지고, 외가격 콜옵션을 매입하면 이익 규모가 덜 작아지는 대신에 최대손실 규모가 커지게 된다.[1)]

1) 방어적 풋 포지션과 방어적 콜 포지션의 손익패턴을 보면, 각각 콜옵션 매입과 풋옵션 매입의 손익패턴과 동일한 모양을 하고 있다. 그러나 손익패턴이 동일한 형태를 갖고 있다고 해서 두 포지션이 서로 대체가능한 것은 결코 아니다. 방어적 풋 또는 콜 포지션은 기초자산과 옵션이 결합된 헤징포지션이고, 콜 또는 풋 매입 포지션은 옵션만으로 구성된 투기적 포지션이다.

커버된 포지션

기초자산을 보유하고 있는 투자자가 향후 가격이 크게 변동하지 않거나 변하더라도 하락할 가능성이 높다고 예상할 경우에 콜옵션을 매도하여 수익률의 향상을 도모하는 전략을 커버된 콜매도(covered call writing) 포지션이라고 한다. 이때의 손익패턴을 그림으로 나타내면 [그림 10-3]과 같다.

커버된 콜매도 포지션은 기초자산의 가격이 매입가격에서 크게 변하지 않는 경우 콜옵션 매도시 받은 프리미엄의 한도 내에서 추가적인 이익이 발생한다. 또한 기초자산의 가격이 하락하는 경우에는 보유자산의 가치가 하락하여 손실이 발생하지만 헤징포지션을 취하지 않은 경우와 비교하여 수취한 프리미엄만큼 손실 규모가 작아진다. 반면에 기초자산의 가격이 크게 상승하는 경우에는 보유자산 가치의 상승에도 불구하고 매도된 콜옵션의 행사로 인해 손실이 발생하기 때문에 이익 규모가 옵션프리미엄의 범위 내에 한정된다.

커버된 콜매도 포지션의 만기시 손익분기점은 기초자산의 매입가격에서 매도한 콜옵션의 프리미엄을 뺀 금액이 된다. 따라서 내가격 콜옵션을 매도하여 커버된 콜 포지션을 취한 경우에는 기초자산가격의 하락시 손실 규모를 크게 줄이는 데 기여하지만 가격상승시 이익이 작은 규모로 한정된다. 반대로 가격상승시

그림 10-3 커버된 콜매도 포지션의 만기시 손익패턴

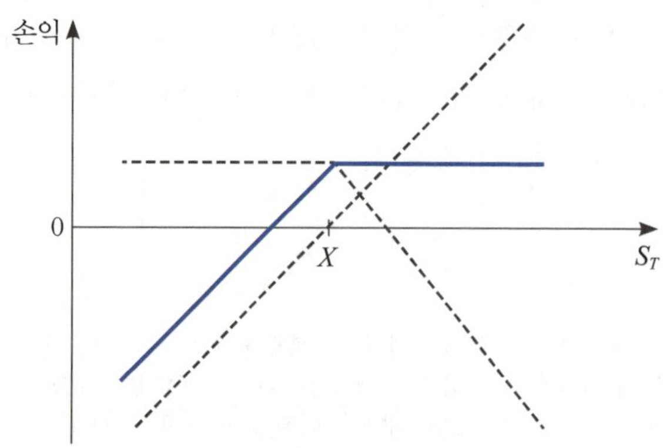

최대이익의 규모를 크게 하려면 외가격 콜옵션을 매도하여야 하나 이 경우에는 가격하락시 줄어드는 손실 규모가 상대적으로 작아진다.

예제 2

앞의 예제와 동일한 상황으로 3개월 후에 100만달러의 수취가 예정되어 있고, 3개월물 선물환율은 달러당 1,305원, 만기가 3개월이고 행사가격이 1,300원인 콜옵션의 프리미엄은 달러당 27원이라고 가정하자.

여기에서 수출상은 달러선물환을 매도함으로써 3개월 후의 원화유입금액을 13억 500만원으로 고정시킬 수 있다. 또다른 헤지수단으로서 달러콜옵션을 매도할 수도 있다. 이 경우 3개월 후의 환율에 따라 원화유입금액이 달라지게 된다.

만약 3개월 후의 환율이 1,300원보다 낮아져서 1,250원이 되었다면 달러를 1,250원에 매도하여야 하나, 매도한 콜옵션이 행사되지 않고 달러당 27원의 프리미엄 수입은 이미 발생했으므로 원화유입금액은 12억 7,700만원[=1백만×(1,250+27)]이 된다. 그러나 3개월 후의 환율이 1,350원이 되었다고 가정하면 매도한 콜옵션을 상대방에 행사하여 달러를 행사가격인 1,300원에 매입할 것이므로 결국 수출상은 달러를 1,300원에 매도해야 한다. 다만, 콜옵션을 매도하면서 받은 27원의 프리미엄이 있으므로 원화 유입금액은 1억 2,700만원[=1백만×(1,300+27)]이 된다. 결과적으로 3개월 후의 환율이 1,300원보다 높은 경우에는 매도한 콜옵션이 행사되어 원화유입금액은 항상 13억 2,700만원으로 동일하게 된다.

커버된 콜매도 포지션 외에도 현재 현물에 매도포지션을 취하고 있거나 미래에 현물을 매입할 예정일 때에는 풋옵션을 매도함으로써 커버된 콜매도 포지션과 동일한 효과를 볼 수 있는 포지션을 만들 수 있다. 이것을 커버된 풋매도(covered put writing) 포지션이라고 하고 만기시 손익패턴을 그림으로 나타내면 [그림 10-4]와 같다.[2)]

2) 앞의 각주에 언급한 바와 같이, 커버된 콜매도 및 커버된 풋매도 포지션의 손익패턴은 각각 풋옵션 매도 및 콜옵션 매도의 손익패턴과 같은 모양을 하고 있으나, 전자는 헤징포지션이고 후자는 투기적 포지션이란 점에서 서로 다르다.

그림 10-4 커버된 풋매도 포지션의 만기시 손익패턴

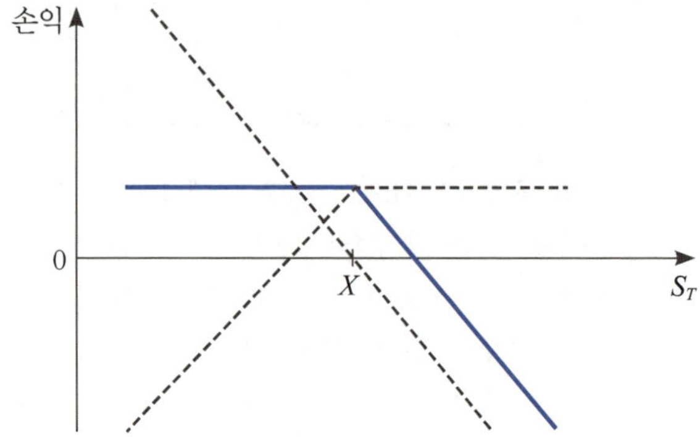

칼라 및 이익참여선물환

위에서 설명한 방어적 풋 또는 방어적 콜 전략은 손실을 일정수준으로 한정시킬 수 있는 반면에 옵션의 프리미엄만큼을 대가로 지불해야 한다. 여기에서 콜옵션과 풋옵션을 동시에 결합함으로써 손실은 여전히 일정수준으로 한정하면서도 헤징을 위해 필요한 프리미엄 지급을 최소화하거나 아예 없도록 하는 헤징전략에 관해 설명해 보기로 하자. 문제는 손실을 일정수준으로 한정시키는 대신에 그 대가를 프리미엄 이외의 다른 형태로 치뤄야 한다는 점이다. 그 대가의 형태에 따라 칼라(collar)와 이익참여선물환(participation forward) 전략으로 나뉘어지는데, 전자의 경우는 최대이익이 일정수준으로 한정되고 후자는 이익의 증가속도가 무헤징포지션에 비해 작다는 점이 헤징의 대가가 된다.

칼라는 자산가치의 하락위험을 방지하기 위하여 옵션을 매입하고 이때 발생하는 프리미엄 비용을 줄이기 위하여 반대 형태의 옵션을 매도함으로써 만들어진다. 여기에서 사용되는 두 옵션은 모두 외가격 옵션이며, 특히 매입하는 옵션과 매도하는 옵션의 프리미엄이 같도록 행사가격을 결정하여 헤징에 소요되는 비용을 영(0)으로 만드는 경우를 무비용칼라(costless collar)라고 한다. [3)]

그림 10-5 매입포지션 무비용칼라의 만기시 손익패턴

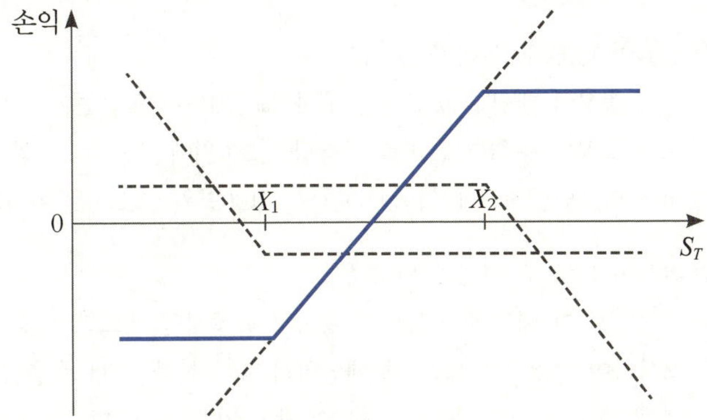

[그림 10-5]는 보유하고 있는 자산을 헤징하기 위하여 행사가격이 낮은 외가격 풋옵션을 매입하고 행사가격이 높은 외가격 콜옵션을 매도하되 두 옵션의 프리미엄이 같도록 행사가격을 결정한 무비용칼라의 만기시 손익패턴을 나타내고 있다. 만기시 기초자산의 가격이 낮은 행사가격 X_1 이하로 떨어지더라도 손실은 그 이상 발생하지 않고, 가격이 높은 행사가격 X_2 이상으로 오르더라도 이익도 그 이상으로 증가하지 않음을 알 수 있다. 또한 기초자산의 가격이 두 행사가격 사이에서 움직일 때는 무헤징포지션의 위험노출 상태를 그대로 유지함을 알 수 있다.

예제 3

앞의 예제와 동일한 상황으로 3개월 후에 100만 달러를 수취할 예정이고, 만기가 3개월이면서 행사가격이 1,280원인 풋옵션과 행사가격이 1,322원인 콜옵션의 프리미엄이 각각 5원이라고 가정하자.

여기에서 수출상이 위의 풋옵션을 매입하고 콜옵션을 매도하여 헤징포지션을 만들었다고 하자. 이때 매입한 풋옵션과 매도한 콜옵션의 프리미엄이 5원으로

3) 선물옵션을 제외하고는 콜옵션과 풋옵션의 가격은 등가격을 중심으로 대칭이 아니므로 콜옵션과 풋옵션의 프리미엄을 같게 만드는 행사가격도 등가격으로부터 같은 크기만큼 떨어져 있지 않다.

동일하므로 비용은 발생하지 않는다. 이 경우 3개월 후의 환율에 따라 다음과 같이 원화유입금액이 달라진다.

1) 환율이 1,280원 이하가 된 경우

수출상이 매입한 풋옵션은 행사하고 매도한 콜옵션은 행사되지 않으므로 수출상은 수취한 달러를 달러당 1,280원에 매도할 수 있게 된다. 따라서 원화유입금액은 12억 8,000만원(= 100만원×1,280원)이 된다.

2) 환율이 1,322원 이상이 된 경우

수출상이 매입한 풋옵션은 행사하지 않지만 매도한 콜옵션을 상대방이 행사하여 달러를 1,322원에 매입하려 할 것이다. 이에 수출상은 수취한 달러를 달러당 1,322원에 매도할 수 밖에 없게 된다. 따라서 원화유입금액은 13억 2,200만원(= 100만원×1,322원)이 된다.

3) 환율이 1,280원과 1,322원 사이가 된 경우

매입한 풋옵션과 매도한 콜옵션 모두 행사되지 않으므로 수출상은 수취한 달러를 시장에서 당시의 환율로 매도할 수 있게 된다. 즉, 환율이 1,290원이면 원화유입금액은 12억 9,000만원(= 100만원×1,290원)이 되고, 환율이 1,310원이면 원화유입금액은 13억 1,000원(= 100만원×1,310원)이 된다.

이상 무비용칼라의 예로부터 3개월 후의 환율이 풋옵션의 행사가격인 1,280원 이하로 떨어지더라도 달러당 원화유입금액은 1,280원을 유지하고, 반대로 환율이 콜옵션의 행사가격인 1,322원 이상이 되더라도 달러당 원화유입금액은 1,322원에 한정되고 있음을 알 수 있다. 한편 환율이 두 옵션의 행사가격, 즉 1,280원과 1,322원 사이에서 결정될 경우에는 두 옵션 모두 미행사되고 달러당 원화유입금액은 당시의 환율로 결정됨을 알 수 있다.

만일 현재 현물에 매도포지션을 취하고 있거나 미래에 현물을 매입할 예정인 경우에는 외가격 콜옵션을 매입하고 외가격 풋옵션을 매도함으로써 손실과 이익이 한정된 헤징포지션을 만들 수 있다. 이때에도 두 옵션의 프리미엄이 같아지도록 행사가격을 정하게 되면 높은 행사가격 이상으로 가격이 상승할 경우의 추가적인 손실을 피할 수 있고, 반면에 낮은 행사가격 이하로 가격이 하락할 경우에도

그림 10-6 **매도포지션 무비용칼라의 만기시 손익패턴**

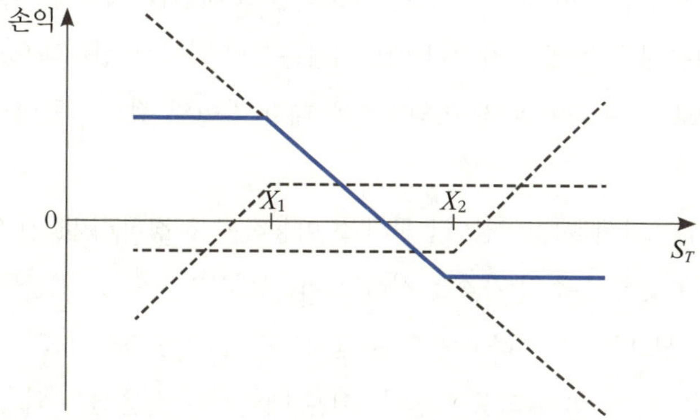

이익은 더 이상 증가하지 않는 형태의 손익패턴을 갖게 된다. 이것을 그림으로 나타내면 [그림 10-6]과 같다.[4)]

무비용칼라에 의한 헤징포지션은 프리미엄 지출을 영(0)으로 하면서 손실을 일정수준으로 한정시킬 수 있으나 이익의 규모가 제한된다는 것이 단점이다. 이러한 단점을 보완한 헤징전략이 이익참여선물환이다. 이익참여선물환은 최대이익 규모가 한정되지 않는 반면에 이익의 발생 정도가 무헤징포지션보다 낮아지게 된다.

이익참여선물환에서는 한정시키고 싶은 손실의 규모에 따라 하나의 행사가격을 먼저 결정하고 이렇게 정해진 행사가격의 콜옵션과 풋옵션의 매입 · 매도 규모를 조정하여 순프리미엄을 영(0)으로 만드는 방식을 취한다. 이때 매입대상옵션은 외가격이고 매도대상옵션은 프리미엄이 비싼 내가격옵션이 된다.[5)] 이익참여선

4) [그림 10-5]와 [그림 10-6]에 나타난 칼라의 손익패턴은 제9장에서 설명한 강세형 스프레드나 약세형 스프레드의 손익패턴과 유사한 모양을 하고 있다. 그러나, 칼라는 기초자산과 옵션이 결합되어 만든 헤징포지션이고, 강세형 또는 약세형 스프레드는 옵션만 갖고 만든 투기적 포지션이란 점에서 서로 다르다.

5) 칼라와 이익참여선물환 전략의 포트폴리오 구성상의 차이점은 칼라에서는 매입하는 옵션과 매도하는 옵션이 서로 다른 행사가격의 외가격 옵션인데 반해, 이익참여선물환에서는 같은 행사가격의 콜옵션과 풋옵션을 매입 · 매도하기 때문에 하나는 외가격, 다른 하나는 내가격이 된다.

물환에서 매입대상옵션은 헤징대상자산의 규모만큼 포지션을 취하고 매도대상옵션은 순프리미엄을 영(0)으로 만드는 규모만큼 포지션을 취한다. 따라서 외가격인 매입대상옵션에 비해 내가격인 매도대상옵션의 규모는 상대적으로 작은 비율이 된다. 바로 이 비율에 따라 이익발생에 대한 참여의 정도, 즉 이익참여비율이 결정된다.

현물 매입포지션을 이익참여선물환을 이용하여 헤징하려면, 헤징대상자산의 매입가격보다 낮은 수준의 가격을 정하고 이를 행사가격으로 하는 풋옵션을 헤징대상자산의 규모만큼 매입하고 동일한 행사가격의 콜옵션을 매도하되 매도 규모는 순프리미엄이 영(0)이 되도록 한다. 이때 매입하는 풋옵션은 외가격이고 매도하는 콜옵션은 내가격이므로 순프리미엄이 영(0)이 되려면 매입하는 풋옵션의 규모를 1로 했을 때 매도하는 콜옵션의 규모는 [풋옵션 프리미엄÷콜옵션 프리미엄]이 된다.

이익참여선물환에 의해 헤징된 포지션은 기초자산의 가격이 행사가격 이상으로 상승함에 따라 손실의 규모가 줄고 나아가 이익이 증가하게 되는데 이러한 속도가 무헤징포지션에 비해 낮아진다. 이때 이익참여 정도는 최대손실의 규모에 따라 달라지게 된다. 즉, 감수하고자 하는 최대손실의 규모가 클수록 선택하는 옵션의 행사가격이 낮아지고 이에 따라 매입하는 옵션에 비해 매도하는 옵션의 비율이 낮아지고 이익참여비율은 높아지게 된다. 반대로 최대손실 규모를 작게 하려면 옵션의 행사가격이 높아지고 이에 따라 매도하는 옵션의 비율도 높아져서 이익참여비율이 낮아지게 된다. 결론적으로 이익참여비율은 다음과 같이 결정된다.

$$\text{이익참여비율} = 1 - (\text{매입옵션 1개의 프리미엄} \div \text{매도옵션 1개의 프리미엄})$$

다양한 최대손실 규모 및 행사가격에 따라 이익참여비율이 달라지는 예를 그림으로 나타낸 것이 [그림 10-7]이다.

그림 10-7 **다양한 이익참여선물환의 예**

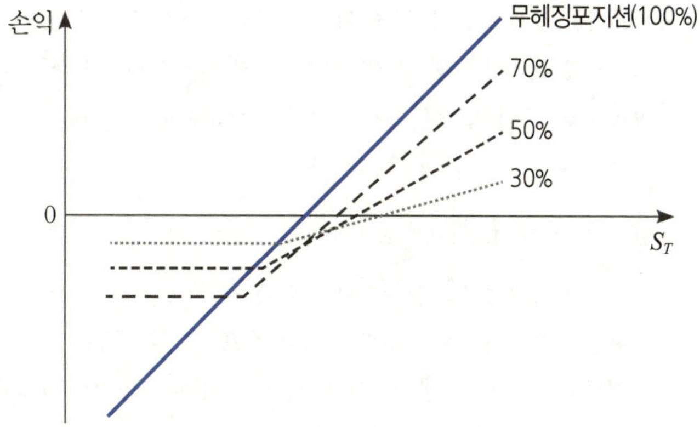

예제 4

앞의 예제와 동일한 상황으로 3개월 후에 100만달러를 수취할 예정인 수출상이 3개월 후에 환율이 하락하더라도 달러당 원화유입금액은 최소한 1,285원이 되도록 하면서 환율이 그 이상으로 상승하면 달러당 원화유입금액에 계속 증가하는 형태의 헤징 즉, 이익참여선물환을 만들려고 한다.

만기가 3개월이면서 행사가격이 1,285원인 풋옵션과 콜옵션의 프리미엄이 각각 7원, 21원이라고 하자. 따라서 풋옵션을 매입하고 콜옵션을 매도하되 순프리미엄을 영(0)으로 만들기 위해서는 달러당 풋옵션 1계약 매입에 대해 콜옵션 1/3(=7÷21)의 비율로 매도한다. 이 경우 3개월 후의 환율에 따라 원화유입금액이 어떻게 달라지는지 살펴보자.

1) 환율이 1,250원이 된 경우

- 수취한 달러 : 달러당 1,250원에 매도
- 매입한 풋옵션 : 행사하여 달러당 28원[=(1,285−1,250)−7] 이익
- 매도한 콜옵션 : 미행사되어 달러당 프리미엄 7원(=21원×1/3) 이익

결과적으로 원화유입금액은 12억 8,500만원[=(1,250+28+7)×100만]이 된다.

2) 환율이 1,300원이 된 경우

- 수취한 달러 : 달러당 1,300원에 매도
- 매입한 풋옵션 : 미행사하여 달러당 프리미엄 7원 손실
- 매도한 콜옵션 : 행사되어 달러당 2원[={−(1,300−1,285)+21}×1/3] 이익

결과적으로 원화유입금액은 12억 9,500만원[=(1,300−7+2)×100만]이 된다.

3) 환율이 1,360원이 된 경우

- 수취한 달러 : 달러당 1,360원에 매도
- 매입한 풋옵션 : 미행사하여 달러당 프리미엄 7원 손실
- 매도한 콜옵션 : 행사되어 달러당 18원[={−(1,360−1,285)+21}×1/3] 손실

결과적으로 원화유입금액은 13억 3,500만원[=(1,360−7−18)×100만]이 된다.

이상 이익참여선물환의 예로부터 3개월 후에 환율이 두 옵션의 행사가격인 1,285원 이하로 떨어지더라도 달러당 원화유입금액은 1,285원을 유지하고, 반대로 환율이 1,285원 이상으로 오르게 되면 이에 따라 원화유입금액이 증가하게 되는데 다만 증가하는 금액이 무헤징포지션의 2/3(=1−1/3)임을 알 수 있다. 즉, 이익참여비율이 67%(=2/3)이다. 따라서 환율이 1,300원이 된 경우에 달러당 원화유입금액은 1,295원 [=1,285+(1,300−1,285)×2/3]이 되었고, 환율이 1,360원이 된 경우에는 달러당 원화유입금액은 1,335원[=1,285+(1,360−1,285)×2/3]이 되고 있다.

한편, 현재 현물에 매도포지션을 취하고 있거나 미래에 현물을 매입할 예정인 경우에 이익참여선물환을 만들기 위해서는 행사가격을 현물가격보다 높은 수준에서 결정한 뒤 이 행사가격의 콜옵션을 헤징대상자산의 규모만큼 매입하고 동일한 행사가격의 풋옵션을 매도하되 매도 규모는 순프리미엄이 영(0)이 되도록 한다. 이때 매입하는 콜옵션은 외가격이고 매도하는 풋옵션은 내가격이므로 순프리미엄이 영(0)이 되려면 매입하는 콜옵션 1계약에 대해 매도하는 풋옵션의 비율이

[콜옵션 프리미엄÷풋옵션 프리미엄]이 된다. 여기에서 행사가격을 낮게 정하여 최대손실 규모를 작게 만들면 이익참여비율이 낮아지게 되고, 행사가격을 높게 정하여 최대손실 규모를 크게 하면 이익참여비율이 높아지게 된다. 즉, 이익참여 정도와 최대손실 규모는 서로 상충(trade-off)관계에 있다.

10.2 옵션포지션에 대한 헤징

위에서 우리는 옵션을 이용하여 현물포지션의 리스크를 다양하게 헤징하는 방법에 관하여 논의하였다. 이번에는 옵션거래로 인하여 노출되는 시장위험(market risk)을 관리하는 방법에 관하여 설명하기로 한다. 장외시장에서 금융기관이 딜러로서 고객의 필요에 따라 옵션이나 기타 파생상품에 판매하게 되면 원치 않은 포지션으로 인한 리스크에 노출된다. 따라서 여러 고객들로부터 이전된 리스크 가운데 서로 상쇄되는 것은 제하고 남은 리스크에 대해서는 헤징을 통해 관리하여야 한다. 특히 옵션의 시장가격에 미치는 요인이 다양하고 이들 요인과 옵션가격 간의 관계가 비선형적(non-linear)이기 때문에 옵션포지션으로 인한 리스크는 보다 정교한 헤징방법이 필요하다.

델타헤징

델타헤징(delta hedging)이란 옵션의 델타값을 이용하여 기초자산의 가격변동으로 발생하는 리스크를 관리하는 헤징전략이다. 앞서 설명한 바와 같이 델타란 기초자산의 가격변동에 대한 옵션가격의 민감도를 나타낸다. 만일 어느 옵션의 델타값이 +0.3이라면 이 옵션의 기초자산가격이 100원 증가할 때 옵션의 가격은 약 30%인 30원이 증가하게 된다. 그러므로 옵션의 델타는 옵션포지션의 크기와 기초자산포지션의 크기를 대응시키는 개념으로 이해될 수 있다.

따라서 옵션의 델타는 기초자산을 옵션으로 헤징하거나 옵션을 기초자산으로 헤징할 때 헤지비율(hedge ratio)로 이용된다. 옵션의 델타를 Δ_T, 기초자산의 델타를 Δ_S라고 하자. 물론 기초자산의 델타값은 1이 된다. 여기서 델타를 이용하여 옵션을 기초자산으로 헤징하는 경우에 필요한 기초자산의 규모를 계산하는 공식은 다음과 같이 구해진다.

$$\Delta_T + w_S \Delta_S = 0$$

$$w_S = -\frac{\Delta_T}{\Delta_S} = -\Delta_T$$

단, w_S = 옵션 1단위를 헤징하는 데 사용된 기초자산의 크기

또한, 기초자산을 옵션으로 헤징하는 데 사용되는 옵션의 규모를 구하는 공식은 다음과 같다.

$$w_T \Delta_T + \Delta_S = 0$$

$$w_T = -\frac{\Delta_S}{\Delta_T} = -\frac{1}{\Delta_T}$$

단, w_T = 기초자산 1단위를 헤징하는 데 사용된 옵션의 규모

예를 들면, 현재 프리미엄은 1,000원이고 델타값은 0.6인 콜옵션을 2,000단위 매도한 투자자가 있고, 이 옵션의 기초자산의 가격은 10,000원이라고 하자. 이때 이 투자자는 기초자산을 1,200단위(=2,000×0.6) 매입함으로써 헤지포지션을 취할 수 있게 된다. 즉, 옵션포지션의 손해 또는 이익이 기초자산에서의 이익 또는 손실에 의해 상쇄될 수 있게 된다. 만일 기초자산의 가격이 100원 상승하면 기초자산에서 120,000원(=100원×1,200)의 이익이 발생하는 반면, 매도한 콜옵션 포지션에서는 옵션가격이 60원(=100원×0.6) 상승함으로 인해 120,000원(=60원×2,000)의 손실이 발생하므로 기초자산에서의 이익과 옵션포지션의 손실이 서로 상쇄된다. 이와 같이 기초자산과 옵션의 손익이 서로 상쇄되어 전체 포지션의 델타값을 영(0)으로 만드는 헤징을 델타중립헤징(delta neutral hedging)이라고 부른다.

그림 10-8 옵션가격곡선의 기울기로서의 델타값

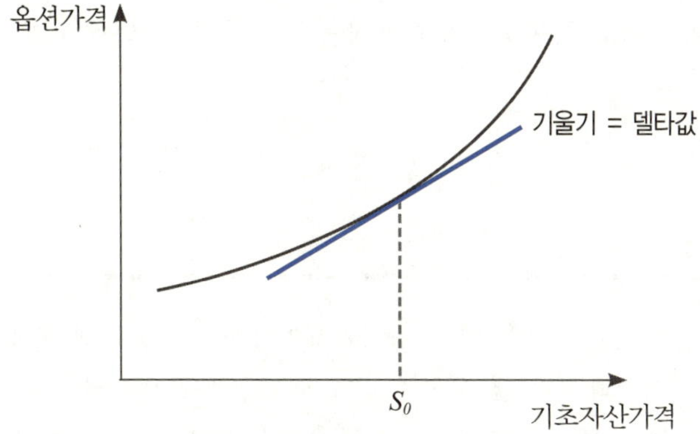

델타헤징은 비교적 짧은 기간동안의 헤징에 적합하다. 그 이유는 시간이 흐름에 따라 델타값이 변화하기 때문이다. [그림 10-8]에서 보듯이 접선의 기울기로 나타나는 델타값은 기초자산의 가격이 변화함에 따라 기울기의 값이 달라지게 되고, 옵션가격에 영향을 미치는 여러 가지 요인들이 변화하면 옵션가격을 나타내는 그래프의 위치나 모양이 변화하게 됨으로써 접선의 기울기도 달라지게 된다. 따라서 델타값은 시간의 흐름에 따라 변화하게 됨을 알 수 있다. 실제로 델타헤징을 수행함에 있어서는 일정시간을 간격으로 델타값의 변화에 따라 헤지포지션을 재조정(rebalancing)하는 과정을 거치는 것이 일반적이다. 이와 같이 헤지포지션을 자주 조정해 주어야 하는 헤징방법을 동적헤징(dynamic hedging)이라고 한다.

블랙-숄즈모형에 의하면 무배당 주식에 대한 유럽형 콜옵션의 델타는 $N(d_1)$이 된다. 이는 블랙-숄즈공식에서 콜옵션의 가치를 기초자산의 가격인 주가로 편미분한 결과이다. 동일한 방법으로 무배당 주식에 대한 유럽형 풋옵션의 델타를 구하게 되면 $-N(-d_1)$, 즉 $[N(d_1)-1]$이 된다. 이 값은 항상 음(−)이기 때문에 풋옵션 매입포지션을 헤징하기 위해서는 기초자산에 매입포지션을 취해야 하고, 풋옵션 매도포지션은 기초자산의 매도포지션에 의해 헤징된다.

한편, 여러 개의 파생상품으로 구성된 포트폴리오의 델타는 개별 상품의 델타를 보유 규모로 가중평균한 값이 된다. 즉, 파생상품 i를 w_i만큼 보유하고 있고 이것의 델타값이 Δ_i라고 하면 n개의 파생상품으로 구성된 포트폴리오의 델타 Δ_P는 다음과 같다.

$$\Delta_P = \sum_{i=1}^{n} w_i \Delta_i$$

예제 5

동일한 기초자산(S), 만기, 행사가격을 갖는 콜옵션(C)과 풋옵션(P)이 있다. 현재 콜옵션의 델타 값, $N(d_1)$은 0.7225이고, 풋-콜 패러티에 따라 풋옵션의 델타값 $-N(-d_1)$은 $-0.2775(= 0.7225-1)$이다. 이때 다음과 같은 포지션을 무위험 포트폴리오로 만드는 델타중립 헤지방법을 고려해 보자.

1) 기초자산 10,000단위 보유

① 1기초자산 보유 + m콜 매도 $[S-mC]$

$$\partial(S-mC) = 1-m\frac{\partial C}{\partial S} = 1-mN(d_1) = 0$$

$$m = \frac{1}{N(d_1)} = \frac{1}{0.7225} = 1.3841$$

즉, 콜옵션 13,841단위 매도

② 1기초자산 보유 + n풋 매입 $[S+nP]$

$$\frac{\partial(S+nP)}{\partial S} = 1+n\frac{\partial P}{\partial S} = 1+n[-N(-d_1)] = 0$$

$$n = \frac{1}{-N(-d_1)} = \frac{1}{-0.2775} = 3.6036$$

즉, 풋옵션 36,036단위 매입

③ 1기초자산 보유 + 1콜 매도 + 1풋 매입 $[S-C+P]$

$$\frac{\partial(S-C+P)}{\partial S} = 1-\frac{\partial C}{\partial S}+\frac{\partial P}{\partial S}$$

$$= 1-N(d_1)+[-N(-d_1)] = 1-N(d_1)+[N(d_1)-1] = 0$$

즉, 콜옵션 10,000단위 매도하고 풋옵션 10,000단위 매입

2) 콜옵션 10,000단위 매도

1콜 매도 + h기초자산 매입 $[-C+hS]$

$$\frac{\partial(-C+hS)}{\partial S} = -\frac{\partial C}{\partial S} + h = -N(d_1) + h = 0$$

$h = N(d_1) = 0.7225$

즉, 기초자산 7,225단위 매입

3) 콜옵션 10,000단위 매입

1콜 매입 + g기초자산 공매도 $[C-gS]$

$$\frac{\partial(C-gS)}{\partial S} = \frac{\partial C}{\partial S} - g = N(d_1) - g = 0$$

$g = N(d_1) = 0.7225$

즉, 기초자산 7,225단위 공매도

4) 풋옵션 10,000단위 매도

1풋 매도 + j기초자산 공매도 $[-P-jS]$

$$\frac{\partial(-P-jS)}{\partial S} = -\frac{\partial P}{\partial S} - j = -[-N(-d_1)] - j = 0$$

$j = -[-N(-d_1)] = -(-0.2775) = 0.2775$

즉, 기초자산 2,775단위 공매도

5) 풋옵션 10,000단위 매입

1풋 매입 + k기초자산 매입 $[P+kS]$

$$\frac{\partial(P+kS)}{\partial S} = \frac{\partial P}{\partial S} + k = -N(-d_1) + k = 0$$

$k = -[-N(-d_1)] = -(-0.2775) = 0.2775$

즉, 기초자산 2,775단위 매입

감마 및 베가중립

기초자산가격의 변화에 대한 옵션가격의 민감도를 측정하는 것이 델타임은 앞에서 설명하였다. 바로 이 델타값의 변화율을 측정한 값이 감마(gamma)이다. 즉, 감마는 기초자산의 가격이 1단위 변화할 때 델타값이 얼마만큼 변화할 것인가를 측정한 값이다. 따라서 감마값이 크다면 기초자산가격의 변화에 대해 델타값이 민감하게 변동한다는 것이고 반대로 감마값이 작다면 델타값의 변화가 비교적 안정적이란 의미가 된다. [그림 10-8]에서 보면, 델타값은 옵션가격곡선의 기울기이고 감마값은 이 기울기의 변화속도를 나타내고 있다. 수학적으로는 델타값이 옵션가격결정공식(블랙-숄즈 공식)을 기초자산가격에 대해 1차 미분한 값과 같으므로 감마값은 이를 한번 더 미분, 즉 2차 미분하여 구할 수 있다.

앞서 델타헤징을 설명하면서 델타값이 헤지비율로 이용됨을 알았다. 따라서 감마는 기초자산의 가격변동에 대해 헤지비율이 어떻게 변하는가를 나타낸다. 옵션의 감마값이 큰 경우에는 헤징의 효과성을 유지하기 위해서 자주 헤지포지션을 재조정해야 한다. 반면 감마값이 작은 경우는 기초자산가격의 변화에 대해 헤지비율이 안정적이므로 헤지포지션의 재조정 없이도 헤징의 효과성을 유지할 수 있게 된다.

델타중립적인 포트폴리오를 감마중립(gamma neutral)으로 만들기 위해서는 옵션을 추가하는 방법을 이용한다. 델타중립적인 포트폴리오의 감마가 Γ이고 거래되는 옵션의 감마가 Γ_T라고 하자. 이 포트폴리오에 옵션을 w_T개 추가하면 포트폴리오의 감마는 $(w_T\Gamma_T+\Gamma)$가 될 것이다. 따라서 전체 포트폴리오의 감마를 영(0)으로 만들기 위해 필요한 옵션의 포지션은 $(-\Gamma/\Gamma_T)$가 되어야 한다. 그러나 옵션을 추가시켰기 때문에 전체 포트폴리오의 델타가 더 이상 영(0)이 아닐 것이고, 다시 델타를 중립으로 만들기 위해서는 기초자산을 포트폴리오에 추가로 포함시켜야 한다.

예제 6

어떤 포트폴리오가 현재 델타중립이고 감마는 −2,000이다. 여기에서 어느 옵션의 델타와 감마가 각각 0.4, 0.8이라고 할 때, 주어진 포트폴리오에 이 옵션을 2,500단위(= 2,000÷0.8) 매입하여 추가시키면 전체 포트폴리오의 감마를 영(0)으로 만들 수 있다.

그러나 포트폴리오의 델타는 영(0)에서 1,000(=2,500×0.4)으로 증가하게 된다. 따라서 포트폴리오를 계속 델타중립상태로 유지하기 위해서는 기초자산을 1,000단위만큼 매도하여야 한다.

옵션가격에 영향을 미치는 또다른 중요한 요인으로 기초자산가격의 변동성을 들 수 있다. 베가(vega)는 기초자산가격의 변동성의 변화에 대한 옵션가격의 민감도를 측정하는 값으로서 기초자산가격의 변동성이 1% 변화하는 데 따른 옵션가격의 변화율을 나타낸 값이다. 기초자산가격의 변동성의 변화에 대한 옵션가격의 변동위험을 헤징하기 위해서는 포트폴리오의 베가값이 영(0)이 되는 베가중립(vega neutral) 포지션을 만들어야 한다. 감마의 경우와 마찬가지로 기초자산의 베가도 영(0)이므로 포트폴리오의 베가를 변화시키기 위해서는 추가로 옵션에 포지션을 취하는 방법을 사용한다. 델타중립적인 포트폴리오의 베가가 ν이고 거래되는 옵션의 베가가 ν_T라고 하자. 이 포트폴리오에 옵션을 w_T만큼 추가하면 포트폴리오의 베가는 $(w_T \nu_T + \nu)$가 될 것이다. 따라서 전체 포트폴리오의 베가를 영(0)으로 만들기 위해 필요한 옵션의 포지션은 $(-\nu/\nu_T)$가 되어야 한다.

그러나 베가중립적인 포트폴리오가 일반적으로 감마중립이 되지는 않을 것이므로 감마와 베가가 모두 중립적인 포트폴리오를 만들기 위해서는 기초자산에 대해 두 가지 종류의 옵션이 필요하게 된다. 이렇게 두 가지 옵션을 추가하여 감마 및 베가중립적 포트폴리오를 구성하게 되면 전체 포트폴리오의 델타는 더 이상 영(0)이 아닐 것이고, 다시 델타를 중립으로 만들기 위해서는 기초자산을 포트폴리오에 추가로 포함시켜야 한다.

예제 7

어떤 포트폴리오가 현재 델타중립이고 감마는 −5,000, 베가는 −9,000이라고 하자. 또한, 어떤 옵션의 델타, 감마, 베가가 각각 0.4, 0.6, 0.8이고, 또 다른 옵션의 델타, 감마, 베가는 0.6, 1.0, 2.0이라고 하자.

여기에서 포트폴리오의 감마와 베가를 동시에 영(0)으로 만드는 데 필요한 첫번째와 두번째 옵션의 개수를 각각 w_1, w_2라고 하면 다음과 같은 두 개의 식이 성립한다.

$$-5,000 + 0.6w_1 + 0.8w_2 = 0$$
$$-9,000 + 1.0w_1 + 2.0w_2 = 0$$

위의 방정식의 해는 $w_1 = 2,500$, $w_2 = 3,500$이다. 즉, 첫번째 옵션은 2,500단위, 두번째 옵션은 3,500단위 추가함으로써 이 포트폴리오의 감마와 베가를 모두 영(0)으로 만들 수 있다.

그러나 두 옵션을 추가하게 되면 포트폴리오의 델타는 3,100(=2,500×0.4+3,500×0.6)이 되므로 기초자산을 3,100단위만큼 매도하여야 전체 포트폴리오의 델타가 다시 영(0)으로 되돌아 간다.

기타 다른 요인들

기초자산의 가격 및 기초자산가격의 변동성 외에 옵션가격에 영향을 미치는 요인으로는 잔존만기와 이자율을 들 수 있다. 세타(theta)는 시간의 경과에 따른 옵션가치의 변화 정도를 나타내는 지표이다. 일반적으로 옵션은 다른 요인들이 일정한 경우 만기까지의 잔존기간이 줄어듦에 따라 그 가치가 감소하게 된다. 그러나 옵션가격에 영향을 미치는 다른 요인들과는 달리 시간의 경과에는 불확실성이 없다. 즉, 시간의 경과에 따른 옵션가치의 감소는 예정된 결과인 것이다. 따라서 세타는 델타나 베가 등과는 달리 옵션의 시장위험요인이 되지 않는다.

이자율변화에 대한 옵션가격의 민감도를 나타내는 지표가 로우(rho)이다. 그러나 이자율변화가 옵션가격에 미치는 영향이 다소 모호하고, 대체로 옵션가격은 이자율변화에 비탄력적이기 때문에 로우는 옵션의 시장위험요인들 가운데 거의 무시된다. 따라서 이자율변화로 인한 옵션포지션의 위험을 헤징하는 것은 그다지 중요한 논의 내용이 되지 못한다.

이상 논의된 내용을 종합해 보면, 옵션포지션의 시장위험에 영향을 미치는 주된 요인은 기초자산의 가격과 그 변동성임을 알 수 있다. 옵션이나 기타 파생상품을 판매하고 그 결과 시장위험에 노출된 금융기관은 델타, 감마, 베가 등을 모두 영(0)으로 유지하는 것이 이상적일 것이다. 그러나 이렇게 헤지된 포지션을 계속 유지하는 것은 매우 어렵다. 시간이 경과하고 기초자산의 가격 및 그 변동성이 변화함에 따라 델타, 감마, 베가 등의 값이 계속 달라지게 되므로 헤지포트폴리오를 수시로 재조정해 주는 동적헤징(dynamic hedging)이 필요하기 때문이다. 따라서 실무에서는 우선적으로 델타중립적 포트폴리오를 유지하는 데 주력하고, 감마와 베가는 계속 관찰하면서 너무 커지지 않도록 조치를 취하는 것이 일반적이다.

10.3 포트폴리오 보험

의의 및 발전과정

포트폴리오 보험(portfolio insurance)은 기초자산의 가격이 상승함으로 인해 생기는 이익은 향유하되 기초자산의 가격이 하락하더라도 포트폴리오의 가치가 일정수준 이하로 하락하지 않도록 자산을 운용하는 기법이다. 이러한 기법을 사용한 포트폴리오에 투자한 경우에는 마치 보험을 든 것과 같은 상태가 되었다는 의미로 붙여진 명칭이다.

1970년대 말 Leland와 Rubinstein에 의해서 본격적으로 개발된 포트폴리오 보험기법은 1980년대 초 주가지수선물의 등장과 더불어 폭발적인 인기를 얻었으며, 1987년 10월 주가 대폭락 직전에는 미국 내에서만 약 900억 달러 규모의 포트폴리오가 이 기법에 의해 운용되었던 것으로 전해지고 있다. 그러나 포트폴리오 보험이 1987년 10월 주가 대폭락의 원인의 하나로 지목되고 이에 대한 여러 가지 규제들이 생기면서 위축된 것이 사실이나 여전히 펀드운용이나 투자기법에 널리 활용되고 있다. 특히, 연기금이나 보험회사 등과 같은 기관의 포트폴리오는 최소한의 수익을 보장하면서 가능하면 높은 수익을 얻어야 하는 방식으로 운용될 필요성이 크기 때문에 포트폴리오 보험전략이 많이 활용된다.

손실의 가능성은 일정수준으로 제한하고 이익의 가능성을 그대로 남겨 둔 포트폴리오 보험의 수익구조는 기초자산의 매입포지션을 풋옵션으로 헤징한 방어적 풋(protective put)전략과 일치한다. 예를 들어 주가지수의 변화를 그대로 따라가는 포트폴리오를 보유하고 있는 투자자가 행사가격이 X인 주가지수 풋옵션을 포트폴리오의 규모만큼 매입하게 되면 포트폴리오의 가치가 X 이하로 하락하는 것을 막을 수 있다. 왜냐하면 주가가 하락할 경우 보유하고 있는 포트폴리오의 가치가 하락하여 손실이 발생하지만, 풋옵션을 행사하여 발생하는 이익으로 손실을 보전할 수 있기 때문이다. 반대로 주가가 상승하는 경우에는 풋옵션은 행사되지 않고 보유하는 포트폴리오의 가치가 상승하게 되므로 이익이 발생한다. 그러나 두 경우 모두 풋옵션 매입시 지불한 프리미엄을 비용으로 고려해 주어야 된다.

이와 같이 풋옵션을 이용하게 되면 비교적 간단하게 포트폴리오 보험전략을 구사할 수 있으나 이를 실제로 실행하는 데는 몇 가지 문제점이 따른다. 우선 필요로 하는 옵션의 유동성 문제를 들 수 있다. 선물과 달리 옵션은 여러 개의 행사가격을 갖고 있기 때문에 거래가 분산되어 특정한 행사가격의 한 가지 옵션의 거래량이 비교적 적은 규모이다. 반면에 기관투자자의 헤징대상 펀드의 규모는 매우 크기 때문에 옵션 유동성의 제약을 받는다. 또한 대부분 펀드의 투자기간은 장기인 반면에 거래소 옵션은 주로 잔존만기가 1～2개월에 불과한 근월물을 중심으로 거래되므로 근월물 옵션을 롤오버(roll-over)하는 방식을 사용해야 하는데 현실적으로 쉽지 않다. 그 외에도 원하는 행사가격을 맞추기가 어렵고, 경우에 따라서는 헤징에 사용하고자 하는 옵션의 프리미엄이 과대평가되어 있을 수도 있다.

이러한 문제들로 인하여 대부분의 포트폴리오 보험전략에서는 옵션을 사용하는 대신에 주식 또는 주가지수선물을 이용하여 옵션에 의한 헤지포지션을 합성하는 방식을 주로 이용한다. 즉, 포트폴리오 자산구성을 수시로 조정하는 동적자산배분전략(dynamic asset allocation strategy)이나 선물을 이용하여 헤지포지션을 합성하는 동적헤지전략(dynamic hedge strategy)이 포트폴리오 보험을 실행하는 주된 방식으로 활용되고 있다.

동적자산배분전략

동적자산배분전략은 주식과 무위험채권의 적절한 구성으로 방어적 풋 포지션을 합성하는 포트폴리오 보험전략이다. 즉, 동적자산배분전략은 주식과 무위험채권의 구성비율을 통해 주식과 풋옵션을 결합하여 만든 포트폴리오의 델타와 일치시키는 기법으로 이해될 수 있다. 정의에 의해 어떤 자산 또는 포트폴리오의 델타는 기초자산가격(S)으로 편미분하여 구한다. 따라서 주식과 풋옵션으로 구성된 포트폴리오의 델타는 다음과 같은 계산에 의해 $N(d_1)$이 된다.

$$\frac{\partial(P+S)}{\partial S}=\frac{\partial P}{\partial S}+\frac{\partial S}{\partial S}=-N(-d_1)+1=-[1-N(d_1)]+1=N(d_1)$$

그러므로 $N(d_1)$만큼을 주식으로 매입하고 나머지는 무위험자산을 매입하면 이 포트폴리오의 델타가 $N(d_1)$이 되어 방어적 풋전략과 동일한 결과를 얻을 수 있게 된다.

동적자산배분전략을 실행하는 데 있어 중요한 지표는 주식매입비율인 $N(d_1)$이다. $N(d_1)$은 블랙-숄즈모형에 따르면 콜옵션의 델타로서 기초자산가격, 행사가격, 기초자산가격의 변동성, 잔존만기, 이자율 등 5가지 요인에 의해 결정된다. 이 가운데 행사가격은 포트폴리오의 최저보장가치에 의해 선택되고 잔존만기는 일정하게 감소하며 이자율은 크게 변하는 값이 아니므로 $N(d_1)$의 값에 가장 크게 영향을 주는 요인은 기초자산의 가격과 그 변동성이다. 특히, $N(d_1)$의 값은 기초자산의 가격이 상승하면 커지고 가격이 하락하면 작아지되, 둘 사이의 관계가 비선형적인 구조를 갖고 있다.

동적자산배분전략에서는 주가가 상승하면 $N(d_1)$의 값이 커지므로 주식의 편입비율을 늘리고 주가가 하락하면 $N(d_1)$의 값이 작아지므로 주식의 편입비율을 줄여야 한다. 그러나 수시로 변동하는 주가에 따라 계속해서 변하는 이 비율에 맞춰 포트폴리오의 구성을 재조정(rebalancing)하는 것은 비용이 많이 든다. 따라서 실무적으로는 대부분 주가변동폭을 미리 정해 놓고(예를 들어, 현재가격 대비 2%) 이 변동폭 이상으로 주가가 변하는 경우에만 포트폴리오에서 주식보유비율을 조정해 주는 방식을 사용한다.

동적헤지전략

동적자산배분전략을 성공적으로 수행하기 위해서는 주가가 변동하면 매매를 통해 주식보유비율을 자주 조정해 주어야 한다. 그러나 빈번한 주식매매는 적지 않은 거래비용을 초래하기 때문에 주가지수선물을 이용하여 포트폴리오 보험전략을 수행하는 것이 선호된다. 이를 동적헤지전략이라고 한다.

제4장에서 언급된 바와 같이 주식을 거래하지 않고도 주가지수선물을 이용하게 되면 포트폴리오의 주식보유비율을 조정할 수 있다. 즉, 주식포트폴리오를 보유하고 있는 투자자가 보유한 현물주식을 팔지 않고도 주가지수선물에 적절하게 매도포지션을 취함으로써 원하는 만큼의 주식을 팔아 현금화시켜 무위험자산에 투자한 것과 동일한 효과를 볼 수 있고, 반대로 주식을 전혀 매입하지 않고도 무위험자산을 매입하고 동시에 주가지수선물에 적절하게 매입포지션을 취함으로써 현물 주식포트폴리오를 보유한 것과 동일한 결과를 만들 수 있다. 물론 주가지수선물을 거래하는 데는 비용이 발생하나, 주식거래에 비해 수수료가 저렴하고 유동성이 풍부하여 시장충격비용이 적으므로 거래비용이 훨씬 낮다.

실제로 주가지수선물을 이용한 동적헤지전략은 포트폴리오 보험전략 가운데 가장 보편화된 방법이다. 그러나 주가지수선물을 활용하는 데 따르는 문제점도 적지 않다. 만일 보유하고 있는 주식포트폴리오가 주가지수선물의 기초자산인 주가지수와 밀접하게 연관되지 못한 경우에는 추적오차(tracking error)의 발생으로 인해 헤징의 효과성이 떨어질 수 있다. 또한 주가지수선물의 시장가격이 이론가격과 불규칙하게 괴리를 보이는 경우에도 헤징의 효과성이 감소하게 된다.

동적자산배분전략과 마찬가지로 동적헤지전략에서도 블랙-숄즈모형에서의 델타값, 즉 $N(d_1)$의 값에 의해 헤지비율이 결정된다. $N(d_1)$의 값에 결정적으로 영향을 주는 요인이 기초자산의 가격과 그 변동성이다. 기초자산가격이 변화함에 따른 $N(d_1)$의 값의 변화는 주가지수선물의 포지션 규모를 조정함으로써 해결될 수 있다. 물론 재조정 빈도를 늘리면 헤징의 효과성이 높아지나 비용이 증가하기 때문에 적절한 빈도를 결정하는 것이 중요하다. 헤지성과와 관련된 또 다른 문제는 $N(d_1)$의 값을 구하는 데 필요한 기초자산가격의 변동성을 추정하는 것이다. 옵션모형에서 요구되는 변동성은 미래 변동성이므로 현재 시점에서 그 값을 추정하여야 한다. 따라서 추정한 값의 결과에 따라 헤지성과가 좌우된다.

동적자산배분전략이나 동적헤지전략 모두 기본적인 실행 방법은 주가가 오르면 주식보유비율 또는 선물매입포지션을 늘리고 주가가 떨어지면 주식을 매도하거나 선물매도포지션을 늘리는 것이다. 이러한 매매패턴이 주식시장의 변동성을 확대시키는 요인이 되는 것으로 알려지고 있다. 특히 외부 충격에 의해 주가가 급속히 떨어질 경우에는 포트폴리오 보험에서 주식의 비중을 줄이기 위해 주식매도 또는 선물매도가 쇄도하게 된다. 급속한 선물매도주문의 증가는 선물가격의 하락으로 이어져 주가지수 선물시장과 현물시장간의 가격의 불균형을 초래하게 된다. 이에 따라 차익거래를 위한 프로그램매도가 발생하고 주가는 추가로 하락하게 된다. 이는 다시 포트폴리오 보험에서 주식매도 또는 선물매도를 촉발시키는 악순환을 되풀이한다. 이러한 문제를 감소시키기 위해 고안된 제도적 장치가 사이드카(sidecar)제도로서 선물가격이 큰 폭으로 변동하면 한동안 프로그램 매매호가의 효력이 정지된다.

사례 : Black Monday와 포트폴리오 보험

1987년 10월 19일 미국 주식시장이 특별한 뉴스없이 하루 동안 20% 이상 하락하는 사상 초유의 대폭락을 기록하자 이에 대한 원인을 다각도로 분석하게 되었다. 그 결과 주가폭락의 주된 요인으로 지목된 것이 포트폴리오 보험이다.

1987년 10월 시장붕괴에 대한 브래디 특별위원회 보고서(Brady Commission Report)는 당시 시장에서의 포트폴리오 보험의 영향력에 대한 중요한 자료를 제공한다. 이 보고서는 당시 600억 내지 900억 달러의 자금이 포트폴리오 보험전략을 이용하였다고 추정하고 있다. 1987년 10월 14일(수요일)부터 10월 16일(금요일) 사이에 주가가 약 10% 가량 하락했고 대부분의 하락은 10월 16일(금요일) 오후에 집중되었다. 이러한 주가하락은 포트폴리오 보험전략을 수행하는 기관투자자의 매도를 촉발하게 되었다. 이 보고서에 따르면, 10월 19일(월요일)에 주요 기관투자자 3곳이 포트폴리오 보험전략에 의해 매도한 물량이 뉴욕증권거래소(NYSE) 전체 매도 물량의 약 10%를 점유했고 주가지수선물시장 전체 매도 물량의 약 21%를 차지한 것으로 추정되고 있다.

이러한 결과에 대해 다른 의견을 제시하는 연구들이 적지 않게 있었으나, 이후 미국시장에서 포트폴리오 보험 및 프로그램 매매에 대한 규제가 강화되면서 이러한 헤징전략의 인기가 하락하였다.

연/습/문/제

1. Y주식 한 주를 38,000원에 매입함과 동시에 행사가격 40,000원인 Y주식에 대한 콜옵션 1개를 3,000원에 매도하였다. 이후 만기시 Y주식의 가격이 42,000원이 되었다면 이 투자자의 손익은 얼마인가?(단, 주식에 대한 배당이 없고, 거래비용과 화폐의 시간적 가치는 무시)

2. K주식 1주를 50,000원에 매입함과 동시에 K주식을 기초자산으로 하는 행사가격이 45,000원인 풋옵션 1개를 2,000원에 매입하고 행사가격이 55,000원인 콜옵션 1개를 2,500원에 매도하였다. 이후 옵션의 만기시 K주식의 가격이 42,000원이 되었다면 이 투자자의 손익은 얼마인가?(단, 주식에 대한 배당이 없고, 거래비용과 화폐의 시간적 가치는 무시)

3. 이문기업은 2개월 후에 수출대금 1백만 달러를 수취할 예정이다. 현재 현물환율은 달러당 1,260원이나, 앞으로 환율이 하락하면 결제 받을 원화대금이 적어질 것을 우려하여 한국거래소에서 거래되는 만기 2개월, 행사가격 1,250원/$인 미국달러 풋옵션(1계약=$10,000)을 달러당 5원의 프리미엄에 100계약을 매입하였다. 만일 2개월 후에 현물환율이 달러당 1,235원이 된다면, 최종적으로 이문기업이 1백만 달러를 결제하여 수취하는 원화대금은 얼마인가?

4. 어느 펀드 매니저가 관리하는 주가지수 인덱스펀드의 가치가 1,000억원이고 현재 주가지수는 100이다. 이때 펀드 매니저가 방어적 풋(protective put)전략을 위해 행사가격이 95인 주가지수풋옵션을 2.0의 프리미엄에 매입했다면 주가지수가 하락하더라도 옵션의 만기까지 이 포트폴리오가 유지할 수 있는 최소가치는 얼마인가?(거래비용과 화폐의 시간적 가치는 무시)

5. 시민은행 주식 콜옵션 10계약을 매도한 투자자가 있다.(이때 옵션 1계약의 거래단위는 주식 10주이다). 이 옵션의 델타값은 0.4이고, 프리미엄은 2,500원이며, 현재 시민은행 주가는 32,000원이다. 이 투자자가 델타중립적(delta neutral)포지션을 만들기 위하여 취해야 할 전략은?

6. 현재 50,000원인 이문기업 주식을 기초자산으로 하고 만기는 1개월, 행사가격은 48,000원인 콜옵션이 시장에서 2,800원에 거래되고 있다. 이 콜옵션의 델타값 $N(d_1)$은 0.6821이다. 이때 다음과 같은 포지션을 무위험포트폴리오로 만드는 델타중립헤징 방법을 설명하시오.

   1) 이문기업 주식 2,000주 보유

   2) 이문기업 주식 500주 공매도

7. 주식포트폴리오를 보유하고 있는 투자자가 취할 수 있는 포트폴리오 보험전략으로는 어떤 것들이 있는가?

8. 옵션과 기초자산의 적절한 배합에 의해 무위험포트폴리오를 만드는 델타중립헤징이 헤징포지션을 자주 재조정해야 하는 동적헤징인 이유는 무엇인가?

CHAPTER 11

다양한 종류의 옵션계약

11.1 주식옵션
11.2 주가지수옵션
11.3 통화옵션
11.4 선물옵션
11.5 금리옵션
11.6 기타 다양한 형태의 장외옵션

옵션은 기초자산에 따라 주식옵션, 주가지수옵션, 금리옵션, 통화옵션 등으로 구분된다. 또는 현물이 아닌 선물계약이 기초자산이 되는 선물옵션이 있다. 그 밖에 다양한 형태의 장외옵션이 끊임없이 개발되고 있다. 본 장에서는 이들 옵션 계약의 특징을 구체적으로 살펴보고자 한다.

11.1 주식옵션

주식옵션의 의의

주식옵션(stock option)은 개별주식을 기초자산으로 하는 옵션계약이다. 따라서 주식옵션 보유자는 계약기간 또는 만기일에 특정한 주식을 미리 정한 가격에 매입 또는 매도할 수 있는 권리를 갖는다. 주식옵션은 장내옵션 가운데 가장 오랜 역사를 갖는 옵션으로서 블랙-숄즈모형을 비롯한 대부분의 옵션 이론들이 주식옵션을 대상으로 발전되어 왔다. 그러므로 주식옵션은 다양한 종류의 옵션계약 가운데 가장 표준적인 형태의 옵션으로 간주될 수 있다.

주식옵션은 1973년 4월 미국의 시카고옵션거래소(CBOE: Chicago Board of Options Exchange)가 일부 주식을 대상으로 주식옵션 거래를 개시한 이래 발전을 거듭하여 현재는 CBOE 뿐 아니라 필라델피아거래소(PHLX), 뉴욕증권거래소(NYSE), 미국증권거래소(AMEX) 등의 미국시장에서만 500개 종목 이상의 주식에 대한 옵션이 거래되고 있다. 또한 미국 외에도 전 세계 여러 거래소에서 비교적 활발하게 주식옵션이 거래되고 있다.

우리나라에서는 2002년 1월 7개 개별주식 종목을 대상으로 하는 주식옵션이 증권거래소에 상장되어 거래가 시작되었고, 이후 여러 개의 개별주식 종목에 대한 주식옵션이 추가되어 한국거래소에 상장되어 있다. 그러나 미국과 유럽시장에서는 주식옵션거래가 매우 활발한 반면에 국내 주식옵션시장은 투자자들의 참여가 부진한 실정이다. 그 동안 주식옵션시장을 활성화시키기 위해 결제방식을 현물결제에서 현금결제로 전환하는 등 몇 가지 조치에도 불구하고 거래부진은 계속되고 있다. 더구나 2005년 12월부터 주식워런트증권(ELW : equity linked warrants)시장이 개설되어 양호한 성장 속에 정착함에 따라 개별주식옵션시장을 사실상 대체하고 있다.[1)]

주식옵션의 가격결정

블랙과 숄즈가 옵션가격결정에 관한 이론을 발표할 당시에는 주로 주식옵션의 가격결정에 초점을 맞추고 있었다. 이에 따라 본 서의 제9장과 제10장에서 논의된 옵션가격이론들도 대부분 주식옵션을 대상으로 하고 있으므로 여기에서 다시 논의할 필요는 없을 것 같다. 다만 기초자산인 주식의 가격이 배당, 주식분할, 유상증자 등으로 영향을 받을 때 주식옵션의 매매조건을 조정해 주는 문제에 관해 설명할 필요가 있다.

앞서 제8장에서 언급된 바와 같이 현금배당은 주가에 영향을 미치지만 이로 인해 주식옵션의 매매조건이 조정되지는 않는다. 따라서 옵션의 잔존만기동안 기대되는 배당금은 옵션가격에 영향을 주는 요인이 되고 조기행사에도 영향을 미치게 된다. 그러나 주식분할, 주식배당, 유상증자 등으로 주가가 변동된 경우에는 이에 따라 주식옵션의 행사가격이 조정된다.

1) ELW는 특정 주식(또는 주가지수)을 미래시점에 미리 정한 가격에 사거나(콜) 팔 수 있는(풋) 권리를 갖는 증권이란 점에서 일견 주식(또는 주가지수)옵션과 동일한 금융상품으로 보이나, 몇 가지 측면에서 서로 구별된다. 우선 옵션거래에서는 매입·매도를 선택할 수 있으나, ELW의 경우 발행자는 은행, 증권회사 등 금융기관이 맡고 투자자는 매입포지션만 취할 수 있다. ELW의 발행조건은 발행자가 투자자의 필요(needs) 등 시장수요를 반영하여 자유롭게 결정하므로 거래소 옵션에 비해 다양한 상품으로 구성될 수 있다. 한편, ELW도 옵션과 함께 거래소에 상장되어 거래가 이루어지지만, 거래소는 매매에 대한 결제이행만 책임지고 만기시 발행자의 결제의무이행을 보증하지는 않으므로 발행자의 신용도가 ELW 발행 및 판매에 중대한 영향을 미친다. 특히, 우리나라에서는 ELW 상장시 발행자가 유동성공급자(liquidity provider)를 지정하여야 하며, 유동성공급자는 상시 매수-매도 호가를 제시하여 투자자의 매매요구에 응함으로써 수급불균형을 완화하고 거래를 활성화하는 데 기여한다.

주식분할(stock split)이란 현재 발행되어 있는 주식이 많은 수의 주식으로 분할되는 것을 의미하는 것으로 예를 들어 2 대 1 주식분할은 현재의 주식 1주를 2주로 분할하게 된다.[2] 주식분할은 원칙적으로 기업의 소유자산이나 수익력에 영향을 미치지 않으므로 주식분할은 주주의 부에 영향을 미치지 않는다. 만일 다른 조건이 일정하면 2 대 1 주식분할은 주가를 현재 주가의 1/2로 감소시킨다.[3] 따라서 옵션계약에 포함되는 모든 조건은 주식분할로 야기되는 주가변화를 반영하여 이에 상응하게 조정된다. 일반적으로 n 대 m (단, $n>m$) 주식분할 후에 주식옵션의 행사가격은 m/n으로 감소하고 옵션 1계약에 해당하는 주식의 수는 n/m배로 증가하게 된다. 한편, 주식병합은 주식분할의 정반대 개념으로서 현재 발행되어 있는 주식이 적은 수의 주식으로 병합되는 것을 말한다. 따라서 m 대 n (단, $m<n$) 주식병합 후에 주식옵션의 행사가격은 n/m배로 증가하고 옵션 1계약에 해당하는 주식의 수는 m/n으로 감소하게 된다.

주식옵션의 매매조건이 현금배당에 대해서는 조정되지 않는 반면에 주식배당에 대해서는 조정된다. 주식배당(stock dividend)은 기존의 주주에게 추가적으로 주식을 지급하는 것이다. 예를 들어 25%의 주식배당을 실시하면 주주는 이미 소유하고 있는 주식 4주당 1주를 새로 받게 된다. 이는 5대 4의 주식분할과 동일한 결과가 된다. 주식분할과 마찬가지로 주식배당도 기업의 자산이나 수익력에 영향을 미치지 않으므로 주식배당의 결과로 주가는 하락하게 된다. 예를들면, 다른 조건이 일정하다면 25%의 주식배당은 주가를 4/5 수준으로 낮추게 되고, 이 주식을 기초자산으로 하는 옵션의 행사가격은 기존의 4/5 수준으로 하락하고 옵션 1

2) 우리나라에서는 주로 주식의 액면가격이 조정되는 형태로 주식분할이 일어나게 된다. 예를 들어 액면가가 5,000원인 주식이 액면가 500원으로 바뀌게 되면 10 대 1 주식분할이 발생한다.

3) 실증연구 결과에 따르면 주식분할은 주가에 양(+)의 영향을 미친다고 보고되고 있다. 근본적인 기업가치에는 변화가 없는 상태에서 주식의 수만 증가한 것이 어떻게 주가에 긍정적인 영향을 주느냐에 관한 의문(puzzle)을 해결하기 위해 많은 연구들이 진행되어 유동성(liquidity), 적정가격범위(optimal price range), 정보전달(signalling) 등의 가설(hypothesis)이 제시되고 있다. 그러나 옵션거래에서는 주식분할이 주가에 영향을 미치지 않는다는 전제 하에 옵션의 행사가격과 주식 수를 조정한다.

계약당 주식의 수는 5/4배로 증가하게 된다.

주식옵션의 매매조건은 유상증자에 대해서도 조정된다. 유상증자시 일반적으로 주식인수가격은 시장가격보다 낮으므로 그만큼 주식의 가격도 하락하게 된다. 따라서 유상증자시에는 신주인수권의 이론적인 가치를 계산하여 옵션의 행사가격에서 차감하게 된다.

우리나라에서 거래되는 주식옵션에 대해서도 대상주식이 주식분할, 주식병합, 주식배당, 무상증자, 유상증자 등으로 기준가격의 변경이 있는 경우에는 이에 맞게 행사가격과 거래단위 등을 조정해 주도록 명시되어 있다. 이때 조정 후 거래단위가 기존 거래단위의 정수배가 되지 않는 경우에는 특별히 비정수배인 거래단위에 맞추어 행사가격을 설정하도록 하고 있다.

11.2 주가지수옵션

주가지수옵션의 의의

주가지수옵션(stock index option)은 주가지수를 구성하는 주식포트폴리오를 기초자산으로 하는 옵션계약이다. 주가지수옵션 보유자는 주가지수를 행사가격으로 하여 주식포트폴리오를 미리 정한 만기일 또는 만기일까지의 기간 내에 매입 또는 매도할 수 있는 권리를 갖는다. 그러나 주가지수를 구성하는 다수의 주식을 실물로 인수도하는 것은 사실상 불가능하므로 주가지수선물의 경우와 마찬가지로 주가지수옵션이 행사되면 현물지수와 행사가격의 차이에 미리 정해진 일정금액을 곱한 액수를 현금결제함으로써 계약이 종결된다. 즉, 콜옵션보유자가 옵션을 행사하면 당일 지수종가가 행사가격을 초과하는 부분에 미리 정해진 일정금액을 곱한 만큼의 현금을 받게 되며, 반대로 풋옵션보유자가 옵션을 행사하면 행사가격이 당일 지수종가를 초과하는 부분에 일정금액을 곱한 만큼의 현금을 받게 된다.

주가지수옵션은 시카고상업거래소(CME)가 S&P500 지수선물거래에 성공을 거둔 직후인 1983년 1월에 S&P500 지수선물을 기초자산으로 하는 S&P500 지수선물옵션의 거래를 개시하면서 등장하였다. 이후 시카고옵션거래소(CBOE)에 S&P100 지수옵션이 상장되면서 선물옵션이 아닌 현물지수옵션의 거래가 본격화되었다. 미국에서의 주가지수옵션의 성공은 다른 국가의 시장에 주가지수옵션이 등장하는 계기가 되었다. 대부분의 국가들은 주가지수선물의 기초자산과 동일한 주가지수에 대하여 주가지수옵션을 거래하고 있다. 대표적인 예로 영국의 FT-SE100 지수옵션, 프랑스의 CAC40 지수옵션, 독일의 DAX 지수옵션, 홍콩의 항셍지수옵션, 일본의 Nikkei225 지수옵션 및 TOPIX 지수옵션 등을 들 수 있다.

우리나라에서는 1997년 7월 7일 KOSPI200 지수옵션이 한국증권거래소에 상장되었다. KOSPI200 지수옵션은 상장 초기에는 일반투자자의 이해부족과 한정된 기관투자자의 시장참여로 부진을 면치 못하였으나, KOSPI200 지수선물의 폭발적인 성장에 이어 크게 활성화되면서 거래규모면에서 세계 최고 수준에 이르렀다. 다만 아직까지도 투기적 거래에 너무 치중되어 있어서 주식포트폴리오의 체계적 위험을 헤징하는 데 적극적으로 활용되지 못하고 있는 실정이다.

주가지수옵션의 가격결정

개별주식들의 집합으로 구성되는 주가지수가 기하학적 브라운운동(geometric Brownian motion)을 따른다고 가정하면, 유럽형 주식옵션의 가격결정이론인 블랙-숄즈모형을 유럽형 주가지수옵션의 이론가격을 결정하는 데 사용할 수 있다. 다만 주가지수를 구성하는 개별주식들의 배당효과를 고려해야 한다는 점에서 배당이 있는 주식에 대한 옵션의 가격결정모형과 같은 맥락으로 접근할 수 있다. 주가지수를 구성하는 주식들의 배당이 옵션의 잔존만기동안에 골고루 분산되어 발생한다고 가정하고 연율로 환산한 연속배당수익률을 q라고 정의하면, 기존의 블랙-숄즈모형에 S 대신 Se^{-qt}를 대입하여 다음과 같은 유럽형 주가지수옵션의 가격결정모형을 도출할 수 있다.[4)]

$$C = Se^{-qt}N(d_1) - Xe^{-rt}N(d_2)$$
$$P = Xe^{-rt}N(-d_2) - Se^{-qt}N(-d_1)$$

$$\text{단, } d_1 = \frac{ln(S/X) + (r - q + \sigma^2/2)t}{\sigma\sqrt{t}}$$
$$d_2 = \frac{ln(S/X) + (r - q - \sigma^2/2)t}{\sigma\sqrt{t}}$$

마찬가지로 유럽형 주가지수옵션의 풋-콜 패러티도 S 대신 Se^{-qt}를 대입함으로써 다음과 같이 성립하게 된다.[5)]

$$C + Xe^{-rt} = P + Se^{-qt}$$

주가지수옵션의 이론가격을 계산하기 위해 이항모형을 사용하는 경우에도 기초자산인 주가지수에서 연속배당률 q만큼의 현금흐름이 발생하는 것으로 간주하고 나머지 방식은 그대로 적용할 수 있다. 따라서 위험중립가정 하에서 매기간 기초자산인 주가지수가 상승할 확률은 다음과 같다.

$$p = \frac{e^{(r-q)t} - d}{u - d}$$

---

4) 그러나 많은 경우에 주가지수를 구성하는 주식들의 배당지급은 계절성을 갖고 있다. 분기별 배당지급이 일반화되어 있는 미국기업들은 2월, 5월, 8월, 11월의 첫째주에 배당지급이 집중되는 경향이 있고, 일본이나 우리나라의 기업들은 대부분 1년의 한번 회계년도 말을 기준으로 배당금을 지급한다.

5) 여기에서 주가지수선물의 이론가격 $F=Se^{(r-q)t}$로부터 $Se^{-qt}=Fe^{-rt}$이므로 주가지수선물과 주가지수옵션간의 풋-콜 패러티 공식은 배당률 q와 관계없이 여전히 $(C-P)=(F-X)e^{-rt}$가 된다.

예제 1

현재 주가지수는 120이고 3개월 후에 주가지수가 10% 상승하거나 5% 하락하는 두 가지 경우만 가능하다고 가정하자. 무위험이자율은 연 6%이고 주가지수의 배당수익률은 연 2%이다. 이때 행사가격이 122.5이고 만기가 3개월인 유럽형 주가지수 풋옵션의 가치를 계산해 보자.

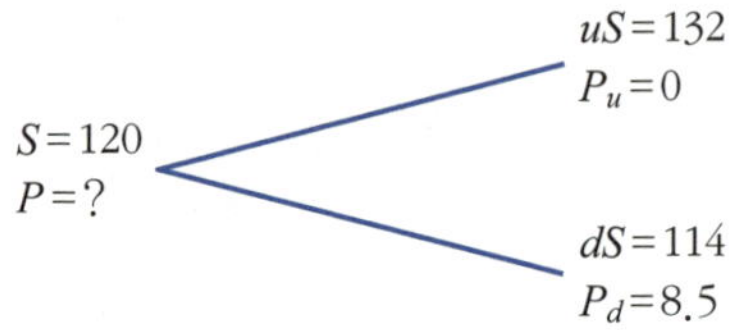

위험중립 가정 하에서 3개월 후 주가지수가 상승할 확률 p를 다음과 같이 구한다.

$$p=\frac{e^{(r-q)t}-d}{u-d}=\frac{e^{(0.06-0.02)\times 0.25}-0.95}{1.1-0.95}=0.4003$$

따라서 유럽형 주가지수 풋옵션의 가치는 다음과 같이 계산된다.

$$(0.4003\times 0+0.5997\times 8.5)\times e^{-0.06\times 0.25}=5.02$$

이상 논의된 가격결정모형들은 유럽형 주가지수옵션에 한정되므로 조기행사가 가능한 미국형 주가지수옵션에는 그대로 적용되지 못한다. 그러나 주가지수옵션은 배당효과로 인한 조기행사의 가능성이 개별주식옵션에 비해 크게 떨어진다. 왜냐하면 여러 주식으로 구성된 주가지수의 배당금의 흐름은 배당시기의 분산과 전체 배당금의 안정 등으로 개별주식에 비해 연속성이 있기 때문이다. 미국형 콜옵션의 조기행사는 배당금액이 행사금액의 조기지급으로 인해 잃게 되는 이자를 초과하는 경우에 적합한 것인데, 무위험이자율이 배당수익률보다 높은 상태에서는 주가지수콜옵션이 조기행사될 가능성이 희박해진다.

11.3 통화옵션

통화옵션의 의의

통화옵션(currency option)은 외환을 기초자산으로 하는 옵션계약이다. 따라서 통화옵션 보유자는 계약기간 또는 만기일에 특정 외국통화를 미리 정한 환율에 매입하거나 또는 매도할 수 있는 권리를 갖는다. 이때 주의할 점은 외환거래에서는 두 가지 서로 다른 통화가 관련되기 때문에 어느 통화를 기준으로 하느냐에 따라 콜옵션과 풋옵션이 바뀐다는 것이다. 예를 들어 *A*통화를 주고 *B*통화를 받는 옵션거래에서 *A*통화를 기준으로 하면 풋옵션이 되고 *B*통화를 기준으로 하면 콜옵션이 된다.

선물환과 통화선물이 구별되듯이 통화옵션도 은행간 또는 기타 당사자간에 거래되는 장외옵션(OTC option)과 거래소에 상장되어 거래되는 장내옵션(exchange-traded option)으로 나뉜다. 장외옵션은 거래소에서 거래되는 표준화된 옵션보다 거래단위가 훨씬 크고 만기도 계약당사자간에 합의할 수 있으며 필요에 따라 다양한 계약조건을 부가시킬 수 있다.

통화옵션은 1978년 암스테르담의 유럽옵션거래소에서 처음으로 거래를 시작했으나 별다른 호응을 얻지 못하다가, 1980년대 초에 장외거래 형태로 은행들이 고객에게 통화옵션을 거래하기 시작했고, 1982년에 필라델피아 거래소(PHLX)에서 통화옵션이 상장되면서 거래가 본격적으로 시작되었다. 그후 환위험관리의 필요성이 증대되고 옵션을 활용한 금융공학기법이 발전하면서 통화옵션시장이 급속히 성장하였다. 특히 다양한 형태의 투자 및 헤징전략의 필요에 따라 표준화된 장내옵션보다는 맞춤형태의 장외옵션이 더욱 다양하게 발전하고 있다.

우리나라에서는 1999년 4월 23일 한국선물거래소가 개설되면서 미국달러선물과 함께 미국달러옵션이 상장되어 거래되었으나, 거래가 활성화되지 못하고 있는 실정이다. 또한 장외통화옵션도 외국계 은행이나 일부 국내은행을 통해 거래되고 있으나, 거래 규모, 상품의 성격, 거래기법 등에 있어서 아직은 초보적인 단계에 머물고 있다.

통화옵션의 가격결정

통화옵션의 가격을 결정하기 위해서는 기초자산의 가격 S가 현물환율로서 자국통화로 표시한 외국통화 1단위의 가치로 나타내게 된다. 이때 외국통화는 배당이 알려진 주식과 유사한 개념으로 이해될 수 있다. 즉, 주식보유자가 배당수익을 받는 것처럼 외국통화의 보유자는 외국통화의 무위험이자율 r_f를 받는 것으로 간주할 수 있다. 그리고 나머지 모든 조건은 주식이나 외국통화가 서로 같다고 가정하게 되면, 기존의 옵션가격결정모형을 약간 변형시킨 가격결정모형을 도출할 수 있다.

기존의 블랙-숄즈모형에서는 S 대신에 $Se^{-r_f t}$를 대입함으로써 다음과 같은 유럽형 통화옵션의 가격결정모형이 유도된다.

$$C = Se^{-r_f t} \cdot N(d_1) - Xe^{-rt} \cdot N(d_2)$$

$$P = Xe^{-rt} \cdot N(-d_2) - Se^{-r_f t} \cdot N(-d_1)$$

$$\text{단, } d_1 = \frac{ln(S/X) + (r - r_f + \sigma^2/2)t}{\sigma\sqrt{t}}$$

$$\text{단, } d_2 = \frac{ln(S/X) + (r - r_f - \sigma^2/2)t}{\sigma\sqrt{t}}$$

마찬가지로 유럽형 통화옵션의 풋-콜 패러티도 S 대신에 $Se^{-r_f t}$를 대입함으로써 다음과 같이 성립하게 된다.[6)]

$$C + Xe^{-rt} = P + Se^{-r_f t}$$

---

6) 여기에서 통화선물의 이론가격 $F=Se^{(r-r_f)t}$로 부터 $Se^{-r_f t}=Fe^{-rt}$이므로 통화선물과 통화옵션간의 풋-콜 패러티 공식은 외국통화의 이자율 r_f와 관계없이 여전히 $(C-P)=(F-X)e^{-rt}$가 된다.

통화옵션의 이론가격을 계산하기 위해 이항모형을 이용할 수도 있는데, 이때에도 기초자산인 외국통화에서 이자율 r_f만큼의 현금흐름이 발생한다는 점을 고려하면 나머지 방식은 그대로 적용할 수 있다. 따라서 위험중립가정 하에서 매기간마다 현물환율이 상승할 확률은 다음과 같다.

$$p = \frac{e^{(r-r_f)t} - d}{u-d}$$

이러한 통화옵션가격모형에서 유의할 점은 거래대상이 되는 기초자산은 외국통화이고 이때 언급되는 가격은 외국통화 1단위의 가치를 자국통화로 표시한 환율이란 점이다. 예를 들면, 우리나라에서 거래되는 원-달러 옵션에서는 미국 달러화가 기초자산이 되고 1달러당 원화로 표시한 환율이 가격이 되며 원화 이자율이 r, 달러화 이자율이 r_f가 된다.

예제 2

현재 미국달러화에 대한 원화 환율은 1,200원이고 1개월 후에 2% 상승하거나 2% 하락하는 두 가지 경우만 가능하다고 가정하자. 원화 무위험이자율은 연 8%이고 달러화 무위험이자율은 연 4%이다. 이때 만기가 1개월이고 행사가격이 1,195원인 유럽형 미국달러 콜옵션의 가치를 계산해 보자.

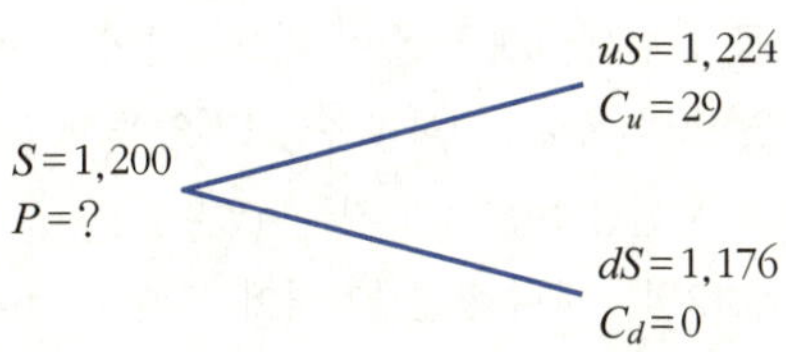

위험중립 가정 하에서 1개월 후 환율이 상승할 확률 p를 다음과 같이 구한다.

$$p = \frac{e^{(r-r_f)t} - d}{u-d} = \frac{e^{(0.08-0.04)\times\frac{1}{12}} - 0.98}{1.02 - 0.98} = 0.5835$$

따라서 미국달러 콜옵션의 가치는 다음과 같이 계산된다.

$$(0.5835 \times 29 + 0.4165 \times 0) \times e^{0.08\times\frac{1}{12}} = 16.8\text{원}$$

11.4 선물옵션

선물옵션의 의의

선물옵션(futures option)이란 선물계약이 기초자산이 되는 옵션이다. 다시 말하면 선물옵션은 장래 일정시점에 또는 일정시점까지 정해진 가격으로 선물계약에 매입 또는 매도포지션을 취할 수 있는 권리이다. 선물옵션이 현물옵션과 크게 다른 점은 옵션이 행사될 때 행사가격만큼의 현금수수와 함께 현물의 인수도가 이루어지는 현물옵션과 달리, 선물옵션이 행사되면 옵션보유자는 선물가격과 행사가격의 차이만큼의 현금을 받고 동시에 선물계약에 포지션을 취하는 것이 된다. 즉, 선물콜옵션이 행사되면 옵션보유자는 옵션발행자로부터 당시의 선물가격이 행사가격을 초과하는 만큼의 현금을 받고 그 선물가격으로 선물계약에 매입포지션을 갖게 되고, 선물풋옵션이 행사되면 행사가격이 당시의 선물가격을 초과하는 만큼의 현금수수와 동시에 당시의 선물가격으로 선물계약에 매도포지션이 생기게 된다.

예제 3

옥수수선물 1계약(5,000부셸)이 기초자산이고 부셸당 220센트를 행사가격으로 하는 12월 만기 옥수수선물콜옵션 1계약을 매입한 투자자가 있다. 이 옵션의 프리미엄으로 부셸당 10센트가 지급되었다.

만일 현재 12월물 옥수수선물가격이 부셸당 250센트라고 하면, 이 투자자가 선물옵션을 행사할 경우 현금 \$1,500[=5,000×(250−220)÷100]를 받는 동시에 12월물 옥수수선물을 부셸당 250센트에 매입하는 선물매입포지션을 갖게 된다. 이때 투자자가 획득한 선물포지션을 즉시 청산해 버린다면, 옵션의 프리미엄으로 지급한 \$500(=5,000×10÷100)를 제외하고 \$1,000(=1,500−500)의 이익을 실현하게 된다.

1982년 10월 시카고 선물거래소(CBOT)가 T-Bond선물에 대한 옵션거래를 시작하여 성공을 거둠에 따라 상품선물 및 기타 금융선물에 대한 옵션의 상장이 활발하게 이루어져 왔다. 일반적으로 많은 선물거래소들은 자체 거래소내에서 활발히 거래되는 선물계약에 대한 옵션을 상장하여 거래하고 있다. 따라서 선물옵션의 종류는 선물계약의 종류만큼이나 다양하다. 그 가운데서도 금리선물옵션의 거래가 가장 활성화되어 미국 시장을 중심으로 CBOT에서 거래되는 T-Bond선물옵션과 CME에서 거래되는 유로달러선물옵션의 거래규모가 압도적으로 많다. 이외에도 통화선물옵션이 CME와 SIMEX를 중심으로 활발하게 거래되고 있고, CBOT의 옥수수선물옵션 및 대두선물옵션, NYMEX의 원유선물옵션, COMEX의 금선물옵션 등이 비교적 거래규모가 큰 편이다. 주가지수선물에 대한 옵션도 S&P500 지수선물옵션과 NYSE 지수선물옵션 등이 있으나 현물지수옵션에 비해 거래 규모가 많이 떨어진다.

이와 같이 기초자산에 대한 현물옵션이 존재함에도 불구하고 선물옵션의 거래가 활발하거나, 많은 상품선물옵션처럼 현물옵션이 없이 선물옵션만 거래되는 이유는 무엇일까? 무엇보다도 선물계약이 현물보다 유동성이 높고 거래하기가 용이하기 때문이다. 특히 선물가격은 선물거래소를 통해 일반인에게 즉시 알려지는 반면에 기초자산의 현물가격은 쉽게 알 수 없는 경우가 많다. 예를 들어 T-Bond 선물시장은 어떤 T-Bond현물시장보다 거래가 활발하고, T-Bond선물계약의 가격은 CBOT에서 거래된 후 즉시 일반인들에게 알려지는 반면 T-Bond의 시장가격은 한 사람 이상의 딜러와 접촉해야만 알 수 있다.

또한 현물옵션의 경우에는 옵션행사시 기초자산을 인수하기 위해서는 많은 자금이 필요하고 인수 · 인도과정이 번잡한 데 반해, 선물옵션의 경우에는 옵션의 행사가 기초자산의 인도로 이어지지 않으며 보통 현금으로 정산된다. 따라서 투자자들은 선물옵션을 이용할 경우 현물옵션에 비해 그만큼 자금부담을 덜 수 있게 된다. 이외에도 선물옵션은 선물과 동일한 거래소 내에서 거래가 이루어지므로 헤징, 차익거래, 투기거래 등이 용이하여 시장을 보다 효율적으로 만드는 경향이 있으며 현물옵션에 비해 거래비용이 저렴하다는 장점이 있다.

선물옵션의 가격결정

1976년 블랙(Black)은 유럽형 선물옵션의 가격결정모형을 유도하였다. 선물옵션의 거래대상인 선물의 가격 F가 기하학적 브라운운동(geometric Brownian motion)을 한다고 가정하면 선물가격 F는 무위험이자율 r만큼의 연속적인 현금흐름이 발생하는 자산으로 간주될 수 있게 된다. 이에 따라 블랙-숄즈모형에서 S 대신 Fe^{-rt}를 대입함으로써 다음과 같은 유럽형 선물옵션의 가격결정모형이 도출된다.

$$C = e^{-rt}[FN(d_1) - XN(d_2)]$$
$$P = e^{-rt}[XN(-d_2) - FN(-d_1)]$$

$$\text{단, } d_1 = \frac{ln(F/X) + (\sigma^2/2)t}{\sigma\sqrt{t}}$$

$$\text{단, } d_2 = \frac{ln(F/X) - (\sigma^2/2)t}{\sigma\sqrt{t}}$$

선물옵션에 대해서도 풋-콜 패러티가 성립하게 되는데 이때에도 S 대신 Fe^{-rt}를 대입하면 다음과 같이 구해진다.

$$C + Xe^{-rt} = P + Fe^{-rt}$$

선물옵션의 이론가격을 계산하는 데 이항모형을 사용하는 경우에도 선물가격 F를 연속무위험수익률 r만큼의 현금흐름이 발생하는 자산으로 간주할 수 있다. 따라서 위험중립 가정 하에서 매기간마다 기초자산인 선물가격이 상승할 확률은 다음과 같다.

$$p = \frac{1-d}{u-d}$$

예제 4

현재 옥수수선물가격은 부셸당 300센트이고 2개월 후에 옥수수선물가격이 330센트가 되거나 270센트가 되는 두 가지 경우만 가능하다고 가정하자. 무위험이자율은 연 6%이다. 이때 만기가 2개월이고 행사가격이 300센트인 유럽형 옥수수선물 콜옵션의 가치를 계산해 보자.

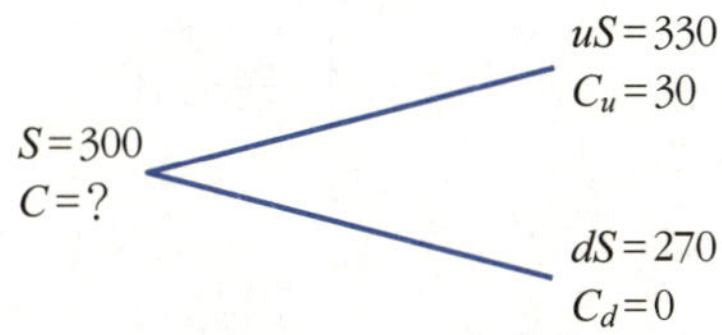

위험중립 가정 하에서 2개월 후 옥수수선물가격이 상승할 확률 p를 다음과 같이 구한다.

$$p = \frac{1-d}{u-d} = \frac{1-0.9}{1.1-0.9} = 0.5$$

따라서 옥수수선물 콜옵션의 가치는 다음과 같이 계산된다.

$$(0.5 \times 30 + 0.5 \times 0) \times e^{-0.06 \times \frac{2}{12}} = 14.85\text{센트}$$

지금까지 논의한 주식옵션, 주가지수옵션, 통화옵션, 선물옵션의 가격결정모형들을 정리하면 〈표 11-1〉과 같이 일반화시켜 나타낼 수 있다.

이러한 다양한 종류의 옵션의 이론가격을 구하는 모형들은 만기에만 행사가 가능한 유럽형 옵션의 가격결정에만 한정하여 사용할 수 있다. 조기행사가 가능한 미국형 옵션의 이론가격을 계산하는 공식은 매우 복잡하거나, 해석적인 해가 존재하지 못함으로 인해 수치해석적 방법이나 해석적 근사법을 사용해야 하는 경우가 많다. 이에 관한 설명은 본 서의 수준을 넘어서는 내용이므로 생략하고자 한다.

표 11-1 옵션가격결정모형의 일반화

• 블랙–숄즈모형 $C=Se^{-r^*t}N(d_1)-Xe^{-rt}N(d_2)$ $P=Xe^{-rt}N(-d_2)-Se^{-r^*t}N(-d_1)$	주식옵션(무배당)	$r^*=0$
	주가지수옵션	$r^*=q$ (연속배당수익률)
• 풋–콜 패러티 $C+Xe^{-rt}=P+Se^{-r^*t}$	통화옵션	$r^*=r_f$ (외국통화 무위험이자율)
• 이항모형 $p=\dfrac{e^{(r-r^*)t}-d}{u-d}$	선물옵션	$r^*=r$ (무위험이자율)

11.5 금리옵션

금리옵션의 의의

금리옵션(interest rate option)은 옵션의 손익이 이자율수준에 의해 결정되는 옵션이다. 1980년대 말부터 장외시장과 거래소시장에서 다양한 형태의 금리옵션의 거래가 크게 증가하였다. 금리옵션의 유형은 채권을 기초자산으로 하는 채권옵션과 금리 그 자체에 대한 옵션으로 분류될 수 있다.

채권옵션은 채권현물보다는 채권선물을 기초자산으로 하는 채권선물옵션이 거래소시장을 중심으로 크게 성장하였다. 그 중에서도 CBOT의 T-Bond 선물옵션과 CME의 유로달러선물옵션이 가장 성공적인 거래소 금리옵션으로 손꼽힌다. 채권선물옵션이 행사되면 옵션보유자는 당시의 선물가격과 행사가격의 차이만큼 현금을 받고 동시에 채권선물에 포지션을 갖게 된다. 채권 및 채권선물의 가격은 채권수익률과 역의 관계에 있기 때문에 일반적으로 금리상승은 채권풋옵션매입자의 이익이 되고 금리하락은 채권콜옵션매입자의 이익이 된다.

금리에 대한 옵션은 투자자의 필요(needs)에 따라 다양한 형태가 주로 장외시장에서 거래되는데 그 가운데 대표적인 것으로 금리보장계약(IRG: interest rate guarantee), 금리상한계약(cap), 금리하한계약(floor), 금리상하한계약(collar) 등을 들 수 있다.

금리보장계약은 선물금리계약(FRA: forward rate agreement)에 대한 옵션이다. 금리보장계약에서 콜옵션매입자는 차입금리의 상한을 확보할 수 있고 풋옵션매입자는 투자금리의 하한을 보장받을 수 있게 된다. 예를 들면, 3개월 후에 6개월 동안 자금을 차입할 예정인 어느 기업이 3×9 선물금리계약에 대해 8%에 행사가 가능한 콜옵션을 매입했다고 하자. 만일 3개월 후에 6개월 금리가 8%보다 높게 된다면 이 기업은 옵션을 행사하여 8%의 차입금리를 확보할 수 있고, 금리가 8%보다 낮아지면 옵션을 포기하고 낮은 시장금리로 차입을 할 것이다. 물론 콜옵션을 매입하는 데 지급된 프리미엄을 포함하면 실제차입금리는 다소 높아진다.

금리선물계약(IRA)이나 금리보장계약(IRG)은 한 번의 이자결정으로 인한 금리위험을 헤징하는 수단으로 적합하다. 그러나 일정한 간격으로 여러 번 이자가 결정되는 경우 이로 인한 금리위험을 헤징하는 수단으로는 제7장에서 설명한 스왑을 이용하여 미래의 금리를 일정수준으로 고정하거나 다기간 옵션계약이라고 할 수 있는 금리상한 또는 하한계약을 이용하여 불리한 금리리스크만 회피하는 방법이 있다.

흔히 '금리캡'이라고 불리우는 금리상한계약은 일련의 금리가 계약상의 최고금리(cap rate) 이상으로 상승하면 캡매도자가 캡매입자에게 차액만큼을 지급하기로 하는 계약이다. 만일 금리가 최고금리 이하이면 아무런 지급도 발생하지 않는다. 따라서 차입자는 금리캡을 매입함으로써 자신이 원하는 기간동안 금리인상으로 인한 손실은 회피하면서 금리하락으로 인한 혜택은 누릴 수 있게 된다. 물론 이러한 보장에 대한 비용으로 프리미엄이 지급되어야 하는데, 매입시 전액 지급하는 사전지급프리미엄(up-front premium)과 이자를 지급할 때마다 명목원금의 일정 퍼센트(percent)를 부가하여 지급하는 상각프리미엄(amortization premium)이 있다.

예제 5

어느 기업이 3년 만기로 1,000만 달러의 자금을 6개월 LIBOR+200bp의 변동금리로 차입하고 6개월마다 이자를 지급해야 한다. 이 기업은 금리변동으로 인한 리스크를 헤징하기 위하여 명목원금 1,000만 달러에 대해 6개월 LIBOR를 기준금리로 하고 6%를 최고금리로 하는 3년 만기 금리캡을 상각프리미엄 50bp로 매입하였다.

1) 만일 6개월 LIBOR가 7%가 되면,
이 기업은 금리캡 매도자로부터 다음과 같이 계산된 금액을 받게 된다.

$$\$1,000\text{만}\times(0.07-0.06)\times0.5=\$5\text{만}$$

따라서 이 기업이 채권자에게 지급한 이자비용은 $45만(=$1,000만×0.09×0.5)이지만, 금리캡매도자에게 받은 $5만을 빼고 상각프리미엄으로 계산된 $2.5만(=$1,000만×0.005×0.5)을 더해 주면 실제지급금액은 $42.5만가 된다. 따라서 유효금리는 8.5%[=(42.5÷1,000)×2×100 또는 (9%−1%+0.5%)]가 된다.

2) 만일 6개월 LIBOR가 5%가 되면,
이 기업은 금리캡을 행사하지 않으므로 채권자에게 지급한 이자비용은 $35만(=$1,000만×0.07×0.5)와 상각프리미엄 $2.5만(=$1,000만×0.005×0.5)을 더한 $37.5만가 된다. 따라서 유효금리는 7.5%[=(37.5÷1,000)×2×100 또는 (7%+0.5%)]가 된다.

금리하한계약은 흔히 '금리플로어'라고도 하는데, 일련의 금리가 계약상의 최저금리(floor rate) 이하로 하락하면 플로어매도자가 플로어매입자에게 차액만큼을 지급하는 계약이다. 만일 금리가 최저금리 이상이면 아무런 지급도 발생하지 않는다. 따라서 금리플로어를 매입하게 되면 변동금리자산으로부터 얻는 수익의 하한을 보장받는 것이 된다. 금리플로어도 금리캡과 마찬가지로 투자만기까지의 각 이자지급 시점에 행사될 수 있는 여러 개의 옵션을 결합한 다기간 옵션이란 점에서 동일한 특성을 갖는다.

금리캡과 금리플로어가 결합된 형태가 흔히 '금리칼라'라고 불리우는 금리상하한계약이다. 금리상하한계약에서는 최고금리와 최저금리가 동시에 존재하므로 금리리스크가 일정 범위 내에서만 존재하게 된다. 금리칼라는 금리캡과 금리플로어라는 두 개의 별도 계약을 동시에 갖고 있는 것으로 이해될 수 있다. 예를 들면, 4%–8% 금리칼라를 매입하는 것은 8% 금리캡을 매입하고 동시에 4% 금리플로어를 매도하는 것과 동일하다. 일반적으로 차입자가 금리칼라를 매입하는 동기는 최고금리를 차입자가 견딜 수 있는 한계금리로 정하고 최저금리는 필요한 프리미엄수입을 얻을 수 있는 수준으로 설정함으로써 적정차입금리를 보장하면서도 이에 따른 비용을 최소화하는 데 있다. 반대로 투자자는 금리칼라를 매도함으로써 투자수익의 최저금리를 보장받는 대신에 최고금리를 한정시킴으로써 일정한 범위 내에서 적정수익을 보장하면서 이에 따른 비용을 최소화하게 된다. 금리칼라에서 최고금리와 최저금리를 잘 조합하면 프리미엄비용이 전혀 들지 않는 무비용칼라(costless collar)를 만드는 것도 가능하다.

지금까지는 금리캡, 금리플로어, 금리칼라를 설명하면서 이들을 독립된 옵션상품으로 취급하였으나, 많은 경우 한 금융기관에 의해 대출과 함께 금리캡 또는 금리칼라가 제시되거나 투자상품에 금리플로어 또는 금리칼라가 부가되어 판매된다. 이때 이들 옵션의 프리미엄은 보통 이자율에 부과된다. 예를 들면, LIBOR+200bp의 변동금리로 대출하면서 LIBOR금리를 기준으로 6%의 금리캡을 주었다고 하자. 만일 LIBOR가 7%라고 하면 금리캡이 적용되어 차입자의 지급금리는 8%(= 6%+2%)로 간단하게 계산된다. 그러나 이 경우에도 대출과 금리캡을 두 개의 독립된 상품으로 분해하여 이해할 수 있다. 즉, 차입자는 변동금리로 대출을 받으면서 대출자로부터 금리캡을 매입하였는데 금리캡의 프리미엄을 포함하여 LIBOR+200bp의 이자를 지급하기로 한 것이다. 따라서 만일 LIBOR가 7%가 되면 차입자는 대출자에게 예정된 이자 9%(= 7%+2%)를 지급함과 동시에 금리캡을 행사함으로써 1%의 이자를 금리캡매도자(여기서는 대출자)로부터 돌려 받음으로써 결과적으로 차입자의 유효금리는 8%(=9%−1%)가 된 것으로 이해할 수 있다. 물론 계산한 결과는 동일하지만, 옵션이 내재된 금융상품의 경우 내재된 옵션을 분리시켜 별도의 상품으로 이해하는 것이 파생상품을 분석하는 데 도움이 된다.

금리옵션의 가격결정

금리옵션은 주식옵션, 주가지수옵션, 통화옵션, 그리고 대부분의 선물옵션에 비하여 가격을 평가하기가 어렵다. 그 이유로는 이자율의 확률적 행태가 주가나 환율의 경우보다 훨씬 복잡하고, 기초자산의 현금흐름이 여러 기간에 걸쳐 발생하는 경우 하나의 변수가 아닌 전체 이자율 기간구조를 모형화해야 하기 때문이다. 또한 잔존만기에 따라 이자율의 변동성이 다르기 때문에 옵션의 만기까지 기초자산의 변동성이 일정하다는 가정을 금리옵션에 그대로 적용하는 데 문제가 있다.[7] 이러한 한계점에도 불구하고 실무적으로는 비교적 간단한 가격평가모형들이 사용되기도 한다.

유럽형 채권옵션의 가치를 평가하는 가장 간단한 방법은 채권의 가격이 기하학적 브라운운동(geometric Brownian motion)을 따른다고 가정하고 블랙-숄즈모형을 이용하는 것이다. 옵션의 기초자산이 무이표채(zero-coupon bond)이면 기존의 블랙-숄즈모형에서 S 대신에 현재의 채권가격 B를 대입하여 다음과 같은 가격결정모형이 도출된다.

$$C = BN(d_1) - Xe^{-rt}N(d_2)$$

$$P = Xe^{-rt}N(-d_2) - BN(-d_1)$$

$$\text{단, } d_1 = \frac{\ln(B/X) + (r + \sigma^2/2)t}{\sigma\sqrt{t}}$$

$$\text{단, } d_2 = \frac{\ln(B/X) + (r - \sigma^2/2)t}{\sigma\sqrt{t}}$$

7) 전체 수익률곡선의 확률적 행태를 모형화하여 금리파생상품의 가치를 평가하는 방식이 다양하게 개발되어 활용되고 있으나, 그 내용이 본 서의 수준에 비해 어렵기 때문에 생략하기로 한다.

만일 기초자산인 채권으로부터 옵션의 만기일까지 예상되는 이자지급이 있는 경우에는 현재의 채권가격 B에서 이자의 현재가치를 차감한 값을 B 대신 위 식에 대입하면 된다. 즉, 배당이 예상되는 주식에 대한 유럽형 옵션의 가치를 평가할 때와 같은 방법을 적용하게 된다.

블랙-숄즈모형은 옵션의 만기까지 기초자산의 변동성이 일정하다고 가정한다. 그러나 채권가격의 변동성은 대체로 듀레이션에 비례하고, 채권의 만기가 가까우면 채권가격이 액면가에 접근하는 현상(pull-to-par phenomenon)으로 인하여 채권가격의 변동성이 처음에는 증가하나 채권의 만기가 가까워지면서 감소하게 된다. 즉, 장기적으로 채권가격의 변동성은 일정하다고 할 수 없다. 따라서 옵션의 만기가 채권만기의 상당 부분을 차지할 만큼 긴 경우에 채권의 변동성이 옵션의 만기까지 일정하다는 가정은 비합리적이다. 이런 경우에는 유럽형 채권옵션의 가치를 평가할 때 옵션의 만기일에 인도될 채권의 선도가격에 대해 옵션이 발행된 것으로 간주하고 선물옵션의 가격결정모형인 블랙모형을 사용한다. 한편 만기 전에 조기행사가 가능한 미국형 선물옵션의 가격을 결정하는 데는 수치해석적 방법을 이용한 모형 또는 이자율 트리를 이용하는 이항모형 등이 사용된다. 이에 대한 설명은 본 서의 수준을 넘어서는 내용이므로 생략한다.

한편, 금리캡이나 금리플로어 같은 금리옵션은 만기가 다른 여러 옵션을 결합한 다기간 옵션이므로 각각의 이자기간별 개별옵션으로 분리하여 가격을 결정하고 이를 합산함으로써 가격을 결정할 수 있다. 각 이자기간별 개별옵션을 소캡(caplet) 또는 소플로어(floorlet)라고 하는데, 이것의 만기는 계약시점부터 금리결정일까지의 노출기간과 이후 이자지급시점까지의 보호기간으로 나누어진다. [그림 11-1]은 3년 만기 반년식 금리캡의 구조를 5개의 소캡으로 나누어 보여주고 있다.

각각의 소캡의 가치를 평가하는 데는 흔히 블랙-숄즈모형을 이용한다. 이를 위해서는 먼저 기초자산의 가격 S와 행사가격 X에 대입할 적절한 값을 찾아야 한다. 만기시점에서 소캡의 가치는 다음과 같이 나타낼 수 있다.

$$\max[(i-x)AT,\ 0]$$

단, A = 금리캡의 계약원금
i = 기준금리
x = 행사금리(최고금리)
T = 지급기간(보호기간)의 길이(연단위)

따라서 소캡이 행사되는 경우에는 소캡매입자가 AxT를 지불하고 AiT를 수취하는 것으로 간주할 수 있다. 이것을 콜옵션 행사시 행사가격만큼의 금액을 지불하고 기초자산을 수취하는 것과 유사한 개념으로 이해하게 되면, AxT는 옵션의 행사가격에 해당하고 AiT는 기초자산의 가격에 해당한다. 그러나 일반적인 옵션과는 달리 소캡의 행사 여부는 노출기간이 끝나는 이자율 결정일에 결정되나, 행사에 따른 차액의 지급은 보호기간이 끝나는 이자지급일에 발생한다. 따라서 블랙-숄즈모형에서 행사가격 X에 대입할 값은 AxT를 보호기간동안의 선도이자율 f로 할인한 금액이 되고, 기초자산의 가격 S에 대입할 값은 먼저 i를 시장예측치인 f로 대체하여 보호기간 시작일의 가치로 할인하고 이를 다시 노출기간 동안의 무이표채 이자율 z로 할인한 금액이 된다. 즉,

그림 11-1 3년 만기 반년식 금리캡의 구조

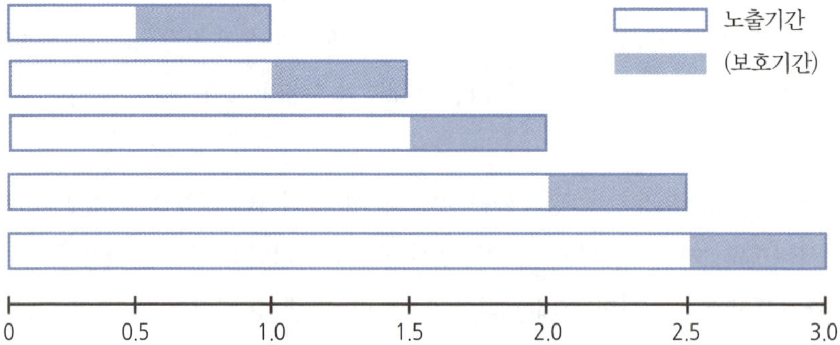

$$X = \frac{AxT}{(1+fT)}$$

$$S = \frac{AfTe^{-zt}}{(1+fT)}$$

이 된다. 이들 값을 블랙-숄즈모형에 대입하여 정리하면 다음과 같이 된다.

$$caplet = \frac{Te^{-zt}}{(1+fT)}[fN(d_1) - xN(d_2)]$$

$$\text{단, } d_1 = \frac{\ln(f/X) + (\sigma^2/2)t}{\sigma\sqrt{t}}$$

$$d_2 = \frac{\ln(f/X) - (\sigma^2/2)t}{\sigma\sqrt{t}}$$

여기에서 소캡의 프리미엄 *caplet*은 계약원금의 퍼센트(%)로 표시되므로 공식에 *A*가 나타나지 않는다. 금리캡의 가격은 이렇게 계산된 개별 소캡의 가치를 합산하면 구해진다. 금리플로어의 가격도 마찬가지 방법으로 구해질 수 있는데, 차이점은 콜옵션으로 이해되는 금리캡과는 달리 금리플로어는 풋옵션의 개념으로 접근된다.

11.6 기타 다양한 형태의 장외옵션

이상 논의된 표준적인 형태의 옵션 외에도 금융기관이 고객의 필요에 부응하기 위하여 개발한 다양한 형태의 옵션들이 장외시장을 중심으로 활발하게 거래되고 있다. 대표적인 예가 표준옵션의 거래조건을 변형시킨 이색옵션(exotic option)이다. 이색옵션은 워낙 다양하여 분류가 쉽지 않지만, 1) 표준옵션의 거래조건 중 어떤 특정 항목을 변형시킨 옵션, 2) 옵션의 현금흐름이 만기일까지의 기초자산의 가격변화과정에 의해서 결정되는 경로종속옵션(path-dependent option), 3) 옵션의 현금흐름이 복수의 기초자산의 가격수준에 의해서 결정되는 다중기초자산옵션(multi-factor option) 등으로 나누어 볼 수 있다. 이색옵션으로 분류되는 장외옵션 외에도 옵션의 기초자산이 또 다른 옵션이 되는 복합옵션(compound option)과 스왑 또는 캡 및 플로어와 옵션이 결합된 스왑션(swaption), 캡션(caption), 플로어션(floortion) 등도 많이 활용되는 장외옵션이다. 이들 장외옵션에 대해 각각의 특성을 중심으로 간단히 살펴보기로 한다.

계약조건이 변형된 옵션

비표준미국형옵션(nonstandard American option) : 흔히 버뮤다옵션(Bermuda option)이라고 불리우는 데 만기일에만 행사가 가능한 유럽식 옵션과 만기까지 어느 때나 행사가 가능한 미국식 옵션의 중간형태로서 만기까지의 기간중에 특정 일자들에만 행사가 가능한 옵션이다. 이 옵션의 프리미엄은 적어도 유럽식 옵션보다는 크고 미국식 옵션보다는 작다. 스왑계약의 경우처럼 특정 시점에서만 현금흐름이 발생할 때 이들 시점에서의 리스크를 헤징하는 데 활용될 수 있다.

정액수수옵션(digital option 또는 binary option) : 기초자산의 가격이 정해진 행사가격에 도달하면 사전에 약정된 일정한 금액이 지급되고 아닌 경우에는 아무것도 지급되지 않는 옵션이다. 정액수수옵션에는 올오어낫싱(all or nothing) 방식과 원터치(one touch) 방식이 있다. 올오어낫싱 방식은 만기일 당일에 내가격상태일 때만 일정한 금액이 지급되고, 원터치 방식은 만기까지의 기간중 한번만 내가격상태에 도달하면 지급이 이루어진다.

조건부후불옵션(pay-later option 또는 contingent option) : 일반적인 옵션은 거래시점에서 프리미엄을 수수하는 반면에 이 옵션은 행사될 때만 후불로 프리미엄을 지급한다. 만기일 당일에 옵션이 내가격상태에 있으면 비록 옵션의 내재가치가 지급해야 하는 프리미엄보다 작더라도 반드시 행사하여야 한다. 만일 옵션이 외가격상태로 만기가 되면 옵션은 행사되지 않고 프리미엄의 지급도 일어나지 않는다.

선택자옵션(chooser option) : 옵션보유자에게 미래 특정시점에 콜옵션인지 풋옵션인지를 선택할 수 있는 권리를 부여한 옵션이다. 이 옵션은 동일한 행사가격의 콜옵션과 풋옵션을 동시에 보유하고 있다가 어느 하나를 선택한 후에는 한 가지 종류의 옵션만 보유하는 것으로 이해될 수 있다.

경로종속옵션

아시안옵션(Asian option) : 옵션의 현금흐름이 일정기간동안의 기초자산가격의 평균에 의존하는 옵션이다. 이때 평균가격이 어떤 변수에 사용되었느냐에 따라 평균가격옵션(average price option)과 평균행사가격옵션(average strike option)으로 나뉜다. 즉, 만기시점의 기초자산가격 대신 평균가격이 사용되면 평균가격옵션, 행사가격 대신에 평균가격이 사용되면 평균행사가격옵션이 된다. 표준옵션, 평균가격옵션, 평균행사가격옵션의 만기시점의 손익패턴을 수식으로 나타내면 다음과 같다.

	콜옵션	풋옵션
표준옵션	$\max(S_T - X,\ 0)$	$\max(X - S_T,\ 0)$
평균가격옵션	$\max(SA - X,\ 0)$	$\max(X - SA,\ 0)$
평균행사가격옵션	$\max(S_T - SA,\ 0)$	$\max(SA - S_T,\ 0)$

단, SA = 특정한 기간 동안의 기초자산가격의 평균

기초자산가격의 평균을 계산하는 데는 일별, 주별, 월별 또는 사전에 정한 주기별 가격자료를 사용할 수 있고, 대상기간도 옵션 만기까지의 전체기간 또는 특정 부분기간을 사용할 수 있다. 또한 평균값을 내는 방법도 산술평균 또는 기하평균 등 다양한 방식을 이용할 수 있다.

평균가격옵션의 프리미엄은 표준옵션의 프리미엄보다 작기 마련인데 이는 일정기간동안의 기초자산가격의 평균은 특정시점(만기)의 기초자산의 가격에 비해 상대적으로 안정적이므로 옵션가격결정모형에 대입되는 변동성의 값이 작아지기 때문이다. 따라서 아시안옵션은 미래의 정해진 날짜의 가격리스크에 노출되기보다는 일정기간동안의 가격리스크에 노출된 기업이 리스크를 헤징하는 방법으로 적절하게 활용된다. 예를 들면, 향후 1년간 수시로 해외에서 포도주를 수입하고 수입대금을 달러로 지급해야 하는 기업의 경우 달러에 대한 12개월 만기 평균환율콜옵션을 매입함으로써 12개월 동안의 평균환율에 노출된 환리스크를 옵션을 통해 헤징할 수 있게 된다.

회고옵션(lookback option) : 옵션 만기일까지의 기초자산가격 중에서 옵션매입자에게 가장 유리한 가격으로 행사가격이 결정되는 옵션이다. 따라서 콜옵션의 경우는 만기까지의 최저가격, 풋옵션의 경우는 만기까지의 최고가격이 행사가격이 된다.

클리켓옵션 또는 **래칫옵션**(cliquet option 또는 ratchet option) : 처음에 설정된 행사가격이 사전에 정해진 몇몇 시점에서 당시의 시장가격과 같도록 (즉, 등가격상태로) 재확정되는 옵션이다. 이때 내가격상태라면 실현된 내재가치가 지급되고, 외가격상태라면 현금흐름없이 행사가격만 재확정된다.

래더옵션(ladder option) : 행사가격이 등가격상태로 재확정된다는 점에서는 클리켓옵션과 비슷하지만, 기초자산의 가격이 미리 정하여 둔 일련의 계단가격(ladder)에 도달할 때마다 이에 맞춰 행사가격이 재확정되고 실현된 내재가치가 지급되는 옵션이다.

샤우트옵션(shout option) : 행사가격이 사전에 정해진 날짜에 재확정되는 클리켓옵션 또는 사전에 정해진 가격에서 재확정되는 래더옵션과 달리, 옵션보유자가 아무때나 자신에게 유리하다고 생각되는 시점에서 실현된 내재가치를 지급받고 행사가격을 등가격상태로 재확정할 수 있는 옵션이다.

장애옵션(barrier option) : 기초자산의 가격이 촉발가격(trigger price)에 도달하면 옵션의 효력이 소멸되거나 혹은 비로소 옵션의 효력이 발생하는 옵션을 가리킨다. 흔히 전자를 녹아웃옵션(knock-out option), 후자를 킥인옵션(kick-in option)이라고 부른다. 콜옵션의 경우에는 촉발가격을 계약 당시의 기초자산가격보다 낮게 설정하는 것이 일반적이다. 따라서 가격하락시 무효콜(down-and-out call)과 가격하락시 발효콜(down-and-in call)의 두 가지가 가능하다. 반면에 풋옵션의 경우는 촉발가격을 계약 당시의 기초자산가격보다 높게 설정하므로 가격상승시 무효풋(up-and-out put)과 가격상승시 발효풋(up-and-in put)의 두 가지가 일반적이다.

장애옵션은 만기까지 옵션의 효력이 발생하지 않고 끝나거나 만기 전에 효력이 소멸될 가능성이 있으므로 표준옵션에 비해 프리미엄이 낮다. 이론적으로 동일한 촉발가격을 가진 녹아웃옵션과 킥인옵션의 프리미엄의 합은 표준옵션의 프리미엄과 같아진다. 왜냐하면 넉아웃옵션과 킥인옵션의 효력발생기간을 합하면 표준옵션의 전체 효력기간과 같아지기 때문이다.

예제 6

미국에 제품을 수출하고 수출대금을 3개월 후에 달러로 받을 예정인 기업이 있다. 현재 원달러환율은 ₩1,250/$이고, 선물환율은 ₩1,255/$이다. 이 기업은 환율하락으로 인한 손실을 막기 위해 달러 풋옵션을 매입하는 한편, 환율이 상승하여 ₩1,300/$이 되면 옵션으로 헤징할 필요없이 당시의 선물환율로 달러선물을 매도하여 환차익을 고정시키고자 한다.

이때 이 기업이 취할 수 있는 가장 좋은 방법은 행사가격이 ₩1,250/$이고 촉발가격이 ₩1,300/$인 달러 장애옵션, 즉 가격상승시 무효풋(up-and-out put)을 매입하는 것이다.

결과적으로 표준옵션에 비해 저렴한 비용으로 충분한 헤징효과를 얻을 수 있게 된다. 즉, 환율하락으로 인한 손실가능성은 회피하면서 환율이 충분히 올라서 촉발가격에 도달하면 옵션은 효력을 상실하지만 이때에 선물거래를 통해 오른 환율에 달러를 매도할 수 있게 된다.

다중기초자산옵션

무지개옵션(rainbow option) : 둘 또는 그 이상의 기초자산의 가격 중에서 옵션 보유자에게 가장 유리한 가격에 의해 수익이 결정되는 옵션이다. 따라서 무지개 콜옵션의 수익은 기초자산의 가격 중에서 가장 높은 가격에 의해 결정되고, 무지개 풋옵션의 수익은 가장 낮은 가격에 의해 결정된다. 이때 무지개옵션에 포함되는 기초자산은 같은 종류가 되는 것이 일반적이지만 드물게 서로 다른 종류의 자산이 포함되기도 한다. 전자의 예로는 S&P500지수, FTSE100지수, Nikkei225지수 등의 수익률을 기초자산으로 하는 무지개옵션과 후자의 예로는 주가지수의 실적과 채권의 실적을 포함시킨 무지개옵션을 들 수 있다.

바스켓옵션(basket option) : 둘 이상의 기초자산가격의 평균에 의해 수익이 결정되는 옵션이다. 바스켓옵션은 주로 외환시장에서 사용되는데 여러 통화의 환리스크에 노출된 경우 이를 동시에 헤징할 때 유용하게 활용된다. 바스켓을 구성하는 개별자산들의 가격이 완전한 양(+)의 상관관계를 갖지 않는 한 분산효과로 인하여 변동성이 작아지므로 바스켓옵션은 개별옵션보다 프리미엄이 저렴하다.

스프레드옵션(spread option) : 두 기초자산의 가격차이에 의해 수익이 결정되는 옵션이다. 예를 들어 6개월 만기 달러 LIBOR와 엔화 LIBOR의 금리차이에 따라 수익이 결정되는 옵션을 생각할 수 있다. 스프레드옵션은 두 자산의 가격차이(spread)에 따라 리스크가 발생하는 경우 이에 대한 헤징수단으로 활용된다.

콴토옵션(quanto option) : 손익은 하나의 기초자산의 가격에 의해 결정되지만 위험에 노출된 정도나 크기는 다른 자산의 가격에 의해 결정되는 옵션이다. 콴토옵션은 주로 한 통화로 표시된 기초자산에 대한 옵션의 수익을 다른 통화로 결제하는 형태가 일반적이다. 결제가 달러화로 이루어지는 Nikkei225 지수옵션이 좋은 예가 된다. 이 경우 일본 주식시장에 투자한 미국 투자자가 주가지수위험과 환위험을 동시에 헤징하는 수단으로 이용할 수 있다.

복합옵션

복합옵션(compound option)이란 옵션을 기초자산으로 하는 옵션이다. 즉, 옵션에 대한 옵션이다. 복합옵션은 기본적으로 콜옵션에 대한 콜옵션(call on call), 풋옵션에 대한 콜옵션(call on put), 콜옵션에 대한 풋옵션(put on call), 풋옵션에 대한 풋옵션(put on put) 등 네 가지 유형으로 나눌 수 있다. 앞의 두 가지는 옵션 보유자에게 기초옵션을 미리 정한 프리미엄에 매입할 수 있는 권리를 부여한 옵션이고, 뒤의 두 가지는 매도할 권리를 부여한 옵션이다. 따라서 복합옵션에는 두 개의 행사가격과 행사일이 있다.

예를 들면, 행사가격이 ¥120/$이고 만기가 5개월인 풋옵션을 기초자산으로 하는 콜옵션이 있는데 이 콜옵션의 행사가격은 ¥5.05/$이고 만기는 1개월이면서 프리미엄은 ¥1.55/$이라고 하자. 이러한 복합옵션의 매입자는 우선 매입시 달러당 1.55엔의 프리미엄을 지급해야 한다. 그리고 1개월 후에 행사가격이 ¥120/$이고 만기가 5개월인 풋옵션을 달러당 5.05엔에 매입할 것인지 여부를 선택할 수 있게 된다. 만일 기초옵션, 즉 행사가격이 ¥120/$이고 만기가 5개월인 풋옵션의 프리미엄이 복합옵션의 행사가격인 ¥5.05/$보다 높다면 복합옵션을 행사하여 5.05엔에 기초옵션을 매입할 것이고, 기초옵션의 프리미엄이 ¥5.05/$보다 낮다면 복합옵션의 행사를 포기하고 원할 경우 기초옵션과 동일한 조건의 옵션을 5.05엔보다 낮은 프리미엄으로 시장에서 매입할 수 있다.

복합옵션은 위험에 대한 대비 즉, 헤징 여부가 현재시점에서 불확실한 상황에서 효과적으로 활용될 수 있다. 예를 들면, 대규모 해외공사의 입찰에 참여하는 기업이나 인수합병(M&A)에 참여하는 기업의 경우는 향후 낙찰 결과나 인수합병의 성공 여부에 따라 대규모 자금의 환리스크 또는 금리리스크에 노출되는지 여부가 결정될 것이다. 그러나 입찰금액을 산정하거나 인수합병 자금을 예상하는 것은 현재 시점에 이루어져야 한다. 이 경우 성공 여부가 불투명한 입찰이나 인수합병에 수반되는 현금흐름으로 인한 리스크를 현재 시점부터 옵션으로 헤징한다면 우선 비용이 많이 들고, 무엇보다도 입찰이나 인수합병에 실패할 경우 불필요한 헤지포지션이 투기포지션으로 바뀜으로 인해 과다한 리스크에 노출된다. 이때 입찰이나 인수합병의 성공 여부가 결정되는 시점을 만기로 하는 복합옵션을 활용하게 되면 높은 비용이나 과다한 투기포지션에 노출될 위험을 크게 줄일 수 있다. 왜냐하면 기초옵션을 처음부터 직접 매입하는 데 지급되는 프리미엄보다 복합옵션의 프리미엄이 훨씬 작기 때문이다.

예제 7

어느 일본기업이 중동의 대규모 공사에 입찰하려고 한다. 낙찰이 결정되는 시점은 현재로부터 1개월 후이고 공사대금은 낙찰이 결정되고 5개월 뒤에 달러화로 지급될 예정이다. 이러한 국제입찰에 응한 이 기업은 우선 원하는 가격에 공사를 낙찰받을 수 있을지가 불확실하고, 만일 낙찰을 받는다면 그후 5개월 뒤에 받게 될 달러화의 환리스크에 노출된다.

이러한 환리스크를 헤징하기 위해 이 기업이 취할 수 있는 방법 중에는 만기가 6개월인 달러선물환을 매도하거나, 만기가 6개월인 달러풋옵션을 매입하는 것을 고려해 볼 수 있다. 그러나 1개월 후에 낙찰이 되지 않을 경우에는 매도한 선물환이나 매입한 풋옵션을 청산해야 하는데 그 동안의 환율변동에 따라 손실 또는 이익이 발생하는 환리스크에 노출된다. 따라서 본래의 목적은 환리스크를 헤징할 목적으로 포지션을 취했으나 결과적으로는 위험이 큰 투기적 포지션으로 바뀌게 될 가능성이 있다.

이러한 상황에서 대안으로 복합옵션이 활용될 수 있다. 앞에서 예로 든 복합옵션, 즉 행사가격이 ¥120/$이고 만기가 5개월인 달러풋옵션을 기초옵션으로 하는 행사가격 ¥5.05/$, 만기 1개월의 콜옵션을 ¥1.55/$의 프리미엄을 주고 매입하는 것을 고려해 볼 수 있다.

만일 1개월 후에 이 기업이 낙찰을 받아 환리스크의 헤지포지션이 필요해질 경우, 기초옵션의 프리미엄이 ¥5.05/$ 이상이 되면 복합옵션을 행사하고 ¥5.05/$ 이하가 되면 행사하지 않는 대신에 기초옵션과 동일한 조건의 옵션을 시장에서 낮은 프리미엄에 매입하면 된다. 만일 낙찰을 못 받을 경우에는 매입한 복합옵션이 그 동안의 환율변동에 따라 손실 또는 이익이 발생하는 투기적 포지션이 되나, 복합옵션의 프리미엄으로 지급된 금액이 ¥1.55/$임을 감안하면 처음부터 ¥5.05/$의 프리미엄을 주고 달러풋옵션에 포지션을 취한 경우에 비해 훨씬 적은 금액이 리스크에 노출된다.

스왑션

스왑션(swaption)이란 스왑과 옵션의 합성어로서 금리스왑을 대상으로 하는 옵션이다. 즉, 스왑션은 미래시점에 기준이 되는 변동금리에 대해 미리 정한 고정금리를 주거나 받는 금리스왑계약을 할 것인지를 선택할 수 있는 옵션이다. 이때 고정금리를 스왑계약에서는 스왑률(swap rate)이라고 하는데 이것을 수취하느냐 또는 지불하느냐에 따라 수취자스왑션(receiver's swaption)과 지불자스왑션(payer's swaption)으로 구분된다. 즉, 수취자스왑션의 보유자가 옵션을 행사하게 되면 미리 정한 고정금리(스왑률)를 수취하고 변동금리를 지불하는 스왑을 체결하게 되고, 반대로 지불자스왑션이 행사되면 고정금리를 지불하고 변동금리를 수취하는 스왑이 체결된다. 따라서 수취자스왑션은 금리가 하락하여 시장에서의 스왑률이 미리 정해진 스왑션의 고정금리(스왑률)보다 낮을 경우에 행사되고, 반대로 지불자스왑션은 금리가 상승하여 시장스왑률이 스왑션에 정해진 고정금리(스왑률)보다 높을 경우에 행사된다.

스왑션도 일반옵션과 마찬가지로 만기일에만 행사할 수 있는 유럽형 스왑션과 만기일 이전에 언제든지 행사할 수 있는 미국형 스왑션이 있다. 스왑션이 행사되었을 때 체결되는 기초스왑의 계약기간을 어떻게 결정하느냐에 따라 기간고정스왑션과 만기일고정스왑션으로 나누어진다. 기간고정스왑션은 스왑션의 행사일에 관계없이 기초스왑의 계약기간이 일정하고, 만기일고정스왑션은 기초스왑의 만기일이 고정되어 있으므로 스왑션이 조기에 행사될수록 기초스왑의 계약기간이 길어지게 된다. 한편 스왑션의 프리미엄은 기초스왑의 명목원금의 백분율로 표시되고 선불하는 것이 일반적이다.

스왑션 즉, 스왑에 대한 옵션 외에도 유사한 형태로서 금리캡 또는 금리플로어에 대한 옵션이 있다. 이를 각각 캡션(caption), 플로어션(floortion)이라고 부른다. 캡션은 미래 시점에 정해진 최고금리와 만기를 갖는 금리캡을 미리 정한 프리미엄에 매입할 것인지를 선택할 수 있는 옵션이다. 플로어션은 미래 시점에 정해진 최저금리와 만기를 갖는 금리플로어를 미리 정한 프리미엄에 매입할 것인지를 선택할 수 있는 옵션이다. 앞서 설명한 바와 같이, 금리캡과 금리플로어를 다기간 옵션으로 간주할 수 있으므로 이를 기초자산으로 하는 캡션과 플로어션은 일종의 복합옵션으로 볼 수 있다.

스왑션, 캡션, 플로어션 등은 다양한 상황에서 활용될 수 있으나, 특히 복합옵션의 경우처럼 조건적 상황에서 유용하게 활용된다. 예를 들면, 기업이 입찰의 성공 여부나 인수합병의 성사 여부에 따라 자금조달이 필요할 수도 있고 아닐 수도 있는 조건적인 상황에서 입찰 또는 인수금액을 제안하기 위해서는 향후 수반될지도 모르는 조달자금의 금리리스크를 현재시점에서 헤징해야 한다. 그러나 입찰 또는 기업인수에 실패할 경우 자금조달은 불필요해지고 이미 취한 헤징포지션은 투기적 포지션으로 바뀌게 된다. 따라서 처음부터 스왑 또는 금리캡을 매입하는 대신에 스왑션이나 캡션을 이용하면 높은 비용과 과다한 투기적 포지션에 노출될 위험을 크게 줄일 수 있다.

사례 : 다이아몬드 펀드의 파생금융상품 거래손실

1997년 1월 미국내 5대 투자은행 중의 하나인 J.P. Morgan의 최대 자회사인 Morgan Guaranty(MG)로부터 파생금융상품 거래에 관한 제안을 받은 SK증권은 자신이 200억원을 투자하고 한남투신과 LG금속이 각각 50억원씩 투자하여 모두 300억원(당시 $3,440만)을 모아 말레이시아의 라부안에 다이아몬드 펀드라는 역외펀드를 설립하였다. 그리고 이 펀드에 MG가 $5,300만를 출자하되, TRS(total return swap)거래에 의해 MG의 출자지분 전체수익(total return)과 엔화 및 바트화 환율과 연계된 상환금액을 스왑하는 계약을 맺었다. 이는 사실상 다이아몬드 펀드가 MG로부터 $5,300만를 차입하고, 차입금 상환조건이 엔화 및 바트화 환율에 연계되어 있는 것으로 이해할 수 있다. 총 $8,740만의 조달자금 중 거래비용을 제외한 $8,650만을 NatWest은행과 Robert Fleming Capital이 발행한 인도네시아 루피아화 연계채권에 투자하였다.

다이아몬드 펀드와 MG간의 TRS계약의 내용을 정리하면 다음과 같다.

- 계약기간 : 1년(1998년 2월 12일 만기)
- 상환금액 : 지분금액($)×[1－조정액－(엔화지급액＋바트화지급액)]

  • 지분금액 = $5,300만

  • 조정액 = 3%

  • 엔화지급액 = $\max\left[0, \dfrac{(Y_T - Y_0)}{Y_T}\right]$

  단, Y_T = 만기시 엔 · 달러 환율
  Y_0 = 계약시 엔 · 달러 환율(=122)

  • 바트화지급액 = $\min\left[1, 5\times\dfrac{(B_0 - B_T)}{B_T}\right]$

  단, B_T = 만기시 바트 · 달러 환율
  B_0 = 계약시 바트 · 달러 환율(=25.88)

이 계약조건에 따르면, 다이아몬드 펀드측은 엔화환율이 달러당 122엔보다 높아질 경우 그 만큼의 이익이 발생하고 엔화 환율이 122엔 이하로 떨어지는 경우에는 전혀 손실이 없게 된다. 일종의 달러콜옵션(또는 엔화풋옵션)을 매입한 것과 같은 포지션이 된다.

또한, 다이아몬드 펀드측은 바트화 환율이 25.88보다 낮아지면 변화분의 5배의 이익이 발생하되 상한이 $5,300만에 한정되는 반면에, 바트화 환율이 25.88 이상으로 상승하면 변화분의 5배에 해당하는 금액을 제한없이 MG에 물어주어야 한다.

이러한 TRS거래의 결과는 다이아몬드 펀드측에 엄청난 손실을 초래하였다. 1997년 7월 태국정부가 경제상황의 악화로 인해 누적되어 온 바트화 평가절하 압박에 굴복하여 바스켓환율제도에서 변동환율제도로 변경하면서 바트화 가치가 폭락하였던 것이다. TRS계약의 만기일인 1998년 2월 12일에 바트화 환율은 달러당 44.95가 되어 바트화 폭락으로 인한 다이아몬드 펀드측의 부담액은 원금의 212%에 달하였다. 같은 기간동안 엔화 환율의 상승으로 인한 이자절감액 0.95%와 계약상 이자조정액 3%를 빼주더라도 다이아몬드 펀드가 MG에 갚아야 할 금액은 차입금액인 $5,300만의 3.08배에 해당하는 $1억 6,324만에 달하게 되었다.

그러나 손실액은 이것에 한정되지 않았다. 앞서 언급한 바와 같이 다이아몬드 펀드는 자체 조달한 $3,440만와 MG와 TRS계약으로 조달한 $5,300만 중 거래비용을 제외한 $8,650만를 인도네시아 루피아화에 연계된 채권에 투자하였다. 다이아몬드 펀드가 투자한 채권의 구조를 정리하면 다음과 같다.

- 발행방법 : 액면발행
- 만기 : 1년 (1998년 2월 12일 만기)
- 이자 지급방식 : 6개월마다 기말지급
  - 1차 쿠폰이자 : $20.15\% \times \frac{R_0}{R_1} \times \frac{\text{지급기간}}{365}$
  - 2차 쿠폰이자 : $20.15\% \times \frac{R_0}{R_2} \times \frac{\text{지급기간}}{365}$

  단, R_0 = 계약시 루피아 · 달러 환율(=2369.5)
  R_1 = 1차 쿠폰지급시 루피아 · 달러 환율
  R_2 = 만기시 루피아 · 달러 환율
- 만기 원금상환방식

$$\max\left\{0,\ \left[1 \times \frac{R_0}{R_2} + 2 \times \frac{(R_0 - R_2)}{R_2} - 1 \times \frac{(R_1 - R_2)}{R_2}\right]\right\}$$

이러한 계약조건을 간단히 요약하면, 달러에 대한 루피아화 환율이 하락하면 다이아몬드 펀드에게 이익되는 반면에, 루피아화 환율이 상승하면 손실이 발생하게 된다. 이것은 사실상 채권에 대한 투자라기보다는 루피아 환율에 대한 강한 투기성 거래하고 할 수 있다.

결과는 투자한 금액의 12.25%만을 회수하는 데 그친다. 1997년 7월 태국 바트화 가치의 폭락에 이어 인도네시아 루피아화도 폭락하면서 1차 쿠폰이자 수령시점에는 달러당 2,615루피아이던 환율이 2차 쿠폰이자 수령 및 원금상환시점인 1998년 2월 12일에는 달러당 7,650루피아가 되었다. 따라서 1차 쿠폰이자 수령액은 원금의 9.13%인 반면에 원금상환액은 0%, 2차 쿠폰이자 수령액은 3.12%가 되어 총수령액은 투자원금인 $8,650만의 12.25%인 $1,060만에 불과하였다. 즉, $7,590만의 손실을 입은 것이다.

이상 다이아몬드 펀드의 총 손실액을 정리하여 요약하면, 1) TRS계약을 통해 차입한 $5,300만의 만기시 상환액이 $1억 6,324만가 됨에 따라 입은 손실액 $1억1,024만와 2) 루피아화 연계채권에 투자한 $8,650만 중 회수한 $1,060만을 제외한 손실액 $7,590만을 합하여 총 $1억8,614만의 손실을 입은 것이다. 이 금액은 다이아몬드 펀드의 자체 출자액인 $3,440만의 5.41배에 해당하는 어마어마한 규모의 손실이다.

연/습/문/제

1. 행사가격이 167.5인 KOSPI200 주가지수 콜옵션(1계약 = 지수×50만원)을 3.25에 10계약 매입한 뒤에 2.70에 반대매매하여 포지션을 청산하였다면 전체 투자손익은 얼마인가?

2. 현재의 주식 1주를 10주로 분할(split)할 경우 이 주식을 기초자산으로 하는 주식옵션의 행사가격과 1계약당 주식의 수는 각각 어떻게 되는가?

3. 현재 KOSPI200지수는 99.84이고 만기가 2개월 남은 KOSPI200 지수선물은 101.60에 거래되고 있다. 한편, 행사가격이 100이고 만기가 2개월 남은 KOSPI200 콜옵션과 풋옵션은 각각 2.5, 2.0에 거래되고 있다. KOSPI200 지수의 연속 배당률은 연 2%이고 무위험이자율은 연 6%이다. 이때 KOSPI200 지수선물과 지수옵션간의 차익거래기회를 확인하고 차익거래이익을 계산하시오.

4. 행사가격이 1,200원인 미국달러 풋옵션(1계약=$10,000)을 $1당 30원의 프리미엄을 주고 10계약 매입했는데, 만기에 원/달러 환율이 1,150원이 되었다면 전체 투자손익은 얼마인가? (거래비용과 화폐의 시간가치 무시)

5. 기초자산에 대한 현물옵션이 존재함에도 불구하고 선물옵션의 거래가 활발하거나, 아예 현물옵션 없이 선물옵션만 거래하는 경우가 많은데 그 이유는 무엇인가?

6. 행사가격이 $100인 금선물콜옵션을 보유한 투자자가 있는데 이 옵션의 만기시점에 기초자산인 금선물의 가격이 $120라고 했을때, 이 투자자의 포지션에는 어떤 변화가 발생하는가?

7. 금리스왑을 일종의 다기간 금리선도계약이라고 한다면 금리캡(cap) 또는 금리플로어(floor)는 다기간 금리옵션계약이라고 할 수 있다. 그 이유를 설명하시오.

8. 다음에 열거하는 장외옵션은 특수한 경우의 헤징목적으로 자주 활용한다. 대표적인 예를 들어 설명하시오.
   1) 아시아옵션 2) 장애옵션 3) 콴토옵션 4) 복합옵션 5) 스왑션

CHAPTER 12

옵션개념의 응용

12.1 자기자본과 부채의 가치평가

12.2 옵션이 내재된 금융상품

12.3 투자의사결정에의 응용

12.4 기타 옵션개념의 활용 예

옵션의 개념과 옵션가격결정에 관한 이론은 투자 및 기업재무관리의 문제를 이해하는 데 많은 응용력과 다양한 접근시각을 제공해 준다. 대표적인 예로서 기업가치를 평가하는 데 있어 자기자본과 부채를 옵션으로 이해하는 방법이 있고, 조기상환권, 전환권, 신주인수권 등이 포함된 옵션부 채권의 가치를 평가하는 데 활용되고 있다. 특히 최근에는 기업의 투자안을 분석하고 선택하는 문제를 실물옵션의 개념으로 접근하는 방식이 널리 이용되고 있고, 옵션이론을 응용한 신용평가모형이 개발되어 활용되고 있다.

12.1 자기자본과 부채의 가치평가

주식회사에서 채권자는 기업이 파산 또는 해산하게 될 때 주주에 우선하여 채무를 보상받을 권리를 법적으로 보장받으며, 주주는 기업이 모든 채무를 변제한 후 남은 재산에 대해 청구권을 갖되 모자라는 부분에 대해서는 책임을 지지 않는다. 이와 같은 주식회사의 특성으로부터 기업의 주식과 채권을 옵션이론으로 설명할 수 있게 된다.

콜옵션으로서의 주식과 채권

기업의 시장가치(V)는 자기자본의 시장가치(E)와 부채의 시장가치(B)의 합으로 구성된다. 만일 어느 기업이 회사채를 발행하여 부채로 자금으로 조달했고 이 회사채가 만기일에 액면금액을 상환하는 무이표채라고 한다면, 이 기업의 주주는 회사채를 발행할 때 기업의 모든 자산을 회사채 매입자, 즉 채권자에게 넘기고 그 대신 회사채의 만기일에 액면가격으로 그 기업을 다시 사들일 수 있는 콜옵션을 가지는 것으로 생각할 수 있다.

그림 12-1 기업가치와 이에 따른 주식 및 채권의 가치

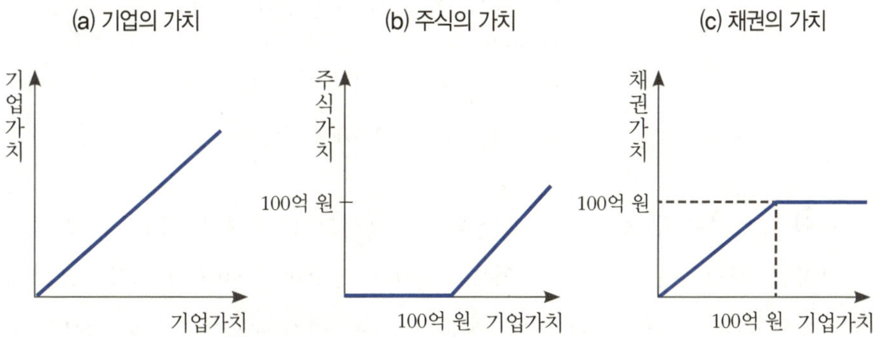

이해를 돕기 위하여 간단한 예를 들어 설명해 보자. 어느 주식회사는 1년 후에 종료될 투자에 필요한 자금을 1년 만기 무이표 회사채를 발행하여 조달하였다. 이 기업이 1년 후 갚아야 할 원금과 이자는 100억원이다. 1년 후 투자가 종료됨과 동시에 기업은 해체된다고 가정하자. 이 기업의 주주는 1년 후 투자에서 발생하는 현금흐름이 100억원 이상이면 100억원을 채권자에게 지급하고 나머지를 갖게 된다. 만일 100억원 이하이면 주주의 유한책임에 따라 이 현금흐름을 모두 채권자에게 지급하고 주주에게 귀속되는 현금흐름은 영(0)이 된다. 1년 후 이 기업의 가치와 이들 주주와 채권자에게 귀속되는 가치로 나누어 그림으로 나타낸 것이 [그림 12-1]이다.

여기에서 주주는 기업가치를 기초자산으로 하고 만기는 1년이며 행사가격은 100억원인 유럽형 콜옵션을 갖고 있는 것으로 이해될 수 있다. 왜냐하면 주주는 1년 후 기업의 가치가 100억원 이상이면 콜옵션을 행사하여 기업가치와 100억원과의 차액을 확보할 것이고, 100억원 미만이면 콜옵션을 행사하지 않고 따라서 영(0)의 현금흐름을 갖게 된다. 이러한 주주의 포지션을 수식으로 나타내면 다음과 같다.

$$E_T = \max(0,\ V_T - D)$$

단, T : 부채상환일(회사채의 만기일)
V : 기업의 가치
E : 주식의 가치
D : 부채상환액(무이표채의 액면금액)

이와 같이 주주의 포지션을 부채상환액을 행사가격으로 하는 콜옵션의 보유자로 본다면, 채권자의 포지션은 기업을 소유하고 있으며 동시에 이 기업을 기초자산으로 하고 행사가격이 100억원인 콜옵션을 주주에게 매도한 경우로 생각할 수 있다. 즉, 다음과 같은 시나리오로 채권자의 포지션을 이해할 수 있다. 채권자는 기업을 소유하고 있기 때문에 일단 1년 후 기업에 발생한 모든 현금흐름을 갖는다. 그러나 이 기업을 기초자산으로 하는 콜옵션을 주주에게 매도하였기 때문에 주주가 권리를 행사할 경우 행사가격, 즉 부채의 원금과 이자를 받고 기업을 주주에게 넘겨주어야 한다. 1년 후 기업가치가 100억원 이하이면 주주가 옵션을 행사하지 않으므로 채권자는 기업을 그대로 보유하는 것이 되고 결과적으로 받아야 할 원금과 이자의 일부만 회수하는 것이 된다. 만일 100억원 이상이면 주주가 옵션을 행사할 것이므로 채권자는 약정된 원금과 이자의 합인 100억원을 받고 기업을 주주에게 넘겨주는 것이 된다. 따라서 100억원을 초과하는 기업가치는 주주가 갖게 된다. 이러한 채권자의 포지션을 수식으로 나타내면 다음과 같다.

$$B_T = \min(V_T,\ D)$$

단, T : 부채상환일(회사채의 만기일)
V : 기업의 가치
B : 주식의 가치
D : 부채상환액(무이표채의 액면금액)

예제 1

현재 이문기업의 자산가치는 150억원이고 자산가치의 표준편차는 25%이다. 한편 이문기업은 만기가 4년이고 액면가액이 100억원인 무이표채권을 발행하여 부채를 조달하고 있고, 만기가 4년인 무이표/무위험채권의 수익률은 연 6%이다.

여기에서 옵션가격결정모형을 이용하면 자기자본과 부채의 현재가치를 계산할 수 있다. 즉, 주주의 위치는 자산가치를 기초로 하고 만기는 4년이고 행사가격은 100억인 콜옵션을 보유하고 있는 것으로 이해할 수 있다. 따라서 블렉-숄즈 옵션가격결정모형에서 S 대신에 $V=150$, X 대신에 $D=100$을 대입하고 $\sigma=0.25$, $t=4$, $r=0.06$을 대입하여 콜옵션의 가치를 계산하면 자기자본의 가치 E가 구해진다.*

$$E = VN(d_1)-\frac{D}{(1+r)^t}N(d_2)$$

$$= 150\times N(1.54)-\frac{100}{(1+0.06)^4}\times N(1.04)$$

$$= 150\times 0.9382-79.21\times 0.8508 = 73.34\text{억원}$$

한편, 현재 이문기업의 자산가치 150억원은 자기자본가치와 부채가치의 합이므로 부채가치는 다음과 같이 구해진다.

$$B = V-E = 150-73.34 = 76.66\text{억원}$$

* 이 예제와 다음 예제에서 연속복리 대신에 이산복리를 사용한 이유는 일반적으로 채권과 같은 부채의 이자는 이산복리로 계산되고 있기 때문이다.

풋옵션으로서의 주식과 채권

주주 및 채권자의 포지션은 콜옵션 대신에 풋옵션을 이용하여 설명할 수도 있다. 이때에는 기업의 소유자가 채권자가 아니라 주주가 된다. 앞의 예를 그대로 사용하면, 이 기업을 소유하고 있는 주주는 채권자에게 1년 후에 원금과 이자로 100억원을 갚는 조건으로 차입하였고 동시에 행사가격이 100억원인 풋옵션을 보유하고 있는 것으로 이해될 수 있다. 여기에서 채권자는 주주에게 1년 후에 원금과 이자로 100억원을 받기로 하고 일정금액을 빌려줌과 동시에 행사가격이 100억원인 풋옵션을 주주에게 매도한 것으로 간주할 수 있다.

만일 1년 후 기업의 가치가 100억원 이하이면 주주는 풋옵션을 행사하여 기업을 채권자에게 100억원에 넘길 것이다. 그러나 주주는 채권자에게 100억원을 상환해야 할 의무가 있으므로 기업매각대금으로 받은 100억원을 다시 채권자에게 돌려주어 결과적으로 주주에게 귀속되는 현금흐름은 영(0)이 된다. 채권자의 입장에서는 100억원 이하의 가치를 갖는 기업을 100억원에 매입한 것이므로 결국 채권자는 받아야 할 원금과 이자의 일부만 회수하게 되는 것이다. 그러나 1년 후 기업의 가치가 100억원을 초과하면 주주는 풋옵션을 행사하지 않고 기업을 소유한 채로 100억원만 채권자에게 갚으면 된다. 따라서 채권자는 약정된 원금과 이자의 합인 100억원을 정상적으로 회수하게 되고, 100억원을 초과하는 기업가치는 주주에게 귀속된다.

여기에서 채권자의 포지션을 풋옵션을 이용하여 설명하는 접근 방식은 무위험채권과 위험채권간의 가치의 차이를 계산하는 데 활용될 수 있다. 위의 예와 같이 1년 후의 기업가치에 따라 부채상환액이 100억원 이하가 될 가능성이 있다면 이 부채는 위험채권에 해당한다. 이러한 가능성 때문에 채권자는 100억원을 행사가격으로 하는 풋옵션을 매도한 것이 된다. 만일 이 채권이 어떤 경우에도 100억원의 상환액이 보장되어 있다면 무위험채권에 해당될 것이고, 이 채권에는 풋옵션 매도포지션이 내포되어 있지 않게 된다. 따라서 다른 조건이 같은 경우 시장에서 평가되는 무위험채권의 가치와 위험채권간의 가치의 차이는 풋옵션의 가치만큼이 될 것이다. 즉, 위험채권의 가치와 무위험채권의 가치간에는 다음과 같은 등식이 성립하게 된다.

위험채권의 가치 = 무위험채권의 가치 − 풋옵션의 가치

기업이 발행한 회사채에 대해 은행이나 정부가 지급보증을 하게 되면 이 회사채가 지급불능의 상태가 될 때 은행이나 정부가 대신 지급하게 된다. 즉, 지급보증에 의해 위험채권이 무위험채권으로 전환되는 것이다. 이 경우 지급보증의 가치는 그 기업에 대한 풋옵션의 가치로 이해될 수 있다. 최근에는 이와 같이 풋옵

션을 이용하여 채권의 신용위험을 평가하는 접근 방법이 새로운 신용평가모형을 개발하는 데 활용되고 있다.

예제 2

앞의 예제에서 구한 이문기업의 부채가치 76.66억원은 위험채권이므로 무위험채권에 비해 낮은 가치를 갖고 있다. 그 차이는 이문기업의 자산가치를 기초자산으로 하고 만기 4년, 행사가격 100억인 풋옵션의 가치로부터 구할 수 있다. 즉, 블랙-숄즈모형에서 S 대신에 $V=150$, X 대신에 $D=100$을 대입하고 $\sigma=0.25$, $t=4$, $r=0.06$을 대입하여 풋옵션의 가치를 계산하면 리스크프리미엄이 구해진다. 여기에서는 이미 콜옵션의 가치를 알고 있으므로 풋–콜 패러티에 의해 풋옵션의 가치가 다음과 같이 계산된다.

$$P = C + \frac{D}{(1+r)^t} - V = 73.34 + 79.21 - 150 = 2.55\text{억 원}$$

따라서 이문기업이 발행한 채권과 동일한 만기와 액면금액을 갖는 무위험채권의 가치는 79.21억원(= 76.66+2.55)이 될 것이다.

한편, 이 문제는 다른 방법으로 계산해도 동일한 결과를 얻을 수 있다. 즉, 만기가 4년이고 액면가액이 100억원인 무이표/무위험채권의 수익률이 연 6%이므로 이 무위험채권의 가치는 79.21억원$\left(=\frac{100}{(1+0.06)^4}\right)$이 된다. 따라서 이문기업이 발행한 채권의 가치 76.66억원은 같은 만기의 무위험채권에 비해 2.55억원(= 79.21 − 76.66)만큼 낮다. 이 차이는 위에서 구한 풋옵션의 가치와 일치함을 알 수 있다.

이러한 위험채권과 무위험채권간의 차이를 수익률로 나타낼 수도 있다. 즉, 만기가 4년이고 액면가액이 100억원이며 무이표채인 이문기업의 채권가치가 76.66억원이므로 이 채권의 연 수익률은 다음과 같이 구해진다.

$$76.66(1+y)^4 = 100\text{으로 부터}$$

$$y = \left(\frac{100}{76.66}\right)^{\frac{1}{4}} - 1 = 0.0687$$

따라서 이문기업이 발행한 채권의 수익률은 연 6.87%로서 같은 만기의 무위험채권 수익률 연 6%보다 0.87%가 높음을 알 수 있다. 이러한 수익률의 차이를 위험채권에 대한 리스크프리미엄으로 볼 수 있다.

풋-콜 패러티를 이용한 설명

지금까지 주식과 채권의 가치를 콜옵션 또는 풋옵션을 이용하여 설명할 수 있음을 보였다. 이를 풋-콜 패러티 공식을 통해 살펴보면 보다 쉽게 정리하여 이해할 수 있다. 제9장에서 설명된 바와 같이 풋-콜 패러티 공식은 다음과 같다.

$$c + Xe^{-rt} = p + S$$

이 식에서 S를 기업의 가치 V로 대체하고 X를 부채상환액 D로 대체하여 고쳐 쓰면 다음과 같이 된다.

$$c + De^{-rt} = p + V$$

즉, 이 식은 기업을 기초자산으로 하는 콜옵션의 가치와 풋옵션의 가치간의 균형관계를 나타내고 있다. 한편, De^{-rt}는 채권자에게 지급해야 할 원금과 이자를 무위험이자율 r로 할인한 현재가치를 나타낸다.

먼저 주주의 포지션을 콜옵션이나 풋옵션을 이용하여 나타내기 위해서는 위식을 다음과 같이 다시 쓸 수 있다.

$$c = V - De^{-rt} + p$$

좌변의 c는 주주의 포지션이 콜옵션으로 이해될 수 있음을 나타내고, 우변의 $(V - De^{-rt} + p)$는 주주의 포지션을 ① 기업가치가 V가 될 기업을 소유하고 ② 만기시 원금과 이자의 상환액이 D인 부채를 차입하였으며 ③ 기업의 가치가 부채보다 작을 경우 기업을 인도하고 부채로부터 벗어날 수 있는 권리, 즉 기업에 대한 풋옵션을 보유하고 있는 것으로 이해할 수 있음을 보여준다.

다음으로 채권자의 포지션을 콜옵션이나 풋옵션을 이용하여 이해하려면 위식을 다음과 같이 정리하여 쓸 수 있다.

$$V - c = De^{-rt} - p$$

좌변의 $(V-c)$는 채권자의 포지션이 ① 기업가치가 V가 될 기업을 소유하고 ② 이 기업에 대한 콜옵션을 c에 매도한 것으로 이해될 수 있음을 나타내고, 우변의 $(De^{-rt}-p)$는 ① 만기시 원금과 이자의 상환액이 D인 채권을 보유하고 ② 기업에 대한 풋옵션을 p에 매도한 것으로 이해할 수 있음을 보여준다. 특히 이 식에서 De^{-rt}는 원금과 이자의 상환액 를 무위험이자율 r로 할인한 현재가치이므로 무위험채권의 가치가 된다. 따라서 우변의 $(De^{-rt}-p)$는 위험채권의 가치를 나타낸 식으로서무위험채권의 가치에서 풋옵션의 가치를 차감하여 구할 수 있음을 보여주고 있다.

12.2 옵션이 내재된 금융상품

옵션부 채권

옵션부 채권이란 발행된 채권의 일부 또는 전부를 만기일 이전에 일정한 조건으로 발행기업이 임의로 상환할 수 있거나 채권보유자가 발행기업에 대해 상환을 요구할 수 있는 선택권, 즉 옵션이 붙어 있는 채권을 말한다. 선택권이 발행기업에게 있는 경우는 수의상환권부 채권(callable bond), 채권보유자에게 있는 경우를 조기변제요구권부 채권(puttable bond)이라고 한다. 옵션부 채권의 상환조건은 특정기간을 상환가능기간으로 정하고 특정가격으로만 조기상환 또는 조기변제가 가능하도록 정해진다. 따라서 옵션부 채권은 상환가능기간동안에는 특정가격을 행사가격으로 하는 미국형 옵션이 내재된 채권으로 간주할 수 있다.

수의상환권부 채권의 발행기업은 이자율이 하락하여 채권가격이 수의상환가격보다 커졌을 때 수의상환권리를 행사하여 수의상환가격에 채권을 매입하게 된다. 따라서 수의상환권리는 수의상환가격을 행사가격으로 하고 상환가능기간을 유효기간으로 하며 수의상환조항이 없는 일반채권을 기초자산으로 하는 콜옵션으로 볼 수 있다. 이때 수의상환권부 채권의 보유자는 발행기업에게 콜옵션의 가치를 받고 수의상환권리를 매도한 것으로 생각할 수 있다. 즉, 발행기업은 일반채권을 발행하면서 콜옵션을 매입하고, 투자자는 일반채권을 매입함과 동시에 콜옵션을 매도한 것으로 간주할 수 있다. 따라서 수의상환권부 채권의 가치는 일반채권의 가치에서 콜옵션(수의상환권리)의 가치를 빼준 것과 같아진다. 즉, 다른 조건이 동일하다면 수의상환권부 채권의 가치는 일반채권의 가치보다 콜옵션의 가치만큼 낮은 수준에서 형성된다.[1)]

수의상환권부 채권의 가치 = 일반채권의 가치－콜옵션의 가치

조기변제요구권부 채권을 보유하고 있는 투자자는 채권시장의 여건 변화에 따른 투자위험부담을 줄이는 목적으로 조기변제요구권을 행사할 수 있다. 만일 채권매입 후 이자율이 상승하여 채권의 가격이 하락하게 되면 발행기업에게 중도상환을 요구하여 회수한 자금을 높은 이자율로 재투자할 수 있게 된다. 또는 발행회사의 신용도가 급속히 하락하는 경우 원리금을 조기에 회수하여 위험을 회피할 수 있게 된다. 따라서 조기변제요구권은 투자자가 보유하고 있는 풋옵션으로 볼 수 있다. 즉, 발행기업은 일반채권을 발행하면서 풋옵션을 매도하고, 투자자는 일반채권을 매입함과 동시에 풋옵션을 매입한 것으로 볼 수 있다. 이에 따라 조기변제요구권부 채권의 가치는 일반채권의 가치에 풋옵션(조기변제요구권)의 가치를 더한 것과 같아진다. 즉, 다른 조건이 동일하다면 조기변제요구권부 채권의 가치는 일반채권의 가치보다 풋옵션의 가치만큼 높은 수준에서 형성된다.[2)]

조기변제요구권부 채권의 가치 = 일반채권의 가치＋풋옵션의 가치

1) 수위상환권부 채권은 이러한 콜옵션의 가치를 반영하여 발행시점에서 동일한 조건의 일반채권에 비해 높은 수익률을 갖도록 발행되는 것이 일반적이다.

2) 조기변제요구권부 채권은 이러한 풋옵션의 가치를 반영하여 발행시점에서 동일한 조건의 일반채권에 비해 낮은 수익률을 갖도록 발행되는 것이 일반적이다.

신주인수권부 사채

신주인수권부 사채(BW: bond with warrant)란 채권자에게 발행 후 일정기간 이내에 정해진 가격으로 발행회사의 신주를 정해진 규모만큼 인수할 수 있는 권리, 즉 신주인수권(warrant)이 부여된 사채이다. 따라서 신주인수권부 사채는 일반채권과 신주인수권이 하나로 결합된 증권으로서 일반채권에 콜옵션이 부가된 형태로 이해될 수 있다. 즉, 신주인수권의 행사 여부는 신주인수권이 만료되는 시점까지의 대상주식의 시장가격과 신주인수가격에 달려 있으며, 여기에서 신주인수가격은 신주인수권이라는 옵션의 행사가격으로 파악될 수 있다. 그러므로 신주인수권부 사채의 가치는 일반채권의 가치에 신주인수권의 가치를 합한 것과 같다.

신주인수권부 사채의 가치 = 일반채권의 가치+신주인수권의 가치

그러나 신주인수권은 주식콜옵션과 구별되는 중요한 차이점이 있다. 콜옵션은 투자자에 의해 발행되는 반면 신주인수권은 회사가 발행한다. 따라서 주식 콜옵션의 행사는 총발행주식 수에 영향을 미치지 않으나, 신주인수권이 행사되면 회사는 신주를 발행해야 하므로 발행주식 수가 증가하고 주가와 행사가격의 차이로 인해 주가가 희석(dilution)된다. 따라서 신주인수권의 가치는 주식콜옵션과 마찬가지로 일반적인 옵션가격결정모형에 의해 평가하되 희석효과를 반영하여 조정된다.

행사시점의 신주인수권의 가치는 만기시 주식콜옵션의 가치와 마찬가지로 max(주가－행사가격, 0)이 된다. 그러나 이때 신주인수권의 가치를 결정하는 주가는 그 시점에 시장에서 형성된 주가가 아니다. 왜냐하면 신주인수권이 행사되면 희석효과가 발생하기 때문이다. N과 S_T를 각각 신주인수권 행사 직전의 발행주식 수와 주가(신주인수권의 가치가 포함되어 있음)라고 하고, N_W를 신주인수권행사에 의해 발행되는 신주의 수라고 정의하자. 그리고 신주인수권 1개가 보통주 1주

를 인수한다고 가정하면, 행사시점에서 신주인수권의 가치를 결정할 주가는 다음과 같다.

$$\frac{NS_T+N_WX}{N+N_W}$$

따라서 행사시점의 신주인수권의 가치는 다음과 같이 구할 수 있다.

$$\max\left[\frac{NS_T+N_WX}{N+N_W}-X,\ 0\right]=\frac{N}{N+N_W}\max[S_T-X,\ 0]$$

즉, 신주인수권 행사시점에서의 신주인수권의 가치는 희석효과를 고려하기 전의 신주인수권의 가치에 발행주식 수의 증가에 따른 희석효과를 조정한 값으로 계산된다. 그러므로 신주인수권의 가치는 일반적인 콜옵션의 가치에 비해 신주발행으로 인한 희석효과인 $N/(N+N_W)$를 반영한 만큼 낮게 형성된다.

예제 3

이문기업의 현재 주가는 12,000원이고 발행주식수는 500만주이다. 이 기업은 4년 후에 행사가능한 신주인수권을 50만주 발행하였다. 신주인수권의 행사가격은 1주당 10,000원이며, 신주인수권의 만기일까지 현금배당은 없는 것으로 약속하였다. 이문기업의 주식수익률의 표준편차는 0.4이고, 현재 시장의 무위험이자율은 14%라고 가정하고 이문기업의 현재 신주인수권의 가치를 구하고자 한다.

우선 블랙-숄즈 옵션가격결정모형에서 $S=12,000$, $X=10,000$, $\sigma=0.4$, $r=0.14$, $t=4$를 대입하여 희석효과를 고려하기 전의 신주인수권의 가치를 구하면 다음과 같다.

$$\begin{aligned} c &= SN(d_1)-Xe^{-rt}N(d_2) \\ &= 12,000\times 0.9082-10,000\times e^{-0.14\times 4}\times 0.7019 \\ &= 6,889\text{억 원} \end{aligned}$$

이 값에 신주발행에 따른 희석효과를 고려할 경우 1주당 현재 신주인수권의 가치는 다음과 같이 구해진다.

$$\frac{N}{N+N_W} \times c = \frac{500\text{만}}{500\text{만}+50\text{만}} \times 6{,}889 = 6{,}263\text{원}$$

전환사채

전환사채(CB: convertible bond)는 채권자가 원하는 경우 특정 기간 내에 보유하고 있는 채권을 미리 정해진 수량의 주식으로 전환할 수 있는 권리가 부여된 채권이다. 따라서 전환사채는 다른 조건은 같으나 전환권이 없는 일반채권에 주식으로 전환할 수 있는 권리가 더해진 일종의 혼합증권(hybrid security)으로 볼 수 있다. 전환권이 행사되기 이전에는 이자가 지급되는 채권으로서 존재하고, 전환권이 행사되면 발행기업에 대해 추가적인 자금의 유입은 없이 전환규모만큼의 부채가 자기자본으로 전환되게 된다. 전환사채의 경우 전환권을 행사하면 채권이 소멸되고 대신 주식을 취득하는 반면, 신주인수권부 사채는 채권은 그대로 소유하는 상태에서 신주인수권을 행사하여 주식을 취득한다는 점에서 서로 상이하다. 전환사채에 대해 설명하기 위해서는 몇 가지 관련되는 용어에 대한 이해가 필요하다.

- **전환비율**(conversion ratio) : 전환사채 한 단위를 포기하는 대신 받게 되는 주식의 수를 의미한다.
- **전환가격**(conversion price) : 주식 1주로 전환하기 위하여 포기해야 하는 사채의 액면가로서 사채의 액면가를 전환비율로 나누어 구한다.
- **전환프리미엄**(conversion premium) : 주식 1주를 얻기 위하여 포기해야 하는 전환사채의 가치, 즉 전환가격이 현재 주가를 초과하는 정도를 의미한다. 따라서 전환프리미엄은 다음과 같이 계산된다.

$$\text{전환프리미엄} = \frac{\text{전환가격} - \text{현재 주가}}{\text{현재 주가}}$$

그림 12-2 **전환가치와 주가**

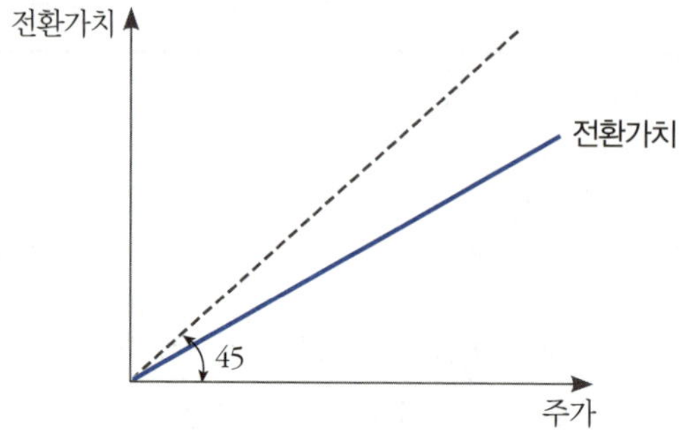

■ **전환가치**(conversion value) : 전환사채가 주식으로 전환되었을 경우의 전환사채의 가치로서 현재 주가에 전환비율을 곱하여 산출한다. 주가가 상승하게 되면 전환가치도 함께 상승하게 된다. 그러나 전환시 기업은 신주를 발행해야 하므로 희석(dilution)효과가 발생하여 전환가치가 주가변동과 1:1의 비율로 변화하지는 않는다. 예를 들면, 현재 발행주식수가 4,000만주 기업이 발행한 전환사채가 전부 주식으로 전환될 경우 필요한 신주발행 규모가 1,000만주라고 하면 20%[=1,000/(4,000+1,000)]의 희석효과가 발생하여 전환가치는 주가상승의 80%만 반영하게 된다. 이러한 전환가치와 주가간의 관계를 그림으로 나타낸 것이 [그림 12-2]이다. 한편, 전환가치는 전환사채의 가치의 하한이 된다. 왜냐하면 전환사채의 시장가격이 전환가치보다 낮을 경우에는 전환사채를 매입하여 주식으로 전환한 후에 매도하면 이익이 발생하는 차익거래가 가능하기 때문이다.

예제 4

현재 발행주식수가 4,000만주인 이문기업이 액면가 100만원, 이표율 5%, 만기 3년의 전환사채 20만단위를 발행하였다. 이 전환사채는 50주의 보통주로 전환할 수 있으며, 현재 이 기업의 주가는 16,000원이다. 이 경우 전환비율, 전환가격, 전환프리미엄, 전환가치는 각각 다음과 같이 계산된다.

- 전환비율 : 50
- 전환가격 : 액면가/ 전환비율 = 100만원/50 = 20,000원
- 전환프리미엄 : (전환가격−현재주가)/현재주가
  = (20,000−16,000)/16,000 =0.25 또는 25%
- 전환가치 : 현재주가×전환비율 = 16,000×50 = 800,000원

전환사채에 내재된 전환권은 채권의 권리를 포기하고 미리 정한 전환가격으로 주식을 취득할 수 있다는 점에서 콜옵션과 같은 성격을 갖는다고 할 수 있다. 왜냐하면 전환가치가 전환사채의 가치보다 높게 되면 전환권을 행사하여 이익을 얻을 수 있고, 그렇지 않은 경우에는 전환권을 포기하고 일반채권으로서의 권리만 가질 수 있기 때문이다. 그러므로 전환사채의 가치는 일반채권으로서의 가치와 전환가치 중에서 높은 값을 하한으로 하게 된다. 이 값에 전환권의 행사를 연기하여 가장 큰 이익을 가져다주는 행동을 취할 수 있도록 하는 옵션의 시간가치가 합해진 것이 전환사채의 가치가 된다.

전환사채의 가치 = max(일반채권가치, 전환가치)+옵션가치

그림 12-3 **전환사채의 가치**

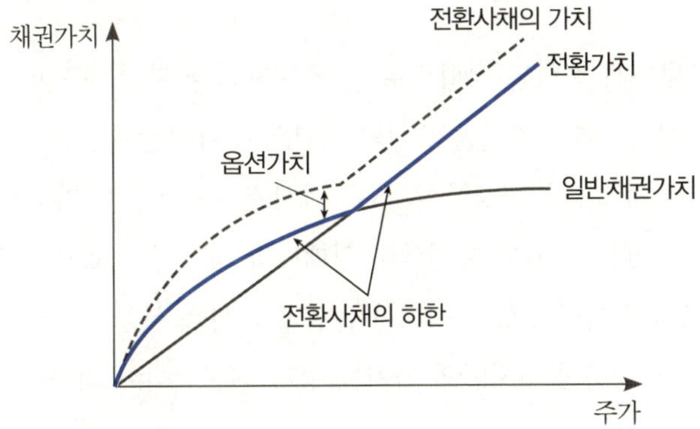

즉, 전환사채의 가치는 일반채권의 가치 또는 전환가치 중 큰 값을 하한으로 하여 그보다 높은 값으로 결정됨을 알 수 있다. 이와 같은 전환사채의 가치를 그림으로 나타내면 [그림 12-3]과 같다.

12.3 투자의사결정에의 응용

전통적으로 기업이 투자안을 평가할 때 많이 사용하는 방식은 기대되는 미래 현금흐름을 자본비용으로 할인하여 순현가를 계산하고 이를 기초로 투자안을 선택하는 순현가법(net present value method)이다. 그러나 전통적인 순현가법은 미래상황의 안정성을 전제로 하기 때문에 의사결정이 이루어진 이후의 상황변화에 대한 대처가능성을 고려하지 못하는 문제점이 있다. 경영자는 투자의사결정이 이루어진 이후에도 수집된 정보나 변화된 상황에 대한 인식을 바탕으로 투자계획을 변경할 수 있는 선택권을 갖고 있다. 이러한 선택권의 예로는 현재의 투자결정을 연기하거나, 투자의 현금흐름이 기대에 미치지 못할 때 투자를 중도에 포기하거나, 초기 투자가 성공적이어서 이후 연관된 투자로 확장하는 것 등을 들 수 있다.

이와 같이 새롭게 변화된 상황으로 인해 현재의 투자결정을 변경(연기, 포기, 확장 등)할 수 있는 기회의 가치를 옵션의 개념으로 이해할 수 있다. 즉, 상황의 변화에 대응하여 투자결정을 변경할 수 있는 선택권은 손실발생 가능성은 제한하면서 이익의 기회를 확대시키는 옵션의 손익패턴과 동일한 개념으로 해석할 수 있다. 실물투자안에 내재되어 있는 이러한 옵션적 특성을 실물옵션(real option)이라고 하는데 이를 반영하여 투자안의 가치를 평가하는 방식이 최근 들어 주목을 받고 있다.

투자안의 가치 = 순현가법에 의한 가치+실물옵션의 가치

투자안 연기에 대한 옵션

투자의 성격에 따라 지금 투자하지 않으면 다시는 기회가 없거나 투자가 지연됨에 따라 수익이 감소하는 투자안과 투자를 연기함에 따라 투자환경이 개선되는 투자안이 있을 수 있다. 후자의 경우에는 현재시점에서 순현가가 음(−)인 투자안이라고 하더라도 일정기간이 지나면 긍정적인 상황이 전개되어 수익성이 좋은 투자안으로 바뀔 가능성이 존재한다. 이와 같이 긍정적인 상황을 확인할 때까지 투자결정을 연기할 수 있는 투자안이 있다면, 이러한 투자안 연기에 대한 선택권을 일종의 콜옵션으로 간주할 수 있을 것이다.

투자의 연기옵션에서 만기는 투자안에 대한 독점적 권리를 보유하고 있는 기간이 되며, 행사가격은 초기 투자실행시점에서의 투자비용이 된다. 이 옵션의 기초자산은 투자안 자체이므로 기초자산의 가격은 투자안을 지금 실행할 경우 얻을 수 있는 현금흐름의 현재가치가 될 것이고, 이 현재가치의 변동성이 기초자산 가격의 변동성이 된다. 이러한 연기옵션의 결정요인들을 추정하고, 그 값을 블랙-숄즈모형이나 이항모형과 같은 옵션가격결정공식에 대입하여 옵션의 가치를 구하게 된다. 시간가치는 소멸되고 내재가치만 존재하는 만기시점에서의 연기옵션의 가치 C_T는 다음과 같이 나타낼 수 있다.

$$C_T = \max(0,\ V_T - X)$$

단, V_T : 만기시점에서의 투자안의 가치

X : 초기 투자실행시점에서의 투자비용

이와 같이 연기옵션을 가지고 있는 투자안은 현재시점에서는 순현가가 음(−)이더라도 미래에 긍정적인 상황을 확인할 때까지 투자결정을 연기할 수 있기

때문에 이러한 옵션의 가치를 감안할 경우 가치있는 투자안이 될 수 있다. 또한 현재시점에서 계산한 순현가가 양(+)의 값을 갖더라도 곧바로 사업에 착수하지 않고, 즉 옵션을 행사하지 않고 연기함으로써 더 큰 투자가치를 확보할 수 있게 된다. 이러한 연기옵션을 가질 수 있는 기간은 특허와 같은 법적 권한이나 기술, 자본 등에 의해 경쟁자에 대한 진입장벽이 존재하여 투자안에 대한 독점적 권리를 보유하고 있을 때에만 가능하다.

투자안 포기에 대한 옵션

일단 시작된 투자안이라고 하더라도 현금흐름이 기대를 충족시키지 못할 때는 그 처분가치가 투자안의 잔여기간동안의 현금흐름의 현재가치보다 크다면 투자안을 중도에 포기하는 편이 나을 것이다. 투자안을 중도에 포기할 수 있는 선택권도 옵션으로 이해될 수 있고, 이러한 포기옵션의 가치를 고려할 경우 투자안의 가치는 그만큼 더 높아지게 된다.

투자의 포기옵션은 투자안의 처분가치를 행사가격으로 하여 투자안을 매도, 즉 처분할 수 있는 권리가 주어진 일종의 풋옵션으로 간주할 수 있다. 포기옵션의 만기는 투자안 포기에 대한 선택권을 보유하고 있는 기간이 되고, 기초자산의 가격은 당시의 투자안의 가치이므로 투자안으로부터 예상되는 현금흐름의 현재가치로 계산되며, 그것의 변동성이 기초자산가격의 변동성으로 간주된다. 이러한 포기옵션의 결정요인들을 추정하여 옵션가격결정모형에 대입하면 만기 전 옵션가치가 계산된다. 포기옵션을 행사하는 시점에서의 가치 P_T는 시간가치 없이 내재가치만으로 다음과 같이 나타낼 수 있다.

$$P_T = \max(0,\ X - V_T)$$

단, V_T : 투자안 포기일에서의 투자안의 현재가치

X : 투자안의 처분가치

투자안 확장에 대한 옵션

현재시점에서는 수익성이 없는 투자안이라고 하더라도 초기투자의 성공을 발판으로 제2, 제3의 투자기회로 확장될 수 있는 가능성이 있을 수 있다. 이와 같이 현재시점에서의 투자안이 추가적인 확장으로 이어질 수 있는 선택권을 내포하고 있는 경우 투자안을 평가할 때 확장에 대한 옵션가치를 고려하게 된다.

투자안 확장에 대한 옵션은 일종의 콜옵션으로 이해될 수 있다. 추가적인 투자안이 확장옵션의 기초자산이 되므로 확장옵션의 가치를 결정하는 요인들도 추가적인 투자안으로부터 구해진다. 즉, 기초자산의 가격은 추가적인 투자안으로 인한 현금흐름의 현재가치이고 그것의 변동성이 기초자산가격의 변동성이 된다. 행사가격은 추가적인 투자안에 소요되는 비용이고, 투자안 확장에 대한 선택권을 보유하고 있는 기간이 확장옵션의 만기가 된다. 이러한 확장옵션의 결정요인들을 옵션가격결정모형에 대입하면 만기 전 옵션가치가 구해지고, 추가적인 투자안을 실행하는 시점, 즉 옵션의 만기시점의 확장옵션의 가치는 시간가치 없이 내재가치만으로 다음과 같이 된다.

$$C_T = \max(0,\ V_T - X)$$

단, V_T : 추가적인 투자안 실행일에서의 확장투자안의 가치

X : 추가적인 투자안에 소요되는 비용

12.4 기타 옵션개념의 활용 예

보장형 수익증권

보장형 수익증권이란 주가가 상승하면 비례하여 수익이 증가하고 주가가 하락하더라도 최소한의 수익률 또는 원금이 보장되는 금융상품이다. 이러한 보장형

그림 12-4 옵션에 의한 보장형 수익증권

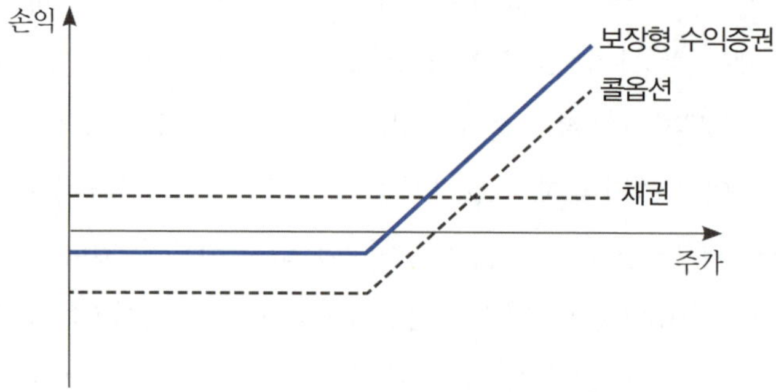

수익증권은 옵션의 개념이 응용된 대표적인 예로서 다양한 방법으로 상품이 설계되어 운영될 수 있다. 그 가운데 주식 또는 주가지수콜옵션과 채권을 결합한 상품의 손익패턴을 나타낸 것이 [그림 12-4]이다 .

채권의 수익률은 확정적이므로 주가변동과 무관하게 일정한 수익이 보장된다. 따라서 그래프로 보면 X축과 평행한 손익패턴을 나타낸다. 여기에 주식 또는 주가지수콜옵션의 매입포지션이 합해지면, 주가가 하락하더라도 수익률의 하락을 일정수준으로 한정시키면서 주가가 상승하면 비례해서 수익을 누릴 수 있는 손익패턴을 만들어 낼 수 있다. 만일 채권 이자소득의 범위 내에서 옵션에 투자할 경우에 옵션의 최대 손실은 지급한 프리미엄에 한정되므로 원금이 보전되면서 수익을 누릴 수 있는 형태의 수익증권이 된다.

스톡옵션

스톡옵션(stock option)은 회사가 임직원들에게 일정량의 회사주식을 정해진 가격으로 저렴하게 취득할 수 있는 권리를 부여한 것으로서 주식매입선택권이라고도 한다. 스톡옵션은 일종의 인센티브제도로서 임직원들이 자사의 주가를 상승시키기 위해 주인의식을 갖고 열심히 일할 수 있는 동기를 부여하게 된다. 특히 스톡옵션은 저렴한 가격으로 주식을 살 수 있는 권리로서 주식 자체를 매입하는 것에 비해 레버리지 효과가 크기 때문에 첨단산업이나 벤처기업의 경우 우수인력을 확보할 수 있는 중요한 수단으로 활용되고 있다.

스톡옵션은 특정한 조건 하에서 정해진 가격으로 주식을 매입할 수 있는 권리라는 면에서 주식에 대한 콜옵션으로 이해될 수 있다. 그러나 일반적인 주식콜옵션은 시장에서 매입 또는 매도에 의한 거래가 가능하지만 스톡옵션은 거래가 불가능하다. 즉, 일반적인 옵션의 매입자는 만기 전이라도 원하는 시점에 시장을 통해 포지션을 청산할 수 있지만, 스톡옵션의 경우는 타인에게 양도 또는 매각을 할 수 없게 되어 있다. 왜냐하면 스톡옵션의 양도나 매각을 허용하면 임직원에게 자사주가의 극대화를 위한 인센티브를 제공한다는 스톡옵션 본연의 목적을 달성할 수 없기 때문이다. 이러한 스톡옵션의 유동성의 제약으로 인해 스톡옵션의 가치는 동일한 조건의 일반적인 주식콜옵션의 가치보다 작다.

옵션의 개념을 응용한 신용평가모형

기업의 채무불이행위험을 측정하는 신용평가모형에 관해서는 오래 전부터 다양한 기법들이 개발되어 발전해 오고 있다. 그 중에서도 블랙-숄즈의 옵션가격결정모형과 이를 발전시킨 머튼(Merton)의 접근방법을 기초로 하여 기업의 채무불이행확률을 추정하는 모형이 개발되어 최근 널리 활용되고 있다. 가장 대표적인 예인 KMV모형에 의하면 주식의 시장가치와 부채의 장부가치로부터 다음과 같은 단계를 거쳐 예상채무불이행빈도(EDF : expected default frequency)를 추정한다.

1) 주가, 주가변동성, 부채의 장부가치로부터 기업자산의 시장가치와 변동성을 추정한다. 이때 자기자본의 시장가치는 부채의 장부가격을 행사가격으로 하고 기업의 자산가치를 기초자산으로 하는 콜옵션의 가치와 같다는 점에 착안하여 옵션가격결정모형을 사용한다.

그림 12-5 KMV모형에 의한 EDF 추정

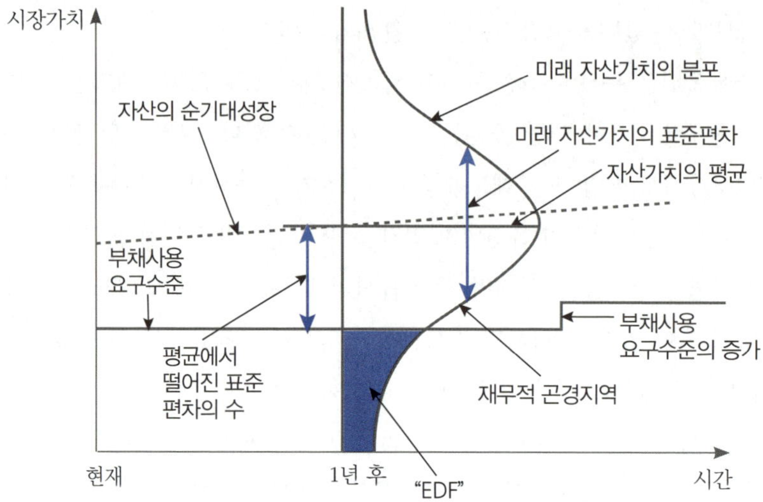

2) 기업의 부채로부터 기업의 채무불이행점(DP : default point)이 계산되고, 현재 자산가치에 체계적 위험을 감안한 기대수익률을 적용하여 자산의 기대시장가치가 구해지면, 이 두 값과 기업자산의 변동성을 이용하여 자산의 기대시장가치로부터 채무불이행점까지의 표준편차의 수, 즉 채무불이행까지의 거리(DD : distance to default)를 산정한다.
3) 유사한 기업집단의 과거 채무불이행 경험자료를 이용하여 추정한 확률분포를 이용하여 채무불이행까지의 거리(DD)를 채무불이행확률을 의미하는 예상채무불이행빈도(EDF)로 변환한다.

연/습/문/제

1. 기업의 가치를 V, 자기자본의 가치를 E, 부채의 가치를 D, 부채의 만기일을 T라고 했을 때, 만기 시점(T)의 채권자와 주주의 포지션을 수식으로 나타내시오.

2. 현재 500억원인 기업의 자산가치가 1년 후에 호황이면 900억원이 되고 불황이면 100억원이 되는 두 가지 경우만 가능하고, 각각의 경우가 발생할 확률은 호황이 0.6 불황이 0.4이며, 이 기업은 1년 후에 청산될 예정이라고 가정하자. 또한 이 기업은 1년 후에 원금과 이자를 합하여 400억원을 지급해야 하는 부채가 있다. 무위험이자율은 연 5%이고 모든 이자는 연속복리로 계산된다. 옵션가격결정모형을 이용하여 1) 자기자본의 가치와 2) 부채의 가치를 구하고 3) 부채의 신용위험을 평가하시오.

3. 다음에 기술하는 옵션부채권의 가치와 일반채권의 가치를 비교하고, 차이가 발생하는 이유를 설명하시오.
   1) 수의상환권부 채권
   2) 조기변제요구권부 채권
   3) 신주인수권부 사채
   4) 전환사채

4. 액면가가 100,000원이고 보통주 10주로 전환이 가능한 전환사채가 있다. 현재 주가는8,000원이다. 이 전환사채의 전환프리미엄은 얼마인가?

5. (주)새롬은 현재 90억원을 투자하면 매년 말에 20억원의 현금흐름이 영구히 발생하는 투자안을 갖고 있다. 이 투자안의 자본비용은 연 20%이다. 한편, 이 투자안은 진입장벽으로 인하여 최소한 2년 동안은 (주)새롬만이 실행할 수 있고 2년 후에 실행할 경우에도 투자금액 90억원과 자본비용 연 20%는 변하지 않는다. 다만 2년 후에는 시장상황의 변화에 따라 투자안의 현금유입액이 달라지는데, 시장상황이 호전되면 25억원의 영구 현금유입이 발행하고 시장상황이 악화되면 15억원의 영구 현금유입이 발생하는 두 가지 경우만 가능하다고 가정한다. 무위험이자율은 연 10%이다. 현재 실행할 경우에 순현가(NPV)로 계산한 투자안의 가치와 2년 연기할 경우에 연기옵션이 포함된 투자안의 가치를 구하고, 이를 비교 평가하시오.

6. 정훈건설은 지방자치단체가 공단개발을 위해 발주한 도로공사에 참여할 것을 고려 중에 있다. 도로공사에는 현재 700억원이 들어가고 자본비용은 연 15%로 예상되며 건설대금은 앞으로 3년 동안 매년 말에 300억원씩 받기로 되어 있다. 그리고 이 도로공사를 맡게 되면 2년 후 원할 경우 공단의 일부 지역을 500억원에 인수하여 분양할 수 있는 권리를 받게 되는데, 그때 경기가 좋으면 700억원에 분양할 수 있고 경기가 나쁘면 300억원에 분양이 가능할 것으로 기대된다. 현재 시점에서 추정된 공단 분양권의 가치는 400억이고, 무위험이자율은 연 6%이다. 순현가(NPV)로 계산한 도로공사의 투자가치를 구하고 추가적 투자안을 고려할 경우 도로공사에 참여 여부를 판단하시오.

- 부 록
- 연습문제 해답
- 찾아보기

부 록 N(x)값 구하는 표(x ≤ 0인 경우)

x값이 소수점 2자리까지만 표시되므로 나머지는 보간법에 의해 구해야 한다.

$$\begin{aligned} N(-0.7693) &= N(-0.76)-0.93[N(-0.76)-N(-0.77)] \\ &= 0.2236-0.93\times(0.2236-0.2206) \\ &= 0.2208 \end{aligned}$$

x	0.00	0.01	0.02	0.03	0.04	0.05	0.06	0.07	0.08	0.09
-0.0	0.5000	0.4960	0.4920	0.4880	0.4840	0.4801	0.4761	0.4721	0.4681	0.4641
-0.1	0.4602	0.4562	0.4522	0.4483	0.4443	0.4404	0.4364	0.4325	0.4286	0.4247
-0.2	0.4207	0.4168	0.4129	0.4090	0.4052	0.4013	0.3974	0.3936	0.3897	0.3859
-0.3	0.3821	0.3783	0.3745	0.3707	0.3669	0.3632	0.3594	0.3557	0.3520	0.3483
-0.4	0.3446	0.3409	0.3372	0.3336	0.3300	0.3264	0.3228	0.3192	0.3156	0.3121
-0.5	0.3085	0.3050	0.3015	0.2981	0.2946	0.2912	0.2877	0.2843	0.2810	0.2776
-0.6	0.2743	0.2709	0.2676	0.2643	0.2611	0.2578	0.2546	0.2514	0.2483	0.2451
-0.7	0.2420	0.2389	0.2358	0.2327	0.2296	0.2266	0.2236	0.2206	0.2177	0.2148
-0.8	0.2119	0.2090	0.2061	0.2033	0.2005	0.1977	0.1949	0.1922	0.1894	0.1867
-0.9	0.1841	0.1814	0.1788	0.1762	0.1736	0.1711	0.1685	0.1660	0.1635	0.1611
-1.0	0.1587	0.1562	0.1539	0.1515	0.1492	0.1469	0.1446	0.1423	0.1401	0.1379
-1.1	0.1357	0.1335	0.1314	0.1292	0.1271	0.1251	0.1230	0.1210	0.1190	0.1170
-1.2	0.1151	0.1131	0.1112	0.1093	0.1075	0.1056	0.1038	0.1020	0.1003	0.0985
-1.3	0.0968	0.0951	0.0934	0.0918	0.0901	0.0885	0.0869	0.0853	0.0838	0.0823
-1.4	0.0808	0.0793	0.0778	0.0764	0.0749	0.0735	0.0721	0.0708	0.0694	0.0681
-1.5	0.0668	0.0655	0.0643	0.0630	0.0618	0.0606	0.0594	0.0582	0.0571	0.0559
-1.6	0.0548	0.0537	0.0526	0.0516	0.0505	0.0495	0.0485	0.0475	0.0465	0.0455
-1.7	0.0446	0.0436	0.0427	0.0418	0.0409	0.0401	0.0392	0.0384	0.0375	0.0367
-1.8	0.0359	0.0351	0.0344	0.0336	0.0329	0.0322	0.0314	0.0307	0.0301	0.0294
-1.9	0.0287	0.0281	0.0274	0.0268	0.0262	0.0256	0.0250	0.0244	0.0239	0.0233
-2.0	0.0228	0.0222	0.0217	0.0212	0.0207	0.0202	0.0197	0.0192	0.0188	0.0183
-2.1	0.0179	0.0174	0.0170	0.0166	0.0162	0.0158	0.0154	0.0150	0.0146	0.0143
-2.2	0.0139	0.0136	0.0132	0.0129	0.0125	0.0122	0.0119	0.0116	0.0113	0.0110
-2.3	0.0107	0.0104	0.0102	0.0099	0.0096	0.0094	0.0091	0.0089	0.0087	0.0084
-2.4	0.0082	0.0080	0.0078	0.0075	0.0073	0.0071	0.0069	0.0068	0.0066	0.0064
-2.5	0.0062	0.0060	0.0059	0.0057	0.0055	0.0054	0.0052	0.0051	0.0049	0.0048
-2.6	0.0047	0.0045	0.0044	0.0043	0.0041	0.0040	0.0039	0.0038	0.0037	0.0036
-2.7	0.0035	0.0034	0.0033	0.0032	0.0031	0.0030	0.0029	0.0028	0.0027	0.0026
-2.8	0.0026	0.0025	0.0024	0.0023	0.0023	0.0022	0.0021	0.0021	0.0020	0.0019
-2.9	0.0019	0.0018	0.0018	0.0017	0.0016	0.0016	0.0015	0.0015	0.0014	0.0014
-3.0	0.0014	0.0013	0.0013	0.0012	0.0012	0.0011	0.0011	0.0011	0.0010	0.0010
-3.1	0.0010	0.0009	0.0009	0.0009	0.0008	0.0008	0.0008	0.0008	0.0007	0.0007
-3.2	0.0007	0.0007	0.0006	0.0006	0.0006	0.0006	0.0006	0.0005	0.0005	0.0005
-3.3	0.0005	0.0005	0.0005	0.0004	0.0004	0.0004	0.0004	0.0004	0.0004	0.0003
-3.4	0.0003	0.0003	0.0003	0.0003	0.0003	0.0003	0.0003	0.0003	0.0003	0.0002
-3.5	0.0002	0.0002	0.0002	0.0002	0.0002	0.0002	0.0002	0.0002	0.0002	0.0002
-3.6	0.0002	0.0002	0.0001	0.0001	0.0001	0.0001	0.0001	0.0001	0.0001	0.0001
-3.7	0.0001	0.0001	0.0001	0.0001	0.0001	0.0001	0.0001	0.0001	0.0001	0.0001
-3.8	0.0001	0.0001	0.0001	0.0001	0.0001	0.0001	0.0001	0.0001	0.0001	0.0001
-3.9	0.0000	0.0000	0.0000	0.0000	0.0000	0.0000	0.0000	0.0000	0.0000	0.0000
-4.0	0.0000	0.0000	0.0000	0.0000	0.0000	0.0000	0.0000	0.0000	0.0000	0.0000

부 록 $N(x)$값 구하는 표($x \geq 0$인 경우)

x값이 소수점 2자리까지만 표시되므로 나머지는 보간법에 의해 구해야 한다.

$$N(0.6278) = N(0.62) + 0.78[N(0.63) - N(0.62)]$$
$$= 0.7324 + 0.78 \times (0.7357 - 0.7324)$$
$$= 0.7350$$

x	0.00	0.01	0.02	0.03	0.04	0.05	0.06	0.07	0.08	0.09
0.0	0.5000	0.5040	0.5080	0.5120	0.5160	0.5199	0.5239	0.5279	0.5319	0.5359
0.1	0.5398	0.5438	0.5478	0.5517	0.5557	0.5596	0.5636	0.5675	0.5714	0.5753
0.2	0.5793	0.5832	0.5871	0.5910	0.5948	0.5987	0.6026	0.6064	0.6103	0.6141
0.3	0.6179	0.6217	0.6255	0.6293	0.6331	0.6368	0.6406	0.6443	0.6480	0.6517
0.4	0.6554	0.6591	0.6628	0.6664	0.6700	0.6736	0.6772	0.6808	0.6844	0.6879
0.5	0.6915	0.6950	0.6985	0.7019	0.7054	0.7088	0.7123	0.7157	0.7190	0.7224
0.6	0.7257	0.7291	0.7324	0.7357	0.7389	0.7422	0.7454	0.7486	0.7517	0.7549
0.7	0.7580	0.7611	0.7642	0.7673	0.7704	0.7734	0.7764	0.7794	0.7823	0.7852
0.8	0.7881	0.7910	0.7939	0.7967	0.7995	0.8023	0.8051	0.8078	0.8106	0.8133
0.9	0.8159	0.8186	0.8212	0.8238	0.8264	0.8289	0.8315	0.8340	0.8365	0.8389
1.0	0.8413	0.8438	0.8461	0.8485	0.8508	0.8531	0.8554	0.8577	0.8599	0.8621
1.1	0.8643	0.8665	0.8686	0.8708	0.8729	0.8749	0.8770	0.8790	0.8810	0.8830
1.2	0.8849	0.8869	0.8888	0.8907	0.8925	0.8944	0.8962	0.8980	0.8997	0.9015
1.3	0.9032	0.9049	0.9066	0.9082	0.9099	0.9115	0.9131	0.9147	0.9162	0.9177
1.4	0.9192	0.9207	0.9222	0.9236	0.9251	0.9265	0.9279	0.9292	0.9306	0.9319
1.5	0.9332	0.9345	0.9357	0.9370	0.9382	0.9394	0.9406	0.9418	0.9429	0.9441
1.6	0.9452	0.9463	0.9474	0.9484	0.9495	0.9505	0.9515	0.9525	0.9535	0.9545
1.7	0.9554	0.9564	0.9573	0.9582	0.9591	0.9599	0.9608	0.9616	0.9625	0.9633
1.8	0.9641	0.9649	0.9656	0.9664	0.9671	0.9678	0.9686	0.9693	0.9699	0.9706
1.9	0.9713	0.9719	0.9726	0.9732	0.9738	0.9744	0.9750	0.9756	0.9761	0.9767
2.0	0.9772	0.9778	0.9783	0.9788	0.9793	0.9798	0.9803	0.9808	0.9812	0.9817
2.1	0.9821	0.9826	0.9830	0.9834	0.9838	0.9842	0.9846	0.9850	0.9854	0.9857
2.2	0.9861	0.9864	0.9868	0.9871	0.9875	0.9878	0.9881	0.9884	0.9887	0.9890
2.3	0.9893	0.9896	0.9898	0.9901	0.9904	0.9906	0.9909	0.9911	0.9913	0.9916
2.4	0.9918	0.9920	0.9922	0.9925	0.9927	0.9929	0.9931	0.9932	0.9934	0.9936
2.5	0.9938	0.9940	0.9941	0.9943	0.9945	0.9946	0.9948	0.9949	0.9951	0.9952
2.6	0.9953	0.9955	0.9956	0.9957	0.9959	0.9960	0.9961	0.9962	0.9963	0.9964
2.7	0.9965	0.9966	0.9967	0.9968	0.9969	0.9970	0.9971	0.9972	0.9973	0.9974
2.8	0.9974	0.9975	0.9976	0.9977	0.9977	0.9978	0.9979	0.9979	0.9980	0.9981
2.9	0.9981	0.9982	0.9982	0.9983	0.9984	0.9984	0.9985	0.9985	0.9986	0.9986
3.0	0.9986	0.9987	0.9987	0.9988	0.9988	0.9989	0.9989	0.9989	0.9990	0.9990
3.1	0.9990	0.9991	0.9991	0.9991	0.9992	0.9992	0.9992	0.9992	0.9993	0.9993
3.2	0.9993	0.9993	0.9994	0.9994	0.9994	0.9994	0.9994	0.9995	0.9995	0.9995
3.3	0.9995	0.9995	0.9995	0.9996	0.9996	0.9996	0.9996	0.9996	0.9996	0.9997
3.4	0.9997	0.9997	0.9997	0.9997	0.9997	0.9997	0.9997	0.9997	0.9997	0.9998
3.5	0.9998	0.9998	0.9998	0.9998	0.9998	0.9998	0.9998	0.9998	0.9998	0.9998
3.6	0.9998	0.9998	0.9999	0.9999	0.9999	0.9999	0.9999	0.9999	0.9999	0.9999
3.7	0.9999	0.9999	0.9999	0.9999	0.9999	0.9999	0.9999	0.9999	0.9999	0.9999
3.8	0.9999	0.9999	0.9999	0.9999	0.9999	0.9999	0.9999	0.9999	0.9999	0.9999
3.9	1.0000	1.0000	1.0000	1.0000	1.0000	1.0000	1.0000	1.0000	1.0000	1.0000
4.0	1.0000	1.0000	1.0000	1.0000	1.0000	1.0000	1.0000	1.0000	1.0000	1.0000

연습문제 해답

제 1 장 선물 및 선물거래에 관한 기초지식

01 〈표 1-1〉 참조

02 증거금제도, 일일정산제도, 유지증거금, 마진콜, 청산기관

03 1/0.05=20 따라서 레버리지는 20배이다.

04 10%×(1-3/4)=2.5%
따라서 선물가격이 2.5% 이상 상승한 경우, 즉 92.25 이상이 되면 마진콜을 당한다.

05 미결제약정수량이 200계약 증가하였고 신규주문간 체결된 계약수가 350계약이므로 반대매매간 체결된 계약수는 150계약이다.

06 만기일 이전 : 반대매매
최종결제 방법 : 현금결제 또는 실물인수도

07 3월물 : (192.15-195.20)×50만원×1계약=152.5만원 손실
6월물 : (202.15-197.30)×50만원×1계약=242.5만원 이익
결과적으로, 90만원 이익(=242.5만원-152.5만원)

08 공적규제기관 : 금융위원회, 증권선물위원회, 금융감독원
자율규제기관 : 한국거래소, 한국금융투자협회

제 2 장 선물가격결정과 차익거래

01 $F = S \times [1 + (r_A - r_B) \times T/365]$에서
$r_A < r_B$이므로 $F < S$가 된다.

02 $F=(S-I)\times[1+r\times(T/365)]$에서

$I=700/(1+0.08\times0.25)=686.27$

$F=(9{,}900-686.27)\times(1+0.08\times0.5)=9{,}582.30$

따라서 채권선물의 이론가격은 약 9,582만 원이 된다.

03 $F=S\times[1+(r-q)\times(T/365)]$로부터

선물이론가격은 $260+260(0.05-0.02)\times(73/365)=262.6$

선물시장가격(=264) > 선물이론가격(=262.6)이므로

고평가된 선물을 매도하고 현물지수를 구성하는 주식을 매입하는 매입차익거래전략이 적합하다.

04 만기시점에서는 선물가격과 현물가격이 같아지므로 차익거래이익은 차익거래포지션을 취할 당시의 선물의 시장가격과 이론가격의 차이로부터 구한 금액과 같아진다. 즉, (193.25−192.95)×50만원=15만원

05 선물이론가격을 계산하면, $105\times(1+0.06\times2/12)=106.05$

따라서 현재선물가격은 107.75이므로 이론가격에 비해 고평가되어 있으므로 선물매도와 동시에 현물매입 차익거래가 가능하다. 그 결과 차익거래 포지션의 손익은 다음과 같다.

선물포지션 손익 : (107.75−98.05)×50만원=485만원 이익

현물포지션 손익 : (97.25−105.00)×50만원=387.5만원 손실

현물포지션에 대한 금융비용 : 105×50만원 × 0.06 × (1/12) = 26.25만원

그러므로 선물 1계약당 차익거래이익은 71.25만원(=485만원−387.5만원−26.25만원)이 된다.

06 선물가격(F)이 보유비용모형에 의한 이론가격, 즉 $S+CC$보다 낮은 수준에서 형성되어 지속될 때 그 차이를 편의수익이라고 한다. 이것은 특히 상품선물의 경우 기초자산인 현물의 보관이 불가능하거나, 돌발상황의 발생에 의해 현물가격이 급등하거나, 현물수급의 계절성이 강할 때 발생한다.

07 정상 백워데이션 : 헤지목적의 매도주문이 매입주문보다 많은 경우

콘탱고 : 헤지목적의 매입주문이 매도주문보다 많은 경우

08 선물가격의 경우는 포지션을 갖고 있는 기간 동안의 일일정산에 따라 현금흐름이 발생하는데, 이러한 현금흐름에 대한 이자의 차이에 의해 두 계약의 가격이 달라질 수 있다.

09 ① 정확한 이론가격의 계산 ② 거래비용 ③ 공매(short selling) 가능성
④ 추적오차(tracking error) ⑤ 실행 타이밍(timing)

제3장 헤 징

01 $h^{*}=\rho\frac{\sigma_S}{\sigma_F}=0.9\times\frac{2,600}{3,250}=0.72$

02 $N=h\times\frac{T_S}{Q_F}=0.92\times\frac{100}{1}=92$

즉, 92계약의 금선물을 매입해야 한다.

03 헤징에 사용된 선물의 가격과 헤징대상 현물의 가격간의 차이로 정의되는 베이시스가 불규칙하게 변동함으로써 야기되는 리스크를 베이시스 리스크라 한다. 특히, 헤징기간과 만기가 불일치하거나 헤징대상 자산과 선물의 기초자산이 불일치하는 경우에 불확실한 미래 시점의 베이시스로 인하여 미래의 거래가격을 정확히 알 수 없음으로 인해 베이시스 리스크가 발생한다.

04 우선 100만 달러를 달러당 1,155원에 매도하고, 1,220원에 매도 포지션을 취했던 선물은 1,160원에 반대매매함으로써 달러당 60원의 이익을 취하게 된다. 결과적으로 이 기업은 달러당 1,215원(=1,155원+60원)을 수취하게 되므로 원화 총액은 12억 1,500만원이 된다.

05 매입헤징의 경우 헤징이익이 발생하려면, $(S_1-S_2)+(F_2-F_1)>0$이 되어야 하고 이 식을 정리하면 $(F_1-S_1)<(F_2-S_2)$, 즉 $b_1<b_2$이 되므로 강세 베이시스에서 헤징이익이 발생한다. 반대로 매도헤징의 경우 헤징이익이 발생하려면, $(S_2-S_1)+(F_1-F_2)>0$이 되어야 하고 이식을 정리하면 $(F_1-S_1)>(F_2-S_2)$, 즉 $b_1>b_2$이 되므로 약세 베이시스에서 헤징이익이 발생한다.

06 헤지비율의 불안정성, 베이시스 리스크, 일일정산으로 인한 현금흐름, 불확실한 헤징대상 현물의 규모 등이 있다.

07 차익거래는 현물가격과 선물가격간의 불균형상태를 균형상태로 회복시키는 역할을 함으로써 헤징의 효과성을 제고하고, 투기거래는 선물시장의 수급불균형을 줄여줌으로써 선물시장의 유동성을 높여 헤지거래가 원활하게 이루어지도록 하는 역할을 한다.

제4장 다양한 종류의 선물계약

03 9월물 : (210.50 − 205.25) × 50만원 × 10계약 = 2,625만원 이익
12월물 : (205.75 − 211.25) × 50만원 × 10계약 = 2,750만원 손실
따라서 125만원 손실(= 2,625만원 − 2,750만원)이 된다.

02 $F = Se^{(r-q)t}$에서 예상배당률(q) > 이자율(r)인 경우 $F < S$가 된다.

03 각 주식의 시장가격에 보유주식수를 곱하여 구한 시장가치에 의해 구성비율을 계산하고, 이 값을 가중치로 하여 포트폴리오 베타값을 다음과 같이 구한다.

$$\beta_p = (1.8 \times 0.1) + (1.2 \times 0.4) + (0.8 \times 0.3) + (1.5 \times 0.2) = 1.2$$

이 포트폴리오의 베타값을 영(0)으로 만들기 위한 KOSPI200 지수선물의 계약수 N^*를 다음과 같이 구할 수 있다.

$$N^* = (\beta - \beta^*) \times \frac{T_S}{Q_F} = (1.2 - 0) \times \frac{200,000,000}{160 \times 500,000} = 3$$

즉, KOSPI200 주가지수선물을 3계약을 매도하면 된다.

04 $N^* = (\beta - \beta^*) \times \frac{T_S}{Q_F} = (1.2 - 0.5) \times \frac{120\text{억 원}}{120 \times 50\text{만 원}} = 140$

$(\beta^* < \beta)$이므로 140계약 매도포지션을 취해야 한다.

$N^* = (\beta^* - \beta) \times \frac{T_S}{Q_F} = (2.0 - 1.2) \times \frac{120\text{억 원}}{120 \times 50\text{만 원}} = 160$

$(\beta^* > \beta)$이므로 160계약 매입포지션을 취해야 한다.

05 2년 후 1년 선도이자율$({}_2f_1)$은 다음 식으로부터 구할 수 있다.

$(1 + {}_0r_2)^2(1 + {}_2f_1) = (1 + {}_0r_3)^3$

$(1 + 0.051)^2(1 + {}_2f_1) = (1 + 0.053)^3$

${}_2f_1 = 0.057 = 5.7\%$

06 $(1 + 0.051)^2(1 + 0.055) < (1 + 0.053)^3$이므로 현재시점에서 2년 만기 현물이자율로 차입하고 3년 만기 현물이자율로 예금하며 2년 만기 1년 선도이자율로 차입금리를 고정시키는 포지션을 취해야 한다.

07 $N = \frac{D_S}{D_F} \times \frac{T_S}{Q_F} = \frac{4.4}{2.8} \times \frac{100\text{억 원}}{1,055\text{억 원}} = 149$

즉, 149계약 매도포지션을 취해야 한다.

$$N=\frac{D_S-D_S^*}{D_F}\times\frac{T_S}{Q_F}=\frac{(4.4-2.5)}{2.8}\times\frac{100억\ 원}{1,055억\ 원}=64.3$$

즉, 64계약 매도포지션을 취해야 한다.

08 $F_t^{6개월}=110\times\frac{1+0.02\times0.5}{1+0.05\times0.5}=¥108.39/\$$

다음과 같은 계산에 의해 연율로 2.93% 할인되어 있음을 알 수 있다.

$[(108.39-110)/110]\times100\times2=-2.93\%$

09 원화차입시 1년 후 원리금 상환금액은 54.5억원(=50억원×1.09)인데 비해, 달러화 차입시 원금은 $4,201,681(=50억원/1,190)이고 1년 후 원리금은 $4,453,782(=$4,201,681×1.06)이므로 원화로 환산하면 55억 6,723만원(=$4,453,782×1,250)이 된다. 따라서 달러화 차입이 원화 차입에 비해 1억 1,723만원의 추가부담이 발생한다.

10 우선 엔/달러 선물환율의 이론가격을 계산하면 다음과 같다.

$$110\times\frac{(1+0.02\times0.25)}{(1+0.06\times0.25)}=108.92$$

따라서 현재 시장선물환율(109.25)은 이론선물환율(108.92)에 비해 고평가되어 있다. 따라서 고평가된 엔/달러 선물환에 매도포지션을 취하고 동시에 엔화를 차입하여 달러화로 교환(즉, 엔/달러 현물환 매입)한 뒤 달러화로 예금하는 방식의 무위험금리차익거래가 가능하다.

11 자금시장을 통해 헤징하려면 현재 시점에서 1,100원/$에 원화를 달러화로 바꿔서 4개월 동안 연 6%의 금리로 예금한 후에 찾은 금액이 1백만 달러가 되도록 해야 한다. 따라서 현재 시점에서 필요한 원화 금액을 x로 놓고 다음 식을 풀어 x값을 구하면 된다.

$$\frac{x}{1,100}\times(1+0.06\times\frac{4}{12})=1,000,000$$

즉, x =10억 7,843만원

제5장 스왑

01 고정금리를 지급하고 변동금리를 수취하는 금리스왑거래를 해야 하므로 스왑딜러가 제시한 bid-offer 가격 가운데 가격추종자인 이문기업은 높은 스왑률, 즉 4.16%를 지급하고 LIBOR금리를 받는 스왑을 해야 한다. 따라서 스왑 후 이문기업의 고정이자비

용은 6.66%(=4.16%+2.5%)가 된다.

02 변동금리를 지급하고 고정금리를 수취하는 스왑을 통해 수익을 확정시킬 수 있으므로 스왑시장에서 가격추종자인 K은행은 스왑딜러에게 LIBOR를 지급하고 4.94%를 받는 스왑을 해야 한다. 스왑 후 K은행의 전체 자금흐름은 (6%+LIBOR)를 지급하고 [(LIBOR+1.5%)+4.94%]를 수취하는 구조를 갖게 되므로 총거래 마진은 0.44%(=LIBOR+1.5%+4.94%−6%−LIBOR)로 고정된다.

03 스왑거래 후 J은행의 전체 자금흐름은 (LIBOR+20bp)와 (CP−10bp)를 지급하고 (CP+40bp)와 LIBOR를 수취하게 되므로 총거래마진은
30bp[=(CP+40bp+LIBOR)−(LIBOR+20bp+CP−10bp)]로 고정된다.

04 스왑거래에서 스왑딜러가 부담하는 위험은 신용위험과 가격위험 두 가지가 있다. 첫째, 스왑딜러는 스왑거래를 원하는 거래자의 상대방이 되어서 거래를 성사시키는 역할을 하는데 거래상대방이 파산 등의 이유로 계약을 이행하지 않음으로써 손실을 입을 수 있는 신용위험을 떠안게 된다. 둘째, 스왑계약을 체결한 당시에 영(0)이었던 스왑의 가치가 이후 스왑가격이 변화함에 따라 가격위험을 부담하게 된다.

05 Q사와 P사는 비교우위가 있는 고정금리와 변동금리로 각각 자금을 조달한 뒤에, 아래 그림과 같은 금리스왑거래를 통해 본래 의도했던 금리형태의 차입을 만들고 조달금리도 줄일 수 있다.

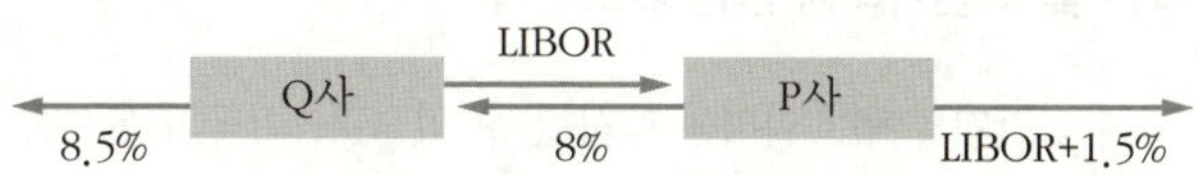

결과적으로 Q사는 LIBOR+0.5%(=8.5%+LIBOR−8%)가 최종조달비용이 되고, P사는 9.5%(=LIBOR+1.5%+8%−LIBOR)가 최종조달비용이 된다. 따라서 Q사는 원래의 변동금리 LIBOR+1.0%보다 0.5%만큼 금리를 줄였고, P사도 원래의 고정금리 10%보다 0.5%만큼 금리를 줄인 것이 된다. 이때 두 회사의 이익의 합계인 1%는 고정금리차이(1.5%)에서 변동금리차이(0.5%)를 뺀 값과 같다.

06 제시된 스왑률 6.25−6.50은 스왑은행의 입장에서 LIBOR를 지급할 경우 6.50%의 고정금리를 받고 LIBOR를 받을 경우 6.25%의 고정금리를 지급하겠다는 의미이다. 따라서 X기업이 LIBOR+1.5%의 변동금리로 자금을 조달한 뒤에 LIBOR를 받고 6.50%의 고정금리를 지급하는 금리스왑을 하게 되면, 최종 금리부담은 고정금리 8%(=LIBOR+1.5%+6.5%−LIBOR)가 되어 원래의 고정금리 8.25%에 비해 0.25%만큼 금리를 절감할 수 있게 된다.

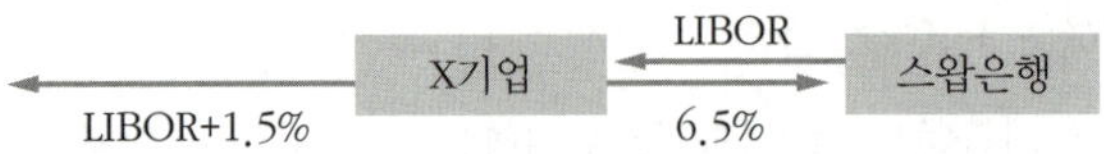

07 A사는 달러 고정금리(9%) 대신에 엔화 변동금리(LIBOR+0.5%), B사는 엔화변동금리(LIBOR+2.5%) 대신에 달러 고정금리(10%)로 자금을 조달하는 것이 상대적으로 유리하다. 이와 같이 각각 비교우위가 있는 차입방법을 채택함으로써 얻을 수 있는 총 잠재이익은 연 1%이다. 이 가운데 스왑은행의 수익이 0.4%이고 모든 환위험을 지게 되는 스왑거래를 그림으로 나타내면 다음과 같다.

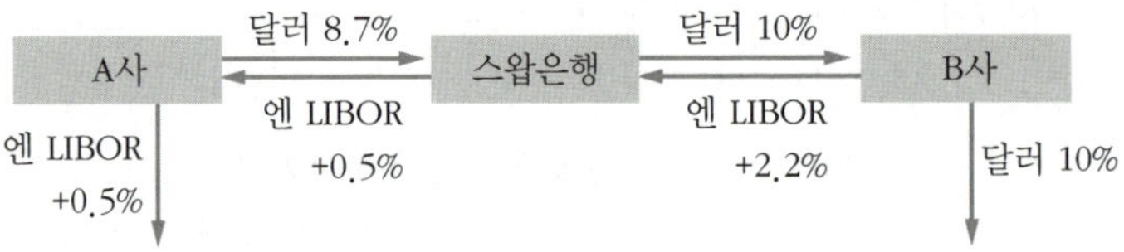

결과적으로 A사가 부담하는 금리는 달러화 8.7%가 되어 본래 달러 조달금리 9%보다 0.3% 절약한 것이 되고, B사도 부담하는 금리가 엔화 LIBOR+2.2%가 되어 본래 엔화 조달금리가 LIBOR+2.5%보다 0.3% 절약한 것이 된다.

제 6 장 옵션 및 옵션거래에 관한 기초지식

01 유럽식 옵션은 만기일에만 권리를 행사할 수 있으나, 미국식 옵션은 만기일까지 언제라도 권리를 행사할 수 있다.

02 선물시장에서 형성되는 가격은 선물계약의 인도가격을 가리키나, 옵션시장에서 결정되는 옵션가격은 옵션의 프리미엄을 지칭한다. 옵션거래에서 선물계약의 인도가격에 해당되는 개념은 행사가격이며, 이것은 사전에 미리 결정되어 있어 옵션투자자가 여러 개의 행사가격 가운데 선택하여 거래할 수 있다.

03 증거금이란 계약자가 자신에게 불리할 경우 계약을 이행하지 않을 가능성에 대비한 보증금인데 옵션보유자의 경우는 자기에게 유리하면 계약을 이행하고 불리하면 계약이행을 포기할 수 있는 선택권을 갖고 있으므로 계약불이행 위험이 전혀 없기 때문이다. 이에 반해 옵션발행자는 자기에게 불리할 경우에 계약을 이행할 의무를 가지게 되므로 계약이행을 보증하기 위한 증거금이 필요하게 된다. 따라서 옵션거래에서는 옵션발행자만 증거금을 납입하도록 되어 있다.

04 콜옵션매입자는 콜옵션 행사를 통해 2,500원(=27,500원−25,000원)의 수익이 발생하고, 여기에서 옵션을 매입할 때 지급한 1,500원을 차감하면 1,000원의 순수익이 발생한다.

05 300만원으로 주식 60주를 매입한 투자자의 손익 :

(60,000−50,000)×60=600,000원

즉, +20%(=600,000/3,000,000)의 수익률이 된다.

300만원으로 콜옵션 2,000개를 매입한 투자자의 손익 :

(60,000−52,000−1,500)×2,000=13,000,000원

즉, 투자원금의 4.3(=13,000,000/3,000,000)배인 430%의 수익률이 발생한다.

06 만기시점에 기초자산의 가격이 47,500원이 되면 풋옵션의 행사로 인한 옵션매도자의 손실이 2,500원(=50,000−47,500)이 되어 옵션 매도시 수취한 2,500원과 상쇄된다.

제 7 장 옵션가격의 특성

01 내재가치가 2.25(=167.25−165)이므로 옵션의 프리미엄(3.43)에서 내재가치(2.25)를 제외한 나머지 1.18이 시간가치이다.

02 옵션의 시간가치란 프리미엄 중 내재가치를 초과하는 부분으로서 두 가지로 나눌 수 있다. 첫번째 부분은 만기까지 옵션을 보유함에 따른 이익을 나타내는 것으로 만기까지 기초자산의 가격이 유리한 방향으로 움직일 경우의 이익이 불리한 방향으로 움직일 경우의 손실보다 크기 때문에 발생하는 양(+)의 기대가치를 의미한다. 두번째 부분은 옵션의 기초자산을 매입 또는 매도함으로써 발생하는 현금흐름과 관련된 시간가치이다. 시간가치의 첫번째 부분은 만기가 가까워짐에 따라 옵션의 가격변동성이 점점 줄어들게 되기 때문에 시간가치가 감소하고, 두번째 부분은 만기가 가까워지면서 이자비용이 감소하므로 시간가치가 줄어든다.

03 옵션의 시간가치는 두 가지로 구분되는데, 첫번째 부분은 만기까지 기초자산의 가격이 유리한 방향으로 움직일 경우의 이익이 불리한 방향으로 움직일 경우의 손실보다 크기 때문에 발생하는 양(+)의 기대가치를 의미하고, 두번째 부분은 옵션의 기초자산을 매입 또는 매도함으로써 발생하는 현금흐름과 관련된 시간가치이다. 첫번째 시간가치는 콜옵션과 풋옵션이 둘다 양(+)의 값을 가지나, 두번째 시간가치에서는 콜옵션

은 양(+), 풋옵션은 음(−)의 시간가치를 가진다. 따라서 전체 시간가치는 콜옵션이 풋옵션보다 크고, 등가격(ATM) 상태에서 콜옵션의 가치와 풋옵션의 가치는 좌우대칭이 아니다. 한편, 풋-콜 패러티에 의하면 $c-p=S-Xe^{-rt}$이므로 등가격 상태($S=X$)에서 콜옵션의 가치(c)는 풋옵션의 가치(p)보다 $S-Xe^{-rt}$만큼 크다.

04 옵션을 행사하면 옵션보유자는 내재가치만 받게 되고 시간가치를 포기하는 것이 된다. 반면에 보유한 옵션을 시장에서 매도하는 경우에는 옵션의 시간가치를 포함한 옵션의 총가치를 받을 수 있다. 따라서 옵션을 조기행사하는 것보다 반대매매에 의해 매도하는 것이 더 이익이 된다. 그러나 예외적인 경우로서 첫째, 옵션의 시간가치가 음(−)이 될 수 있는 깊은 내가격(deep ITM) 상태에서 풋옵션은 시간가치가 음이 되어 조기행사하는 것이 최적일 수 있으며, 둘째, 배당이 있는 주식을 기초자산으로 하는 주식옵션에서 배당락에 의한 주가하락으로 인해 볼 수 있는 손실이 옵션의 시간가치보다 크다면 이 옵션을 조기행사하는 것이 합리적인 선택이 될 것이다.

05 기초자산의 가격이 1단위 변화할 때 수반되는 옵션가격의 변화분을 나타내는 값을 델타(delta)라고 한다. 콜옵션의 가치는 기초자산의 가치가 증가하면 함께 증가하므로 델타가 양(+)의 값을 갖고, 풋옵션의 가치는 기초자산의 가격과 반대방향으로 움직이므로 델타가 음(−)의 값을 갖는다. 만기전 옵션의 가격과 기초자산간의 관계는 선형(linear)이 아니라 비선형(non-linear) 즉, 볼록성(convexity)을 가지는 곡선이므로, 곡선의 기울기가 되는 델타값은 기초자산의 가격에 따라 변화한다. 감마는 기초자산의 가격이 1단위 변화할 때 옵션의 델타가 얼마만큼 변화하는지를 나타낸다. 즉, 감마는 델타값이 변화하는 속도를 측정하는 지표로 사용된다.

06 델타값은 내가격으로 갈수록 커지고, 감마, 쎄타, 베가값은 등가격에서 가장 크다.

07 옵션의 손실은 프리미엄 지급액에 한정되는 반면, 이익은 비례적으로 커지는 옵션의 비대칭적 특성 때문에 가격변동성이 클수록 옵션의 가치는 상승하게 된다. 즉, 콜옵션 보유자는 기초자산의 현물가격이 옵션의 행사가격을 하회하여 하락하더라도 손실은 프리미엄 지급액에 한정되는데 반해 현물가격이 상승하는 경우에는 가격상승폭에 비례하여 이익이 증가한다. 풋옵션 보유자의 경우에도 기초자산의 현물가격이 옵션의 행사가격을 상회하여 상승하더라도 손실은 프리미엄 지급액으로 한정되는 반면 가격하락폭이 크면 클수록 이익이 증가하게 된다. 그러므로, 확률적 기대가치를 반영하는 옵션의 가격은 예상되는 기초자산가격의 변동이 클수록 상승하게 된다.

08 풋-콜 패러티에 의해 $c+Xe^{-rt}$는 $p+S$와 동일한 가치를 갖는다. 따라서 행사가격이 X이고 잔존만기가 t년인 유럽형 풋옵션 1개와 이 옵션의 기초자산 1개를 매입하면 된다.

제8장 옵션가격결정모형

01 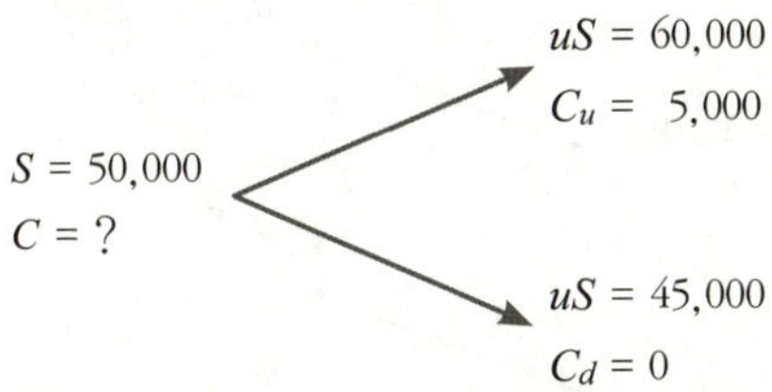

콜옵션 1개를 매도하고 h주만큼의 주식을 매입하여 무위험포트폴리오 $(-C+Sh)$를 구성한다. 1년 후 무위험포트폴리오는 주가가 상승하면 $(-5{,}000+60{,}000h)$가 되고, 주가가 하락하면 $45{,}000h$가 된다. 무위험포트폴리오의 가치는 주가의 상승 또는 하락과 관계없이 같아야 하므로 다음 식으로부터 h의 값을 구할 수 있다.

$$-5{,}000+60{,}000h=45{,}000h \rightarrow h=1/3$$

따라서 무위험포트폴리오는 콜옵션 1개 매도에 대해 주식 1/3주를 매입함으로써 구성되고, 1년 후 주가의 상승 또는 하락에 관계없이 포트폴리오의 가치는 15,000원으로 일정하다.

무차익거래조건에 의하면 무위험포트폴리오의 수익률은 무위험이자율이 되어야 하므로 이 포트폴리오의 현재가치는 1년 후의 가치 15,000원을 연 8%의 무위험이자율로 할인한 값이 된다. 즉, 13,847원$(=15{,}000e^{-0.08\times 1})$이고, 이 값은 현재시점의 무위험포트폴리오 $(-C+Sh)$의 가치와 동일하므로 다음과 같은 식이 성립한다.

$$-\mathrm{C}+50{,}000\times 1/3=13{,}847$$

그러므로 현재 콜옵션의 가치 C는 2,820원이 된다.

02 위험중립 가정 하에서 6개월 후 주가가 상승할 확률 p는 다음과 같이 구해진다.

$$p=\frac{e^{rt}-d}{u-d}=\frac{e^{0.06\times 0.5}-0.8}{1.2-0.8}=0.5761$$

따라서 6개월 후에 옵션의 가치가 0이 될 확률은 0.5761이고 3,000원이 될 확률은 0.4239이므로 이 옵션의 6개월 후 기대가치는 다음과 같다.

$$0.5761\times 0+0.4239\times 3{,}000=1{,}272\text{원}$$

이 값을 무위험이자율 연 6%로 할인하여 현재가치를 계산하면, 풋옵션의 가치 1,234원$(=1{,}272e^{-0.06\times 0.5})$이 구해진다.

03 두 유럽형 옵션간에는 풋-콜 패러티가 성립하므로 우선 콜옵션의 가치를 구하고 풋옵션의 가치는 풋-콜 패러티를 이용하면 된다.

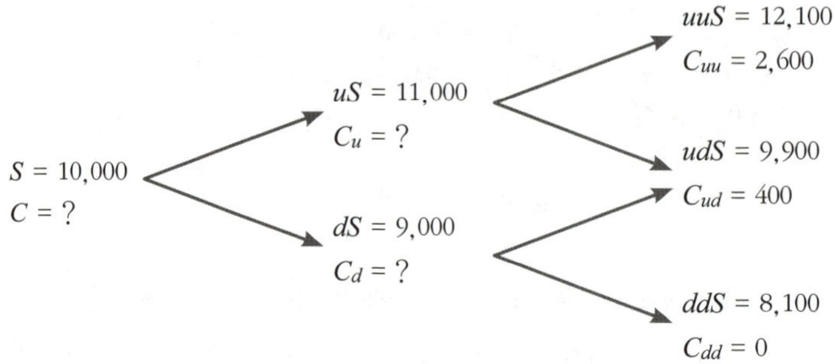

위험중립 가정하에서 6개월마다 주가가 상승할 확률 p는 다음과 같이 구한다.

$$p=\frac{e^{rt}-d}{u-d}=\frac{e^{0.06\times0.5}-0.9}{1.1-0.9}=0.6523$$

따라서 6개월 후의 콜옵션의 가치 C_u와 C_d는 각각 다음과 같이 계산된다.

$$C_u=(0.6523\times2{,}600+0.3477\times400)e^{-0.06\times0.5}=1{,}781\text{원}$$
$$C_d=(0.6523\times400+0.3477\times0)e^{-0.06\times0.5}=253\text{원}$$

이 값들로부터 현재 콜옵션의 가치 C는 다음과 같이 계산된다.

$$C=(0.6523\times1{,}781+0.3477\times253)e^{-0.06\times0.5}=1{,}213\text{원}$$

한편, 풋옵션의 가치는 풋-콜 패러티에 의해 다음과 같이 구해진다.

$$\begin{aligned}P&=-S+C+Xe^{-rt}\\&=-10{,}000+1{,}213+9{,}500e^{-0.06\times1}=160\text{원}\end{aligned}$$

04

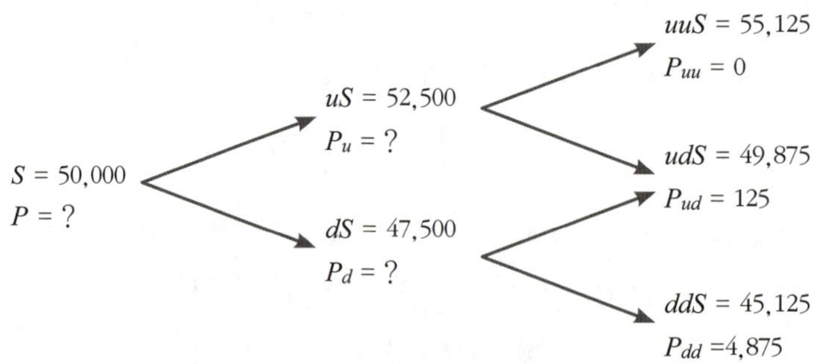

위험중립 가정하에서 3개월마다 주가가 상승할 확률 p는 다음과 같이 구해진다.

$$p=\frac{e^{rt}-d}{u-d}=\frac{e^{0.08\times0.25}-0.95}{1.05-0.95}=0.7020$$

따라서 3개월 후의 풋옵션의 가치 P_u와 P_d는 각각 다음과 같이 계산된다.

$$P_u = (0.7020 \times 0 + 0.2980 \times 125)e^{-0.08 \times 0.25} = 37\text{원}$$
$$P_d = (0.7020 \times 125 + 0.2980 \times 4{,}875)e^{-0.08 \times 0.25} = 1{,}510\text{원}$$

이 값들로부터 현재 유럽형 풋옵션의 가치 P는 다음과 같이 계산된다.

$$P = (0.7020 \times 37 + 0.2980 \times 1{,}510)e^{-0.08 \times 0.25} = 467\text{원}$$

한편, 미국형 풋옵션의 경우는 3개월 후의 조기행사를 고려할 수 있고, 이에 따라 3개월 후 풋옵션의 가치 P_u 및 P_d의 값은 유럽형 풋옵션의 경우와 달라질 수 있다.
먼저 3개월 후에 주가가 상승할 경우에는 조기행사를 포기하고 옵션가치 P_u(=37원)를 그대로 유지한다. 그러나 3개월 후에 주가가 하락할 경우에는 조기행사를 하면 내재가치가 2,500원(=50,000−47,500)이 되어 조기행사를 포기했을 경우의 옵션가치 1,512원보다 커지게 되므로 P_d값이 1,512원 대신에 2,500원이 된다. 이렇게 구한 P_u값과 P_d값으로부터 현재 미국형 풋옵션의 가치 P가 다음과 같이 계산된다.

$$P = (0.7020 \times 37 + 0.2980 \times 2{,}500)e^{-0.08 \times 0.25} = 756\text{원}$$

05 일반적으로 옵션가격결정모형에서는 투자자들의 위험에 대한 성향이 위험중립적이라는 가정 하에 옵션의 가격을 구하고 있다. 이는 모든 투자자가 위험회피적(risk averse)이라는 재무관리의 기본가정에 어긋나는 것이다. 그럼에도 불구하고 위험중립을 가정할 수 있는 근거는 옵션과 기초자산을 적절하게 배합함으로써 무위험포트폴리오를 구성하고 이 포트폴리오의 수익률이 무위험이자율이 된다는 원리를 이용하여 옵션가격결정모형을 도출한다는 데 있다. 무위험포트폴리오는 위험중립적이거나 위험회피적인 투자자 모두에게 있어서 동일한 가치를 갖게 된다. 단지 위험중립적이라는 가정을 하게 되면 무위험이자율로 미래현금흐름을 할인할 수 있기 때문에 편리하다.

06 블랙-숄즈 모형은 주가가 연속적(continuous)으로 변한다고 가정한 반면 이항분포모형은 주가가 불연속적(discrete)으로 변한다고 가정하나 기본적인 논리는 같다. 이항모형에서 각 단계마다 기초자산의 가격이 일정한 값만큼 상승하거나 하락한다는 가정은 매우 비현실적인 것으로 보이나, 각 단계의 시간의 크기를 작게 하여 충분히 많은 단계로 나눌 경우에는 기초자산의 가격변동이 현실적인 분포를 갖게 된다. 약 30단계 이상의 이항모형을 적용하면 기초자산의 가격이 거의 로그정규분포에 따르게 되고 사실상 블랙-숄즈 모형에 의해 계산한 옵션의 가치와 같아지게 된다. 특히, 이항모형은 블랙-숄즈 모형에 비해 제약적인 가정이 훨씬 적기 때문에 복잡한 구조를 갖는 옵션의 가격을 계산하는 데 활용될 수 있다.

07 블랙-숄즈 옵션가격결정모형을 S에 대해서 편미분하면 $\frac{\partial C}{\partial S}=N(d_1)$이다. $N(d_1)$은 기초자산 가격변화에 대한 콜옵션 가격의 변화로서 델타(delta)라고 하며 이는 무위험 포트폴리오를 구성하기 위해 매도한 콜옵션 1개당 매입해야 할 주식의 수를 말한다. $N(d_2)$는 콜옵션이 만기시 내가격이 될 확률이다. Cox-Ross는 복잡한 수학적 기법 대신 비교적 쉬운 방식으로 블랙-숄즈 모형을 유도하는 과정에서 $Prob(S_T>X)=N(d_2)$임을 보여주고 있다.

08 옵션가격은 기초자산의 가격(S), 옵션의 행사가격(X), 무위험이자율(r), 옵션의 잔존만기(t), 기초자산수익률의 변동성(σ) 등 5개의 요인들에 의해서 결정된다. 이 가운데 행사가격과 잔존만기는 이미 결정되어 있고 기초자산의 현재가격과 무위험이자율은 시장에서 쉽게 관찰될 수 있는 값이나, 직접 관찰할 수 없는 변수(unobservable factor)가 기초자산 수익률의 변동성이다. 왜냐하면 옵션가격을 결정하는 데 필요한 변동성은 현재시점에서 옵션의 만기시점까지 기대되는 기초자산가격의 변동성, 즉 미래변동성(future volatility)이기 때문이다. 이러한 미래변동성을 정확하게 측정한다는 것은 사실상 불가능하나, 옵션가격은 변동성의 변화에 민감하게 반응하므로 변동성을 가능한 한 정확하게 추정하는 것이 매우 중요하다.

제 9 장 옵션을 이용한 투자전략

01 이 포지션은 매도스트랭글(short strangle)로서 그림을 그려 문제를 풀 수도 있으나, 다음과 같이 답을 구하는 것이 수월한 방법이 될 수 있다.

옵션포지션	행사여부	만기시 가치	프리미엄	만기시 손익
Call(X=50,000원) 1개 매도	행사	−4,000원	+2,000원	−2,000원
Put(X=45,000원) 1개 매도	미행사	0원	+3,000원	+3,000원

따라서 투자자의 손익은 1,000원(= −2,000+3,000)이 된다.

02 이 포지션은 매도스트래들(short straddle)로서 그림을 그려 문제를 풀 수도 있고, 또는 다음과 같이 답을 구할 수 있다.

	$S_T \leq 110$	$S_T \geq 110$
콜(X=110) 매도	$0+1.22$	$-(S_T-110)+1.22$
풋(X=110) 매도	$-(110-S_T)+2.05$	$0+2.05$
합계	$S_T-106.73$	$-S_T+113.27$

따라서 현재 109인 기초자산의 가격이 옵션만기시점에 106.73~113.27 사이에 있을 때 이익이 발생하고, 최대가능이익은 기초자산의 가격이 옵션만기시점에 110이 될 때 매도한 두 옵션 프리미엄의 합인 3.27이 된다.

03 이 포지션은 강세형 콜스프레드로서 최대 이익은 만기시 기초자산의 가격이 55,000원 또는 그 이상일 때 발생한다. 즉, 55,000원인 경우 매도한 콜옵션은 행사되지 않으므로 수취한 프리미엄 2,000원이 이익으로 남고, 매입한 콜옵션을 행사하여 10,000원(=55,000원−45,000원)의 이익이 발생하나 프리미엄으로 지급한 7,000원과 상쇄되어 3,000원이 이익으로 남는다. 따라서 전체 포지션의 이익은 5,000원이 된다. 스프레드 포지션의 특성상 만기시 기초자산의 가격이 55,000원 이상인 어떤 값을 갖더라도 이 포지션의 최대이익은 5,000원으로 한정된다.

04 이 포지션은 매입나비형스프레드(long butterfly spread)로서 그림을 그려 문제를 풀 수도 있으나, 다음과 같이 답을 구하는 것이 수월한 방법이 될 수 있다.

옵션포지션	행사여부	만기시 가치	프리미엄	만기시 손익
Call(X=15,000원) 1개 매입	행사	+3,000원	−4,000원	−1,000원
Call(X=17,500원) 2개 매도	행사	−1,000원	+4,000원	+3,000원
Call(X=20,000원) 1개 매입	미행사	0원	−500원	−500원

따라서 전체 포지션의 만기시 손익은 1,500원(=−1,000+3,000−500)이 된다.

05 풋-콜 패러티에 따르면,
$S-(C+Xe^{-rt}-P)=30-(3+30e^{-0.1\times0.25}-2)=-0.26$이므로 기초자산의 가격이 합성포지션의 가격보다 낮다. 따라서 기초자산인 주식을 매입하고 동시에 콜옵션을 매도하고 풋옵션을 매입하여 합성매도포지션을 취하는 차익거래전략이 유효하다.

06 선물 풋-콜 패러티에 따르면,
$F-[X+(C-P)e^{rt}]=105.30-[105.50+(0.75-1.15)e^{0.06\times\frac{2}{12}}]=0.20$이므로 기초자산의 선물가격이 합성포지션의 가격보다 높다. 따라서 선물을 매도하고 동시에 콜옵션을 매입하고 풋옵션을 매도하는 합성매입포지션을 취하는 차익거래전략이 유효하다.

07 1) 배당이 있는 주식을 기초자산으로 하는 옵션의 풋-콜 패러티에 따르면,

$$(C+Xe^{-rt}-P)-(S-D)$$
$$=(1,200+10,000e^{-0.08\times3/12}-400)-(11,000-300e^{-0.08\times1/12})$$
$$=10,602-10,702=-100\text{원}$$

따라서 기초자산인 주식을 공매도하고 동시에 콜옵션을 매입하고 풋옵션을 매도하여 합성매입포지션을 취하는 차익거래기회가 존재한다. 이때 차익거래이익은 만기시점인 3개월 후에 현재시점의 풋-콜 패러티의 차액(100원)에 3개월 간의 이자를 더한 금액인 102원($=100e^{0.08\times3/12}$)이 된다.

2) 선물 풋-콜 패러티는 기초자산인 주식의 배당과 관계없이 성립한다. 이에 따르면,

$$[X+(C-P)e^{rt}]-F$$
$$=[10,000+(1,200-400)e^{0.08\times3/12}]-10,968$$
$$=10,816-10,968=-152\text{원}$$

따라서 선물에 매도포지션을 최하고 동시에 콜옵션을 매입하고 풋옵션을 매도하여 합성매입포지션을 취하는 차익거래기회가 존재한다. 그 결과 현재시점의 선물 풋-콜 패러티의 차액(152원)이 만기시점인 3개월 후에 차익거래이익으로 나타난다.

제10장 옵션과 관련된 헤징전략

01 기초자산을 매입하고 동시에 콜옵션을 매도하는 커버된 콜매도 포지션으로서 그림을 그려 문제를 풀 수도 있으나, 다음과 같이 답을 구하는 것이 수월한 방법이 될 수 있다. 즉, 만기시 주가가 42,000원이 되면 38,000원에 매입한 주식은 4,000원(=42,000원−38,000원)의 이익이 발생하고, 매도한 콜옵션이 행사되어 발생한 손실 2,000원(=42,000원−40,000원)이 수취한 프리미엄 3,000원과 상쇄되어 1,000원의 이익이 발생한다. 따라서 전체 포지션의 만기시 손익은 5,000원(=4,000원+1,000원)이 된다.

02 기초자산을 매입하고 동시에 외가격 풋옵션을 매입하고 외가격 콜옵션을 매도하여 만든 칼라 헤징 포지션으로서 그림을 그려 문제를 풀 수도 있고, 또는 다음과 같은 방법으로 답을 구할 수도 있다. 즉, 만기시 주가가 42,000원이 되면 50,000원에 매입한 주식에서는 8,000원(=42,000원−50,000원)의 손실이 발생하고, 매입한 풋옵션과 매도한 콜옵션에서의 손익은 아래와 같이 정리된다.

옵션포지션	행사여부	만기시 가치	프리미엄	만기시 손익
Put(X=45,000원) 1개 매입	행사	3,000원	−2,000원	+1,000원
Call(X=55,000원) 1개 매도	미행사	0원	+2,500원	+2,500원

따라서 전체 포지션의 손익은 −4,500원(=−8,000원+1,000원+2,500원)이 된다. 이때 칼라헤징포지션의 특성상 주가가 45,000원 이하일 경우의 손실액은 항상 4,500원으로 한정된다.

03 이 풋옵션은 만기에 행사되어 $1당 15원(=1,250−1,235)의 내재가치를 갖게 되나, 여기에서 지급한 프리미엄, 즉 $1당 5원을 차감하면 $1당 10원의 이익이 발생한다. 따라서 1달러를 매도하여 들어오는 원화는 1,245원(=1,235+10)이 되고, 결과적으로 1백만 달러를 결제하여 수취하는 원화금액은 12억 4,500만원(=1,245×1백만)이 된다.

04 인덱스펀드를 100에 매입하고 행사가격이 95인 풋옵션을 2의 프리미엄에 매입하여 구성한 방어적 풋 포지션으로서 그림을 그려 문제를 풀 수도 있고, 또는 다음과 같은 방법으로 답을 구할 수도 있다. 즉, 이 포지션에서는 옵션의 만기시 주가지수가 95이하로 하락하면 풋옵션을 행사하여 인덱스펀드의 가치를 95로 유지할 수 있고 여기에서 지급한 프리미엄 2를 차감하면 이 포트폴리오가 유지할 수 있는 최소가치는 93이 된다. 따라서 이 포트폴리오가 유지할 수 있는 최소가치는 930억원이다.

05 $\dfrac{\partial(-C+hS)}{\partial S} = -\dfrac{\partial C}{\partial S}+h=0$ 로부터 $h=\dfrac{\partial C}{\partial S}$ 이다.

즉, 콜옵션 1개 매도에 대한 델타값만큼의 기초자산을 매입해야 한다. 따라서 100개(=10×10)의 콜옵션 매도에 대해 40주(=100×0.4)의 주식을 매입해야 한다.

06 1) 주식 2,000주 보유

무위험포트폴리오=1주식 보유+m콜 매도

$$\frac{\partial(S-mC)}{\partial S} = 1 - m\frac{\partial C}{\partial S} = 1 - mN(d_1) = 0$$

$$m = \frac{1}{N(d_1)} = \frac{1}{0.6821} = 1.4661$$

즉, 콜옵션 2,932단위(=1.4661×2,000) 매도

2) 주식 500주 공매도

무위험포트폴리오=1주식 공매도+x콜 매입

$$\frac{\partial(-S+xC)}{\partial S} = -1 + x\frac{\partial C}{\partial S} = -1 + xN(d_1) = 0$$

$$x = \frac{1}{N(d_1)} = \frac{1}{0.6821} = 1.4661$$

즉, 콜옵션 733단위(=1.4661×500) 매입

07 ① 방어적 풋 : 주식포트폴리오 보유 + 주가지수 풋옵션 매입
② 동적자산배분전략 : 주식포트폴리오와 무위험자산의 적절한 배분
③ 동적헤지전략 : 주식포트폴리오 보유 + 주가지수선물 매도

08 델타헤징에서 기초자산의 가격이 변화하거나 옵션가격에 영향을 미치는 요인들이 변화하면 헤지비율로 사용되는 델타값이 달라지게 된다. 따라서 일정시간을 간격으로 델타값의 변화에 따라 헤징포지션을 재조정하는 동적헤징(dynamic hedging)을 한다.

제11장 다양한 종류의 옵션계약

01 (2.70 − 3.25) × 50만원 × 10계약 = −275만원

02 주식분할, 주식배당, 유상증자 등으로 주가가 변동된 경우에는 주식옵션의 행사가격과 1계약당 주식의 수가 조정된다. 현재의 주식 1주를 10주로 분할하면 주가는 1/10로 감소하고 주식수는 10배가 증가하므로 행사가격은 1/10로 감소하고 1계약당 주식의 수는 10배로 증가하게 된다.

03 선물 풋-콜 패러티는 주가지수의 배당률과 관계없이 성립한다. 이에 따르면,

$$[X+(C-P)e^{rt}]-F$$
$$=[100+(2.5-2.0)e^{0.06\times 2/12}]-101.60$$
$$=100.51-101.60=-1.09$$

따라서 KOSPI200 지수선물에 매도포지션을 취하고 동시에 KOSPI200 콜옵션을 매입하고 풋옵션을 매도하여 합성매입포지션을 취하는 차익거래기회가 존재한다.그 결과 현재시점의 선물 풋-콜 패러티의 차이(1.09)에 50만원을 곱한 금액인 54.5만원이 만기시점인 2개월 후의 차익거래이익이 된다.

04 이 풋옵션은 만기에 행사되고 프리미엄을 고려한 $1당 손익은 20원(=1,200 − 1,150 − 30)이 된다. 따라서 전체 투자 손익은 200만원(=20원 × 10,000 × 10)의 이익이 발생한다.

05 선물계약이 현물보다 유동성이 높고 거래하기가 용이하기 때문이다. 특히 선물가격은 선물거래소를 통해 일반인에게 즉시 알려지는 반면에 기초자산의 현물가격은 쉽게 얻을 수 없는 경우가 많다. 또한 현물옵션의 경우에는 옵션행사시 기초자산을 인수하기 위해서는 많은 자금이 필요하나, 선물옵션의 경우에는 옵션의 행사가 기초자산의 인도로 이어지지 않으므로 그만큼 자금부담을 덜 수 있게 된다. 이외에도 선물옵션은

선물과 동일한 거래소 내에서 거래가 이루어지므로 헤징, 차익거래, 투기거래 등이 용이하여 시장을 보다 효율적으로 만드는 경향이 있으며 현물옵션에 비해 거래비용이 저렴하다는 장점이 있다.

06 옵션이 행사되어 금선물을 \$120에 매입하게 되고, 행사가격과의 차액인 \$20를 현금으로 받는다.

07 금리캡은 일련의 금리가 지급시점마다 계약상의 최고금리(cap rate) 이상이면 차액을 지급하고 최고금리 이하이면 아무런 지급도 발생하지 않고, 반면 금리플로어는 최저금리(floor rate) 이하로 하락하면 차액을 지급하고 최저금리 이상이면 아무런 지급도 발생하지 않는다. 따라서 금리캡과 금리플로어는 각각 최고금리와 최저금리를 행사가격으로 하고 여러 번의 이자지급시점을 각각의 만기로 하는 여러 개의 옵션을 결합한 다기간 옵션계약으로 볼 수 있다.

08 1) 아시안옵션 : 일정기간 동안의 평균적인 가격변동리스크를 헤징하는 데 사용된다.
2) 장애옵션 : 표준옵션에 비해 저렴한 비용으로 일정 한도의 리스크만을 헤징하는데 사용된다.
3) 콴토옵션 : 해외 주식투자의 주가지수리스크와 환리스크를 동시에 헤징하는 수단으로 이용될 수 있다.
4) 복합옵션 : 옵션을 이용한 헤징 여부가 현재시점에서 불확실한 상황에서 적은 비용으로 과다한 투기포지션에 노출될 위험을 줄이는 데 효과적으로 이용된다.
5) 스왑션 : 스왑을 이용한 헤징 여부가 현재시점에서 불확실한 상황에서 적은 비용으로 과다한 투기포지션에 노출될 위험을 줄이는 데 효과적으로 이용된다.

제12장 옵션개념의 응용

01 채권자의 경우 만기시점에 $V_T > D$이면 예정대로 원리금 D를 받게 되고, $V_T < D$이면 주주의 유한책임으로 인해 원리금보다 적은 V_T를 받게 된다. 즉, $\min(V_T, D)$가 된다. 한편, 주주의 경우 만기시점에 $V_T < D$이면 주주의 유한책임원칙에 따라 원리금 D보다 적은 V_T 전부를 채권자에게 넘겨 주고 주주에게 귀속되는 기업가치는 영(0)이 된다. 이를 수식으로 나타내면 $\max(V_T - D, 0)$가 된다.

02 1) 만기가 1년이고 행사가격이 400억원인 콜옵션의 가치를 이항모형에 의해 다음과 같이 구한다.

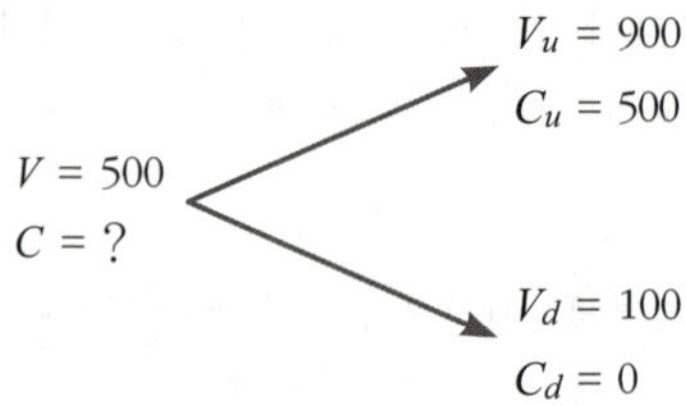

$$p=\frac{e^{rt}-d}{u-d}=\frac{e^{0.05}-0.2}{1.8-0.2}=0.5320$$

$$C=(0.5320\times500+0.4680\times0)e^{-0.05}=253.03$$

따라서 자기자본가치는 253.03억원이다.

2) 부채가치는 현재 자산가치의 500억원에서 자기자본가치 253.03억원을 차감한 246.97억원이 된다.

3) 부채의 신용위험은 만기가 1년이고 행사가격이 400억원인 풋옵션의 가치로부터 구할수 있다. 콜옵션의 가치를 알고 있으므로 풋－콜 패러티에 의해 풋옵션의 가치는 다음과 같이 구해진다.

$$\begin{aligned}P&=C+De^{-rt}-V\\&=253.03+400e^{-0.05}-500=133.52\end{aligned}$$

따라서 이 기업의 부채가치는 신용위험의 증가로 위험부채가 되어 부채가치가 133.52억원만큼 낮아지고 있다. 그로 인해 채권자로부터 주주에게로 133.52억원의 부가 이전되는 결과를 낳은 것임을 알 수 있다.

03 1) 수의상환권부 채권(callable bond) : 수의상환권리는 채권발행자가 보유하고 있는 콜옵션으로 볼 수 있다. 따라서 다른 조건이 동일하다면 수의상환권부 채권의 가치는 일반채권의 가치보다 콜옵션의 가치만큼 낮은 수준에서 형성된다.

2) 조기변제요구권부 채권(puttable bond) : 조기변제요구권은 투자자가 보유하고 있는 풋옵션으로 볼 수 있다. 그러므로 다른 조건이 동일하다면 조기변제요구권부 채권의 가치는 일반채권의 가치보다 풋옵션의 가치만큼 높은 수준에서 형성된다.

3) 신주인수권부 사채(BW : bond with warrant) : 신주인수권부 사채는 일반채권과 신주인수권이 하나로 결합된 증권으로서 일반채권에 콜옵션이 부가된 형태로 이해될 수 있다. 그러므로 신주인수권부 사채의 가치는 일반채권의 가치에 신주인수권의 가치를 합한 것과 같다.

4) 전환사채(CB : convertible bond) : 전환사채에 내재된 전환권은 채권의 권리를 포기하고 미리 정해진 전환가격으로 주식을 취득할 수 있다는 점에서 콜옵션과 같

은 성격을 갖는다. 그러므로 전환사채의 가치는 일반채권으로서의 가치와 전환가치 중에서 높은 값을 하한으로 하게 된다. 즉, 전환사채의 가치는 일반채권의 가치 또는 전환가치 중 큰 값을 하한으로 하여 그보다 높은 값으로 결정된다.

04 전환가격 = 액면가/전환비율
　　　　= 100,000원/10 = 10,000원

전환프리미엄 = (전환가격 − 현재주가)/현재주가
　　　　= (10,000원 − 8,000원)/8,000원 = 0.25 또는 25%

05 연기가능성을 고려하지 않은 투자안의 NPV는 다음과 같다.

영구현금흐름의 현재가치 = 20억원/0.2 = 100억원
NPV = 100억원 − 90억원 = 10억원

2년 후 시장상황에 따라 투자의사결정을 할 수 있는 선택권이 포함된 투자안의 가치는 $S=100$, $X=90$, $t=2$, $r=0.1$인 이항모형의 콜옵션의 가치로부터 구할 수 있다. 이때 S_u와 S_d는 다음과 같이 계산된다.

S_u = 25억원/0.2 = 125억원　$u=1.25$
S_d = 15억원/0.2 = 75억원　$d=0.75$

따라서 다음과 같은 이항모형으로부터 콜옵션의 가치를 구한다.

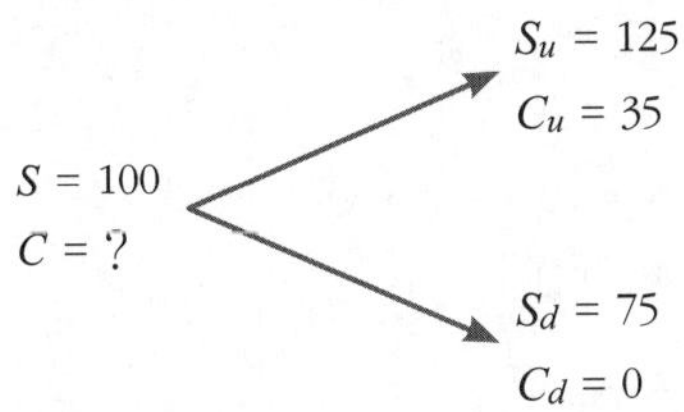

$$p=\frac{e^{rt}-d}{u-d}=\frac{e^{0.1\times2}-0.75}{1.25-0.75}=0.9428$$

$C=(0.9428\times35+0.0572\times0)e^{-0.1\times2}=27.02$억 원

즉, 연기옵션을 고려할 경우 투자안의 가치는 27.02억원이다. 따라서 투자안을 당장 실행하는 것보다 2년 후의 시장상황을 보고 투자를 결정하는 것이 훨씬 유리하다.

06 $NPV=-700+300/(1+0.15)+300/(1+0.15)^2+300/(1+0.15)^3=-15.03$억원
따라서 도로공사만 고려할 경우 참여할 가치가 없다.
한편 도로공사를 맡게 되면 얻을 수 있는 공단분양권의 가치는 $S=400$, $X=500$, $t=2$, $r=0.06$이고 $S_u=700$, $S_d=300$인 이항모형의 콜옵션의 가치로부터 구할 수 있다.

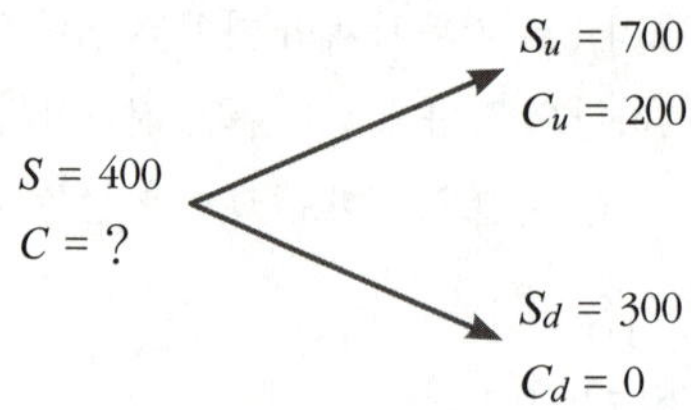

$$p=\frac{e^{rt}-d}{u-d}=\frac{e^{0.06\times 2}-0.75}{1.75-0.75}=0.3775$$

$$C=(0.3775\times 200+0.6225\times 0)e^{-0.06\times 2}=66.96$$

따라서 추가적인 투자안으로 인한 확장옵션의 가치 66.96억원을 포함시킬 경우 도로공사의 가치는 51.93억원(=−15.03+66.96)이 되어 투자가치가 있는 것으로 평가된다.

찾아보기

ㄱ

가격괴리 63
가격상승시 무효풋 345
가격상승시 발효풋 345
가격하락시 무효콜 345
가격하락시 발효콜 345
가상채권 115
감마 199, 308
감마중립 308
강세스프레드 25, 261
강세형 콜스프레드 262
강세형 풋스프레드 262
개시증거금 14
거래비용 61
거래소 8
거래소 옵션 175
거래증거금 13
결제일 6
경제적 가치 188
계약의 청산 17
공개호가 9
공매거래 28
공매도 60
공적규제기관 33
교차헤징 76
국제스왑딜러협회 141
권리포기에 의한 결제 180
권리행사에 의한 결제 180
금리감소형 157
금리보장계약 335
금리상하한계약 337
금리상한계약 335
금리선물 109
금리스왑 142
금리옵션 175, 334
금리증가형 157
금리칼라 337
금리캡 335
금리평가이론 125
금리플로어 336
금리하한계약 336
금융감독원 33
금융공학 176
금융선물 6
금융위원회 33
기간 베이시스 리스크 86
기간조정스왑 156
기대가격모형 52

기대현물가격 52
기본적 분석 28
기술적 분석 28
기초자산 5, 173
기하학적 브라운운동 324

ㄴ

나비형스프레드 277
내가격 189
내부통제시스템 35
내재가치 188
내재변동성 247
내재선도수익률 113
노출 베이시스 리스크 86
녹아웃옵션 345
누적분포함수 239

ㄷ

다기간 이항모형 225
다중기초자산옵션 346
단기금리선물 109
단기자금시장 130
단순투기거래 23
대각스프레드 271
대용증권 14
데빗 박스 285
델타 198, 303
델타중립헤징 304
델타헤징 199, 303
동적자산배분전략 313
동적헤지전략 314
동적헤징 200, 305
듀레이션 115
등가격 190
딜러 118
딥스왑 159

ㄹ

래더옵션 344
래칫옵션 344
랜덤워크 29
레버리지 효과는 21
레버리지효과 181
로그정규분포 232
로우 204, 310
롤러코스터스왑 156
롤오버 312

ㅁ

마진콜 16
만기일 173
매도나비형스프레드 277
매도박스스프레드 285
매도스트래들 272
매도스트랩 273
매도스트랭글 275

매도스트립 274
매도스프레드 25
매도시간스프레드 266
매도차익거래 58
매도헤징 72
매입나비형스프레드 277
매입박스스프레드 285
매입스트래들 272
매입스트랩 273
매입스트랭글 275
매입스트립 274
매입스프레드 25
매입시간스프레드 266
매입차익거래 58
매입헤징 73
매입-매도 스프레드 119
무비용칼라 296
무위험금리차익거래 125
무위험포트폴리오 219
무이표스왑 157
무지개옵션 346
미결제약정수 18
미국달러선물 120
미국달러옵션 327
미국식 옵션 174
미국형 옵션 230
미래변동성 244

ㅂ

바스켓옵션 346
박스스프레드 285
반대매매 17
반대주문 179
반복탐색절차 247
방어적 콜 293
방어적 풋 290
배당락 205
백워데이션 55
버뮤다옵션 342
법적 위험 38
베가 202, 309
베가중립 309
베이시스 82
베이시스 리스크 83
베이시스스왑 158
베타값 102
변동성 202
변동성 스마일 248
변동성 편이 248
변동성지수 249
변형주식스왑 162
보유비용 46
보유비용모형 46
보장형 수익증권 373
복합옵션 347
복합지수 주식스왑 162
볼록성 199
부채스왑 150

브로커 수수료 119
블랙-숄즈 옵션가격결정모형 233
비율스프레드 268
비율콜스프레드 268
비율풋스프레드 268
비체계적 위험 101
비표준미국형옵션 342

ㅅ

사우트옵션 344
사이드카 315
사전지급프리미엄 335
3년국채선물 109
상각프리미엄 335
상품 스프레드 11
상품간 스프레드 26
상품내 스프레드 25
상품선물 7, 47
상품스왑 160
상호융자 139
상호직접융자 139
선도가격 56
선도계약 2
선도이자율 110
선물가격 6, 44
선물가격결정모형 44
선물감독기관 33
선물계약 2
선물규제 31
선물금리계약 335
선물옵션 175, 330
선물환 118
선택자옵션 343
세타 201, 310
소캡 339
소플로어 339
손익확대효과 23, 181
수의상환권부 채권 363
수익률 곡선 110
수정듀레이션 116
수직스프레드 261
수취자스왑션 349
수평스프레드 266
순현가법 370
스왑 138
스왑계약서 141
스왑딜러 141
스왑률 349
스왑션 349
스왑창고 164
스톡옵션 374
스트래들 272
스트랩 272
스트랭글 275
스트립 272
스프레드거래 10, 25
스프레드옵션 346
시간 스프레드 11
시간가치 190

시간스프레드 266
시장위험 38, 303
시장충격비용 62
시장타이밍 105
신용위험 38
신주인수권 365
신주인수권부 사채 365
실물옵션 370
실물옵션평가법 178
실물인수도 20
심리지표 249
10년국채선물 109

ㅇ

아시안옵션 343
약세스프레드 25, 262
약세형 콜스프레드 263
약세형 풋스프레드 264
엔선물 120
역비율콜스프레드 268
역비율풋스프레드 270
역사적 변동성 245
역컨버션 281
연기옵션 371
연속헤징 76
연장가능형 157
예상채무불이행빈도 375
5년국채선물 109
올오어낫싱 방식 342
옵션 172
옵션매도자 172
옵션매입자 172
옵션발행자 172
옵션보유자 172
옵션부 채권 363
옵션프리미엄 173
외가격 189
운영위험 38
원금감소형스왑 156
원금변형스왑 156
원금증가형스왑 156
원터치 방식 342
위너 프로세스 235
위탁증거금 13
위험관리부서 36
위험금리차익거래 123
위험중립적 223
위험중립적 가치평가 224
위험회피적 223
유동성위험 38
유럽식 옵션 174
유로선물 120
유지증거금 16
이색옵션 341
이연스왑 157
이익참여비율 300
이익참여선물환 296
이자변형스왑 157
이자율의 기간구조 109

이토 프로세스 234
이항분포 218
이항옵션가격결정모형 218
인덱스펀드 105
인도가 6
인도옵션 21
인도일 6
1기간 이항모형 219
일물일가의 법칙 121
일일정산 14

ㅈ

자본시장통합법 32
자산스왑 150
자율규제 31
자율규제기관 31
장기금리선물 109
장내옵션 327
장애옵션 345
장외옵션 175, 327
재조정 305
전방부서 36
전환가격 367
전환가치 368
전환비율 367
전환사채 367
전환프리미엄 367
정규분포 232
정액수수옵션 342
제로섬 게임 22
조건부후불옵션 342
조기변제요구권부 채권 363
조기행사 180, 194
주가지수 96
주가지수선물 49, 96
주가지수옵션 174, 323
주식관련선물 96
주식매입선택권 374
주식배당 322
주식베이시스스왑 162
주식분할 322
주식선물 49, 97
주식스왑 161
주식연계 파생증권 97
주식옵션 174, 320
주식워런트증권 321
준차익거래 62
중간부서 36
증거금 13, 178
증권선물위원회 33
지불자스왑션 349

ㅊ

차익거래 10, 58, 89
차익거래 불가영역 64
채권선물 48, 109
채권옵션 334

채무불이행점 376
청산기관 17
체계적 위험 101
촉발가격 345
최근월물 20
최소분산 헤지비율 77
최적선물계약수 116
최적헤지비율 79
추가증거금 16
추적오차 62

ㅋ

칼라 296
캘린더스프레드 266
캡션 349
커버된 콜매도 294
커버된 풋매도 295
컨버션 281
콘탱고 55
콜옵션 174
콜옵션매도자 256
콜옵션매입자 256
콴토스왑 161
콴토옵션 346
크레디트 박스 285
클리켓옵션 344
킥인옵션 345

ㅌ

통화선물 51, 118
통화스왑 151
통화옵션 174, 327
통화증권금리선물 109
투기거래 10, 89
투기거래자 10

ㅍ

파생상품에 대한 리스크 관리지침 37
편의수익 52
평균가격옵션 343
평균행사가격옵션 343
포괄주의 32
포기옵션 372
포트폴리오 보험 108, 311
표준형 금리스왑 142
표준화 8
풋옵션 174
풋옵션매도자 260
풋옵션매입자 259
풋-콜 패러티 211
프로그램매매 63
플로어션 349

ㅎ

한국거래소 9
한국금융투자협회 34
한국선물거래소 9

한국증권거래소 9
할인 125
할증 125
합성매도 279
합성매입 279
합성포지션 279
해지가능형 157
행사가격 173
행사가치 188
헤저 10
헤지거래 10, 89
헤지비율 76
헤징 70
헤징의 효과성 88
현금결제 20
현물 2
현물이자율 110
혼합증권 367
확률분포 235
확장옵션 373
환매조건부 채권매도계약 114
회고옵션 344
후방부서 36

Index

A

additional margin 16
all or nothing 342
American option 174
amortization premium 335
arbitrage 10, 58
Asian option 343
asset swap 150
ATM: at-the-money 190
average price option 343
average strike option 343

B

back office 36
backwardation 55
barrier option 345
basis 81
basis risk 81
basis swap 158
basket option 346
bear spread 25, 262
Bermuda option 342
bid-ask spread 120
binary option 342
binomial distribution 218
binomial option pricing model 218
Black-Scholes option pricing model 233
blended-index equity swap 162
box spread 285
brokerage fee 119
bull spread 25, 261
butterfly spread 277
buying a box 285
BW: bond with warrant 365

C

calendar spread 266
call on call 347
call on put 347
call option 174
callable bond 363
cap 335
cap rate 335
caplet 339
caption 349
cash settlement 20

CB: convertible bond 367
CD금리선물 109
chooser option 343
clearing house 17
cliquet option 344
collar 296
combination 271
commodity futures 7
commodity swap 160
compound option 347
contango 55
contingent option 342
convenience yield 53
conversion 281
conversion premium 367
conversion price 367
conversion ratio 367
conversion value 368
convexity 199
cost of carry 46
cost of carry model 47
costless collar 298
covered call writing 294
covered interest arbitrage 123
covered put writing 295
credit box 285
credit risk 38
cross hedging 76
cumulative distribution function 239
currency option 174, 327
currency swap 151
customer margin 13

D

daily settlement 15
DD : distance to default 376
dealer 118
debit box 285
deferred start 157
delivery date 6
delivery option 21
delivery price 6
delta 198
delta hedging 199, 303
delta neutral hedging 304
diagonal spread 271
diff swap 159
digital option 342
discount 125
down-and-in call 345
down-and-out call 345
DP : default point 376
duration 115
dynamic asset allocation strategy 313
dynamic hedge strategy 313
dynamic hedging 200, 305

E

early exercise 180
economic value 188
EDF : expected default frequency 375
ELW : equity linked warrants 321
equity basis swap 162
equity swap 161
European option 174
exchange traded 8
exchange traded option 175, 327
exercise price 173
exercise value 188
exotic option 341
expectations model 52
expiration date 173
exposure basis risk 86
extendable 157

F

financial engineering 176
financial futures 7
floor 335
floor rate 336
floorlet 339
floortion 342
forward contract 2
forward rate 110
FRA: forward rate agreement 335
front office 36
fundamental analysis 28
future volatility 244
futures contract 2
futures option 330
futures price 6

G

gamma 199, 308
gamma neutral 308
geometric Brownian motion 324

H

hedge ratio 76
hedger 10
hedging 10, 70
hedging effectiveness 88
historical volatility 245
horizontal spread 266
hybrid security 367

I

implied forward rate 113
implied volatility 247
index fund 105
initial margin 14
inter-commodity spread 25

interest rate futures 109
interest rate option 175, 334
interest rate swap 142
intra-commodity spread 25
intrinsic value 188
IRG: interest rate guarantee 335
IRPT: interest rate parity theorem 125
ISDA: International Swap Dealers Association 141
iterative search procedure 247
ITM: in-the-money 189
Ito process 234

K

kick-in option 345
KMV모형 375
knock-out option 345
KOFEX : Korea Futures Exchange 9
KOSPI200 주가지수선물 96
KOSPI200 지수옵션 324
KSE : Korea Stock Exchange 9

L

ladder option 344
legal risk 38
leverage effect 23, 181
liability swap 150
LIBOR(London interbank offer rate) 142
liquidity risk 38
long hedging 73
long position 5
long spread 25
long straddle 272
long strangle 275
long time spread 266
lookback option 344

M

maintenance margin 16
margin 13
margin call 16
market impact cost 62
market risk 38, 303
market timing 105
members margin 13
middle office 36
minimum variance hedge ratio 77
mispricing 63
modified duration 116
money market 130
multi-factor option 342

N

nearest-month contract 20

negative system 32
net present value method 370
no-arbitrage bound 64
NOB(notes over bonds) 113
nonstandard American option 342

O

offsetting order 179
one touch 342
open interest 18
open outcry 9
operation risk 38
optimal hedge ratio 79
option 172
option holder 172
option on futures 175
option premium 173
option writer 172
OTC option 327
OTM: out-of-the-money 189
outright speculation 23
over-the-counter option 175

P

path-dependent option 342
pay-later option 342
payer's swaption 349
period basis risk 86
physical delivery 20
plain vanilla swap 142
portfolio insurance 105, 311
premium 125
probability distribution 235
program trading 63
protective call 293
protective put 290
put on call 347
put on put 347
put option 174
put-call parity 211
puttable 157
puttable bond 363

Q

quanto option 346
quanto swap 161
quasi-arbitrage 62

R

rainbow option 346
random walk 29
ratchet option 344
ratio call spread 268
ratio put spread 268
ratio spread 268
real option 370

real option valuation 178
rebalancing 305
receiver's swaption 349
repurchase agreement 114
reverse conversion 281
reverse ratio call spread 268
reverse ratio put spread 270
rho 204, 310
risk averse 223
Risk Management Guidelines for Derivatives 37
risk neutral 223
risk-neutral valuation 224
roll-over 312
rolling hedging 76

S

S&P100 지수옵션 324
self-regulation 31
selling a box 285
sentimental index 249
short hedging 72
short position 5
short selling 28, 60
short spread 25
short straddle 272
short strangle 275
short time spread 266
shout option 344
sidecar 315
speculation 10, 22
speculator 10
spot 2
spot rate 110
spread 10
spread option 346
SRO: self regulatory organization 31
standardization 8
step-down 157
step-up 157
stock dividend 322
stock index option 174, 323
stock option 174, 320, 374
stock split 322
straddle 272
strangle 275
strap 272
strike price 173
strip 272
substitute securities 14
swap 138
swap rate 349
swap warehouse 164
swaption 349
synthetic long 279
synthetic short 279
systematic risk 101

T

T-bill(Treasury bill) 142
technical analysis 28
TED(T-bill/Eurodollar) 113
term structure of interest rate 109
theta 201, 310
time spread 266
time value 190
tracking error 62
trigger price 345

U

uncovered interest arbitrage 123
underlying asset 5, 173
unsystematic risk 101
up-and-in put 345
up-and-out put 345
up-front premium 335

V

vega 202, 309
vega neutral 309
vertical spread 261
VIX 249
VKOSPI 249
volatility 202
volatility index 249
volatility skew 248
volatility smile 248
VXN 249

W

warrant 365
Weiner process 235

Y

yield curve 110

Z

zero-sum game 22

저 | 자 | 소 | 개

박진우

서울고등학교와 한국외국어대학교 무역학과를 졸업하고, 미국 University of Illinois (Chicago)에서 MBA와 University of Iowa에서 재무관리 전공으로 경영학박사 학위를 받은 후, Kansas State University 경영대학 조교수를 거쳐, 현재는 한국외국어대학교 경영대학 교수로 있으면서 파생상품 및 재무관리 강의를 하고 있다. 한국증권학회 회장, Asia-Pacific Journal of Financial Studies 편집위원장으로 활동하였고, 정책금융공사 운영위원, 예금보험공사 자문위원, 기획재정부 공기업 경영평가위원, 한국거래소 상장공시위원장, 지수운영위원장 등을 역임하였다. 또한, 우리나라 은행, 자산운용사, 증권사 등의 금융기관에 대한 자문을 통하여 금융실무에 대한 이해를 높여 왔으며, 금융기관 종사자들을 대상으로 파생상품, 금융공학, 채권분석 등에 관한 강의에도 활발하게 참여하고 있고, 각종 금융관련 자격시험에 출제위원으로 활동하고 있다.
(E-mail : jwp@hufs.ac.kr)

〈주요 논문〉

Holiday Effects and Stock Returns, *Journal of Financial and Quantitative Analysis* 29, 1995.

A Market Microstructure Explanation for Predictable Variations in Stock Returns Following Large Price Changes, *Journal of Financial and Quantitative Analysis* 30, 1996.

Large Price Movements and Short-Lived Changes in Spreads, Volume, and Selling Pressure, Quarterly *Review of Economics and Finance* 39, 1999.

Information Flows between Non-Deliverable Forward(NDF) and Spot Markets, *Pacific Basin Finance Journal* 9, 2001.

An Examination of the Dynamic Behavior of Aggregate Bond and Stock Issues, International *Review of Economics and Finance* 11, 2001.

An Improved Approach to Calculate the Yield and Duration of a Bond Portfolio, *Journal of Applied Finance* 11, 2002.

Information Effect of Involuntary Delisting and Informed Trading, *Pacific–Basin Finance Journal* 30, 2014.

Are Individual Investors Uninformed? Evidence from Trading Behaviors by Heterogeneous Investors around Unfaithful Corporate Disclosure, *Asia–Pacific Journal of Financial Studies* 43, 2014.

Involuntary delisting in the Japanese stock market, Managerial Finance 44, 2018.

한국 선물시장에서의 Circuit Breakers제도의 효율성에 관한 실증연구, 「선물연구」, 1998.

이자율기간구조를 이용한 국채선물 이론가격 산정, 「선물연구」, 2003.

경제환경변화와 기업구조조정의 가능성 및 장 · 단기 성과분석, 「증권학회지」, 2005.

직접다각화 및 지분관계를 통한 간접다각화가 기업가치에 미치는 영향, 「재무연구」, 2007.

애널리스트 활동수준에 따른 애널리스트보고서의 정보력과 투자주체별 정보비대칭, 「한국증권학회지」, 2012.

국내 선물시장에서 증거금이 결제불이행 위험과 유통성에 미치는 영향, 「선물연구」, 2016.

국내 선물시장에서의 증거금률 산정모형에 관한 연구, 「한국증권학회지」, 2017.

파생상품론 제 4 판

2007년 1월 25일 초 판 1쇄 발행
2009년 8월 20일 제 2 판 1쇄 발행
2016년 5월 25일 제 3 판 1쇄 발행
2019년 8월 30일 제 4 판 1쇄 발행
2025년 2월 20일 제 4 판 3쇄 발행

저 자 **박 진 우**
발행인 **한 의 명**
발행처 **명 경 사**
주 소 **(본사)** 서울특별시 강남구 선릉로 120
우성 B/D 3-102
전화 : 010-6211-8981, 02) 2164-1591(代)
팩스 : 0504-338-2135
(지사) 경기도 파주시 맥금동 557-24

Home Page : www.mkspub.com
E-mail : mkspub@daum.net
등록 2000년 8월 9일 제10-2024(倫)

• 정가 **32,000**원 ISBN 979-11-88052-21-9

이 도서의 국립중앙도서관 출판예정도서목록(CIP)은 서지정보유통지원시스템 홈페이지(http://seoji.nl.go.kr)와 국가자료공동목록시스템 (http://www.nl.go.kr/kolisnet)에서 이용하실 수 있습니다. (CIP제어번호: CIP2015017146)